국 역
영남루시운

옮긴이

남권희 경북대학교 문헌정보학과 교수

전재동 경북대학교 문헌정보학과 BK21플러스사업팀 연구원

국역 영남루시운

찍은 날 2018년 2월 21일 • **펴낸 날** 2018년 2월 28일
옮긴이 남권희·전재동 • **펴낸이** 김상동 • **펴낸 곳** 경북대학교출판부
출판등록 1973년 10월 10일 ㉑97호 • **주소** 대구광역시 북구 대학로 80
전화 053-950-6741~3 • **팩스** 053-953-4692
이메일 press@knu.ac.kr • **홈페이지** http://knupress.com
ISBN 978-89-7180-481-0 93810

정가는 뒤표지에 있습니다. 파본은 바꾸어 드립니다.

이 책은 2017년도 'BK21플러스 전통기록물 분석, 활용, 아카이빙 전문가 양성 사업'의 간접비 지원을 받아 출판되었습니다.

국역 영남루시운

嶺南樓詩韻

남권희
전재동
옮김

경북대학교출판부

머리말

영남루는 굳이 조선의 4대 누각이라는 찬사를 더하지 않더라도, 여름에 한번 올라 본 사람이라면 누구나가 그 시원함과 탁 트인 조망에 감탄을 금하지 못할 것이다. 지금은 아파트와 고층 건물에 막혀 멀리 재약산과 천황산이 잘 보이지 않지만, 그래도 콘크리트 사이로 드문드문 보이는 먼 봉우리들은 마치 언제라도 밀양을 포근하게 감싸고 있는 듯한 느낌을 준다.

이러한 주변 경관 덕분에 예전부터 영남루는 시인 묵객들의 발자취가 끊이질 않았다. 어떤 연구자에 따르면, 영남루 관련 시를 수록한 자료를 다 모으면 어림잡아 1천여 수가 넘는 시를 발굴할 수 있을 것이라 하였다. 고려 시대의 시인 성원도成元度가 지은 천자운天字韻 칠언율시는 물론 도원흥都元興의 칠언율시는 미국 버클리대학 동아시아 도서관C. V. Starr East Asian Library, University of California, Berkeley에 소장된 『나려칠률羅麗七律』에도 수록될 정도로 인구에 회자되었던 작품이다.

하지만 영남루에 올라 감흥을 노래한 시들은 대부분 『신증동국여지승람新增東國輿地勝覽』 같은 관찬 지리서나 『밀양읍지密陽邑誌』 등의 읍지류,

『밀주승람密州勝覽』 등의 개인 기록 등에 그 일부가 전할 따름이었다. 이번에 발굴된 『영남루시운嶺南樓詩韻』은 임진왜란(1592년) 이전에 창작된 영남루 관련 시문 570편을 수록한 매우 귀중한 자료이다. 『영남루시운』은 비록 필사본이지만, 자료의 희소성 및 수록 내용의 독창성으로 인해 향후 학계의 연구가 절실하게 요구된다.

이 책은 『영남루시운』을 국역한 것으로, 한국연구재단의 BK21플러스 사회과학분야 지원 사업(과제명 : 전통기록물 분석·활용·아카이빙 전문가 양성)의 후원을 받아 2017년 경북대학교 문헌정보학과 전통기록물 분석팀에서 수행한 연구 결과물이다. 본 연구팀에서는 향후 전통기록물을 주제로 한 관련 연구서들을 차례대로 간행할 예정이다.

책이 나오기까지 연구책임자 남권희 교수를 비롯하여 문헌정보학과 참여 교수 다섯 분의 조언과 참여 대학원생들의 노력이 컸다. 아울러 귀중한 자료를 흔쾌하게 제공해 준 소장자 김병구 선생에게도 지면을 빌려 고마움을 전한다.

2018년 2월

옮긴이를 대표하여 전재동 근지

목 차

머리말 _005

해제 _011

제1장 영남루嶺南樓 본당

기문記文 033

ㅁ 김주金湊 영남루기嶺南樓記 033 | ㅁ 신광한申光漢 영남루중창기嶺南樓重創記 036

상량문上樑文 040

ㅁ 청도군수淸道郡守 안주安宙 영남루중수상량문嶺南樓重修上梁文 040 | ㅁ 회산檜山 구유온仇有溫 영남루중수상량문嶺南樓重修上梁文 044

서문序文 051

ㅁ 성원도成元度 서序 051

제영시題詠詩 053

ㅁ 제천자운題天字韻 053 | ㅁ 별용루자운別用樓字韻 201 | ㅁ 용타운用他韻 203 | ㅁ 용타운用他韻 211 | ㅁ 용한자운用閑字韻 212 | ㅁ 희우가喜雨歌 용양자운用陽字韻 214 | ㅁ 용횡자운用橫字韻 215

차운시次韻詩 216

ㅁ 관찰사觀察使 박소립朴素立 216 | ㅁ 차루자운次樓字韻 218

장편시 221

ㅁ 임춘林椿 221 | ㅁ 서거정徐居正 225 | ㅁ 기타 231 | ㅁ 우제일절又題一絕 235 | ㅁ 제추자이십운題秋字二十韻 236 | ㅁ 하중수영남루賀重修嶺南樓 259

제2장 능파당 凌波堂

○ 기문記文 269

ㅁ 신광한申光漢 능파당중창기凌波堂重創記 269

○ 제영시題詠詩 271

ㅁ 용두자운用頭字韻 271 | ㅁ 용성자운用聲字韻 335 | ㅁ 용시자운用詩字韻 336 | ㅁ 용영자운用迎字韻 337 | ㅁ 용진자운用眞字韻 339 | ㅁ 용응자운用凝字韻 341 | ㅁ 우용한자운又用寒字韻 341 | ㅁ 우용림자운又用林字韻 342 | ㅁ 용가자운用歌字韻 343 | ㅁ 용추자운用秋字韻 344

○ 차운시次韻詩 348

ㅁ 차시자운次詩字韻 348 | ㅁ 차진자운次眞字韻 349 | ㅁ 차시자운次詩字韻 350

제3장 침류당 枕流堂

○ 기문 記文 355

ㅁ 박세후 침류당기문枕流堂記文 355

○ 제영시題詠詩 357

ㅁ 용상자운用霜字韻 357 | ㅁ 용비자운用飛字韻 358 | ㅁ 용수자운用收字韻 359 | ㅁ 용천자운用天字韻 361 | ㅁ 용수자운用收字韻 366

제4장 객사客舍 동헌東軒

○ 제영시題詠詩 371

ㅁ 용루자운用樓字韻 용회자운用廻字韻 371 | ㅁ 제정자선題亭子舡 387 | ㅁ 용타운用他韻 399 | ㅁ 차거자운次居字韻 400

제5장 덕민정德民亭

○ 기문記文 405

ㅁ 권람權擥 수산현덕민정기守山縣德民亭記 405 | ㅁ 권람權擥 지誌 409 | ㅁ 권반權攀 덕민정德民亭 410

○ 제영시題詠詩 414

ㅁ 제현정題縣亭 414

제6장 남수정攬秀亭

○ 기문記文 419

ㅁ 주세붕周世鵬 남수정기攬秀亭記 419

○ 제영시題詠詩 427

ㅁ 제평자운題平字韻 427

해제

전재동
(경북대학교 문헌정보학과 BK21플러스사업팀 연구원)

Ⅰ. 영남루의 창건과 명칭 유래

경상남도 밀양시 내일동 무봉산舞鳳山 언덕에 자리잡은 영남루는 진주의 촉석루矗石樓, 평양의 부벽루浮碧樓, 안동의 영호루映湖樓와 함께 조선의 4대 누각으로 명성이 자자하다. 영남루는 1607년 명明나라에서 간행된『삼재도회三才圖會』에 이름이 오를 정도로 예부터 아름다운 경치를 자랑했다. 그래서 영남루를 방문했던 시인들은 그때의 풍경을 떠올리며 시를 남겼고, 이 시는 여러 가지 자료에서 지금까지 전해지고 있다. 요즘에 들어와 한여름 무더위를 피해 영남루 마루에서 열리는 시조창 대회나 백일장은 선조들의 감회를 계승하려는 노력의 하나이다.

영남루의 창건과 역사에 대해선 학자들마다 견해가 조금씩 다르지만 대략 두 가지로 정리할 수 있다. 첫째, 영남루는 무봉산 중턱에 남아 있는 무봉사舞鳳寺의 작은 부속 건물이었다가, 조선 시대에 들어와 밀양부 객사客舍의 일부로 사용되었다는 견해이다. 무봉사는 경내에서 삼국시대

양식의 석조여래좌상이 발견되어 신라 경덕왕 대에 창건한 사찰이라는 주장이 있다. 이 주장대로라면 영남루는 삼국시대에 창건한 건축물이 되는 셈이다.

둘째, 영남루는 당초 영남사嶺南寺라는 사찰에 딸린 작은 누각이었지만, 고려 말 밀양부사로 부임한 김주金湊(1339-1404)에 의해 크게 중창된 이후 밀양부 객사의 부속 건물로 사용되었다는 견해이다. 영남사는 「공방전孔方傳」, 「국순전麴醇傳」 등을 저술한 고려 후기 가전체 문학의 선구자인 임춘林椿(1148-1186)의 시 〈제영남사題嶺南寺〉, 〈영남사죽루嶺南寺竹樓〉에 그 이름이 보인다. 하지만 영남사라는 명칭이 『고려사』, 『삼국사기』, 『삼국유사』 등에는 보이지 않으므로, 존재 여부는 여전히 논란거리로 남아 있다.

영남루는 그 명칭이 다소 생뚱맞은 데가 있다. 앞서 언급했던 촉석루는 주변의 뾰족바위로 인해 붙여진 이름이다. 부벽루 역시 푸른 강물의 빼어난 경관에서 이름을 따왔다. 하지만 영남루는 '영남'이라는 지명이 누각의 편액으로 걸려 있다. 지금의 경상남북도에 해당하는 지역을 '영남'으로 명명한 것은 고려 성종 14년(995)부터이다. 만약 영남루의 명칭이 영남이라는 지명에서 기인한다고 가정한다면, 적어도 삼국시대에는 영남루의 존재 자체가 성립되지 않는다. 그러므로 영남루의 창건에 대해선 구전口傳이나 전설의 영역으로 남겨 두는 게 좋을 것 같다. 영남루 창건 역사가 중요하지 않은 건 아니지만, 이 글의 논점은 영남루를 대상으로 한 제영 시문에 있으므로.

영남루가 시 창작 공간으로서 이름을 떨치게 된 데에는 앞서 언급한 밀양부사 김주의 노력이 적지 않았다고 할 수 있다. 그는 1365년 무렵에 밀양부사로 부임하여 영남루를 크게 중창하였고, 1390년 무렵에는 경상도관찰사로 부임하여 당시의 감회를 떠올리며 「영남루기嶺南樓記」를 지었다. 이 글에서 김주는 촉석루의 규모를 참고하여 영남루를 중창했음을 밝혔는데, 영남루 본당 마루가 크게 확장된 것은 이때 즈음으로 짐작된다. 이번에 발굴된 자료 『영남루시운嶺南樓詩韻』에 수록된 작품이 임춘의 시를 제외하면 1360년경 경상도안렴사로 부임한 박중미朴中美의 칠언율시부터 시작한다는 점은 이런 사실을 방증한다고 하겠다.

아마 조선 초기에도 그랬으리라 짐작되지만, 조선 후기에 이르러 영남루는 '영남 제일의 누각'이란 뜻에서 명명되었다고 여기는 이들이 많아졌다. 그래서 시의 본문에도 자연스럽게 '영남嶺南 제일第一'이란 어휘의 사용 빈도가 늘어났고, 18세기에 이르러서는 숫제 '영남제일루嶺南第一樓'라는 편액을 마루 중앙에 걸기도 했다. 1724년 이희주李熙疇가 쓴 「영남루중건기嶺南樓重建記」에 "영남루는 영남 제일의 명승지(嶺南樓卽嶺南第一勝景)"라고 한 것과 1793년 김광묵金光默의 「영남루중건기」에 "영남의 명승지로는 오로지 이 누각뿐(蓋嶺南之勝者 惟此樓而已)"이라고 한 것은 모두 영남의 제일 누각이란 자부심의 표출이다.

II. 영남루의 건물 배치와 중건 내력

현재 영남루는 가운데 본당 마루를 기준으로 왼쪽에는 능파각凌波閣이, 오른쪽에는 침류각枕流閣이 자리잡고 있다. 능파각과 침류각은 능파당凌波堂과 침류당枕流堂으로 명명하기도 하며, 영남루 본당과 일체형으로 구성된 건물이다. '능파'는 물결을 타고 사뿐하게 건넌다는 시어詩語로, 위魏나라 조식曹植의 〈낙신부洛神賦〉에 "물결을 타고 사뿐사뿐 걸으니, 비단 버선에 물방울 튀어 오르네.(凌波微步 羅襪生塵)"라는 구절이 유명하다. 이 시는 복희伏羲의 딸 복비宓妃가 낙수洛水에서 익사하여 수신水神이 된 슬픈 전설을 노래한 내용이다. '침류'는 "흐르는 물을 베고 돌로 양치질한다.(枕流漱石)"는 뜻으로, 자연에 은거하겠다는 의지를 표현한 시어이다.

'능파'와 '침류' 두 이름을 통해 영남루는 주변의 아름다운 자연 풍광을 건물에 담아내려 노력했음을 알 수 있다. 관련 기록에 따르면, 능파당은 밀양부사 김영추金永錘(1443-?)가 1495년에 창건하였다. 침류당은 조선 초기에 밀양부사 안질安質이 창건하였으며, 1442년 경상도도사 권기權技(1405-1467)가 중창하였다. 두 건물은 주로 영남루를 방문한 사람들의 연침燕寢 및 휴식을 위한 장소로 활용되었다. 감영이 행영 체재를 유지하던 조선 전기까지 영남루는 경상도관찰사, 경상도병마절도사, 경상도수군절제사, 경상도도사들의 집무 공간이자 회의 장소로 활용되었다. 특히 침류당은 경상도도사의 전용 집무 공간이었음이 『영남루시운』을 통해 확인되었다.

그러나 영남루는 목조건축물이기에 화재로부터 안전할 수 없었고, 창건 이후 몇 차례 소실燒失의 아픔을 겪었다. 임진왜란 전까지 영남루 본당은 1439년 밀양부사 안질安質, 1460년 밀양부사 강숙경姜叔卿(1428-1481), 1543년 밀양부사 박세후朴世煦(1493-1550) 등의 세 차례 중창이 있었다. 침류당은 1503년 밀양부사 이충걸李忠傑(1465-1527), 1543년 밀양부사 박세후 등의 두 차례 중창이 있었으며, 능파당은 1543년 밀양부사 박세후에 의해 한 차례 중창되었다. 이런 정황으로 보자면, 16세기 이전 영남루의 중창은 1543년 밀양부사 박세후가 주도한 것이 가장 큰 규모였다고 할 수 있다.

1543년 영남루 중수에 대한 기록은 신광한申光漢(1484-1555)의 「영남루중수기嶺南樓重修記」에 자세하다. 신광한은 "밀양부에 이 누각이 있은 지는 160년이다. 처음에 군사郡事 김주가 창건하였고, 부사 안질이 중수하였다. 그 뒤 부사 강숙경이 규모를 넓혀서 고쳤는데, 이 또한 이미 80년이 흘렀다.(府之有斯樓百六十年 其始郡事金湊創之 府使安質修之 後府使姜淑卿恢其制而改之 亦已八十餘年矣)"라고 하였으며, "비록 사치스럽게 하지 말라고 경계하였으나, 모르는 사이에 장엄하고 화려하게 되었으며, 들보를 올릴 무렵에는 구생으로 하여금 상량문을 짓게 했다.(雖戒以勿奢 不自覺其過於壯麗 梁且上 令仇生爲之文)"라고 하여 당시의 중수 과정을 증언하였다. 이 기록을 통해 1543년의 중수 과정에서 영남루는 강숙경 부사가 규모를 넓힌 데에 단청과 익공翼栱 등의 화려함이 더해졌으리라 짐작할 수 있다.

1543년의 대규모 중수 이후 1592년에 발발한 임진왜란으로 영남루의 모든 건물은 전소되었다. 이후 1640년대에 또 한 차례의 대규모 중건이 있었으며, 1840년경에 본당과 침류당을 연결하는 층층계가 추가되었다. 이후 영남루는 자리를 조금 옮겨 현재에 이르고 있다.

Ⅲ. 영남루 시단詩壇의 형성과 제영題詠 시문詩文의 전승

영남루를 대상으로 한 시 중에서 가장 오래된 작품은 정지상鄭知常(?-1135)이 지은 "난간에 기댄 밤 온 시내엔 밝은 달, 발 걷고 하늘 바라보니 만 리에서 맑은 바람 실어 오네.(一溪明月憑欄前 萬里淸風捲箔天)"라는 구절이다. 이 시는 최자崔滋(1188-1260)의 『보한집補閑集』에 전해지며, 최자는 이 시 가운데 '만 리 맑은 바람(萬里淸風)'이라는 대목이 가장 빼어나다고 칭송했다. 최자보다 약간 후대에 활동했던 임춘은 〈제영남사題嶺南寺〉, 〈영남사죽루嶺南寺竹樓〉, 〈유밀주서사遊密州書事〉, 〈2월 15일 밤 달을 마주하여(二月十五夜對月幷序)〉 등을 통해 밀양과 영남루를 유람하는 즐거움을 노래하였다.

이후 성원도成元度, 이인복李仁復, 도원흥都元興, 이색李穡, 문익점文益漸, 정추鄭樞, 이첨李詹, 이숭인李崇仁 등은 정지상과 임춘의 뒤를 이어 다양한 영남루 관련 시를 창작하였으며, 이들의 작품은 조선 성종 때 완성된 『신증동국여지승람新增東國輿地勝覽』에 채록되었다. 정지상을 비롯한 9인의 고려 시인들 중 성원도는 천자운天字韻 영남루 제영시의 원운을 창작한 인물로 알려져 있다. 성원도는 영남루시嶺南樓詩 서문序文에서 다음과 같이 말하였다.

> 내가 사방에 유람하면서 좋은 누관樓觀을 관람한 적이 많은데, 반걸음을 채 못 가 조망이 멀리 바라보여 확 트여 끝이 없는 것으로는 이 누각만 한 것이 없었다. (중략) 이 누각은 군의 길가에 자리잡고 있으며 (중략) 흐린 날이나 개인 날이나 아침 저녁과 사시사철의 경치가 무궁하여 시로 다 기록할 수가 없고, 그림으로 다 그려 낼 수가 없다. (중략) 내가 지정至正 갑신년(1344) 봄에 찰방察訪의 명을 받들어 이 도에 나와서 순행巡行하다가 이 군郡을 지나게 되었다. 군수 유兪 공이 나에게 구경하기를 부탁하기에 이로 인해 사운四韻 장구長句를 지어 판 위에 쓴다.[吾遊於四方觀覽樓觀之勝者 多矣 不離跬步登臨眺遠 豁然無極者 莫斯樓若也 (中略) 斯樓處郡之路傍 (中略) 陰晴朝暮 四時之景 無窮焉 詩不能盡記 畫不能盡摹 (中略) 余於至正甲申春 承察訪之命 出巡此道 過是郡 郡之倅兪公 屬余寓目 因作長句四韻書于板上]

인용문에 보이는 사운 장구가 바로 성원도가 지은 영남루 칠언율시 "붉은 난간 불쑥 솟아 구름 속 하늘에 닿았고, / 줄지은 산 연이은 봉우리 눈 앞으로 모였구나. / 아래로는 긴 강이 끝없이 흐르고, / 남쪽에는 큰 들이 가없이 넓도다. / 마을 앞 다리의 버들 빛 어두워져 온 숲에 비 내리고, / 벼슬길 피어난 꽃은 십 리 아지랑이 속에서 밝다. / 올라가 풍경을 감상하고 싶지 않은 건, / 사람들이 환영연을 베풀까 두렵기 때문.(朱欄突兀襯雲天 列峀連峯湊眼前 下有長江流不盡 南臨大野濶無邊 村橋柳暗千林雨 官路花明十里烟 不欲登臨賞風景 恐人因此設歡筵)"이다. 후일『퇴계집退溪集』을 고증攷證한 유도원柳道源(1721-1791)이 성원도의 시를 영남루 제영시의 원운이라 하였다.[1] 이를 통해 조선 후기까지 성원도의 시가 영남루 제영시의 원운이라는 인식이 보편적으로 자리잡고 있었음을 알 수 있다.

정지상과 임춘 이후 조선 후기에 이르기까지 영남루를 대상으로 제영시와 기문 등을 남긴 이들은 대략 365인 정도로, 한시가 478제 690수이고 산문이 23편으로 알려져 있다.[2] 이 수치는『신증동국여지승람新增東國輿地勝覽』,『여지도서輿地圖書』,『밀양지密陽誌』,『밀주승람密州勝覽』등의 관·사찬 지리서 및 읍지류와『영남루제영시문嶺南樓題詠詩文』(밀양문화원, 2002) 등에 수록된 자료를 종합한 결과이다.

---

1 柳道源,『退溪先生文集攷證』권1, "嶺南樓 在密陽客館東 卽古嶺南寺之小樓 寺廢 至元乙巳 金湊知郡改創 因以寺名名之 ○案此詩 次高麗成元度韻"

2 정석태,「문헌 자료로 본 영남루의 인문학적 가치–영남루 누정문단의 형성과 제영시문의 전개 양상–」,『밀양 영남루 국보 승격을 위한 자료 조사 및 학술적 가치 평가 학술대회 자료집』(2007) 및「영남루문단의 형성과 전개양상–교류와 경쟁의 공간으로서의 영남루–」,『경북대학교 국어국문학과 BK21+사업단 제4회국제학술대회 발표요지문』(2017) 참고.

Ⅳ. 『영남루시운』의 개요와 특징

1. 『영남루시운』의 구성과 서지 사항

『영남루시운』은 대구에 거주하는 김병구 씨가 소장하고 있는 필사본으로, 편저자 및 편찬 시기는 알 수 없다. 본문의 구성은 편차와 장차를 구분하지 않고 제목과 원문을 제시한 뒤, 작품 마지막에 작자를 기재하는 방식을 취하였다. 수록 작품은 기문記文 7편, 상량문上梁文 2편, 서문序文 1편 등 산문 11편과 한시漢詩 559수首이다. 개략적인 서지 사항은 다음과 같다.

서　명: 嶺南樓詩韻(표제에 의함)
편저자: 미상未詳
형　태: 필사본, 1책(90장); 34.9×21.7cm, 13행 20자, 선장線裝, 저지楮紙, 한자漢字
편찬시기: 16세기 말~17세기 초
주기사항: 1~3장, 86~90장 상·하단 일부 훼손
표지를 후대에 개장.

『영남루시운』의 1면당 행수行數와 1행별行別 자수字數는 각각 13행 20자를 기본 형식으로 취하였으며, 본문 전체 자수는 대략 34,520여 자 정도이다. 본문의 체재는 산문散文 다음에 운문韻文을 배치하였는데, 이는 필사본에서 보기 드문 점이다. 본문의 서체書體는 해서楷書가 주류를 이루며, 행서行書가 부분적으로 혼입되어 있다. 드문 경우지만, 초서草書로 표기한 경우도 산견된다. 서풍書風은 송설체松雪體에 가깝다고 할 수 있다.

본문의 작품 배열은 영남루와 관련된 건물을 본당(本樓)-능파당凌波堂-침류당枕流堂-객사客舍 동헌東軒-덕민정德民亭-남수정攬秀亭 6개소

로 분류하여, 해당 건물과 관련된 산문을 앞에 제시하고, 그 다음에 한시를 제시하는 방법을 택했다. 수록된 작가는 누적 인원 412명이며, 이 중 중복된 인물을 제외하면 259명이다. 259명 가운데 기존의 연구에서 알려지지 않은 이는 총 135명이다. 이 가운데 작자에 대한 자세한 정보를 알 수 없는 작품이 2수 수록되어 있다.

작자명은 해당 작품의 마지막에 기재하였으며, 성명 앞에 관직官職이나 출신지, 관향貫鄕을 병기하였다. 관직과 성명 사이에는 한 칸 정도를 띄우는 것이 기본형이며, 띄우지 않은 경우도 드물게 발견된다. 관직은 대체로 해당 작품을 지을 당시의 관직을 기재한 것으로 추정된다. 이를 통해 작가가 영남루를 방문했을 당시, 혹은 작품을 창작하였을 당시의 연도를 추정할 수 있다.

수록 작품을 세부 내역별로 살펴보면, 산문은 김주의 「영남루기嶺南樓記」, 신광한의 「영남루중수기嶺南樓重修記」 및 「능파당중창기凌波堂重創記」, 박세후의 「침류당기문枕流堂記文」, 권람權擥의 「수산현덕민정기守山縣德民亭記」·「덕민정德民亭」, 주세붕周世鵬의 「남수정기攬秀亭記」 등 기문記文 7편, 구유온仇有溫과 안주安宙의 「영남루중수상량문嶺南樓重修上樑文」 2편, 성원도의 「영남루시서嶺南樓詩序」 1편, 권반權攀의 후지後識 1편 등이다. 운문은 오언절구五言絶句 · 오언율시五言律詩 · 칠언절구七言絶句 · 칠언율시七言律詩가 주류를 이루며, 이 외에도 영남루중수축하시嶺南樓重修祝賀詩, 추자이십운秋字二十韻, 서거정徐居正의 영남루십경嶺南樓十景 등 고시古詩 및 장편시長篇詩 계열도 다수 수록되어 있다. 『영남루시운』의 수록 작품 수와 작가 수를 해당 면수를 기준으로 분류하면 아래의 표와 같다.

〈표 1〉『嶺南樓詩韻』 수록 작품 내역 및 수량

건물명	구분	내 용	해당 면수(행)	작가 수	작품 수
본당	散文	嶺南樓記	1a(1)–2a(4)	1	1
		嶺南樓重創記	2a(5)–3a(7)	1	1
		嶺南樓重修上樑文	3a(8)–4a(4)	1	1
		嶺南樓重修上樑文	4a(5)–5a(9)	1	1
		嶺南樓詩序	5a(10)–5b(9)	1	1
	漢詩	題天字韻	5b(10)–35a(7)	159	203
		別用樓字韻	35a(8)–35b(4)	1	3
		用他韻	35b(5)–37a(9)	10	11
		用他韻	37a(10)–37b(1)	1	1
		用閑字韻	37b(2)–37b(9)	2	2
		用陽字韻	37b(10)–38a(1)	1	1
		用橫字韻	38a(2)–38a(5)	1	1
		次韻詩	38a(6)–38a(12)	2	2
		次樓字韻	38a(13)–39a(3)	2	5
		過密州書事 등	39a(4)–41a(13)	3	16
		기타 又題一絕	41b(1)–42a(13)	2	2
		題秋字二十韻	43a(1)–47b(6)	8	8
		賀重修嶺南樓	48a(1)–49b(2)	5	5
凌波堂	散文	凌波堂重創記	50a(1)–50a(11)	1	1
	漢詩	(用頭字韻)	50a(12)–65a(12)	85	155
		用聲字韻	65a(13)–65b(4)	2	2
		用詩字韻	65b(5)–65b(11)	2	2
		用迎字韻	65b(12)–66a(2)	1	1
		又用題字韻	66a(3)–66a(7)	1	1
		用眞字韻	66a(8)–66b(2)	1	2
		用凝字韻	66b(3)–66b(5)	1	1
		又用寒字韻	66b(6)–66b(8)	1	1
		又用林字韻	66b(9)–66b(12)	1	1
		用歌字韻	66b(13)–67a(6)	2	2
		用秋字韻	67a(7)–67a(1)	4	8
		次詩字韻	68a(2)–68a(4)	1	1
		次眞字韻	68a(5)–68a(12)	2	2
		次詩字韻	68a(13)–68b(12)	3	4
枕流堂	散文	枕流堂記文	68b(13)–69a(10)	1	1
	漢詩	(用霜字韻)	69a(11)–69b(3)	2	2
		(用飛字韻)	69b(4)–69b(8)	1	2
		(用收字韻)	69b(9)–70a(5)	2	4
		(用天字韻)	70a(6)–70b(13)	7	7
		(用收字韻)	71a(1)–71a(12)	4	4

客舍東軒	漢詩	(用樓字韻)(用廻字韻)	72a(1)–75b(12)	25	34
		題亭子船	75b(13)–78a(8)	13	14
		用他韻	78a(9)–78a(13)	1	1
		次居字韻	78b(1)–78b(13)	2	3
德民亭	散文	守山縣德民亭記	79a(1)–80a(11)	1	1
		識	80a(12)–80b(11)	1	1
		德民亭	80b(12)–81b(7)	1	1
	漢詩	題縣亭	81b(8)–82a(8)	3	5
攬秀亭	散文	欖秀亭記	82a(9)–85a(1)	1	1
	漢詩	題平字韻	85a(2)–90b(13)	37	40
소계				412	570

위의 〈표 1〉에서 42b는 전체 공란이며, 47b는 7행 이하가 공란, 49b는 2행 이하가 공란, 71a 13행부터 71b까지가 공란이다. 이 중 42b의 공란에는 다음 장 추자이십운秋字二十韻의 일부인 "丁卯東堂試院秋平生何幸識荊州依俙面目嗟相闊荏苒星霜問幾周客"을 연습으로 적어 놓았다.

2. 『영남루시운』의 특징과 가치

『영남루시운』은 1592년 이전에 창작된 영남루를 대상으로 한 시문詩文을 종합적으로 수록하고 있다는 점에서 의의가 크다. 동악東岳 이안눌李安訥(1571-1637)의 증언에 따르면, 임진왜란 이전의 영남루에는 천자운天字韻에 화답和答한 한시만 하더라도 200여 수 넘게 게판揭板되어 있었다고 한다.[3]

기존의 연구에서도 영남루를 대상으로 한 시 가운데 임진왜란 전에 창작된 작품을 대략 200여 수 가까이 발굴하였다. 하지만 『영남루시운』에

3 李安訥, 『東岳集』 권8, 「萊山錄」〈次嶺南樓舊韻〉, "樓舊有詩板 押天字韻 自麗季及我國朝 和者至二百餘篇 而都七谷李陶隱諸公之作 膾炙人口 余竊慕之 輒不自揆 敢蹈續貂之譏云"

수록된 559수의 시는 기존의 연구에서 다루지 않았던 작품을 300여 수 이상 포함하고 있다. 이처럼 『영남루시운』의 특징과 가치는 임진왜란 이전에 창작된 영남루 제영 시문 중 미발굴 자료를 상당수 포함하고 있다는 사실을 첫 번째로 들 수 있다.

조선 전기에 창작된 영남루 관련 시문이 지니는 특별한 의미는 비단 시간에 한정되지 않는다. 『영남루시운』에 수록된 한시 중 경상도관찰사가 지은 것이 117수이며, 경상도도사가 지은 것이 41수이다. 이 밖에 경차관敬差官의 작품은 20수, 선위사宣慰使의 작품은 12수, 선전관宣傳官·종사관從事官·호송관護送官 등이 지은 작품은 26수이다. 밀양부를 비롯하여 인근 고을 청도, 양산, 경주 등지의 수령들이 지은 것도 40여 수를 넘는다. 이와 같은 수치는 영남루가 단순히 승경의 감상을 위해 오르는 공간이 아니라, 민정시찰·대일외교 등 공무 수행의 현장이었음을 방증한다. 그러므로 『영남루시운』을 통해 조선 전기 지방관들의 업무, 대왜對倭 관계 등을 재점검할 수 있을 것으로 여겨지며, 이 점을 두 번째 특징과 가치로 들 수 있다.

『영남루시운』은 본당, 능파당, 침류당 등 영남루와 직접 연관된 건물 3개소와 객사의 동헌, 밀양부의 속현인 수산현守山縣 덕민정, 남수정 등 총 6개 건물의 제영 시문을 수록하고 있다. 그러므로 영남루 관련 시문의 공간적 범위는 영남루에 인접한 건물에 한정된 것이 아니라, 객사 건물을 비롯하여 수산현의 덕민정과 남수정까지 확대됨을 알 수 있다. 또한 『영남루시운』은 6개 건물과 관련된 시를 천자운天字韻·루자운樓字韻·영자운迎字韻 등 운목별韻目別로 분류하였다. 이와 같은 분류법은 비록 일관성이 부족하다는 단점을 지니지만, 영남루 제영시가 건물에 따라 특정한 운목을 바탕으로 창작되었음을 짐작게 한다. 따라서 『영남루시운』은 영남루와 관련된 6개소의 건물에 게판되었을 것으로 짐작되는 시들을 건물별·운목별로 분류한 종합 선집選集이라 할 수 있다. 이 점을 세 번째 특징과 가치로 들 수 있다.

『영남루시운』의 본문 여백 및 두주頭註와 미주에는 시의 내용, 작자에 대한 정보 등을 묵서로 기입한 경우가 많다. 또한 권주圈注와 비점批點 형식으로 본문에 평을 한 흔적도 흔히 보인다. 기록된 내용이 좌측에서 우측으로 읽어 나가는 방식을 취한 점으로 미루어, 이는 근세의 누군가가 독서를 한 흔적으로 추정된다. 그렇지만 수록된 내용이 매우 정확한 점, 한국학 관련 자료를 비교적 충실하게 수용한 점 등을 고려하면, 이 또한 연구의 대상이라 할 수 있다.

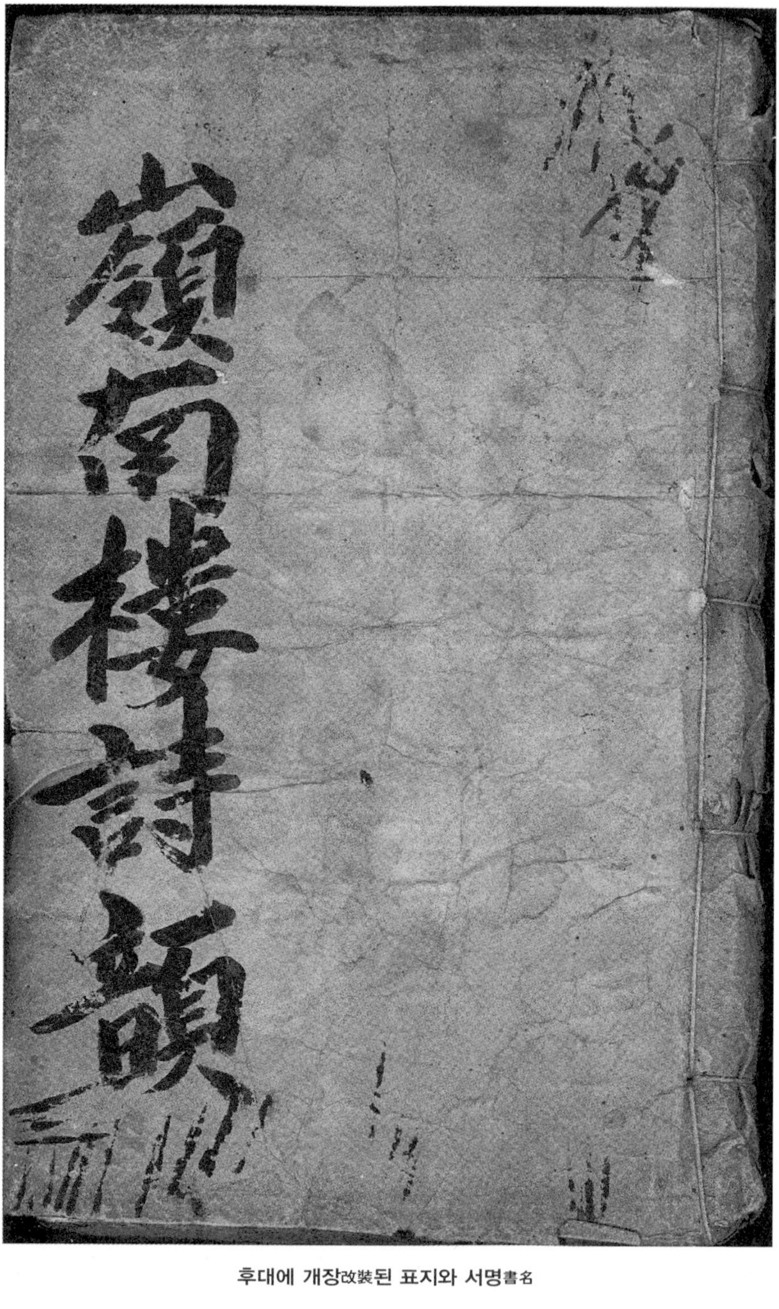

후대에 개장改裝된 표지와 서명書名

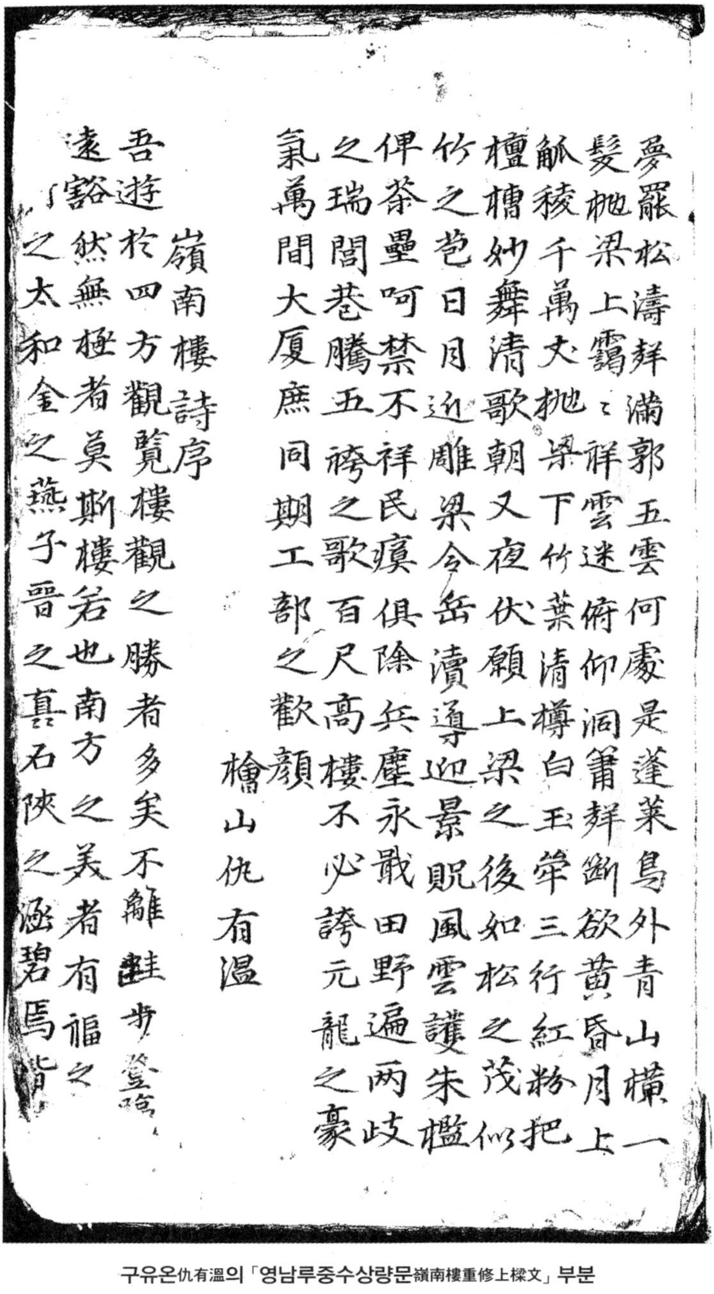

夢羅松濤拜滿郭五雲何處是蓬萊島外青山橫一
髮拋梁上靄〻祥雲迷俯仰洞簫拜斷欲黃昏月上
觚稜千萬丈拋梁下竹葉清樽白玉斝三行紅粉把
檀槽妙舞清歌朝又夜伏願上梁之後如松之茂似
竹之苞日月近雕梁今岳瀆導迎景貺風雲護朱檻
俾荼壘呵禁不祥民瘼俱除兵塵永戢田野遍兩歧
之瑞閭巷騰五袴之歌百尺高樓不必誇元龍之豪
氣萬間大廈庶同期工部之歡顏
檜山仇有温

嶺南樓詩序
吾遊於四方觀覽樓觀之勝者多矣不離鞋步登臨
遠豁〻然無極者莫斯樓若也南方之美者有福之
之太和金之燕子晉之真石陝之溫碧焉皆

구유온仇有溫의 「영남루중수상량문嶺南樓重修上樑文」 부분

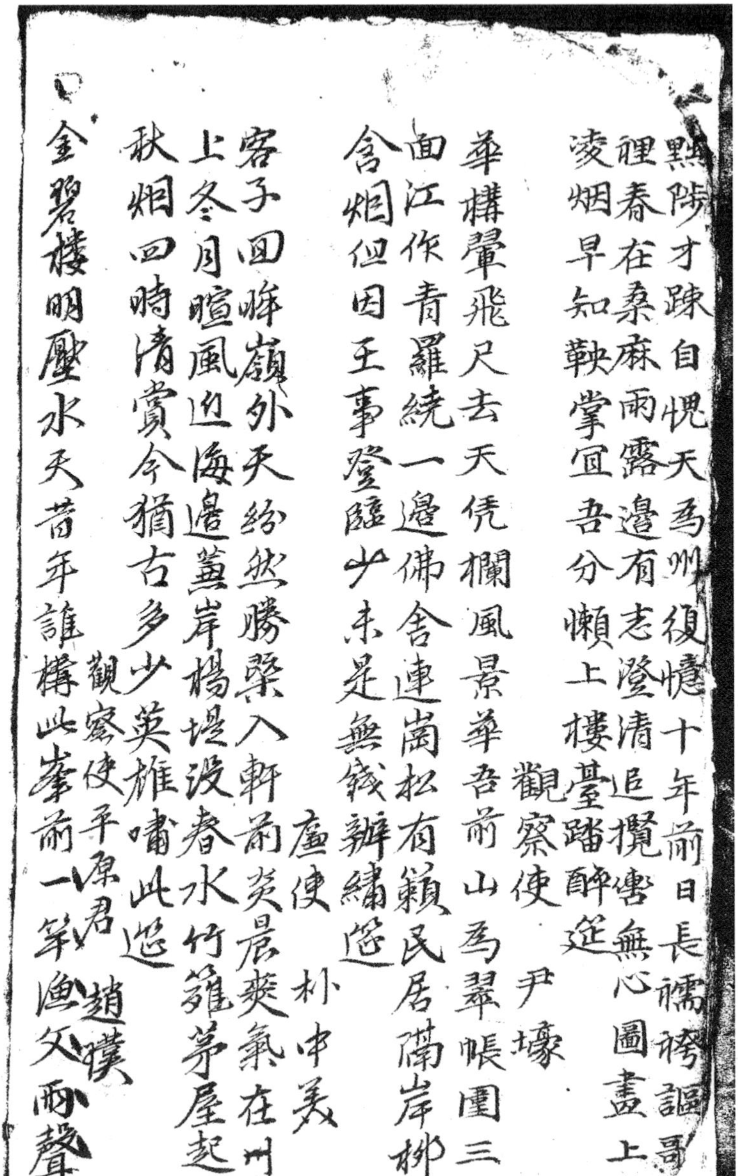
黜陟才踈自愧天爲州復憶十年前日長孺袴謳哥
裡春在桑麻雨露邊有志澄清追攬轡無心圖畫上
凌烟早知鞅掌宜吾分嬾上樓臺踏醉筵
觀察使 尹壕
華構翬飛尺去天凭欄風景華吾前山爲翠帳圍三
面江作青羅繞一邊佛舍連崗松有籟民居濱岸柳
含烟但因王事登臨少未是無錢辦繡筵
廉使 朴中美
客子回眸嶺外天紛然勝槩入軒前炎居爽氣在州
上冬月暄風近海邊蓋岸楊堤浸春水竹籬茅屋起
秋烟四時清賞今猶古多少英雄嘯此筵
觀察使平原君 趙璞
金碧樓明壓水天昔年誰構此峯前一竿漁父雨聲

고려 시대 경상도안렴사慶尙道按廉使 박중미朴中美의 칠언율시七言律詩 부분

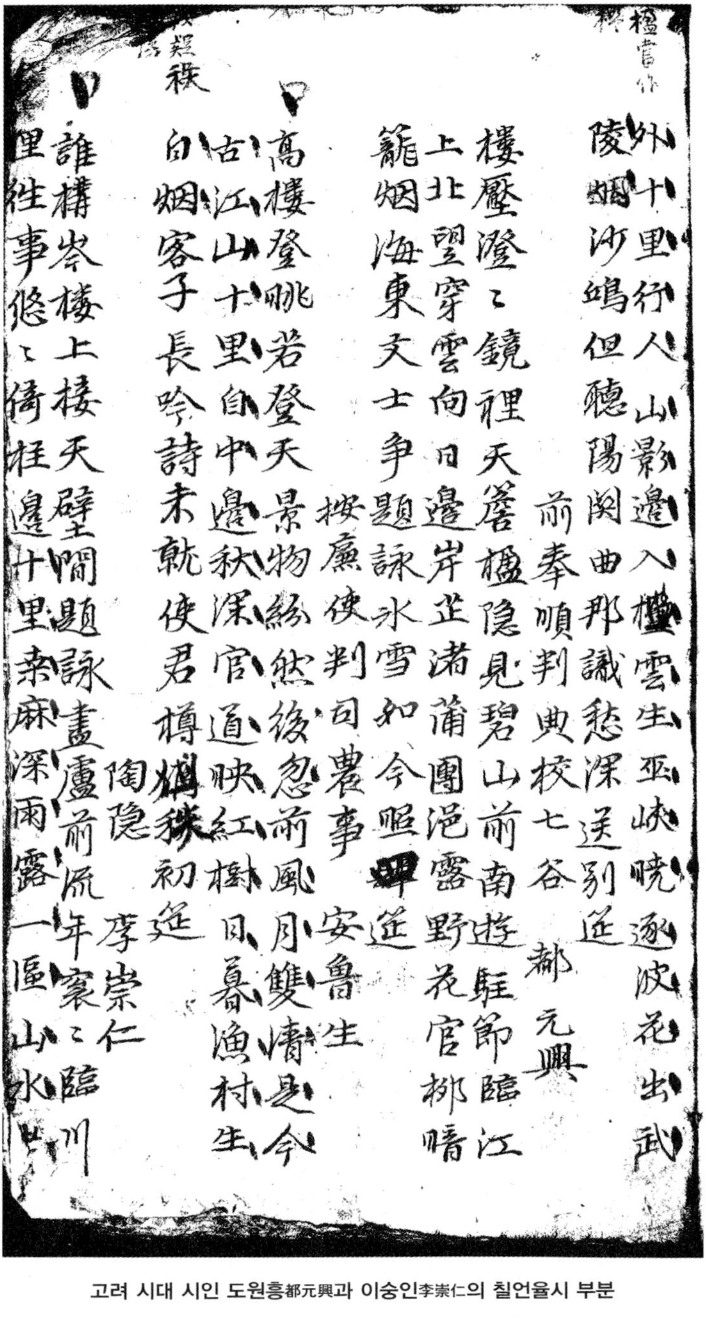
外十里行人山影邊入樓雲生巫峽曉迎波花出武
陵烟沙鳴但聽陽關曲那識愁深送別筵
前奉順判典校七谷 都元興
樓壓澄澄鏡裡天簷樞隱見碧山前南遊駐節臨江
上北望穿雲向日邊岸芷渚蒲團浥露野花官柳晴
籠烟海東文士爭題詠氷雪如今照[illegible]筵
按廉使判司農事 安魯生
高樓登眺若登天景物紛然後忽前風月雙淸是今
古江山十里自中邊秋深官道映紅樹日暮漁村生
白烟客子長吟詩未就使君樽[illegible]初筵
陶隱 李崇仁
誰構岑樓上接天壁間題詠盡盧前流年袞袞臨川
里往事悠悠倚柱邊十里桑麻深雨露一區山水

고려 시대 시인 도원흥都元興과 이숭인李崇仁의 칠언율시 부분

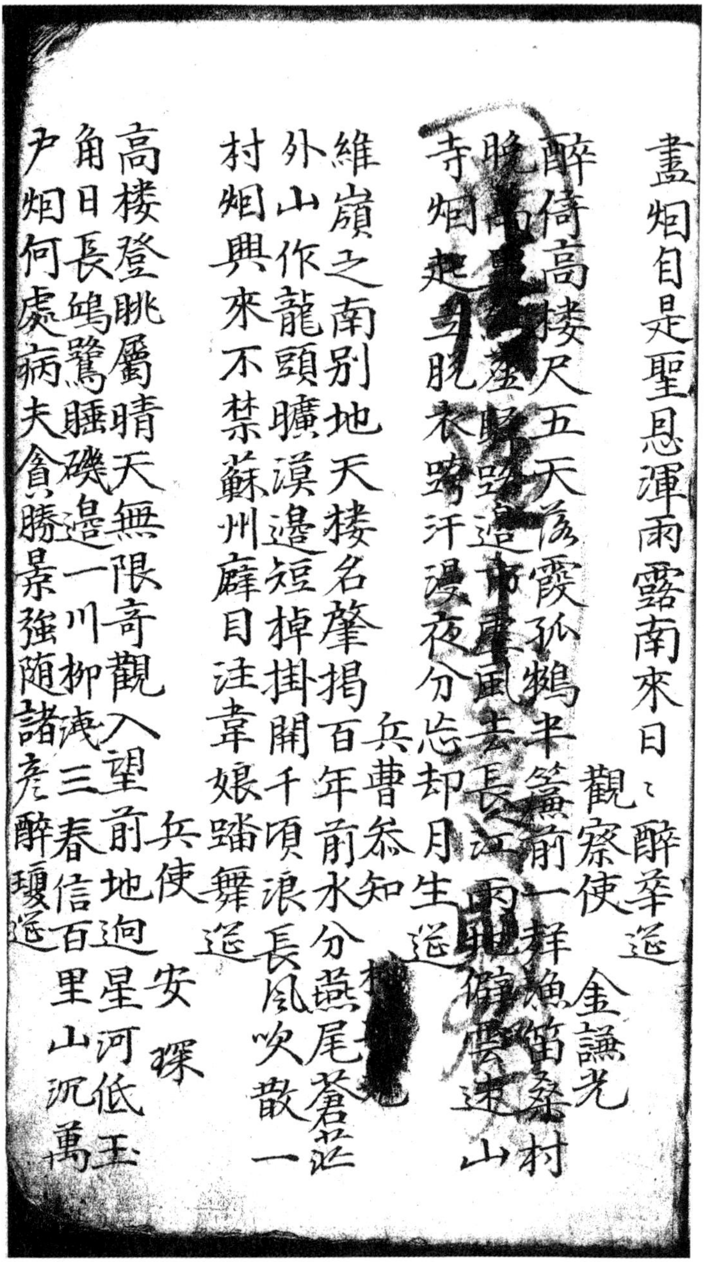
畫炯自是聖恩渾雨露南來日〻醉華筵
觀察使 金謙光
醉倚高樓尺五天落霞孤鶩半簾前一聲漁笛發村
晚[illegible]
寺炯起[illegible]脫衣[illegible]汗漫夜分忘却月生筵
兵曹叅知
維嶺之南別地天樓名肇揭百年前水分燕尾蒼茫
外山作龍頭矗漠邊短棹掛開千頃浪長風吹散一
村炯興來不禁蘇州癖目注韋娘蹈舞筵
兵使 安璪
高樓登眺屬晴天無限奇觀入望前地迥星河低玉
角日長鵁鶄睡磯邊一川柳浅三春信百里山沉萬
戶炯何處病夫貪勝景強隨諸彥醉瓊筵

병조참지兵曹參知 유자광柳子光의 칠언율시 부분(이름을 지움)

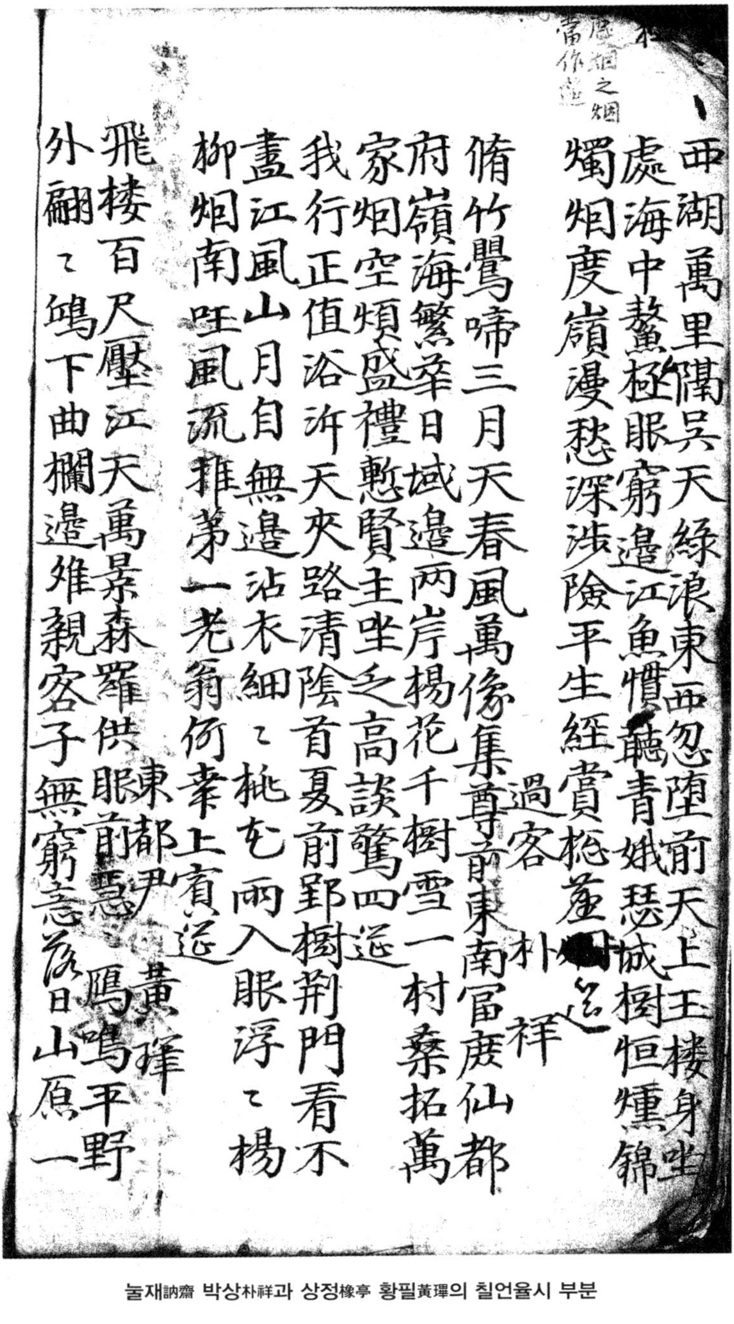

西湖萬里隔吳天綠浪東西忽墮前天上王樓身坐
處海中鰲極眼窮邊江魚慣聽青娥瑟城樹恒燻錦
蜀烟度嶺漫愁深涉險平生經賞總蓬[illegible]送
過客 朴祥
脩竹鸎啼三月天春風萬像集尊前東南富庶仙都
府嶺海繁華日域邊兩岸楊花千樹雪一村桑柘萬
家烟空煩盛禮勲賢主坐乏高談驚四送
我行正值浴沂天夾路清陰首夏前郢樹荊門看不
盡江風山月自無邊沾衣細細桃花雨入眼浮浮楊
柳烟南陌風流誰第一老翁何幸上貢送
東都尹 黃㻫
飛樓百尺壓江天萬景森羅供眼前思思鷗鳴平野
外翩翩鳴下曲欄邊雖親客子無窮意落日山原一

눌재訥齋 박상朴祥과 상정橡亭 황필黃㻫의 칠언율시 부분

일러두기

1. 이 책은 김병구 선생이 소장한 필사본『영남루시운嶺南樓詩韻』을 대본으로 하였다.
2. 인명, 지명, 관직명 등의 고유명사와 강조할 필요가 있는 어휘는 한글과 한자를 함께 표기하였다.
3. 번역문의 번잡함을 피하기 위해 동일한 내용의 주석은 꼭 필요한 경우가 아니면 처음에 제시한 이후 일일이 다시 언급하지 않았다.
4. 『영남루시운』은 영남루 본당, 능파당, 침류당, 객사 동헌, 덕민정, 남수정 등 영남루 관련 건물 6개소를 기준으로 기문, 상량문, 서문 등 산문이 앞부분에 배치되어 있고, 제영시와 차운시 등 운문 순으로 이루어져 있다. 또한 제영시는 '용천자운用天字韻'처럼 운목별韻目別로 절節이 분류되어 있으나, 일부는 운목이 누락된 경우도 있다. 이 책은 『영남루시운』의 편차를 그대로 유지하되, 운목이 누락된 경우 추가하고 이 사실을 주석을 통해 밝혔다.
5. 원문의 상·하단부 및 행간에 소자小字로 주석이 기재되어 있다. 이 주석은 원문의 오탈자, 작자의 인물 정보 등 본문을 이해하는 데 도움이 되므로, 이 책에서는 주석의 위치와 내용을 일일이 밝혔다.
6. 『영남루시운』은 산문과 운문의 후반부에 작자의 관직과 성명을 기재하였다. 관직은 특정 작품의 창작 연대를 추정하는 단서를 제공하므로, 비고를 통해 관련 자료를 제시하였다. 경상도관찰사와 경상도도사의 도임, 재임, 이임 관련 기록은 『증보 경상도선생안』(한국국학진흥원, 2005)을 참고하였다.
7. 이해의 편의를 위해 작자에 대한 인물정보를 생몰연대, 자호字號, 사마방목 등재연도, 관력官歷, 저서 등의 간략 자료를 제시하였다.
8. 부호는 다음과 같이 구분하여 사용하였다.
   (1) " " : 대화나 인용문을 표시할 때
   (2) ' ' : 대화 안의 대화, 재인용 등을 표시할 때
   (3) □ : 원문이 훼손되어 판독할 수 없는 글자
   (4) 『 』: 책명冊名을 표시할 때
   (5) 「 」: 편명이나 산문 작품을 표시할 때
   (6) 〈 〉: 시 작품을 표시할 때

영 남 루 제 1 장

영남루 본당

嶺 南 樓

기문記文

□ 김주金湊 영남루기嶺南樓記

경상도에서 이름난 고장 밀성군密城郡에는 관청 동쪽에 '영남嶺南'이라는 누각이 있다. 긴 강을 굽어보며 끼고 있고 넓은 들을 평평히 머금고 있어서 온 군내에서 더욱 경치가 좋은 곳이다. 을사년(1365) 봄에 내가 외관外官의 군수郡守가 되어 공무를 수행하다 남는 시간에 이 누각에 올라 보았다. 그런데 규모가 작아 건물이 작고 추녀가 짧아 바람이 비껴 불면 비가 들어오고 해가 기울면 볕이 들어와서, 누각에 오르는 것을 즐긴다 하여도 메마르거나 축축한 기운을 없앨 수 없었다.

그래서 낡은 것을 고치려고 모두 다 걷어 버리려고 했으나, 장인(工匠)을 얻기 어려워서 군내의 사람들에게 물었다. 모두들 말하기를, "어떤 군노郡奴 한 사람이 평소 훌륭한 장인으로 이름이 났지만, 이미 늙고 또 병들어 일을 맡기는 어렵습니다. 그러나 누워서 지시할 수는 있습니다."라고 하였다. 내가 곧 아전을 불러 장인을 수레에 태우면서 고금의 내력을 이야기하고, 진양晉陽(진주의 옛 이름)으로 보내 촉석루矗石樓의 제도를 그림으로 그리게 했다.

군노가 돌아올 때쯤 비로소 내 병이 조금 나았다. 그 덕에 일꾼들을 데리고 산으로 들어가 목재를 벌채하니, 날마다 조금씩 병에 차도가 있어 억지로 일어나 걸었다. 그 척도尺度를 헤아리고 승묵繩墨을 재면서 일에 몰두하니, 마칠 즈음에는 결국 병이 나았다. 이 어찌 천행이 아니랴.

집을 네모지게 넓히고 추녀를 겹쳐서 깊게 하여, 마루와 기둥이 넓고 높아서 바람과 비를 물리치게 되었다. 이윽고 단청을 올리는데, 사치스럽지도 않고 누추하지도 않았다. 그런 뒤에 바람과 비가 닥쳐도 근심하지 않고 뙤약볕의 뜨거움을 근심하지 않았다. 손님과 주인이 함께 기뻐하며 술을 서로 권하고 받았는데, 돌아다니고 움직이고 가만히 있기에 오히려 여지가 있고 올라가서 글을 읽으면 가슴속이 후련하니, 대개 좋은 경치의 고상한 멋을 더한 까닭이다.

밀양부사의 임기를 마치고 교대하여 조정으로 돌아가서 8년이 지난 임자년(1372)에 외람되게 안렴사에 선발되었다. 또 18년이 지난 기사년(1389)에 다시 관찰사의 임무를 받고 와서 이 다락에 오르니, 벌써 두 번이 된다. 돌아다보니 산천은 옛날과 같으나 누각이 더욱 새로움에 감탄했다. 산은 멀고 들은 넓으며 물은 멀고 하늘은 길며, 바람과 구름이 모습을 바꾸어 봄·여름으로 다르게 보이는 것은 참으로 조화造化가 무궁한 것이요, 농부가 밭에서 부지런하고 목동이 들에 가축을 놓아먹이며, 고기잡이가 물에서 나무꾼이 산에서 등을 구부리고 가고 오는 모습이 앞뒤로 잇따르고, 사람의 일이 그 사이에서 대사代謝하는 것은 또한 조화와 더불어 무궁한 것이다.

예전에 내가 군수가 되었을 때는 나이가 젊고 기개가 날카로웠고, 나와서 안찰하게 되어서는 이미 예전 같지 않았다. 하물며 오늘날에 와서는 또 더욱 쇠약해졌다. 24년 남짓을 굽어보고 우러러보며 회상하니, 윤택하던 얼굴이 변해서 푸르죽죽해지고 검던 머리가 바뀌어 희끗희끗해져서 다락 안의 보이는 것은 다 옛날에 보던 것인데 다락 안에서 보는 사람은 이미 옛 모습이 아니다. 어찌 바람을 쏘이면서 몹시 탄식하지 않을 수 있으랴.

비록 그렇지만 이것은 단지 소감 중에 작은 것일 뿐이다. 예컨대 군수이던 날에는 지위가 낮아 힘이 작았고, 안부가 되어서는 지위가 이미 높아져 힘이 커져서 당시에 유익한 일을 할 수 있을 것 같았으며, 지금에 와서는 지위가 더 높아져 힘 또한 커졌으므로 더욱 세상에서 유익한 일을 할 수 있다. 한 도道의 권세를 조종하고 12년이란 오랜 세월을 겪었는데도 한 가지 일도 나라를 돕고 백성에게 넉넉하게 하여 뛰어나게 이목耳目에 있고 밝고 밝게 금석金石에 새겨, 이 다락의 경치와 함께 무궁한 후세에 드리울 만하게 하지 못한 것으로 말하면 더욱 한탄할 일이다. 때문에 벽에 적어서 내 뜻을 털어놓는다.

홍무洪武 경오년庚午年(1390) 4월 일 관찰사觀察使 김주金湊 기記

◎ **김주** ㅣ 1339년(충숙왕 복위 8)-1404년(태종 4). 본관 낙안樂安. 1360년(공민왕 9) 문과 급제. 성균관직강, 문하평리겸대사헌 등 역임.

◎ **비고** ㅣ ㉮ 1374년 봄부터 여름까지 경상도안렴사로 재임. 1389년 10월부터 1391년 2월까지 도관찰출척사로 재임.

㉯ 『영남루시운』의 해당 부분 원문 훼손이 심하여, 『신증동국여지승람新增東國輿地勝覽』을 참고하여 보충하였음. 원문의 [ ] 안은 『신증동국여지승람』의 내용임.

密城在慶尙爲名區 而其廨宇東 有樓[曰嶺南 俯控]長川 平呑曠野 尤爲一郡之勝 乙巳之春 [予出爲宰] 視事之暇 乃觀斯樓 制度隘陋 屋小簷短 風斜[雨入] 日側陽來

雖樂登臨 難袪燥濕 思欲革舊 悉皆[撤去] 難其工匠 咨於郡人 僉曰 爰有郡奴 素稱良匠 [旣老且]病 難以執役 猶可臥而指授 余乃使吏牛馱[致之] 語以其故今 遣晉陽使圖矗石之制 及其[旣還 病始]小愈 又率徒役 入山取材 則日以差 强能[起而步 量其]尺度 視其繩墨 至畢其功 而遂以永[廖 斯豈非天幸歟] 方屋以廣 重簷以邃 軒楹宏敞 風雨[攸除 乃施舟艭 非陋]非侈 然後對雨斜風 不患其備 [賓主同歡 獻酬交作周旋動靜 猶有餘地 登臨嘯詠] 胸次恢廓 益有以增勝景之高致也 [見代還]立於朝著越八年壬子 濫承按部之選 又[十有八]年己巳 亦忝觀察之命 來登是樓 已至[于再 顧瞻如]舊 感歎彌新 山遙桝谿 水遠天長 風雲[變態 春夏異]觀者 固造化之無窮 而農勤于壟 牧放于原 [漁者于]水 樵者于山 傴僂往來 前後絡繹 人事之代[謝于其]間者亦與之無窮矣 昔余之爲宰也 年少氣銳 [及其]出按 已非其舊 況至今日 又益衰矣 俯仰二紀[之餘] 顔之渥者 變而蒼 髮之靑者 化而斑 樓中之寓目 [皆]舊觀 而寓目於樓中者 已非舊態 安得不臨風 而[三]歎歟 雖然此特所感之小者 若夫爲宰之日 位卑[力]小 爲按部也 位旣崇而力旣博 似可以有[爲於時矣] 及至於今位旣益崇而力亦[益博尤可以有爲於世矣] 操縱一道之權 經歷一期之久 未能有一事裨[於國]而裕於民 表表在耳目 明明利金石 可與斯樓之景 同垂於無窮者 益可歎矣 故誌于壁 以寫余志云

洪武庚午四月日 觀察使 金湊記

□ 신광한 申光漢 영남루중창기 嶺南樓重創記

밀양은 큰 고을로서 영남에서도 웅대한 곳이라 일컬어진다. 토질은 농사에 알맞고 산에는 밤이 많으며 물에서는 좋은 물고기가 생산된다. 전하는 말에 최생崔生이라는 사람은 죽으면서도 사모했다고 한다. 그러나 일이 많고 땅이 커서 이 고을을 담당하는 자가 참으로 대현大賢이 아니면 정치 교화를 실현하기 어려운 곳이다. 중간에 현縣으로 호칭을 낮추었다가 이제 다시 부府로 복귀한 지 오래되지 않았기에, 조정에서는 이곳 수령에 적합한 인물을 어렵게 여겼는데, 박세후朴世煦 공이 선발되었다.

박 공은 부사府使가 된 지 4년인데, 그 많은 주민을 풍족하게 하고, 풍족하게 한 다음에 교화를 더하였는데, 교화가 시행됨에 막힘이 없어 주민들은 비로소 가정에서는 효도하고 고을에서는 우애로우며 관청에서는 송사하는 문서가 없고 들에서는 노래를 불렀다. 이에 남은 힘으로 폐기되고 실추된 것을 다듬었다.

밀양부에 이 누각이 있은 지는 160년이다. 처음에 군사郡事 김주金湊가 창건하였고, 부사 안질安質이 중수하였다. 그 뒤 부사 강숙경姜叔卿이 규모를 넓혀서 고쳤는데, 이 또한 이미 80년이 흘렀다. 흔들리는 지도리는 날이 갈수록 삐뚤어지고, 허물어진 계단은 날이 갈수록 무너지며, 바래진 단청은 날이 갈수록 흐려졌다. 박 공은 답답한 마음을 풀고 지체된 기운을 끌어낸다는 누각의 취지에 맞지 않음을 걱정하고, 또 과객들이 올라가 조망하는 데 어려움을 염려하여 평소에 왕래하던 진사 구유온仇有溫과 상의하였다. 구생仇生은 이를 협찬하였다.

가정嘉靖 21년 임인년(1542) 가을에 감사 임백령林百齡 공에게 청하여 그 옛 건물을 바꾸어 새롭게 하였다. 관리는 격려하고 장인은 재능이 있어서 비록 사치스럽게 하지 말라고 경계하였으나 저도 모르게 장엄하고 화려하게 되었다. 들보를 올릴 무렵에 구생으로 하여금 상량문을 짓게 하였고, 낙성한 뒤에 누각의 고사를 살펴 나에게 서찰을 보내 기문을 요청하였다.

나는 말한다. 옛날 등왕각滕王閣에 왕발王勃이 서문을 짓고 한유韓愈가 기문을 지었다. 한유의 기문에 "이른바 등왕각을 보지 못했다."[1]라는 말

1 이른바……못했다 : 한유韓愈의 「신수등왕각기新修滕王閣記」에 "14년 언로로 문제를 일으켜 게양

이 있다. 이제 구생의 상량문을 보니 족히 왕발의 뒤를 이을 만한데, 박 부사朴府使는 또 나를 한유로 만들려고 한다. 한유는 참으로 글을 잘 지었으나, 등왕각을 보지 않고 기록하였기에 강산의 아름다움이나 누각에 올라 조망하는 즐거움을 빠뜨리고 말았다. 나와 같은 자는 보지도 못했고 글도 치졸하니, 이 누각의 기문을 짓는 일을 어찌 감당하랴.

대저 누관樓觀을 짓는 것은 비록 단지 경관의 아름다움 때문만은 아니지만, 또한 명승지에다 설치한 것이 많다. 그러므로 명명하는 것도 반드시 그 명승지를 취한다. 조령 남쪽에 누관의 명승지가 하나둘이 아니지만, 그곳에서 볼 수 있는 경치를 취하여 명명한 데 불과하니, 진주의 촉석루矗石樓나 안동의 영호루暎湖樓가 모두 여기에 해당한다. 그런데 이 누각은 곧바로 영남이라 명명하였으니, 아마도 영남의 빼어난 경관이 오로지 이곳에 있음을 일컬음이리라. 내가 비록 본 적은 없지만, 좋은 명칭으로 말미암아 이 누각을 가장 빼어난 곳으로 여긴다.

아, 명승지가 항상 그대로 있지 않음은 옛사람들이 슬퍼하던 바이며, 사물이 폐기되었다가 일어나는 것 또한 사물로서는 고유한 일이다. 명승지가 항상 그대로 있지 않기에 이 누각이 폐기되었고, 이 누각이 폐기되자 박 공朴公이 중수하였다. 누각은 비록 폐기되고 일어나는 데 다름이 있지만, 지는 노을과 외로운 따오기, 가을 물과 먼 하늘은 반드시 예나 지금이나 다름이 없으리라. 나는 이 누각에서 비록 공을 따라 노닐지는 못했지만, 공을 위하여 시를 읊을 수는 있겠다.

가정嘉靖 계묘년癸卯年(1543) 여름 지중추부사知中樞府事 신광한申光漢 기記

현으로 쫓겨났으며, 부임하는 길에 병을 얻은 채 바닷가에 당도하였다. 또 남창을 지나지 못해 이른바 등왕각을 보지 못했다.(十四年 以言事斥守揭陽 便道取疾以至海上 又不得過南昌而觀所謂滕王閣者)"라는 말이 있다.

◎ **신광한** I 1484년(성종 15)–1555년(명종 10). 본관 고령高靈. 자字 한지漢之·시회時晦, 호號 낙봉駱峰·기재企齋·석선재石仙齋·청성동주靑城洞主. 1510년(중종 5) 식년문과 급제. 승문원박사, 대사성, 좌찬성 등을 역임. 저서 『기재집企齋集』.

◎ **비고** I 『영남루시운』에 해당 부분의 훼손이 심하여 『기재집』을 참고하여 보충. 원문의 [ ] 안은 『기재집』의 내용임.

密陽號爲鉅府 雄于嶺南 土宜稼 山多栗 水產美[魚] 諺傳崔生且死而猶慕 然物衆地大 爲是府者 [苟非]大賢 治化所難究 民有殺其親者 中間降號爲[縣 今]復爲府者未久 朝廷難其守 以朴侯世煦[爲選 朴侯]爲府且四年 因其民之庶而富之 旣富而加[教 教之行]無所壅 民始知入孝而出弟 公無訟牒 野[有謳謠 於是]乃以餘刃 修及廢墜 府之有斯樓百六[十年 其始郡事]金湊創之 府使[安質]修[之 後府使姜淑卿恢其制而改之 亦已八]十餘年矣 棟之撓者日益[傾 階]之圮者[日益頹 丹雘]之漫漶者日益渝 侯旣患宣鬱導滯之莫[稱 又慮]過客之病於登眺 謀及常與游進士仇有溫 仇生從而贊之 嘉靖二十有[一年]壬寅秋 請諸監司林公百齡 易其舊而新之 吏[勸工]良 [雖戒以勿奢] 不自覺其過於壯麗 梁且上 倩文人仇有溫爲[之文]而拋之 旣成而落之 按樓之故 馳書與余 請記其事 余謂古有滕王閣 王勃爲之序 韓愈又爲之記而[曰] 未嘗觀所謂滕王閣者 今觀仇生之文 足繼王勃 而侯又欲使吾爲韓愈 韓愈固能於文 然未觀而記之 尙闕於江山之美 登望之樂 如余者 觀未及而文[且]拙 於記玆樓也奚 大抵樓觀之作 雖非止爲觀美 亦多因勝地而設 故名之者必取其勝 嶺之南樓觀之勝[者]非一二 不過取其所寓之景而名之 若晉之矗石 福之映湖者皆是已 而斯樓也直以嶺南名之 蓋謂嶺南之勝 專在于玆也 余雖未嘗觀 而因名之善 得斯樓之最勝也 嗟呼 勝地不常 古人所悲 物之廢興 亦物之所固有也 勝地不常 故玆樓廢 玆樓旣廢 而朴侯興之 樓雖有廢興之殊 而落霞孤鶩 秋水長天 必無古今之異 吾於玆樓 雖未獲從侯遊 亦可爲侯賦之[云]

嘉靖癸卯夏 知中樞府事 申光漢記

상량문 上樑文

□ 청도군수 淸道郡守 안주 安宙 영남루중수상량문 嶺南樓重修上梁文

천년의 큰 고을은 어진 사람들이 고을살이 나오길 바랐고,

웅장한 백 척 누각은 훌륭한 인재가 (결) 옴을 기뻐했네.

이에 대들보를 올리는 날

감히 축하의 노래[2] 펼쳐 보노라.

공손히 생각하건대

밀양부사 박세후朴世煦 공은

낭묘에 (결) 둔 재능과 덕이 드러났고

따사로운 햇살 이미 넓게 퍼져 변방을 다스리는 방법으로

2 축하의 노래 : 원문의 '燕賀'는 제비가 축하한다는 뜻으로, 두보杜甫의 시에 "난회의 종이로 모친에게 고명이 내려지자, 맑은 조정에 제비도 찾아와 축하를 하네.(紫誥鸞迴紙 淸朝燕賀人)"라는 구절에서 유래하였다.

추화현推火縣에 (결) 은택을 흠뻑 입혔네.
산천에는 누각이 있어 광채가 드러나고
자연은 공으로 말미암아 빛을 더했네.
(결) 가래나무 오동나무 자나무 칠나무[3]
질 좋은 토산물을 생산하고 풍년의 즐거움을 가르쳤네.
활쏘기, 말 몰기, 시서詩書 (결)
(결)
정치를 밝게 하고 서리와 백성들은 두려워하면서도 사랑했으며
명령은 간략하면서도 폐지되고 실추된 제도를 보수하여 부흥시켰네.
(결) 백성들을 괴롭히고
열이틀의 부역은 흡사 귀신이 부리듯 했네.
금관을 던져 서라벌 땅을 끌어 당겨 (결) 늘 태양 가에
왼쪽에는 능파당凌波堂을 오른쪽에는 침류당枕流堂을 두니 누관樓觀은 반 하늘에 아득하였네.
(결) 구름은 허공에서 상하로 거듭 열렸고
자리를 여니 빈주들이 다시 동남으로 아름답게 자리 잡았네.
점필재[4]의 문장을 이어받아 앞 시대 선배들보다 노력을 더하고
예전 중허[5]의 교화와 다스림을 회복하여 오늘날 다시 볼 수 있기 (결)
소 잡는 칼처럼 절묘하게 보전하여

---

3 가래나무……칠나무 : 이 구절은 『시경』 〈정지방중定之方中〉의 "개암나무와 밤나무를 심고, 가래나무와 오동나무와 자나무와 옻나무를 심으니, 장차 이것을 베어서 거문고와 비파를 만들 것이리라.(樹之榛栗 椅桐梓漆 爰伐琴瑟)"라는 구절에서 유래하였다.

4 점필재 : 김종직金宗直(1431–1492)의 호이다. 그의 본관은 선산善山, 자字는 계온季溫 · 효관孝盥, 시호는 문충文忠이다.

5 중허仲虛 : 권벌權橃(1478–1548)의 자字이다. 그의 본관은 안동安東, 호는 충재冲齋, 시호는 충정忠定이다. 1538년(중종 33) 경상도관찰사로 부임.

수봉修鳳의 솜씨를 넓히리라.

사방의 백성들은 다투어 아랑의 노래 부르니

이서군의 병든 나는 뭇사람들과 함께 칭송을 드린다.

(떡을) 들보 동에 던지세.

방장산 봉래산을 돌아보니

재악산載岳山은 푸른빛 보내 수놓은 문을 펼쳤고

나는 듯한 기와 구름 가운데로 들어와 높이 솟았네.

들보 서로 던지세.

높은 누각 위에서 흰 구름과 나란하고

붕새는 만 리를 날아 하늘 끝에 닿았으나

가시나무 누각은 끝내 난새와 봉황이 깃들일 곳 아니네.[6]

들보 남으로 던지세.

우리 원님의 다스림과 교화는 강과 연못처럼 무젖고

빽빽한 숲의 푸른 대나무는 들판을 더욱 넓히니

물빛과 하늘색 함께 짙푸르네.

들보 북으로 던지세.

백 무 넓은 들 평평하기가 마치 빗장 같고

섬돌 두른 뭇 향초들 푸른색 붉은색 섞였으니

맑은 바람 기원의 대나무에서 불어온다.[7]

들보 위로 던지세.

---

6 가시나무……아니네 : 후한後漢 고성령考城令 왕환王渙과 관련된 고사이다. 그가 구람仇覽을 주부主簿로 임명하려다가 국량이 크다고 여겨 "가시나무는 난봉이 깃들일 곳이 못 된다. 백 리 고을이 어찌 대현이 밟을 땅이리오.(枳棘非鸞鳳所棲 百里豈大賢之路)"라고 탄식하였다.

7 맑은……불어온다 : 『시경』 〈기욱淇奧〉에 "저 기수 가 물굽이를 한번 보시게. 푸른 대숲 울창하게 우거져 있지 않나.(瞻彼淇奧 綠竹猗猗)"라고 하였는데, 이 시는 위무 공衛武公의 덕을 기린 내용이다.

떠가는 구름 나는 새 저절로 오가고
손으로 두성斗星을 만지며 하사주를 마시노라니
아래로 사람들을 굽어보며 부질없이 창망하구나.
들보 아래로 던지세.
아득하고 긴 강물 흐름을 멈추지 않고
삼삼오오 예쁘게 화장한 아가씨들과 같으니
섬섬옥수 붙들고 금 술잔 보내리라.
바라건대 상량한 뒤에
거문고 소리 자천의 당에서 맑게 울리고[8]
언유言游의 땅에서 교화가 행해지기를.[9]
대현이 작은 고을을 다스리려[10] 잠시 허리를 구부리듯
신발이 한 쌍 오리[11]가 되면 좋은 날을 만나 성상께 조회하러 가기를.

청도군수淸道郡守 안주安宙

◎ **안주** | 1495년(연산군 1)-?. 본관 광주廣州. 자 태고太古, 호 치암恥庵. 1516년(중종 11) 문과 장원등제. 호조정랑, 청도군수, 밀양부사 등을 역임.

---

8 거문고……울리고 : 복자천宓子賤의 거문고라는 뜻으로, 지방관의 선정을 비유한 말이다. 공자孔子의 제자 복자천이 선보單父 고을의 수령이 되어서, 마루 아래로 내려오는 일이 없이 거문고만 연주했는데도 잘 다스려지며 교화가 이루어졌다는 고사가 전한다.

9 언유의……행해지기를 : 언유는 공문십철孔門十哲의 한 사람인 자유子游를 가리킨다. 그가 무성재武城宰로 있을 때 공자가 들렀다가 현가絃歌 소리를 듣고 웃으면서 이르기를 "닭을 잡는 데에 어찌 소 잡는 칼을 쓰리오.(割鷄焉用牛刀)"라고 말한 고사가 있다.

10 대현이……다스리려 : 후한後漢 환제桓帝 때에 고성考城의 현령 왕환王渙이 구람仇覽을 보내면서 말하기를 "가시나무는 난봉이 깃들일 곳이 못 된다. 백 리 고을이 어찌 대현이 밟을 땅이리오.(枳棘非鸞鳳所棲 百里豈大賢之路)"라고 했다는 고사가 있다.

11 한……오리 : 원문의 '雙鳧'는 지방 수령을 말하는데, 이는 왕교王喬와 관련된 고사이다. 그가 섭현葉縣의 영슈으로 있을 때 매달 수레나 말을 타지 않고도 먼 대궐로 와서 조회에 참석하였다. 명제가 이상하게 여겨 경위를 알아보니, 그가 올 때마다 오리 두 마리가 동남쪽에서 날아왔다. 그물로 잡아보니 왕교의 신발이 있었다고 한다.

巨府千年幸名賢之出守 雄樓百丈喜大才之來□ 玆擧鴻梁 敢陳燕賀 伏惟 府伯朴公世煦 廊廟之□□錯之材德 著晞陽已恢籌邊之制 澤洽推火□□□之規 山川有樓而輝光 雲物由公而潤色 □□□□椅桐梓柒 土産之良敎之豊樂 射御詩書 □□□□ 政明而吏民畏愛 令簡而廢墜修興 辛□□□□病民 浹辰之役疑使鬼 控金官而引徐伐地□□亘於日邊 左凌波而右枕流樓觀縹緲乎天半 □□而雲空再闢於上下 開筵則賓主復美於東南 陶□佔畢之文章並駕前昔 復古仲虛之治化更見今□ 妙全屠牛之刀 廓施修鳳之手 四境百姓爭唱兒郎之歌 伊西病夫並陳輿人之頌 抛梁東方丈蓬萊□顧中 載岳送青排綉闥 飛甍高起入雲空 抛梁西 樓高上與白雲齊 鵬程萬里接天極 枳棘終非鸞鳳樓 抛梁南 我公治化洽江潭 茂林修竹彌平野 水色天光共蔚藍 抛梁北 百畝方庭平似扃 繞砌群芳雜翠紅 淸風來自淇園綠 抛梁上 行雲飛鳥自來往 手捫星斗酌天漿 下視人寰空莽蒼 抛梁下 袞袞長江流不舍 兩兩三三紅粉娘 好將纖手送金罍 復願上梁之後 琴淸子賤之堂 化行言游之境 大賢屈百里縱折腰於一時 履舃化雙凫卽朝天之有日

淸道郡守 安宙

□ 회산 檜山 구유온 仇有溫
영남루중수상량문 嶺南樓重修上梁文

범 걸터앉고 용 서린 밀성부密城府는 빼어난 경치 최고며

새가 날개를 편 듯 높은 집 영남루, 기이한 경관 드러내었네.

처음에는 절집으로 인하여 기틀을 놓았으나

마침내 화려한 건물 퇴락하여 새로 창건하였네.

김 상국金相國[12]이 처음 건축했을 때에는 규모가 넓지 못했고,

강 사군姜使君[13]이 중수할 무렵에는 제도를 대부분 잃어버렸네.

그렇기 때문에 세월이 오래되지도 않았는데

기둥이 쉽게 흔들리고

낡은 인습에 따라 구차하게 연명되니

누가 결심하여 개수하겠는가?

생각하건대 우리 밀양부사 박세후朴世煦 공은

무지개를 토한 듯 담이 컸으며

옥이 선 듯 기이한 자태였네.

장작張鷟처럼 문장력이 높아

모두 중청전中靑錢이라 일컬었네.[14]

원림을 선발하여 사람들의 중망을 받았기에

모두들 검은 머리 재상이 될 줄 알았네.[15]

잠시 높은 벼슬을 그만두고

외직으로 나가 변방의 중요한 군을 맡았네.

반근착절의 상황에서 날카로운 칼을 시험하고[16]

---

12 김 상국金相國 : 1365년 영남루를 중창한 관찰사 김주金湊를 가리킨다.

13 강 사군姜使君 : 밀양부사로 부임하여 영남루를 중수한 강숙경姜叔卿을 가리킨다.

14 장작張鷟처럼……일컬었네 : 문장이 훌륭한 선비를 말한다. 『신당서新唐書』「장천열전張薦列傳」에 장작張鷟의 문장력을 칭송하면서 "장작의 문장이 청동전靑銅錢 같아서 만선만중萬選萬中한다." 라고 하여 사람들이 청전학사靑錢學士라 칭송했다는 말이 있다.

15 원림을……알았네 : 원림은 진晉나라 사람 왕순王珣을 가리킨다. 원문의 '黑頭公'은 소년의 나이로 높은 자리에 오른 사람을 말한다. 진晉의 환온桓溫이 진군陳郡의 사현謝玄과 왕순을 칭송하면서, 사현은 나이 40에 절도사節度使가 될 것이고 왕순은 흑두공黑頭公이 될 것이라고 한 말이 있다.

16 반근착절의……시험하고 : 원문의 '盤錯'은 '반근착절盤根錯節'의 준말로, 뿌리와 가지가 뒤엉킨 것처럼 상황이 복잡하여 처리하기 어려운 것을 말한다. 일반적으로 뛰어난 재능을 발휘할 수 있는 절호의 기회라는 뜻으로 쓰인다. 후한後漢의 우후虞詡가 "반근착절의 상황을 만나지 않는다면, 칼이 예리한지 무딘지 분간할 수가 없으니, 지금이야말로 내가 공을 세울 기회이다.(不遇盤根錯節 無

봄의 은택처럼 (결)
문서 처리하고 난 뒤 여가에
누각이 중수되지 않음을 한탄하였네.
이에 솜씨 좋은 장인을 구하여
때때로 그곳에서 노닐게 하고
강가의 흙과 재목 (결)
백부 (결) 장인들
일을 시작한 지 얼마 되지 않아 완성을 아뢰었네.
형세는 황학루의 크고 빼어남을 능가하고 (결)
단봉성丹鳳城[17]처럼 우뚝하여 채색한 기둥 위로 남포의 구름 날아가네.
포구의 아침 구름 빛 푸른 작라문雀羅門 흔들며 고깃배에 반짝이고
주렴 걷으니 서산에 지는 비 그림자 흰 마름 풀로 떨어진다.
물가의 향기로움은 어찌 목공의 (결)
생각하건대 우리 사또의 지혜로움은 산에 기이함을 더하고 물에 아름다움을 더했네.
천고의 신이한 경관을 새롭게 해 달은 다시 밝아졌고 바람은 다시 맑아졌으며
십분 기이한 광경 보태 누각의 승경과 나란하게 보이게 하네.
이에 갖추기 어려움을 알았기에
촉석루는 씻은 듯 맑고 아름답지만 조망이 시원하지 못하고

以別利器 此乃吾立功之秋)"라고 말한 고사가 있다.

17 단봉성丹鳳城 : 원문의 '丹鳳'은 단봉성丹鳳城의 준말로, 황제의 도성을 가리킨다. 이 구절은 당唐나라 왕발王勃의 『등왕각서滕王閣序』에 "채색 기둥 위에는 아침마다 남포의 구름이 날고, 붉은 주렴을 저녁에 걷어 올리면 서산의 비가 내린다.(畫棟朝飛南浦雲 朱簾暮捲西山雨)"는 구절을 인용한 것이다.

영호루映湖樓는 사방이 평평하지만 또한 지세의 빼어남이 부족하네.
김해의 연자루燕子樓와 울산의 태화루太和樓
영천의 명원루明遠樓와 양산의 쌍벽루雙碧樓는
바다와 가깝고 땅이 습해 소요하기에 적당하지 않고
강이 부족하고 산이 울퉁불퉁하니 어찌 흔쾌히 오를 수 있으랴.
만약 이 누각의 웅장하고 아름다운 모습이 다 펼쳐지면
앞선 여러 누각들에게 없었던 승경이 모두 여기로 모이리라.
오늘 들보를 올리는 날에
아랑의 노래 바치기를 청하네.
들보 동에 던지세.
용수산龍首山[18] 한 가지 늘어져 옥 같은 연꽃을 펼치니
해가 세 길쯤 올라와 봄 안개 걷히고
푸른 구슬을 태우며 산에 붉은빛 비친다.
들보 서에 던지세.
십 리 넓은 들판에 풀은 이들이들
삿갓 쓴 어부는 그물을 거두고
비끼는 바람 내리는 가랑비에 물안개만 자욱하네.
들보 남에 던지세.
맑은 낮 화려한 기둥에 기대 취해 보노라니
코를 찌르는 맑은 향기 드는 그윽한 곳
밤꽃에 바람 일어 꽃잎만 우수수 떨어지네.
들보 북에 던지세.

---

18 용수산龍首山 : 용두산龍頭山의 이칭.

꿈결처럼 펼쳐지는 솔바람 소리 성에 가득하고
오색구름 머문 곳이 바로 봉래산이니
푸른 산 너머로 한 줄기 새들이 가로지른다.
들보 위에 던지세.
희미한 상서로운 구름 아득하게 오르내리고
퉁소 소리 끊어진 곳, 황혼이 저물려 하니
달이 처마 끝에 천만 길로 떠오르네.
들보 아래에 던지세.
맑은 술동이 대나무 잎 술 백옥 잔에 따르니
세 줄로 늘어선 아름다운 기생들은 짧은 단조[19]를 잡고
고운 춤 맑은 노래 아침저녁으로 노니네.
바라건대 상량한 뒤에
소나무가 무성하게 우거지듯 대나무가 꽉 들어찬 듯하여[20]
해와 달은 조각한 들보와 가까워져 산하를 아름답게 하고,
햇살을 인도하고 풍운을 맞이해 붉은 난간 보호하고 다루茶壘[21]를 더하며
상서롭지 못한 백성들의 고통을 꾸짖어 멈추게 하고 길이 병란을 없애기를.
밭과 들판은 두 산줄기의 상서로움을 두루 갖추었고
여염에서는 다섯 벌의 바지노래로 칭송하네.[22]

---

19 단조 : 조槽는 현악기에서 현을 올려놓는 움푹 파인 격자格子를 말하는데, 단목檀木으로 만들면 단조檀槽라고 하고, 옥석玉石으로 만들면 석조石槽라고 한다.

20 소나무가……듯하여 : 이 말은 새 궁실을 낙성한 것을 축하하면서 그 건물을 형용한 표현이다. 『시경』 〈사간斯干〉에 "시내에는 맑은 물이 흘러내리고 그윽한 남산이 바라보이는 곳. 짙푸른 대숲이 우거진 듯 소나무가 무성한 듯(秩秩斯干 幽幽南山 如竹苞矣 如松茂矣)"이라는 구절이 있다.

21 다루茶壘 : 차를 마실 수 있는 공간을 가리킨다.

22 여염에서는……칭송하네 : 후한後漢의 염범廉范이 촉군태수蜀郡太守로 나가 백성들을 위한 정치를 펼치자 "염숙도여, 어찌 이리 늦게 왔는가. 평생에 속옷도 입지를 못했는데 지금은 바지가 다섯

백 척 높은 누각은 원룡元龍의 호기로운 기운을 과시할 필요 없으며[23]

만 칸 큰 건물은 공부工部의 기쁜 얼굴과 같기를 바라네.[24]

회산檜山[25] 구유온仇有溫

◎ **구유온** ㅣ 생몰년 미상. 호 하계荷溪. 1513년(중종 8) 사마시 급제.

虎踞龍盤密城居形勝之最 翬飛鳥革嶺南擅奇觀之雄 始因叢林之基 竟落華樓之創 金相國之肇建規模不恢 姜使君之重修制度多失 故歲月之未久而棟宇之易撓 擧因循而苟延孰決意而改構 惟我明府朴公世煦 虹蟠烈膽玉立奇姿 張鷟文高世 皆謂中靑錢 選元琳望重人 咸知作黑頭公 蹔虛鵷雛之班 出莅股肱之郡 試利器於盤錯流春澤於□□ □博領之餘閑 慨樓觀之不葺 爰求良匠 時使遊□ □□河濱之陶材□□浦之 栢斧□鋸□敦匠事□□□ 經之營之奏成功於不日 勢凌黃鶴之翼□□□ 丹鳳之嵬嵬畫棟飛南 浦朝雲光搖靑雀綵舫□ 簾捲西山暮雨影落白蘋 芳洲手段豈木工之□□□ 惟我侯之智山增奇水增麗 新千古之異觀月更□風更淸 添十分之奇絶等觀樓閣之勝 是知俱備之難 矗石瀟洒淸奇第欠眼界之曠遠 映湖周遭平□[26]亦乏

벌이나 되는구나.(廉叔度 來何暮 平生無襦 今五袴)"라고 칭송한 고사가 있다.

23 백……없으며 : 원룡元龍은 삼국시대 위魏나라 진등陳登의 자이다. 국사國士 허사許汜가 유비劉備와 이야기를 나누면서 "진원룡陳元龍이 나를 손님으로 대하려는 뜻도 없이 오랫동안 아무 말도 하지 않더니, 자기는 큰 침상 위에 드러눕고 나는 그 아래 침상에 눕게 하더라."라고 불평하였다. 그러자 유비가 "당신에게는 대접을 잘해 준 것이다."라고 하면서 "만약 소인 대접을 했더라면 자기는 백척루百尺樓 위에 올라가 눕고 당신은 땅바닥에 눕도록 했을 것이다."라고 말한 고사가 있다.

24 공부工部의……바라네 : 영남루에서 선비들을 예우하기 바란다는 뜻이다. 공부工部는 검교공부원외랑檢校工部員外郞을 지낸 당대唐代의 시인 두보杜甫를 가리킨다. 그의 시 〈초가집이 가을바람에 부서진 것을 노래하다(茅屋爲秋風所破歌)〉에 "어이하면 천만 칸 너른 집을 얻어, 천하의 빈한한 선비들 모두 즐거워하도록 덮어 주고, 산처럼 풍우에도 꿈쩍 않게 할거나.(安得廣廈千萬間 大庇天下寒士俱歡顔 風雨不動安如山)"라고 한 구절이 있다.

25 회산檜山 : 경상남도 창원의 옛 이름.

26 훼손된 글자는 '野' 자로 추정하여 번역하였다.

地勢之高明 金蔚之燕子太和 永梁之明遠雙碧 海近地濕不愜於逍遙 水劣山頑豈快於登臨 曷若斯樓之盡美 能聚諸城之所無 今値抛梁之辰 請奏兒郎之曲 抛梁東 龍巒一朶玉芙蓉 日出三竿春霧散 碧琉璃醮映山紅 抛梁西 平郊十里草萋萋 簑笠漁翁收網處 斜風細雨水雲迷 抛梁南 畫欄晴晝倚微酣 掠鼻淸香來甚處 栗花風起落毵毵 抛梁北 夢羅松濤聲滿郭 五雲何處是蓬萊 鳥外靑山橫一髮 抛梁上 藹藹祥雲迷俯仰 洞簫聲斷欲黃昏 月上觚稜千萬丈 抛梁下 竹葉淸樽白玉罍 三行紅粉把擅槽 妙舞淸歌朝又夜 伏願上梁之後 如松之茂似竹之苞 日月近雕梁令岳瀆 導迎景貺風雲護朱檻俾荼壘 呵禁不祥民瘼俱除兵塵永戢 田野遍兩岐之瑞 閭巷騰五袴之歌 百尺高樓 不必誇元龍之豪氣 萬間大廈 庶同期工部之歡顔

서문 序文

□ 성원도 成元度 서 序

내가 사방을 유람하면서 좋은 누관樓觀을 관람한 적이 많은데, 반걸음을 채 못 가 조망이 멀리 바라보여 확 트여 끝이 없는 것으로는 이 누각만 한 것이 없었다. 남쪽 고을의 아름다운 것으로는 복주福州(안동의 옛 이름)의 영호루暎湖樓, 울주蔚州(울산의 옛 이름)의 태화루太和樓, 금주金州(김해의 옛 이름)의 연자루燕子樓, 진주晉州의 촉석루矗石樓, 합주陜州(합천의 옛 이름)의 함벽루涵碧樓인데, 모두 이 누각에 비견할 수 없다. 여강驪江(경기도 여주를 관통하는 남한강의 이칭)의 청심루淸心樓, 평해平海의 망사루望槎樓, 단양丹陽의 봉소루鳳韶樓로 말하면 그 사이에서 우열을 겨룬다고 할 수 있다.

이 누각은 군의 길가에 자리잡아 북으로 소나무 언덕에 의지하고 서쪽으로 관도官道에 임하였다. 큰 강이 그 사이에 비껴 흐르고, 늘어서 있는 봉우리가 삼면을 겹겹이 에워싸고 있으며, 넓은 들이 아득하고 평평하여 바둑판과 같다. 큰 숲이 그 가운데에 무성하여 흐리거나 맑거나 아침이나 저물녘 사시의 경치가 무궁해서 시로는 다 기록할 수 없고 그림으로도 다 그려낼 수 없으니, 남방 산수의 신령한 기운이 밀양에 다 모여서 이 누각이 껴안고 있다.

내가 지정至正 갑신년(1344) 봄에 찰방察訪의 명을 받들어 이 도에 나와서 순행巡行하다가 이 군郡을 지나게 되었는데, 군수 유兪 공이 나에게 구경하기를 부탁하였다. 그래서 긴 구절로 된 율시律詩를 지어 판 위에 쓰니, 뒤에 오는 군자들은 거칠고 글솜씨가 좋지 못하다고 꾸짖지 말기를.

◎ **성원도** | 생몰년 미상. 1344년(충혜왕 5) 무렵 사망. 본명 성사홍成士弘. 광정대부, 도첨의찬성사, 집현전태학사 등을 역임.

◎ **비고** | ㉮ 성여신成汝信(1546–1632)의 『부사집浮査集』 제7권, 「부사선생세계도浮査先生世系圖」에 "사홍士弘–초명은 원도이다. 광정대부, 도첨의찬성사, 집현전태학사를 지냈다. 『고려사高麗史』에서는 '공의 문장은 당대의 으뜸이었다'라고 하였다. 충목왕 원년 을유에 서연을 설치하여 채하중, 한종유, 이제현, 박충좌, 성원도 등이 번갈아 모시고 강독하였다. 갑신년 봄에 영남루嶺南樓에 올라 으뜸으로 사운시四韻詩를 지었다. 부인은 철원군부인鐵原郡夫人 최씨崔氏로, 대호군大護軍 직直의 따님이다."라는 기록이 있음. ㉯ 『영남루시운』의 해당 부분 원문 훼손이 심하여, 『신증동국여지승람新增東國輿地勝覽』을 참고하여 보충하였음. 원문의 [ ] 안은 『신증동국여지승람』의 내용임.

吾遊於四方觀覽 樓觀之勝者多矣 不離跬步 登臨[眺]遠 豁然無極者 莫斯樓[之]若也 南方之美者 有福之[映湖 蔚]之太和 金之燕子 晉之矗石 陜之涵碧焉 皆[不能並]肩於斯樓 若驪江之淸心 平海之望槎 丹[陽之]鳳韶言之 則可謂甲乙於其間 斯樓處郡之路傍 [北]倚松岡 西臨官道 大江橫流於其間 列峀重圍於[三]面 廣野微茫平如棋局 大林薈蔚於其中 陰晴朝暮 四時之景無窮焉 詩不能盡記 畫不能盡摹 疑其南方山水之靈 聚密陽 而扶擁於斯樓也歟 余於至正甲申春 承察訪之命 出巡此道道過是郡 郡之倅兪公 屬余寓目 因作長句四韻 書于板上 後來君子 毋以拙惡爲誚

제영시 題詠詩

□ 제천자운 題天字韻

감찰장령監察掌令 성원도成元度

朱欄突兀襯雲天	붉은 난간 불쑥 솟아 구름 속 하늘에 닿았고,
列峀連峯湊眼前	줄지은 산 연이은 봉우리 눈앞으로 모였구나.
下有長江流不盡	아래로는 긴 강이 끝없이 흐르고,
南臨大野濶無邊	남쪽에는 큰 들이 가없이 넓도다.
村橋柳暗千林雨	마을 앞 다리의 버들 빛 어두워져 온 숲에 비 내리고,
官路花明十里烟	벼슬길 피어난 꽃은 십 리 아지랑이 속에서 밝다.
不欲登臨賞風景	올라가 풍경을 감상하고 싶지 않은 건,
恐人因此設歡筵	사람들이 환영연을 베풀까 두렵기 때문.

찰방察訪 감찰장령監察掌令[27] 성원도成元度

---

27 감찰장령監察掌令 : 고려 시대 감찰사監察司에 속한 종4품 벼슬로 대관臺官의 일원. 충렬왕 34년(1308) 종5품의 시어사侍御司를 종4품의 감찰장령으로 고쳤고, 공민왕 5년(1356)에는 다시 시어사로, 동왕 11년(1362)에 다시 장령으로, 동왕 18년(1369)에 시사侍史로, 동왕 21년(1372)에는 다

◎ **성원도** | 생몰년 미상. 1344년(충혜왕 5) 무렵 사망. 본명 성사홍成士弘. 광정대부, 도첨의찬성사, 집현전태학사 등을 역임.

초은樵隱 이인복李仁復

觸熱登臨秋滿天　더위 무릅쓰고 올랐더니 하늘 가득 가을이라,
眼中壯觀覺無前　눈앞의 장관은 전에 없던 경치로다.
山從西折橫雲表　산은 서쪽에서 꺾여 구름 밖으로 비꼈고,
水自東流繞岸邊　강물은 동에서 흘러와 언덕 가로 둘렀네.
急管繁絃閑日月　관현악 흥겨운 곡조에 세월은 한가롭고,
長林豊草好風烟　긴 숲 무성한 풀에 부는 바람이 좋구나.
留連光景何妨事　줄곧 노니는 광경이 어찌 일에 방해되랴.
爛醉終須踏錦筵　한껏 취해 마침내 비단 자리를 밟아야지.

초은樵隱 이인복李仁復

◎ **이인복** | 1308년(충렬왕 34)–1374년(공민왕 23). 본관 성주星州. 자 극례克禮, 호 초은樵隱. 성산군星山君 조년兆年의 손자. 저서『초은집樵隱集』.

시 장령으로 고쳤음.『고려사절요』 제25권 충혜왕 4년(1343)에 성원도가 감찰장령으로 근무했다는 기록이 보인다.

관찰사觀察使 이원李原

危樓高架嶺南天　높은 누각 영남 하늘에 걸려 있어,
十里奇觀一望前　십 리 빼어난 경치 눈앞에 다 들어오네.
晝靜灘聲來枕上　고요한 낮 여울 소리 베개맡에 닿고
日斜松影落庭邊　해 저물자 솔 그림자 뜰 가로 떨어진다.
田夫春務村村雨　농부들 봄일 하는데 마을마다 비 내리고
野店晨炊處處烟　들판에서 밥 지으니 곳곳마다 연기 나네.
憶得先君曾過此　선친께서 일찍이 여기를 방문하셨는데,[28]
還慚小子復張筵　부끄럽게도 소자가 다시 잔치를 엽니다.

관찰사觀察使 이원李原

◎ **이원** ㅣ 1368년(공민왕 17)–1430년(세종 12). 본관 고성固城. 자 차산次山. 호 용헌容軒. 저서 『용헌집』, 『철성연방집鐵城聯芳集』.

◎ **비고** ㅣ 1408년(태종 8) 8월부터 1409년(태종 9) 8월까지 도관찰출척사로 재임.

청도군淸道郡 지사知事 주소朱邵

誰構層樓別作天　누가 높은 누대 얽어 별도의 하늘을 만들었나,
無窮勝槩盪胸前　가없는 좋은 경치에 가슴이 뻥 뚫리는구나.
千秋月到埤梧上　천년의 달은 낮은 곳에서 오동나무 위로 닿고

28 선친께서……방문하셨는데 : 이원의 부친 이강李岡(1333–1368)은 공민왕 신축년(1361)에 경상도 체찰사로 부임하였다.

萬里風來堤柳邊　만 리 밖에선 제방 버드나무 가로 바람 불어온다.
松菊近軒通遠水　동헌 가까이 소나무 국화는 멀리 강물과 통하고
桑麻絶塞起孤烟　먼 변방의 뽕나무와 마에는 고즈넉이 안개 피어난다.
爭如此日蘊眞趣　어떻게 하면 오늘과 같은 참 경치를 쌓아 두었다가
陪侍從容慶會筵　곁에 모시며 부지런히 경사스러운 잔치 오갈꼬.

지청도군사知清道郡事 주소朱邵[29]

◎ **주소** ㅣ 1357년(공민왕 6)~?. 본관 웅천熊川.[30] 1417년(태종 17) 식년시 급제.

도사都事 백효삼白效參

□壓清江上倚天　아래로 맑은 강물 누르며 위로 하늘에 기대는데
蓐收先到九秋前　가을바람[31]이 아홉 해 전에 먼저 다달아 있었네.
盪胸遠岫層□外　먼 봉우리 겹겹 산 밖으로 흉금을 씻고
縱目長空鳥去邊　허공으로 눈 돌리니 하늘 가로 새들이 날아간다.
白雨催詩斜渡岸　하얀 비가 시를 재촉하며 벼랑을 비껴 건너가고
青山如畫□和烟　청산은 그림과 같아 아지랑이에 묻히네.

29 주소朱邵 : 원문이 훼손되어 이름은 우부방(⻏) 외에는 판독이 불가하다. 『세종실록』 13년(1431) 3월 8일에 "정연을 이조참판으로, 김맹성을 함길도도관찰사로, 주소를 지청도군사로 삼았다.(以鄭淵爲吏曹參判 金孟誠咸吉道都觀察使 朱邵知淸道郡事)"라는 기록을 통해 주소朱邵로 비정하였다.

30 웅천熊川 : 충청남도 공주의 옛 이름.

31 가을바람 : 원문의 '蓐收'는 금신金神, 즉 서방의 신으로, 가을의 숙살지기肅殺之氣를 띠고 형벌을 주관한다. 소호少皞라고도 한다.

名賢遊賞知多少　이름난 사람들 감상한 것이 얼마이던가?
瓊玉詞華映繡筵　옥같이 좋은 글귀 잔치 자리에 비치네.

도사都事 백효삼白效參

◎ **백효삼** ｜ 생몰년 미상. 본관 수원水原. 1417년(태종 17) 친시親試 급제. 부사직副司直, 사헌부지평司憲府持平 등을 역임.

◎ **비고** ｜ 조극관趙克寬(?–1453)이 도관찰출척사로 재임하던 1440년(세종 22) 12월부터 1441년(세종 23) 12월 사이에 경상도도사로 재직.

도관찰사都觀察使 민의생閔義生

誰起高樓半出天　누가 높은 누각 일으켜 하늘을 반쯤 뚫었나.
悠悠往事百年前　아득한 지난 일은 백 년 전과 같도다.
世緣興廢看雲散　세상에 맺어진 흥기와 쇠퇴 구름처럼 흩어지고
道體流行嘆水邊　도체의 유행을 알았기에 물가에서 한탄한다.[32]
樹木風來晴作雨　수풀에 바람 불어 맑은 날씨에 비가 내리고
牛羊野濶晚生烟　소 양 놓은 벌판 드넓어 저물녘에 아지랑이 인다.
田原縱是麥秋至　전원은 비록 보리 익는 계절이 되었지만
却恨無由設盛筵　까닭 없이 열리는 성대한 잔치를 원망하는구나.

도관찰사都觀察使 민의생閔義生

---

32 도체의……한탄한다 : 『논어』「자한子罕」에 "공자가 시냇가에서 '가는 것이 이 물과 같구나. 밤낮을 그치지 않는구나.'라고 하였다.(子在川上曰 逝者如斯夫 不舍晝夜)"라는 구절이 있는데, 이에 대한 주희朱熹의 주에 "천지의 조화는 가는 것은 지나가고 오는 것이 이어져서 한순간의 그침도 없으니, 바로 도체道體의 본연이다.(天地之化 往者過 來者續 無一息之停 乃道體之本然也)"라는 내용이 보인다.

◎ **민의생** ㅣ 1379년(우왕 5)–1444년(세종 26). 본관 여흥驪興. 자 의지宜之. 1396년(태조 5) 식년시 급제.

◎ **비고** ㅣ 1436년(세종 18) 11월부터 1437년(세종 19) 12월까지 경상도관찰출척사로 재임.

도관찰사都觀察使 권맹손權孟孫

閑上層樓四月天	한가롭게 층층 누각에 올라 사월 하늘 바라보니
一區形勝列於前	한 구역 빼어난 경치가 앞에 늘어섰구나.
山圍平野連雲塞	산은 들판을 에워싸 구름이 성채에 연잇고
江繞豐林入海邊	강은 울창한 수풀 휘둘러 바닷가로 들어가네.
牧笛短長橫[33]犢雨	목동의 피리 소리 들판에 내리는 비로 끊겼다 이어지고
漁簑隱現白鷗烟	어부의 도롱이 흰 새 같은 안개 속에서 드러났다 사라지네.
登臨已負探春興	올라 보니 봄날의 흥취를 찾겠다는 마음 이미 사라졌기에
擬向淸和醉倒筵	맑고 화창한 절기에 술 취해 자리에 거꾸러지고 싶네.

도관찰사都觀察使 권맹손權孟孫

◎ **권맹손** ㅣ 1390년(공양왕 2)–1456년(세조 2). 본관 예천醴泉. 자 효백孝伯. 호 송당松堂. 시호諡號 제평齊平. 1408년(태종 8) 식년문과 급제.

◎ **비고** ㅣ ㉮ 1441년(세종 23) 12월부터 1442년(세종 24) 12월까지 도관찰출척사로 재임.
㉯ 김영金瑛(1475–1528)의 『삼당유집三塘遺集』 권1에 〈영남루에서 외할아버지 권제평 공의 시를 공경하게 차운하다(嶺南樓敬次外曾王考權齊平公韻)〉가 있고, 부록에 이 시를 수록.

---

33 '橫' 자 두주頭註에 묵서로 "횡橫은 마땅히 목木이어야 한다.(橫當玄木)"라고 했다. 『삼당유고』에는 '黃' 자로 되어 있으며, 문맥으로 보아 '黃'이 옳다고 판단된다.

청도군淸道郡 지사知事 최덕지崔德之

陟彼危樓若上天	저 높은 누각 오르니 마치 하늘에 닿을 듯
登臨遣興也如前	정상에서 흥을 보내는 건 여전하구나.
樵還犬吠長林表	초동이 돌아오니 개 짖는 소리 긴 수풀 밖으로 들리고
春急鴉翻老樹邊	절구질 소리 급하여 까마귀는 늙은 나무 가에서 퍼득인다.
廨宇連甍皆鳥革	관청에 이어진 기와는 모두 새가 긴 날갯짓하는 듯
閭閻撲地捲狼烟	마을에 들어찬 여염집[34]에는 불 때는 연기 걷히네.
白雲千載悠悠事	흰 구름은 천년 동안 걱정 없이 흘러왔건만
一去何時返古筵	한번 떠나면 언제 옛 잔치 자리로 돌아올거나.

錙看遠峀數重橫	먼 봉우리 가늘게 보니 몇 겹으로 가로지르고
鏡樣凝川一帶平	거울 같은 응천은 평야를 길게 가로지르는구나.
點檢前賢吟未了	옛 현인들을 우러러보니 그 경지를 가늠하기 어렵고
管絃聲裏讀書聲	젓대 소리 가야금 소리에 책 읽는 소리 더하네.

청도군사淸道郡事 최덕지崔德之

◎ **최덕지** | 1384년(우왕 10)–1455년(세조 1). 본관 전주全州. 자 가구可久, 호 연촌烟村 · 우수迂叟 · 존양存養. 1405년(태종 5) 생원시 입격. 남원부사를 끝으로 관직에서 물러나 전남 영암 영보촌永保村에서 거주. 저서 『연촌집』.

◎ **비고** | ㉮ 원문에 최덕지의 관직으로 표기된 청도군사淸道郡事는 청도군 지사知事의 줄임말.
㉯ 『연촌집』에 천자운天字韻 이외에, 칠언절구 횡자운橫字韻 1수가 더 있음.

34 마을에……여염집 : 왕발王勃의 「등왕각서滕王閣序」 "마을에 들어찬 집들은 종을 울려 사람을 모으고 솥을 늘어놓고 밥을 먹는 집들이요, 큰 배들이 댈 곳을 찾아 서성거리는데 고물에는 청작, 황룡을 그린 배들이로다.(閭閻撲地 鐘鳴鼎食之家 舸艦迷津 靑雀黃龍之舳)"라는 구절에서 따온 말이다.

전前 좌사간대부左司諫大夫 김중곤金中坤

碧瓦朱欄半聳天　푸른 기와 붉은 난간 반쯤 하늘을 뚫고
江山風景盡奔前　강산의 경치들은 모두 앞으로 달려왔네.
孤帆出沒微茫外　외로운 배 아득하게 저편으로 출몰하고
列峀高低遠近邊　늘어선 봉우리 멀리에 우뚝 섰네.
文物繁華知古邑　번화한 문물로 이름난 옛 고을임을 알겠고
閭閻富庶藹祥烟　여염집도 풍족하여 상서로운 기운 어리네.
卽眞仙境非塵世　여기가 바로 속세가 아닌 선경이기에
坐久吟哦月照筵　달빛 비추는 자리에 오래도록 앉아 읊조리노라.

전前 좌사간대부左司諫大夫 김중곤金中坤

◎ **김중곤** ㅣ 생몰년 미상. 본관 서흥瑞興. 한훤당寒暄堂 김굉필金宏弼의 증조부.

◎ **비고** ㅣ ㉮ 전백영全伯英(생몰년 미상)이 도관찰출척사로 재임하던 1400년(정종 2) 8월부터 1401년(태종 원년) 4월 사이에 경상도도사로 재직.

㉯ 『세종실록』에 1440년(세종 22) 4월 2일 김중곤을 사간원좌사간대부로 제수, 7월 14일 사직서 제출, 7월 22일 예조참의로 승진한 기사가 있음.

도사都事 정설鄭枻

愛景登臨八月天　경치가 사랑스러워 올라 보니 팔월 하늘이라
岳陽奚獨美於前　악양루인들 어찌 이 앞에서 홀로 아름다울까.
川流噴向丹檻外　냇물은 붉은 난간 밖으로 화내며 흐르고
畦稼披黃碧壟邊　농가에선 두둑 가 누런 잡초를 뽑네.

水滿魚梁翻玉尺　물은 통발에 가득하여 옥빛 고기들 뛰어오르고
日斜牛巷鎖靑烟　햇살은 거리에 비껴 푸른 아지랑이 닫히네.
江山笑我漫多事　강산은 나를 보고 번다한 일 많다고 비웃으니
佳節都無一賞筵　좋은 시절에도 도무지 한번 감상하지 못했네.

도사都事 정설鄭枻

◎ **정설** | 생몰년 미상. 본관 청주淸州. 정추鄭樞의 손자. 1434년(세종 16) 알성문과 급제. 헌납獻納 등을 역임.

◎ **비고** | 원문이 훼손되어 정확한 성명을 판독하기 어려우나, 『경상도선생안』을 근거로 정설로 비정. 정설은 도관찰출척사 조서강趙瑞康(?-1444)이 재임하던 1437년(세종 19) 12월부터 1438년(세종 20) 12월 사이에 경상도도사로 재직.

삼도찰방三道察訪 정지담鄭之澹

危樓突兀可攀天　높다란 누각 우뚝 솟아 하늘을 잡을 듯
滿目奇觀列後前　눈 가득 기이한 경관 앞뒤로 늘어섰네.
十里江山渾似畫　십 리의 강산은 마치 그림처럼 아득하고
雙清風月自無邊　맑은 바람과 달은 저절로 다함이 없네.
半空疏雨飛孤鶴　반공에 가랑비 내려 외로운 학 날고
隔岸長林橫淡烟　언덕 저편 빽빽한 수풀엔 맑은 아지랑이 비끼네.
直欲夜深吹玉笛　밤이 깊어지자마자 옥피리를 불고 싶기에
待看明月照羅筵　밝은 달이 비단 자리에 비치는 걸 기다려 보네.

峯巒迢遞水縱橫　뭇 봉우리들 아득하고 강물은 종횡으로 넘치니
十里奇觀一樣平　십 리의 기이한 경관 한 가지 모양으로 평평하네.
晝永官閑無箇事　낮은 길고 공무는 한가로워 아무 일 없어
凭欄舒嘯賦秋聲　난간에 기대 추성부[35]를 노래하네.

삼도찰방三道察訪 정지담鄭之澹

◎ **정지담** ｜ 생몰년 미상. 본관 하동河東. 1405년(태종 5) 문과 급제.
◎ **비고** ｜ 김겸金謙(생몰년 미상)이 도관찰출척사로 재임하던 1422년(세종 4) 12월부터 1423년(세종 5) 12월 사이에 경상도도사로 재직.

경차관敬差官 신기愼幾

斯樓獨美古今天　이 누각은 예나 지금이나 홀로 빼어나
風月雙淸左右前　바람과 달 모두 말끔하게 좌우에 펼쳐지네.
芳草長林牛島外　향기로운 풀밭과 긴 숲은 우도 밖에 있고
黃花赤葉馬岩邊　국화꽃과 단풍잎은 마암 가에 피었네.
錦鱗出沒溶溶水　굽이 흐르는 강에는 금빛 비늘 출몰하고
白鷺飛廻靄靄烟　아스라한 아지랑이 속엔 백로들 배회하네.
時有安候偏記我　때마다 안 부사[36]는 유독 나만 기억하여
朝朝擧酒設紋筵　아침마다 술 들고 와 잔치 자리 마련하네.

35　추성부秋聲賦 : 송나라 문인 구양수歐陽脩가 52세 되던 해 가을에 쓸쓸한 바람 소리를 듣고 일어나는 감흥을 동자童子와의 대화 형식을 빌려 쓴 부賦이다. 가을바람의 처량함과 인생의 덧없음을 안타깝게 탄식한 내용이다.
36　안 부사安府使 : 1440년 밀양부사로 재직하던 안질安質(?–1447)을 가리킨다.

경차관敬差官 윤尹 신기愼幾

◎ **신기** | 1411–1493년(성종 24). 본관 거창居昌. 호 경재景齋.

◎ **비고** | ㉮ 경차관은 국방, 외교, 재정財政, 진제賑濟, 구황救荒, 옥사獄事, 추쇄推刷 등의 임무를 띠고 중앙에서 파견한 당하관급堂下官級 봉명출사관원奉命出仕官員임.

㉯ 『세종실록』 22년(1440) 11월 29일에 "예빈시윤 신기를 경상도에 보내어 곡식이 재앙으로 상한 것을 두루 살피게 하였다.(遣禮賓尹愼幾于慶尙道 巡審禾穀災傷)"라는 기록이 있음.

합천군수陜川郡守 하맹질河孟晊

高樓一上可攜天　높은 누각 한번 올라 보니 하늘을 잡을 듯
萬景無窮眼界前　온갖 경치 가없이 눈앞에 펼쳐지는구나.
霞映長林孤鶩外　울창한 숲으로 노을 져 외로운 오리 멀어지고
鷺窺淸澗戲魚邊　맑은 시냇가엔 해오라기가 물고기를 희롱하네.
短墻影動竹篩月　대발에 비친 달은 낮은 담장 그림자를 옮기고
平野光凝草浥烟　들판엔 빛이 응결되어 풀이 이슬에 젖네.
逸興遄飛吟浩蕩　아름다운 흥취 잽싸게 날아올라 호탕함을 노래하고
忘機爛醉勝仙筵　세상 잊은 나그네[37] 실컷 취하니 신선보다 낫다네.

합천군수陜川郡守 하맹질河孟晊

37 세상……나그네 : 원문의 '忘機'는 『열자列子』 「황제黃帝」에 기교심機巧心이 하나도 없는 바닷가의 주민에게 갈매기가 수도 없이 날아와 함께 노닐었다는 '구로망기鷗鷺忘機'에서 유래한 말이다. 세상일을 모두 잊고 은퇴하여 담박한 생활을 즐기는 사람을 말한다.

◎ **하맹질** | 1403년(태종 3)-1491년(성종 22). 본관 진주晉州. 자 조욱肇旭. 음사蔭仕로 합천군수陜川郡守에 이르렀으며, 1463년(세조 9)에는 청백리에 뽑혔다.

◎ **비고** | 이만도李晩燾, 『향산집響山集』 권15, 「청백리합천군수하공묘갈명淸白吏陜川郡守河公墓碣銘 병서幷序」.

관찰사觀察使 조서강趙瑞康

登眺初驚上九天　올라와 보며 하늘 끝[38]에 닿았음에 놀라건만

奇觀還似岳陽前　기이한 경관이 흡사 악양루 앞에 펼쳐진 듯하네.

和風牧笛南郊外　가을바람에 목동의 피리 소리 남쪽 교외에서 들리고

對月漁歌古渡邊　달을 마주한 어부의 노랫소리 옛 나루터에 퍼지네.

俠岸居民依綠竹　언덕 사이에 사는 백성들은 푸른 대나무를 의지했고

半空歸鴈隔長烟　반 허공을 돌아가는 기러기는 긴 노을과 멀어지네.

先憂仰慕希文意　먼저 근심했던 범희문의 뜻[39]을 우러러 사모하며

欲把蒼生置衽筵　뭇 백성들 잘 다스리려고 부임 잔치 벌였네.

관찰사觀察使 조서강趙瑞康

◎ **조서강** | ?-1444년(세종 26). 본관 배천白川. 자 자경子敬. 호 경은耕隱. 1415년(태종 15) 식년문과 급제. 형조참의, 도승지, 이조참판 등을 역임.

◎ **비고** | 1437년(세종 19) 12월부터 1438년(세종 20) 12월까지 도관찰출척사로 재임.

---

38 하늘 끝 : 원문의 '九天'은 일반적으로 구중천九重天의 약칭. 하늘을 뜻한다. 간혹 대궐을 상징하는 뜻으로도 쓰인다.

39 범희문의 뜻 : 범희문范希文은 소주蘇州 오현吳縣 출신이며 자가 희문希文인 범중엄范仲淹(989-1052)을 가리킨다. 그가 지은 「악양루기岳陽樓記」 마지막에 "천하 사람이 근심하기에 앞서 근심하고, 천하 사람이 즐거워한 뒤에 즐거워한다.(先天下之憂而憂 後天下之樂而樂)"라는 말이 있다.

관찰사觀察使 이선李宣

倦客登臨溽暑天　게으른 나그네 올라 보니 하늘이 무덥지만
澄江袞袞抱軒前　맑은 강물은 도도하게 누각 앞을 감싸네.
漁綸芳餌苔磯畔　이끼 낀 낚시터엔 좋은 미끼 그물 안에 있고
牧笛淸聲草野邊　목동의 맑은 피리 소리 들판 가로 들리네.
雨洗榴花凝絳霞　비가 석류꽃을 씻어 붉은 아지랑이와 엉기고
風吹麥穗起黃烟　바람이 보리 이삭에 불어 누런 안개 일으킨다.
紫震復命趨庭後　자신전[40]에 복명하고 추정의 가르침[41] 받은 뒤라
具慶堂中開慶筵　당중에 계신 부모님[42] 위해 경하 잔치 베푸네.

最愛層巒宿霧橫　겹겹 봉우리가 자던 안개 가로지르는 모습이 가장 좋아
凭欄四顧綠蕪平　난간에 기대 사방을 둘러보니 들판엔 온통 녹음이로다.
棠陰行役瓜期近　감당나무 그늘[43]에서 펼치던 정사도 임기가 다 되었으니
靜聽疎篁□[44]細聲　성근 대나무가 은은하게 전하는 소리를 조용히 듣는다.

---

40 자신전 : 원문의 '紫震'은 '紫宸'의 오기로 판단된다. 자신전은 당송唐宋 시대에 황제가 신하들을 접견하거나 외국 사신이 조회하고 경하하던 내조內朝의 정전正殿인데, 여기서는 대궐이라는 의미로 쓰였다.

41 추정趨庭의 가르침 : 공자가 홀로 뜰에 서 있을 때에 아들 백어伯魚가 종종걸음으로 그 앞을 지나가자(趨庭), 공자가 그를 불러 시詩와 예禮를 배워야 한다고 가르쳤던 고사가 있다. 전하여 아버지의 가르침을 뜻하는 말이 되었다.

42 부모님 : 옛날에 부모 모두 생존 시에는 구경具慶, 부친만 생존 시에는 엄시嚴侍, 모친만 생존 시에는 자시慈侍, 부모 모두 여의었을 때에는 영감永感이라고 하였다.

43 감당나무 그늘 : 원문의 '棠陰'은 『시경詩經』 〈감당甘棠〉에 "무성한 저 감당나무 가지를, 갈기지 말고 베지도 말라. 우리 소백이 쉬시던 곳이니라.(蔽芾甘棠 勿翦勿伐 召伯所茇)" 한 데서 온 말이다. 이 시는 남국南國을 순행巡行하면서 문왕文王의 정사政事를 편 소공召公의 덕德을 추모하여 부른 노래이다. 전하여 지방관의 선정善政을 의미한다.

44 이 구절은 한 글자가 누락되었으며, 원문의 '篁' 자와 '細' 자 사이에 동그라미 표시가 되어 있다. 동그라미는 후대에 첨기한 것으로 추정된다.

嶺南風景良多感　영남의 풍경은 참으로 감흥이 많지만
北望華山日日愁　북으로 화산[45]을 바라보며 날마다 근심하네.
却憶宣尼川上歎　도리어 중니가 냇가에서 탄식한 것 떠올리며[46]
俯看魚躍賞淸流　물고기 뛰는 모습 굽어보고 맑게 흐르는 물 감상하노라.[47]

관찰사觀察使 이선李宣

◎ **이선** | ?–1459년(세조 5). 본관 개성. 이성계의 외손. 시호 문량文良. 1432년(세종 14) 식년 문과에 급제.

◎ **비고** | 1438년(세종 20) 12월부터 1439년(세종 21) 11월까지 도관찰출척사로 재임.

도사都事 이영견李永肩

朱欄傑閣接窮天　붉은 난간 웅장한 누각 하늘 끝에 닿았고
無限奇觀掛面前　무한히 펼쳐진 기이한 경관 눈앞에 걸렸네.
列峀參差來北塞　늘어선 봉우리 울쑥불쑥 북쪽 가에 닿고
長江浩蕩繞南邊　긴 강 호탕하게 흐르며 남쪽 끝을 둘렀네.
曳紅平野三竿日　들판엔 붉은빛 끌어당겨 해가 이미 떠오르고[48]
橫碧孤村一帶烟　쓸쓸한 마을 가로지른 푸른 나무엔 아지랑이 걸렸네.

---

45 화산華山 : 서울의 삼각산을 가리키는데, 이 시에서는 서울, 또는 임금이 계신 궁궐을 뜻한다.

46 중니가……떠올리며 : 중니는 공자孔子의 자字이다. 공자가 시냇가에서 "가는 것이 이 물과 같구나. 밤낮을 그치지 않는구나.(逝者如斯夫 不舍晝夜)"라고 탄식한 말이 『논어』 「자한子罕」에 나온다.

47 물고기……감상하노라 : 『중용장구中庸章句』 제12장에 "『시경』에 이르기를 '솔개는 날아서 하늘에 이르고, 물고기는 못에서 뛴다.' 하였으니, 조화의 유행이 천지에 밝게 나타남을 말한 것이다.(詩云 鳶飛戾天 魚躍于淵 言其上下察也)"라고 하였는데, 이는 아름다운 자연 속에서 천지의 이치를 살펴 깨닫는 것을 말한다.

48 해가……떠오르고 : 원문은 '三竿日'인데, 해가 대나무 장대 세 배 높이만큼 뜬 것을 가리킨다. 통상 일상삼간日上三竿이라 하여 대개 오전 8–9시 무렵을 뜻한다.

客子登臨詩興足　나그네 올라와 보고선 시흥이 충분하게 일어나니

區區何用設佳筵　나를 위한 좋은 잔치 자리 마련할 필요 있겠으랴.

도사都事 이영견李永肩

◎ **이영견** ㅣ 1403년(태종 3)–1482년(성종 13). 본관 수안遂安. 호 석재石齋. 1429년(세종 11) 식년문과 급제. 이조정랑, 병조정랑, 우사간 등을 역임.

◎ **비고** ㅣ 도관찰출척사 이선李宣(?–1459)이 재직할 무렵인 1439년(세조 21) 8월 승문원교리에서 도임하여 11월에 산직으로 물러났다는 기록이 있음.

도사都事 권기權技

樓勢峥嶸上薄天　누각의 위세 찌를 듯 하늘에 닿고

最宜濃翠滴楹前　짙푸른 빛이 기둥 앞에 방울지는 모습 가장 좋구나.

縈紆客裏田畦裏　얽히고설킨 나그네 심사 밭이랑 안에 있고

隱映人家竹塢邊　대나무 제방 가에는 인가가 은은히 비치네.

勝景忽先還忽後　좋은 경치 홀연 앞에 있다가 또 뒤에 있으니

浮光非霧亦非烟　뜬 빛은 안개도 아니고 아지랑이도 아니라네.

莫言賤子題詩拙　보잘것없는 사람의 시 졸렬하다 하지 마소,

曾是抽毫侍禁筵　일찍이 붓 빼들고 경연을 모시던 몸이었다오.

도사都事 권기權技

◎ **권기** ㅣ 1405년(태종 5)–1467년(세조 13). 본관 안동. 자 유지有之. 부父 권우權遇. 1432년(세종 14) 식년시 입격. 사간원사간 등을 역임.

◎ **비고** ㅣ 도관찰출척사 권맹손權孟孫(1390–1456)이 재임하던 때에 봉훈랑 성균관직강 겸 종학박사宗學博士에서 경상도도사로 도임하여, 봉상시판관으로 이임.

김해교수金海教授 한권韓卷

登臨江水下觀天　마치 강물 위에 올라 하늘을 굽어보는 듯
陣陣淸風洒面前　밀려오는 맑은 바람 얼굴 앞에서 상쾌하네.
南北鴈聲朱檻外　붉은 난간 밖으론 남북으로 기러기 소리 들리고
淺深花色粉垣邊　울긋불긋 핀 꽃은 담장 가에 어지럽네.
氷輪侵簟三更月　얼음 바퀴 같은 달이 드리운 발을 침범하는 삼경의 밤
素練橫簷萬戶烟　흰 비단 처마 가로지르며 온 마을에 아지랑이 피네.
靑眼主人勤挽袖　반갑게 맞이하는 주인[49] 소매를 당기며 만류하기에
白頭詩客坐離筵　흰머리 근심하던 시객[50]은 송별 자리에 앉았네.

樓逈淸江一帶橫　누대 밖으로 맑은 강이 띠를 이루며 비끼어
坐看長野草連平　앉아 넓은 벌판 바라보니 풀들도 연이어 평평하다.
鳶飛在上魚潛下　하늘엔 솔개 날고 아래엔 물고기 뛰어오르며
中有武城絃管聲　그 중간에선 무성의 음악 소리 들린다.[51]

김해교수金海教授 한권韓卷

◎ **한권** ㅣ 1386년(우왕 12)–1448년(세종 30). 본관 곡산谷山. 자 가서可舒, 호 유선儒仙. 1411년(태종 11) 식년문과 급제. 승문원정자, 사간원우정언 등을 역임.

---

49 반갑게……주인 : 원문의 '靑眼'은 친한 사람을 대할 때의 눈매를 말한다. 진晉나라의 완적阮籍이 자기와 가까운 사람은 청안靑眼으로 맞이하고, 거만한 사람은 백안白眼으로 맞이하였다고 한다.

50 흰머리……시객 : 원문의 '白頭'는 두터운 교분을 가까이에서 계속 이어 갈 수 없게 된 것을 슬퍼하는 시 〈백두음白頭吟〉을 말한다. 〈백두음〉은 전한前漢 사마상여司馬相如의 처 탁문군卓文君이 지은 오언시로, 사마상여가 무릉茂陵 여인을 집으로 데려오려고 하자, 탁문군이 사마상여와는 백발이 되도록 정분을 잇지 못할 것이라는 내용으로 지은 시이다.

51 무성의……들린다 : 무성武城은 노魯나라 고을인데, 공자의 제자인 자유子遊가 이곳의 재宰로 있을 적에 공자가 그곳을 지나다가 현가絃歌 소리를 들었다는 고사에서 온 말이다. 전하여 정치를 잘하는 고을 수령의 덕을 칭송하는 말로 쓰인다.

악양부사岳陽府使 이백상李伯常

樓閣浮空水底天	누각이 허공에 떠 강물 아래에 하늘이 깔리고
萬船清景競來前	온갖 배들과 맑은 풍경 다투어 앞으로 달려온다.
騎牛牧豎穿林下	소 모는 아이와 목동은 수풀을 가로질러 내려오고
把釣漁翁坐石邊	낚싯대 움켜잡은 어부는 바위 가에 앉았다네.
日落岸沙橫淡月	해 진 절벽과 모래톱으로 맑은 달 가로놓이고
風微野店矗深烟	바람 산들 부는 들판 농가엔 짙은 연기 곧추섰네.
民無歌詠瓜期近	백성들 노래 들리지 않고 임기도 다 되어 가니
何夕承恩上綺筵	어느 저녁이면 성은을 입어 화려한 주연에 오를까?

악양부사岳陽府使 이백상李伯常

◎ **이백상** | 생몰년 미상. 본관 양성陽城. 1448년(세종 30) 밀양부사 역임.

◎ **비고** | 1450년(세종 32) 수산현守山縣에 덕민정德民亭 건립. 권람權擥(1416-1465)의 「수산현덕민정기守山縣德民亭記」 참고.

관찰사觀察使 원효연元孝然

我來登眺正春天	도입하여 조망한 게 바로 봄날이었기에
勝槩紛然摠在前	아름다운 경치 어지럽게 모두 앞에 있네.
瀲灩波光丹檻外	붉은 난간 밖으론 맑은 물결 빛나고
芳菲草色碧江邊	향기로운 풀빛은 푸른 강가로 이어지네.
群花爛熳鋪紅錦	온갖 꽃들은 붉은 병풍을 펼친 듯 붉게 타고
遠樹微茫帶翠烟	먼 수풀은 아스라이 푸른 안개를 띠었네.

翫景逍遙行樂足　소요하며 경치를 완상하니 즐거움 가득하건만
況邀心友敞華筵　게다가 마음 맞는 벗이 잔치 자리 열어 줌에랴.

客懷消盡此登樓　나그네 심사는 이 누각에 오르니 다 사라지고
只有胸中戀主愁　가슴속에는 다만 임금님 위한 근심만 남았네.
何日承詔趨鳳闕　언제 조서를 받들고 궁문으로 달려가
丹墀拜飮醉黃流　대궐 뜰에서 절하고 마시며 황류주[52]에 취할까.

관찰사觀察使 원효연元孝然

◎ **원효연** ｜ ?–1466년(세조 12). 본관 원주. 자 자순子順, 시호 문정文靖. 1432년(세종 14) 식년문과 급제. 1455년(세조 1) 좌익공신 3등에 책록. 한성부윤, 예조판서, 대사헌 등 역임.
◎ **비고** ｜ 1455년(세조 1) 7월에 예조참의에서 경상도관찰사로 도임, 1456년(세조 2) 8월에 이조참의로 이임.

영가永嘉 경력經歷 김계로金季老

畫閣崢嶸柱碧天　단청 칠한 누각 우뚝하게 푸른 하늘에 솟고
嶺南佳景華樓前　영남 지역의 아름다운 경치 화려한 누각 앞으로 모였네.
峯巒隱見浮雲裏　봉우리들은 뜬구름 속으로 드러났다가 사라지고
鷗鷺浮沈逝水邊　갈매기와 오리는 흐르는 물가에서 올라갔다 내려앉네.
日暖長堤飛柳絮　날 따사로워 긴 제방엔 솜 같은 버들개지 날리고
風和村畔起炊烟　바람 훈훈한 마을 어귀엔 불 때는 연기 피어나네.

52 황류주黃流酒 : 누른빛의 울창주로, 귀한 인재를 뜻한다. 『시경』 〈한록旱麓〉에 "아름다운 저 옥찬에 울창주가 담겨 있도다.(瑟彼玉瓚 黃流在中)"라는 말이 있다.

自多微末參高會　보잘것없는 몸이지만 좋은 모임에 참여하였기에

帽插花枝踏慶筵　모자에 꽃가지 꽂고 축하 잔치에 오른다.

영가永嘉[53] 경력經歷 김계로金季老

◎ **김계로** ｜ 생몰년 미상. 본관 안동安東. 부父 인순부윤仁順府尹 김돈金墩. 1445년(세종 27) 호조좌랑 김계로부터 1482년(성종 13) 장령 김계로까지 실록에 6회 검색.

◎ **비고** ｜ 원효연元孝然 관찰사가 재임하던 1456년(세조 1) 1월에 사정부정司正部正에서 경상도 경력經歷으로 도임.

경주부윤慶州府尹 권극화權克和

吾鄕風景似壺天　내 고향의 경치는 마치 신선세계와 같아

今古騷人幾咏前　고금의 시인들이 얼마나 많이 노래했던가.

瓊邑穩排平野畔　아름다운 마을이 들판 가로 주욱 늘어섰고

玉樓高起大川邊　옥 같은 누각 넓은 강가에 우뚝 솟았네.

鷺飛沙堤[54]晩來雨　기러기 나는 모래사장엔 저물녘 비 내리고

牛臥草堤晴後烟　소 누운 풀숲 언덕엔 개인 뒤 아지랑이 피네.

此日遲行同去魯　오늘의 더딘 걸음은 노나라를 떠날 때와 같으니[55]

閑看父老遞陳筵　한가롭게 부로들을 바라보며 잔치 자리 머무르네.

---

53 영가永嘉 : 경상북도 안동의 옛 이름으로, 김계로의 본관이다.

54 원문 '堤' 자 위에 묵서로 '際' 자를 써 놓았다.

55 오늘의……같으니 : 『맹자』「만장 하萬章下」에 "공자가 노나라를 떠날 때 '더디고 더디도다, 나의 이 걸음이여.' 하셨다. 이는 부모의 나라를 떠날 때의 도리가 그러했기 때문이다.(孔子之去魯曰 遲遲吾行也 去父母國之道也)"라는 말이 나온다.

경주부윤慶州府尹 권극화權克和

◎ **권극화** | 생몰년 미상. 본관 안동安東. 자 용부庸夫, 호 습재習齋. 1414년(태종 14) 알성문과 급제. 나주군수, 경주부윤 등 역임. 화산부원군花山府院君에 봉해짐.

◎ **비고** | 권상하權尙夏(1641–1721) 『한수재집寒水齋集』 권31, 「선조참판부군묘표先祖參判府君墓表」에 1433년(세종 15) 권극화가 경주부윤에 제수된 기록이 있음.

경차관敬差官 강진康晉

樓壓千層水底天 누각은 천 층을 압도하여 물 아래로 하늘이 흐르고

軒楹倒影漾階前 마루와 기둥은 그림자 거꾸러져 계단 앞에서 출렁인다.

鮮姸月色長江外 아리따운 달빛은 긴 강 밖으로 빛나고

錦鋪秋容大野邊 비단 같은 가을 물결 넓은 들판 가에 일렁이네.

桑柘村村開壽域 집집마다 뽕나무 심어 장수하는 태평성대 열리고[56]

絃歌處處遍炊烟 곳곳마다 현가 소리 들려[57] 불 때는 연기 피어오르네.

多少客子登臨賞 얼마나 많은 유람객들이 올라와 감상했으랴마는

還謝成侯勸就筵 또 성 사또[58]가 인사하며 잔치 자리에 오르길 권하네.

경차관敬差官 강진康晉

---

56 장수하는……열리고 : 원문의 '壽域'은 사람마다 천명天命대로 장수를 누리는 태평성대를 말한다. 두보杜甫의 〈상위좌승上韋左丞〉에, "팔방 끝까지 장수의 고장을 열고, 한 기운으로 우주를 다스리네.(八荒開壽域 一氣轉洪鈞)"라는 말이 보인다.

57 현가……들려 : 공자의 제자인 자유子遊가 노魯나라 무성武城의 재宰로 있을 때에 공자가 그곳을 지나다가 현가絃歌 소리를 들었다는 고사가 있다. 전하여 정치를 잘하는 고을 수령의 덕을 칭송하는 말로 쓰인다.

58 성 사또 : 당시 밀양부사로 재직 중이던 성순조成順祖(1418–1473)를 가리키는 것으로 추정된다.

◎ **강진** | 생몰년 미상. 본관 신천信川. 1420년(세종 2) 식년시 입격.

◎ **비고** | 1438년(세종 20년) 2월 15일 강진을 지평에 제수한 기록을 시작으로 1457년(세조 3) 2월 21일 봉상시판관까지 실록에 23회 검색.

관찰사觀察使 이계린李季麟

嶺南樓閣若撑天　영남루는 마치 하늘에 닿을 듯하여

孤鶩殘霞映榻前　외로운 기러기와 지는 노을이 침상 앞에 비치네.

遠近峯巒平野外　들판 밖으론 뭇 봉우리들이 들쑥날쑥하고

登臨嘯咏酒樽邊　올라와 읊조리며 술동이 술을 기울이네.

籠紗板上珠璣句　비단 감싼 시판엔 아름다운 글 새겨져 있고

樑地村中桑柘烟　한가로운 마을 뽕나무 밭으로 안개 피어나네.

倚柱彷徨添逸興　기둥에 기대 읊조리니 아름다운 흥취 더하고

水光山氣翠浮筵　물빛과 산색마저 잔치 자리를 푸르게 비치네.

관찰사觀察使 이계린李季麟

◎ **이계린** | 1401년(태종 1)–1455년(세조 1). 본관 한산韓山. 자 자경子耕. 이색李穡의 손자이며, 태종의 장녀인 정순공주貞順公州의 사위.

◎ **비고** | 1445년(세종 27) 7월에 동지돈녕부사에서 경상도관찰사로 도임, 1446년(세종 28) 8월에 사헌부대사헌으로 이임.

관찰사觀察使 김조金銚

誰道南方苦熟天	누가 남쪽 고을을 무더운 곳이라 했던가?
別秋應在此崖前	여기 언덕 앞에는 시원한 가을이 펼쳐졌네.
凄風來自平林外	서늘한 바람은 들판 수풀 밖에서 불어오고
爽氣侵從碧瀨邊	상쾌한 공기는 푸른 여울을 따라 들어온다.
山色周遭開翠幛	산색은 온 사방에 푸른 장막을 열었고
江流曲折引長烟	흐르는 강물은 굽이굽이 긴 안개를 당긴다.
莫嫌倦客憑軒久	게으른 나그네 난간에 오래 기댄다 탓하지 마소
更待東峯月上筵	동봉의 달이 잔치 자리 비추길 다시 기다린다오.

관찰사觀察使 김조金銚

◎ **김조** ㅣ ?–1455년(세조 1). 본관 김해金海. 자 자화子和, 호 졸재拙齋. 1411년(태종 11) 식년 문과 급제. 교리校理, 직장直長, 예조판서 등을 역임.

◎ **비고** ㅣ 1446년(세종 28) 8월부터 1447년(세종 29) 7월까지 경상도관찰사로 재임.

도사都事 김안생金安生

危樓登眺可捫天	아찔한 누각 올라 보니 하늘에 닿을 듯
山自盤回水繞前	산들은 빙 두르고 강물이 앞을 감싸네.
細雨牛羊青草岸	가랑비 소와 양 떼에 내려 언덕 풀 푸르고
夕陽鷗鷺白沙邊	백사장 가로 석양에 기러기 날아간다.
凝川日照收朝霧	응천에 햇살 비추어 아침 안개 걷히고
鈒浦雲橫起晩烟	삽포에 구름 비껴 저녁 아지랑이 일어난다.

吏散更深心思靜　아전들 돌아가자 조용했던 심사 다시 깊어져
風來几案月來筵　궤안에 바람 불어오고 자리에 달빛 비치네.
도사都事 김안생金安生

◎ **김안생** | 생몰년 미상. 본관 선산善山. 1429년(세종 11) 식년문과 급제. 정언正言 등을 역임.
◎ **비고** | 1446년(세종 27) 8월부터 1447년(세종 28) 7월까지 경상도도사로 재직.

교수관敎授官 유유柳侑

高閣淸華別地天　높은 누각 맑고 화려하게 하늘과 땅을 나누고
登臨爽氣到秋前　올라보니 상쾌한 기운 가을이 되기도 전에 알겠네.
大平風月興亡外　태평성대의 풍월은 흥망성쇠와 무관하기에
瀟洒江山嘯咏邊　나지막이 깨끗하게 씻긴 강산을 읊조린다.
樽酒歡餘一聲笛　술 취해 기쁜 나머지 젓대 소리 한 가닥 들리고
桑麻富處萬家烟　뽕나무 길쌈 넉넉하여 집집마다 연기 피어난다.
書生岸幘憑軒醉　서생이 두건 젖혀 쓰고 난간에 기대 취하니
宛若當年落帽筵　잔치 자리에 갓 떨어뜨린 일 완연하게 느껴지네.[59]
교수관敎授官[60] 유유柳侑

◎ **유유** | 생몰년 미상. 본관 고흥. 부父 유무柳務. 1411년(태종 11) 식년시 급제.

59 잔치……느껴지네 : 진晉나라 정서장군征西將軍 환온桓溫과 맹가孟嘉가 관련된 고사이다. 환온이 연회를 열었는데, 마침 바람이 불어 맹가의 오사모烏紗帽가 날려 땅에 떨어졌다. 술에 취한 맹가는 이 사실을 알아차리지 못하였는데, 맹가가 없는 사이에 환온이 맹가를 놀리려고 손성孫盛을 시켜 글을 짓게 했다. 맹가가 돌아와 즉시 지은 답글이 매우 빼어나 온 좌중이 감탄했다고 한다.
60 교수관敎授官 : 조선 시대 서울의 사학四學 및 도호부都護府 이상 각 읍의 향교에 둔 종6품 문관.

관찰사觀察使 윤호尹壕

黜陟才疏自愧天　재주 없다 쫓겨나 스스로 하늘에 부끄럽건만

爲州復憶十年前　고을을 다스리자니 십 년 전이 다시 떠오른다.

日長襦袴謳歌裏　하루 종일 속옷과 바지 칭송하는 노래 들리고[61]

春在桑麻雨露邊　비와 이슬 내리는 봄에는 누에 치고 길쌈하였네.

有志澄淸追攬轡　고삐를 쥐고 천하를 맑게 하려는 뜻을 품었으나[62]

無心圖畫上凌烟　능연각에 초상화 걸리기를 바라지는 않았네.[63]

早知鞅掌宜吾分　일찍부터 나랏일로 분주함이 내 직분임을 알았으니[64]

懶上樓臺踏醉筵　나른하게 누대에 올라 술자리에 앉아 본다.

관찰사觀察使 윤호尹壕

◎ **윤호** | 1424년(세종 6)-1496년(연산군 2). 본관 파평. 자 숙보叔保. 관찰사 이원李原의 외손. 1472년(성종 3) 식년문과 급제. 경상도관찰사, 병조참판 등을 역임.

◎ **비고** | 1475년(성종 6) 2월 27일 사복시정에서 경상도관찰사로 도임, 1476년(성종 7) 4월 7일에 동지중추부사로 이임.

---

61 속옷과……들리고 : 백성들이 고을 수령의 어진 정사에 감복하여 송가頌歌를 부른다는 뜻이다. 동한東漢의 염범廉范이 촉군태수蜀郡太守로 부임하여 예전 법규를 개혁하고 백성들을 위한 정치를 펼쳤다. 이에 백성들은 "염숙도여 어찌 이리 늦게 왔는가. 불을 금하지 않으시어 백성이 편케 되었구나. 평생에 속옷도 입지를 못했는데 지금은 바지가 다섯 벌이나 되는구나.(廉叔度 來何暮 不禁火 民安作 平生無襦 今五袴)"라고 노래를 불렀다는 고사가 있다.

62 고삐를……품었으나 : 후한後漢의 범방范滂이 기주冀州의 정정政情을 살피려고 출발할 때에 "수레에 올라 고삐를 손에 쥐고서는 천하를 정화시킬 뜻을 개연히 품었다.(登車攬轡 慨然有澄淸天下之志)"라고 했다는 고사가 있다.

63 능연각에……않았네 : 능연각凌煙閣은 공신각功臣閣의 이름으로, 당 태종唐太宗이 정관貞觀 17년(643)에 공신 24명의 초상화를 이곳에 걸게 하였다.

64 일찍부터……알았으니 : 『시경』 〈북산北山〉에 "누구는 부름도 전혀 받지 않고, 누구는 참혹하게 고생을 하며, 누구는 제멋대로 거드럭거리고, 누구는 나랏일로 정신없이 분주하누나.(或不知叫號 或慘慘劬勞 或棲遲偃仰 或王事鞅掌)"라는 말이 있다. 여기서 '앙장鞅掌'은 매우 바쁘고 번거로움을 의미한다.

안렴사按廉使 박중미朴中美

華構翬飛尺去天　날아갈 듯 멋지게 얽어 하늘과 거리가 지척이고
凭欄風景華吾前　난간에 기대니 풍경이 화려하게 내 앞에 펼쳐지네.
山爲翠帳圍三面　산은 푸른 병풍이 되어 삼면을 둘렀고
江作靑羅繞一邊　강물은 푸른 비단이 되어 일대를 감싸네.
佛舍連崗松有籟　절집은 언덕에 연이어 소나무에선 퉁소 소리 들리고
民居隔岸柳含烟　벼랑 양편의 민가는 버드나무에 안개 머금었네.
但因王事登臨少　다만 공무를 수행하려 오르는 이들은 드물기에
未是無錢辦繡筵　없는 돈으로 애써 화려한 잔치 마련하지는 않네.

염사廉使[65] 박중미朴中美

◎ **박중미** ｜ 생몰년 미상. 본관 밀양密陽. 부父 국간菊磵 박진록朴晉祿. 고려 충목왕忠穆王 때 등제, 중서령中書令, 보문각대제학寶文閣大提學 등을 역임.

◎ **비고** ｜ 1360년(공민왕 9) 가을부터 겨울까지 경상도제찰사慶尙道提察使로 재임.

관찰사觀察使 조한趙瑾

客子回眸嶺外天　나그네 눈동자를 영남 밖 하늘로 돌리고
紛然勝槩入軒前　분연하게 들뜬 마음 다락 앞에 들어왔네.
炎晨爽氣在川上　더운 날 새벽엔 상쾌한 기운이 냇가로 퍼지고

65　염사廉使 : 안렴사按廉使의 이칭.

冬月暄風近海邊　겨울 달은 가까운 바다에서 따뜻한 바람 몰고 오네.
蒹岸楊堤沒春水　언덕의 갈대와 제방의 버드나무엔 봄물이 깊어지고
竹籬茅屋起秋烟　대 울타리 두른 초가집엔 가을 안개 피어나네.
四時淸賞今猶古　사시사철 청아한 감상은 예나 지금이나 같은데
多少英雄嘯此筵　얼마나 많은 영웅들이 이 자리를 읊조렸을까.

관찰사觀察使 평원군平原君 조한趙瑊

◎ **조한** ㅣ 생몰년 미상.

◎ **비고** ㅣ ㉮ 1399년(정종 원년) 8월부터 1400년(정종 2) 8월까지 경상도관찰사로 재임.
㉯ 평원군은 평성군平城君의 오기. 『태종실록』 3년(1403) 8월 20일에 "최유경으로 판한성부사를 삼고, 조견으로 좌군도총제평성군을 삼았다.(以崔有慶爲判漢城府事 趙狷左軍都摠制 平城君)"는 기록이 있음. 조한과 조견은 동일인임.

전교시典敎寺 판사判事 도원흥都元興

金碧樓明壓水天　금빛 물결 밝은 누각, 물속에 잠긴 하늘
昔年誰構此峯前　예전에 누가 이 봉우리 앞에 만들었던가.
一竿漁父雨聲外　빗소리 밖에선 삿대 하나로 저어 가는 어부 있고
十里行人山影邊　십 리 길 떠나는 나그네 산 그림자 따르네.
入楹[66]雲生巫峽曉　새벽에 무협에서 핀 구름 난간으로 들어오고
逐波花出武陵烟　물결 따라 꽃은 무릉의 안개에서 나온다.

66 원문에 '楹' 자를 지운 흔적이 있고, 두주에 "영楹은 응당 함檻으로 써야 한다.(楹當作檻)"라는 주석이 있다. 번역도 두주를 따랐다.

沙鷗但聽陽關曲　모래사장 갈매기 단지 양관곡[67]만 듣더라도
那識愁深送別筵　깊이 근심하며 전송하는 자리를 어찌 알리오.

전前 봉순대부奉順大夫 판전교判典校[68] 칠곡七谷[69] 도원흥都元興

◎ **도원흥** ㅣ 고려 시대 인물, 생몰년 미상. 성주 도씨 도순都順의 6세손. 대광보국숭록대부문하시중첨의찬성사大匡輔國崇祿大夫門下侍中僉議贊成事에 올랐으며, 왜구토벌倭寇討伐의 전공戰功으로 성산부원군星山府院君에 추봉追封.

◎ **비고** ㅣ 이색李穡, 『목은집牧隱集』「시고」 권5, 〈도원흥을 천거하다(薦都元興)〉.

안렴사按廉使 안노생安魯生

樓壓澄澄鏡裏天　누각이 맑은 강물 압도하니 거울 속에 하늘 담긴 듯하고
簷楹隱見碧山前　처마와 기둥 앞으로 푸른 산이 드러났다 사라지네.
南遊駐節臨江上　남쪽에선 안렴 멈추고 잠시 강가에 노닐었으며
北望穿雲向日邊　북쪽으로 구름을 뚫고 태양 가장자리를 바라보네.
岸芷渚蒲團浥露　벼랑의 갈대와 물가의 부들은 때맞춰 이슬에 젖었고
野花官柳暗籠烟　들판의 꽃과 관청의 버들은 진하게 안개를 둘렀네.
海東文士爭題詠　해동의 문사들이 시문을 다투었으니

67 양관곡陽關曲 : 양관은 옛 관명關名으로 이곳에서 손님을 전송했기에 이별을 뜻하는 말로 쓰인다. 왕유王維의 〈송원이사안서送元二使安西〉에 "위성의 아침 비가 가벼운 먼지 적시니, 객사는 푸르고 버들 빛이 새롭구나. 그대에게 한잔 술 더하라 권한 까닭은, 서쪽으로 양관 나가면 친구가 없기 때문일세.(渭城朝雨浥輕塵 客舍靑靑柳色新 勸君更進一杯酒 西出陽關無故人)"라고 한 말이 있다.

68 판전교判典校 : 전교시典校寺의 으뜸 벼슬인 판사判事를 가리키며, 전교시는 고려 시대에 경서經書와 축문祝文, 상소上疏 등을 맡아 보던 관청.

69 칠곡七谷 : 경상북도 성주의 옛 이름.

氷雪如今照肆[70]筵　오늘까지 빙설과 같은 글들이 사방 자리를 비추네.

안렴사按廉使 판사농사判司農事 안노생安魯生

◎ **안노생** ㅣ 생몰년 미상. 본관 죽산竹山. 1391년(공양왕 3) 4월에 군자시소윤軍資寺少尹으로 서북면찰방별감西北面察訪別監에 부임. 벼슬은 예조참의, 충청도관찰사 등을 역임.

◎ **비고** ㅣ 1401년(태종 원년) 4월부터 9월까지 경상도안렴사로 재임.

도은陶隱 이숭인李崇仁

高樓登眺若登天　높은 누각 올라 보니 하늘에 오른 듯

景物紛然後忽前　좋은 경치 황홀하게 앞뒤로 펼쳐졌네.[71]

風月雙淸是今古　바람과 달이 청아한 건 고금에 변함없고

江山十里自中邊　강산은 십 리에 저절로 안팎을 이루었네.

秋深官道映紅樹　가을 깊어 큰길엔 붉은 나무 어른거리고

日暮漁村生白煙　해 저문 어촌에는 흰 연기 피어오르네.

客子長吟詩未就　나그네는 길게 읊조려도 시 못 짓는데

使君樽酒秋[72]初筵　사또가 차린 상 손님 맞아 정결하네.[73]

---

70 '肆' 자 위에 묵서로 '四' 자를 썼다. 문맥으로 보아 '四'가 옳으며, 번역도 주석을 따랐다.

71 좋은……펼쳐졌네 : 사방에 펼쳐진 경치가 말로 표현할 수 없을 만큼 너무도 아름답다는 말이다. 안연顔淵이 스승인 공자의 덕에 대해서 "우러러볼수록 더욱 높고 뚫을수록 더욱 견고하며, 바라보면 눈앞에 있다가 홀연히 등 뒤에 있기도 하다.(仰之彌高 鑽之彌堅 瞻之在前 忽焉在後)"라고 칭송한 말이 『논어』「자한子罕」에 나오는데, 이에 대해서 주희는 "앞에 있다가 홀연히 뒤에 있다는 것은 황홀해서 어떻게 형용할 수가 없다는 말이다.(在前在後 恍惚不可爲象)"라고 하였다.

72 원문에서 '酒' 자를 지우고 '俎' 자로 고친 흔적이 있다. 『도은집陶隱集』 '俎'. 번역도 '俎' 자로 하였다. 또한 '秋' 자를 지우고 '秩' 자로 고친 흔적도 있다. 『도은집』 '秩'. 번역도 '秩' 자로 하였다.

73 손님……정결하네 : 『시경詩經』 〈빈지초연賓之初筵〉에 "손님이 처음 자리에 나갈 때는 좌우가 질

도은陶隱 이숭인李崇仁

◎ **이숭인** | 1347년(충목왕 3)–1392년(태조 1). 본관 성주. 자 자안子安, 호 도은陶隱. 공민왕 때 문과에 급제. 지밀직사사, 동지춘추관사 등을 역임. 저서 『도은집陶隱集』.

◎ **비고** | 『도은집』 권2, 〈영남루에 제하다(題嶺南樓)〉.

호정浩亭 하륜河崙

誰搆岑樓上接天	하늘에 닿을 듯한 누각 누가 지었나?
壁間題詠盡廬前	벽에 걸린 제영은 모두 고려의 시로다.
流年袞袞臨川裏	냇가에서 보노라니 세월은 늠실늠실
往事悠悠倚柱邊	기둥에 기대 생각하니 지난 일 아득하네.
十里桑麻深雨露	우거진 십 리 들판은 비이슬에 젖었고
一區山水老雲煙	한 구역 산수는 안개와 구름 짙어지네.
晩來已見斜陽好	저물녘 아름다운 석양은 이미 감상했고
月滿長江更肆筵	긴 강에 달빛 떠오르자 다시 잔치 베푸네.

호정浩亭 하륜河崙

◎ **하륜** | 1347년(충목왕 3)–1416년(태종 16). 본관 진주. 자 대림大臨, 호 호정浩亭, 시호 문충文忠. 저서 『호정집浩亭集』.

◎ **비고** | 『호정집』 권1, 〈영남루嶺南樓〉.

서정연하거늘, 변두가 나란히 놓이고 안주와 과일이 진열되어 있도다.(賓之初筵 左右秩秩 籩豆有楚 殽核維旅)"라는 표현이 있으며, 이 시는 주객主客이 질서정연하게 예를 지키며 즐겁게 술을 마시는 것을 뜻한다.

병조판서兵曹判書 윤자운尹子雲

重營傑閣勢冲天	다시 얽은 웅장한 누각 기세가 하늘을 찌를 듯
勝日淸遊却憶前	좋은 날 청아한 유람에 도리어 전날을 생각하네.
老樹陰濃官道外	큰길 밖 노목엔 그늘이 짙고
叢篁影落客窓邊	객창 가에는 무성한 대나무 그림자 진다.
村光暗淡微疏雨	가랑비 내리자 마을은 어두웠다 맑아지고
黛色空濛簇暖烟	초승달 뜬 허공엔 따뜻한 아지랑이 피어난다.
酒罷斜陽扶上馬	노을 비끼자 술자리 파하여 말에 오르건만
笙歌猶邈綺羅筵	생황 노랫소리 아직도 잔치 자리에 아득하네.

병조판서兵曹判書 무송군茂松君 윤자운尹子雲

◎ **윤자운** | 1416년(태종 16)–1478년(성종 9). 본관 무송茂松. 자 지망之望, 호 낙한재樂閑齋, 시호 문헌文憲. 1444년(세종 26) 식년문과 급제. 예문관검열, 사간원좌헌납 등을 역임.

◎ **비고** | 신숙주申叔舟와 함께 야인을 정벌하고 무송군茂松君에 봉해짐. 1462년(세조 8)–1464년(세조 10)까지 병조판서를 지냄. 『세조실록』 7년(1461) 3월 4일에 "인수부윤 윤자운을 경기·충청·전라·경상도 도순찰사京畿忠淸全羅慶尙道都巡察使로 삼았다."는 기록이 있음.

정인征人 설순조薛順祖

一軒風月俯江天	한 마루의 풍월은 강을 굽어보고
萬里乾坤豁後前	만 리 하늘과 땅은 앞뒤로 드넓다.
有底江山供眼底	눈 아래로 강산의 풍경이 펼쳐지고
無邊景概入吟邊	읊조리는 노래엔 무한한 경치 담았다.

夜吹玉笛驚歸夢　밤에 부는 옥피리 고향 가는 꿈을 깨우고
曉捲珠簾散宿烟　새벽에 옥발 걷자 묵은 안개 걷힌다.
試問登臨樓上客　묻노니 누대에 오른 나그네여
何年重醉此華筵　언제쯤 여기 좋은 잔치에서 거듭 취할꼬.

謫戍南荒到海天　남쪽 변방으로 유배 와 바닷가에 닿으니
簸揚多愧糠前　키질루 까불러두[74] 쭉정이가 알곡 앞에 있어[75] 부끄럽네.
樓臺勝處思親側　누대 경치 좋은 곳은 어버이 곁에 있을 때 생각나고
風月淸時望日邊　풍월이 맑을 때에는 태양 가를 바라보네.
千里蠻鄕蒸瘴霧　천 리 남쪽 고을은 무덥고 장독이 많으며
五雲鳳闕惹香烟　오색구름 찬란한 궁궐[76]엔 향기로운 안개 피어오르겠지.
何時尺一東來喚　어느 해에 편지 한 통 동쪽으로 전해져
生入玉門拜九筵　살아서 옥문으로 들어가 구중궁궐에 하례할꼬.

窮達由來命在天　궁달은 유래가 있고 운명은 하늘에 달렸으니
不如盃酒付生前　생전에 술에 의지하는 게 제일이로다.
太公垂釣渭川上　강태공은 위천 가에서 낚시 드리웠고[77]

---

74 키질로 까불러도 : 『시경』 〈대동大東〉에 "남쪽에 키(箕)라는 별이 있으나 곡식을 까불러 날릴 수 없고, 북쪽엔 말(斗)이라는 별이 있으나 술을 떠 마실 수가 없구나.(維南有箕 不可以簸揚 維北有斗 不可以挹酒漿)"라고 한 내용이 있다. 이는 보통 유명무실한 것을 비유할 때 쓰인다.

75 쭉정이가……있어 : 원문의 '糠前'은 쭉정이가 알곡의 앞에 있다는 '강비재전糠粃在前'의 준말로, 무능한 사람이 유능한 사람의 앞자리에 있다는 뜻이다. 진晉나라 왕탄지王坦之와 범계范啓가 서로 앞을 양보하면서 걷다가 뒤에 처지게 된 왕탄지가 "곡식을 까불러 바람에 날리면 겨와 쭉정이가 앞에 있게 마련이다.(簸之颺之 糠粃在前)"라고 하자, 범계가 "조리질을 하며 물에 흔들면 모래와 자갈이 뒤에 있게 마련이다.(淘之汰之 沙礫在後)"라고 말한 고사가 있다.

76 오색구름……궁궐 : 원문의 '五雲'은 상서祥瑞를 뜻하는 말로, 보통 제왕의 거소를 나타낼 때 쓰는 표현이다. 한 무제漢武帝가 세운 봉궐鳳闕 위에 구리로 만든 봉황이 있었다는 고사가 있다.

77 강태공은……드리웠고 : 강태공은 태공망太公望 여상呂尙을 가리킨다. 그는 위수渭水 가의 반계

伊尹躬耕莘野邊　이윤은 신야에서 몸소 밭을 갈았지.[78]
壟畝臥龍好梁甫　밭두둑에 은거한 와룡은 양보음을 좋아했고[79]
商山元老伴茶烟　상산의 원로[80]들은 차 연기와 벗하였네.
一朝得與風雲會　하루아침에 임금과 신하들이 같이 모인다면
如我何心忝御筵　어떤 마음가짐으로 궁궐 잔치에 참여하리오.

정인征人 설순조薛順祖

◎ **설순조** ㅣ 1427년(세종 9)–1496년(연산군 2). 세조의 즉위를 도운 공으로 좌익원종공신佐翼原從功臣에 책록되었으며, 부산진첨절제사釜山鎭僉節制使, 상주목사, 김해부사 등을 역임.

관찰사觀察使 안원安瑗

千尋華屋荷蒼天　천 번 찾은 화려한 건물 푸른 하늘을 짊어졌고
一曲淸江繞檻前　한 굽이 맑은 강물이 난간 앞을 둘렀네.
鬱鬱平林南野外　남쪽 들판 밖으론 빽빽한 수풀이 펼쳐지고
猗猗綠竹北山邊　북쪽 봉우리 가론 푸른 대나무 이어졌네.

磻溪에서 낚시질하다가 문왕文王을 처음 만나 사부師傅로 추대되었다. 뒤에 문왕의 아들인 무왕武王을 도와서 은殷나라를 멸망시키고 천하를 평정하였다.

78 이윤은……갈았지 : 신야는 유신국有莘國의 들로, 이윤伊尹이 이곳에서 농사지으며 살다가 탕왕湯王이 세 차례 정중하게 초빙하자 세상에 나와 상商나라를 일으켰다.

79 밭두둑에……좋아했고 : 제갈량諸葛亮은 자신이 의지하던 숙부가 죽자 홀로 양양襄陽의 융중隆中에서 농사지으며 〈양보음梁甫吟〉을 즐겨 부르며 자신을 관중管仲과 악의樂毅에 비겼다. 〈양보음〉은 초楚나라 악부樂府의 곡명曲名이다. 양보梁甫는 산명山名이며, 사람이 죽으면 이 산에 장사 지내므로 〈양보음〉 곡조는 만가輓歌를 지을 때에 쓴다.

80 상산商山의 원로 : 진秦나라 말기에 난리를 피하여 상산商山에 은거한 네 노인, 즉 동원공東園公, 기리계綺里季, 하황공夏黃公, 녹리선생甪里先生 등 사호四皓가 자지紫芝를 캐 먹고 배고픔을 달래면서 〈자지가〉를 지어 불렀다는 고사가 전한다.

雲收遠峀橫靑障　먼 산에 걷히는 구름 푸른 산봉우리를 가로지르고
雨後荒村帶碧烟　비온 뒤 황량한 마을은 푸른 안개에 덮였네.
況是今朝無介事　하물며 오늘 아침엔 별다른 일이 없기에
對君談笑醉羅筵　그대와 담소하며 잔치 자리에서 취하네.

관찰사觀察使 죽계竹溪 안원安瑗

◎ **안원** | 1346년(충목왕 2)–1411년(태종 11). 본관 순흥順興. 초명은 안정安定. 시호 경질景質. 안향安珦의 현손. 1374년(공민왕 23) 문과 급제, 한성부판사, 개성유수 등을 역임.

◎ **비고** | 1404년(태종 3) 3월 10일에 경상도관찰사로 부임. 이임 기록 없음.

관찰사觀察使 신인손辛引孫

煌煌傑閣倚晴天　휘황찬란한 높은 누각 푸른 하늘을 의지했으며
勝槩曾聞學語前　좋은 경치 일찍이 말을 배우기 이전부터 들었네.
百里江山供眼底　백 리 강산의 풍경이 눈 밑으로 깔리고
一軒風月入吟邊　마루에는 시원한 바람이 시를 읊으며 들어오네.
盈疇禾黍張新繡　밭을 메운 보리와 벼는 새로 짠 비단을 펼친 듯
撲地閭閻帶瑞烟　거친 땅 여염집엔 상서로운 안개 띠를 이루었네.
自愧少年嘗憶處　부끄럽구나, 내 어릴 적 추억이 남은 곳에
監司此日忝重筵　감사로 부임한 오늘 욕되게 또 잔치를 열었네.

관찰사觀察使 취산鷲山[81] 신인손辛引孫

81 취산鷲山 : 경상남도 영산군靈山郡의 옛 이름.

◎ **신인손** ㅣ 1384년(우왕 10)–1445년(세종 27). 본관 영산靈山. 자 조윤祚胤. 호 석천石泉. 시호 공숙恭肅. 1408년(태종 8) 식년문과 급제. 도승지, 병조판서 역임. 저서 『석천선생실기』.

◎ **비고** ㅣ 1432년(세종 14) 12월 8일부터 1434년(세종 16) 4월 24일까지 경상도관찰사로 재임.

관찰사觀察使 김희선金希善

下呑平野上友天	아래로는 들판을 머금고 위로는 하늘을 벗하였으며
魚躍鳶飛盡在前	물고기 뛰고 솔개 나는 풍경[82]이 모두 앞에 펼쳐졌네.
萬壑蟾光一簾外	온 골짜기엔 달빛이 주렴 밖에서 비추고
凭欄人語半空邊	난간에 기댄 사람들의 대화는 반공에 퍼지네.
仙山誰見蒼茫海	신선산에서 누가 푸른 바다를 보겠으며
別境長笛縹緲烟	별천지엔 긴 피리 소리 안개로 아득하네.
若使吾民咸飽德	만약 우리 백성들 모두 사또의 덕에 배부르다면
何妨登眺設高筵	올라와 조망하면서 화려한 잔치 베풀어도 무방하리.

관찰사觀察使 김희선金希善

◎ **김희선** ㅣ ?–1408년(태종 8). 시호 원정元靖. 호조판서, 경상도관찰사, 형조판서 역임. 편저로 『향약제생집성방鄕藥濟生集成方』, 『우마의방牛馬醫方』 등이 있다.

◎ **비고** ㅣ 1405년(태종 5)부터 1406년(태종 6) 10월까지 경상도관찰사로 재임.

---

82 물고기……풍경 : 『시경』 〈한록旱麓〉에 "솔개는 하늘 높이 날아오르고, 물고기는 못 속에서 뛰어논다.(鳶飛戾天 魚躍于淵)"라는 말이 있으며, 주희朱熹는 『중용장구中庸章句』 제12장에서 이 단락을 인용하면서 만물의 생성·소멸·변화하는 이치가 자연에서 밝게 드러나는 것이라고 설명하였다.

관찰사觀察使 권진權軫

高閣崢嶸聳碧天	높은 누각 우뚝하게 푸른 하늘에 용솟음쳤고
青山在後流水前	푸른 산은 뒤에 서고 강물은 앞에서 흐르네.
拘簾遠興雲行外	주렴에 엉킨 먼 흥취는 구름 밖으로 흐르고
縱目奇觀鳥沒邊	눈 아래 아름다운 경관엔 새들이 내려앉는다.
細雨隨風斜渡岸	가랑비는 바람을 따라 내리며 언덕을 비껴서 건너고
長林橫野半含烟	긴 수풀은 들판 가로질러 반쯤 아지랑이를 머금었네.
傍人莫怪登臨久	올라와 오래 머무른다고 이상하게 여기지 말기를
夜見天光映舞筵	밤이면 하늘빛이 춤추는 자리에 비치는 모습을 볼 수 있다오.

관찰사觀察使 권진權軫

◎ **권진** | 1357년(공민왕 6)~1435년(세종 17). 본관 안동. 호 독수와獨樹窩, 시호 문경文景. 1377년(우왕 3) 문과 급제. 조선 건국 후 우사간대부, 형조판서, 우의정 등을 역임.

◎ **비고** | 1408년(태종 8) 2월부터 8월까지 경상도관찰사로 재임.

관찰사觀察使 김영유金永濡

登臨宛若蔚藍天	올라와 보니 완연히 쪽빛 하늘에 잠긴 듯하여
怕倚欄干不敢前	난간에 기대기 무서워 앞으로 나가질 못하네.
片片落霞飛鶩外	조각구름 지는 노을 사이로 외로운 기러기 날고
萋萋芳草臥牛邊	향기로운 풀 우거진 곳에는 소들이 누워 있네.

長林掩映收梅雨[83] 넓은 숲이 햇살 가려 매화 비를 거두어 가고
一路平蕪接柳烟 길은 평평하고 풀 무성하여 버들 안개에 접했네.
勝景樓中吟未足 누각의 아름다운 경치 읊조리기 충분하지 않아
綠蘋州畔更移筵 파란 마름 뜬 모래톱 가로 다시 잔치를 옮기네.

겸 관찰사兼觀察使 김영유金永濡

◎ **김영유** | 1418년(태종 18)–1494년(성종 25). 본관 경주慶州. 자 택부澤夫, 호 퇴재退齋, 시호 공평恭平. 1447년(세종 29) 식년문과 급제. 사간원정언, 대사성, 형조참판 등을 역임. 저서 『퇴재집』.

◎ **비고** | 1474년(성종 5) 2월 20일 예조참판에서 경상도관찰사로 도임하여 1475년(성종 6) 2월 27일에 형조참판으로 이임.

감천甘川 임건林乾

納納臺隍接海天 넓고 넓은 누대와 해자는 바다에 닿은 듯
一區形勝盡籠前 한 구역 빼어난 경치 농산 앞에 가득하네.
西山雨過風欞外 서산에 비 지나며 바람은 창밖으로 불어 가고
南浦雲橫月檻邊 남포에 구름 비끼며 달은 난간 밖에 떠올랐네.
身御半空凌汗漫 몸은 허공에 떠올라 드넓은 하늘을 떠다니고
眼騰千里瞥霞烟 눈은 천 리를 달리면서 흘깃 노을을 쳐다보네.
迎將宦客直唐肆[84] 손님과 관원들 맞이하느라 관청에 숙직하니

83 매우梅雨 : 매실이 노랗게 익는 늦은 봄이나 초여름에 내리는 비를 말한다.
84 당사唐肆 : 노정路亭 등의 여러 가지 뜻이 있지만, 이 시에서는 관사館舍의 의미로 쓰였다.

幾度張筵幾散筵 몇 번 잔치 베풀었고 몇 번 잔치 물렸던가?

盱衡拖軸別人天 눈물 참으며 시축 끌어당겨 이별하고 난 뒤에도
勝槩元從有物前 아름다운 경치는 본래 사물 전부터 있었다오.
一練江流縹緲外 한 줄기 강물은 굽이굽이 시야 밖으로 흐르고
千重山色有無邊 천 겹 산색은 가장자리 없이 아득하게 펼쳤네.
雲衢彩徹秋橫碧 구름 개고 무지개 사라진 가을 하늘은 푸른빛 띠고
鶴渚沙晴月鎖烟 학 내려앉은 맑은 강변엔 달빛이 안개에 잠겼네.
俯仰端倪星斗近 오르내리며 흘깃 바라보니 별이 두성에 가까워지기에
依稀身在紫霞筵 이내 몸 자하동[85] 잔치 자리에 있기를 기대해 보노라.

雲澹波寒上下天 구름 담박하고 물결 차가운 아래 위의 경치
飛甍影倒斗牛前 나는 듯한 처마 그림자 거꾸러져 두우성이 가깝네.
竹風度瑟遨頭[86]畔 대 바람은 시찰 나온 수령에게 비파처럼 울리고
桐雨聞鈴客耳邊 오동나무 비는 나그네 귓가에 방울 소리로 들리네.
釣江搖搖橫渡月 낚시 드리운 강물엔 유유하게 달빛 비껴 건너고
沙禽點點落江烟 모래톱엔 새들 드문드문하고 저문 강으로 안개 피네.
誰知謫宦遊勝地 누가 알랴, 유배 온 나그네 아름다운 경치에 노닐면서
萍水相歡設楚筵 부평초 같은 신세 기뻐서 성대한 잔치 베풀 줄을.

감천甘川[87] 임건林乾

85 자하동紫霞洞 : 중국의 장산長山 양모동楊謨洞에 있는 골짜기로 신선이 살고 있다고 전해진다.

86 오두遨頭 : 송대宋代 수령의 별칭이다. 촉蜀나라 성도成都에서는 매년 1월 10일부터 4월 19일까지 두보杜甫의 초당이 있는 완화계浣花溪에서 잔치를 열었는데, 여기에 참석하기 위해 오는 태수를 고을 백성들이 오두라고 불렀다.

87 감천甘川 : 경상북도 김천의 옛 이름.

◎ **임건** ｜ 생몰년 미상. 본관 개령開寧. 1468년(세조 14) 식년시 급제. 사예司藝 등을 역임.

◎ **비고** ｜ 『뇌계집』 의령현감, 『점필재집』 밀양교수.

의성현령義城縣令 유호인俞好仁

湖光山影蔚藍天	호수 빛 산 그림자 쪽빛 하늘에 잠겼고
魚鳥忘機故故前	어조들 기심 잊고 일부러 앞에서 뛰노네.
歲月屢驚南服外	남쪽 먼 지방에서 거듭 빠른 세월에 놀라고
夢魂頻繞北辰[88]邊	꿈속의 혼령은 자주 북극성 가를 에워쌌네.
烏絲詩管紅裙醉	오사[89]란에 시를 쓴 건 취한 기생 때문이고
燕寢凝香睡鴨烟	응향각 잠자리에는 맑은 향불 피어오르네.
今古風流幾人老	고금에 얼마나 많은 이들 풍류 즐기며 늙었으랴?
爭留勝蹟侈芳筵	차라리 좋은 자취 남겨 화려한 자리 빛낼걸.

南斗蒼茫萬里天	남두성이 아득하게 보이는 만 리 하늘
簾旌低拂帽簷前	모자챙 같은 처마 아래로 주렴 드리웠네.
生塵羅襪牙檣外	상아 돛대 밖 비단 버선엔 물방울 튀고[90]

88 북신北辰 : 『논어論語』 「위정爲政」에 "북극성이 자리를 잡고 있음에 뭇 별들이 그에게로 향한다.(北辰居其所而衆星共之)"라는 말에서 유래한 것으로, 임금을 가리킨다.

89 오사烏絲 : 원문의 '鳥'는 '烏'의 오기로 판단되며, 오사는 오사란, 즉 검은 괘선罫線을 넣어서 짠 견지繭紙를 말한다. 여기에 주로 시詩를 썼다.

90 상아……튀고 : 화려한 놀잇배를 가리킨다. 원문의 '牙檣'은 금람아장錦纜牙檣의 준말로 비단 닻줄과 상아 돛대란 뜻이다. '생진나말生塵羅襪'은 삼국시대 위魏 조식曹植의 〈낙신부洛神賦〉 "물결을 타고 사뿐사뿐 걸으니, 비단 버선에 물방울 튀어 오르네.(凌波微步 羅襪生塵)"라는 구절에서 유래하였다.

墜馬雲糚玉軫邊　추마곡과 운장곡이 가야금에서 울리네.[91]
迢遞海山秋帶寫[92]　아득한 바다와 산봉우리 위로 기러기 띠를 이루고
參差湖樹月籠烟　들쑥날쑥 호숫가 나무들엔 달빛이 안개를 담았네.
風光惱殺金閨彦　아름다운 풍광 글 짓는 선비를 고민스럽게 하기에
曾向藍橋做別筵　일찍이 남교를 향해 이별 잔치 베풀었네.[93]

의성현령義城縣令 유호인兪好仁

◎ **유호인** | 1445년(세종 27)–1494년(성종 25). 본관 고령高靈. 자 극기克己. 호 임계林溪·뇌계㵢谿. 김종직金宗直의 문인. 1474년(성종 5)에 식년문과 급제. 거창현감, 공조좌랑, 홍문관교리 등을 역임. 저서 『뇌계집㵢谿集』.

◎ **비고** | 1487년(성종 18) 의성현령에 제수.

종사관從事官 신형申泂

平生窮達問蒼天　평생의 궁달을 푸른 하늘에 묻노니
虛走人間十載前　십 년 동안 인간 세상 헛되게 내달렸네.
已負芳辰同夢裏　좋은 시절 그냥 보내면서 같이 꿈속에 있었지만
還將醉興付愁邊　오히려 취한 흥을 붙잡고 시름을 달래네.

---

91 추마곡과……울리네 : 원문의 '墜馬'는 두보의 시이며, '雲糚' 또한 유사한 성격의 시 작품으로 추정된다. '玉軫'은 옥으로 만든 거문고 줄을 받치는 장치(기러기발)이다.

92 원문 '寫' 자의 두주에 "사寫는 아마도 안鴈 자일 것이다.(寫疑作鴈)"라는 기록이 있으며, 문맥으로 보아 '鴈'이 옳을 듯하다.

93 남교를……베풀었네 : 남교藍橋는 섬서성陝西省 남전현藍田縣 동남쪽의 남계藍溪에 있는 다리이다. 당나라의 배항裴航이 남교藍橋를 지나다가 선녀인 운영雲英을 만나서 경장을 얻어 마신 뒤 신선이 되었다고 한다.

白鷗波上斂紅日　흰 갈매기 물가에서 붉은 해를 거두고
紅杏村中生白烟　붉은 살구 핀 마을에는 흰 안개 핀다.
客沈瀟條無所賴　쓸쓸한 나그네 의지할 곳 없지만
飛花送酒舞芳筵　나는 꽃잎 술을 보내는 듯 잔치 자리에 춤추네.

종사관從事官 신형申泂

◎ **신형** | 1449년(세종 31)–1487년(성종 18). 본관 고령高靈. 신숙주申叔舟의 일곱째 아들, 신광한申光漢의 부父. 1474년(성종 5) 문과 급제.

관찰사觀察使 하연河演

嶺南樓在洛東天　낙동강 동쪽에 있는 영남루는
勝地曾聞受命前　왕명을 받기 전부터 명승지란 소문 들었네.
月到風來捲簾外　주렴 걷어 올리니 달 뜨고 바람 들어오며
鳥飛魚躍任欄邊　난간에 기대면 솔개 날고 물고기 뛴다.
一川曲折千畦畫　한 줄기 냇물은 천 이랑 밭을 다 돌아 나가고
兩岸分開萬樹烟　양편 절벽엔 일 만 그루 나무들 나누어 피었네.
却恨未陳江夏枕　한스럽구나, 강하에 침석을 마련하지 못했는데[94]
豈疑[95]涼處獨鋪筵　어찌 시원한 곳에서 홀로 잔치 자리 차지하리.

---

94 강하에……못했는데 : 이 구절은 후한後漢 때의 강하 사람 황향黃香과 관련된 고사이다. 그는 아홉 살에 어머니를 여의고 아버지만을 봉양하였다. 여름에는 베개와 잠자리에 부채질하여 서늘하게 하고 겨울에는 몸으로 이불을 따뜻하게 하여 어릴 적부터 효성으로 이름났으며, 경전에도 박학하여 '천하무쌍 강하황동天下無雙江夏黃童'이라 칭송되었다.

95 원문 '疑' 자 두주에 "의疑는 아마 의宜의 오기일 것이다.(疑誤作宜)"라는 말이 있다. 『경재집敬齋集』

관찰사觀察使 하연河演

◎ **하연** | 1376년(우왕 2)–1453년(단종 1). 본관 진주晉州. 자 연량淵亮, 호 경재敬齋 · 신희新稀. 1396년(태조 5) 문과 급제. 좌참찬, 우의정, 영의정 역임. 저서 『경재집敬齋集』.

◎ **비고** | ㉮ 1424년(세종 6) 12월 경상도관찰사로 부임하여 1425년(세종 7) 12월에 이조참판으로 이임.

㉯ 『경재집』 권1, 〈제영남루題嶺南樓〉.

예문관직제학藝文館直提學 안관후安寬厚

落霞孤鶩水浮天　지는 노을 외로운 기러기, 강물에 하늘 비치고
畫棟朱甍霽雨前　그림 같은 기둥 붉은 기와 비 그친 뒤의 풍경이네.
雲出山腰飛嶺上　구름은 산허리에서 나와 고갯마루 위를 날고
風從波面掃江邊　바람은 물결 표면을 따라 강가를 쓸어 가네.
遊人翫月衣沾露　노니는 사람 달을 감상하노라니 옷이 이슬에 젖고
征雁驚霜羽濕烟　북쪽으로 가는 기러기 서리에 놀라 깃털이 안개에 젖네.
今我是行多欠事　오늘의 우리 행차는 흠이 많은 일이기에
可能重步此樓筵　이 누각의 잔치에 다시 참석할 수 있으랴?

예문관직제학藝文館直提學 안관후安寬厚

◎ **안관후** | 1417년(태종 17)–?. 본관 순흥. 자 율보栗甫. 1441년(세종 23) 식년시 등제. 예조정랑, 경상도관찰사, 사간원대사간 등을 역임. 1404년(태종 4) 경상도관찰사로 부임한 안원安瑗의 증손.

권1, 〈제영남루題嶺南樓〉 '宜'.

◎ **비고** | 1461년(세종 8) 9월 17일 예문관직제학에 제수, 이듬해 4월 17일 경상도분순어사에 제수.

관찰사觀察使 안관후安寬厚

飛閣流丹浪接天　붉은 단청 칠한 누각, 강물은 하늘에 닿을 듯하고

螺分萬景眼開前　소라 같은 온갖 경치 눈앞에 열리는구나.

馬嘶路遠千山外　말 울음소리 일천 봉우리 밖으로 퍼져 갈 길이 멀고

漁笛舟行兩岸邊　어부의 피리 소리에 두 절벽 사이로 고깃배 지난다.

塞寫[96]去點中夜月　변방엔 한밤중 뜬 달 사이로 기러기 점점이 떠나고

沙禽來趁暮江烟　백사장 가 새들은 황혼에 강의 아지랑이로 달려온다.

幸今四美二難[97]幷　바라건대 오늘 네 가지 아름다움에 두 가지 어려운 걸 다하여

了與諸公更肆筵　애오라지 그대들과 함께 다시 잔치 자리에 참석할 수 있기를.

관찰사觀察使 안관후安寬厚

◎ **안관후** | 1417년(태종 17)–?. 본관 순흥. 자 율보栗甫. 1441년(세종 23) 식년시 급제. 예조정랑, 경상도관찰사, 사간원대사간 등을 역임. 1404년(태종 4) 경상도관찰사로 부임한 안원安瑗의 증손.

◎ **비고** | 1479년(성종 10) 5월 3일에 대사간에서 경상도관찰사로 도임, 1480년(성종 11) 5월 4일 중추부사로 이임.

---

96 원문 '寫'의 두주에 "사寫는 아마도 안鴈 자일 것이다.(寫疑作鴈)"라는 기록이 있으며, 번역도 두주를 따랐다.

97 사미이난四美二難 : 사미四美는 네 가지 아름다움, 즉 양신良辰 · 미경美景 · 상심賞心 · 낙사樂事이다. 이난二難은 두 가지 갖추기 어려운 것으로, 즉 현주賢主와 가빈嘉賓을 말한다.

중추부동지사中樞府同知事 안빈세安賓世

茫茫列峀遠撑天	아득하게 늘어선 봉우리 멀리 하늘을 괴고 있는 듯하고
袞袞長江潄石前	곤곤하게 흐르는 긴 강 바위 앞에서 양치질하는 듯하네.
淡月啼禽凝浪外	맑은 달과 우는 새들은 물결 밖에서 서로 엉기고
夕陽孤鶩落霞邊	석양의 외로운 기러기들은 노을 가로 멀어지네.
隔林長短樵兒笛	먼 수풀 사이에선 초동의 피리 소리 끊겼다 이어지고
蔽野縱橫饁婦烟	무성한 들판엔 아지랑이 사이로 아낙네들 들밥 지고 오가네.
無像太平應有像	일정한 형상 없는 태평세월, 여기서 모습을 볼 수 있기에
不妨風月醉瓊筵	풍월을 즐기며 화려한 잔치에서 취해도 좋겠네.

중추부동지사中樞府同知事 안빈세安賓世[98]

◎ **안빈세** ｜ 1445년(세종 27)–1478년(성종 9). 본관 죽산竹山. 자 낙도樂道, 시호 이평夷平. 부父 연창위延昌尉 안맹담安孟聃, 모母 세종 딸 정의공주貞懿公主. 동부승지, 공조참판, 한성부좌윤 등을 역임.

◎ **비고** ｜ 『성종실록』 9년(1478) 10월 18일에 "공조참판 · 한성부좌윤을 거쳐서 자헌대부지중추부사에 올랐는데, 이때에 이르러 졸하였다. 나이는 34세이다.(轉工曹參判漢城府左尹 陞資憲知中樞府事 至今卒 年三十四)"라는 기록이 있음.

감사監司 윤자尹慈

下臨江水上連天	아래로 강물에 닿고 위로는 하늘과 연결되어

98 원문 '世' 자 옆에 '歲' 자를 첨기하였다.

魚躍鳶飛共榻前　물고기 뛰고 솔개 나는 모습 모두 책상 아래에 펼쳐지도다.
斷岸樹陰啼鳥外　끊어진 절벽엔 수풀이 우거져 새 울음 밖으로 전해지고
長堤草色臥牛邊　긴 제방 풀빛 이들거리는 가운데 소 누워 풀을 뜯네.
霏霏簷外此山雨　처마 밖에 희미하게 날리는 건 산에 내리는 비이고
漠漠村南何處烟　마을 남쪽에 아스란 건 어느 곳에서 피는 아지랑이인가?
安得數年强健在　어떻게 하면 몇 년 동안 건강한 모습을 얻어
斯樓重上設斯筵　이 누각에 거듭 올라 잔치 자리 마련할꼬?

감사監司 윤자尹慈

◎ **윤자** | 생몰년 미상. 본관 파평坡平. 1447년(세종 29) 문과 급제. 세조가 등극하자 원종공신 3등에 책록. 사헌부집의, 한성부좌윤 등을 역임.

◎ **비고** | 1469년(예종 1) 10월 5일 중추부사에서 경상도관찰사로 도임. 1470년(성종 1) 1월 13일 병든 노모를 봉양하러 상경上京.

선위사宣慰使 이극배李克培

奉使南來二月天　사신의 임무 띠고 이월에 남쪽으로 오니
少年行樂正無前　젊은이의 행락은 정녕 그전에 없었던 일이로다.
雲間列峀圍千野　구름 사이 늘어진 봉우리 온 들판을 에워싸고
樓下長江浩一邊　누각 아래 긴 강은 호탕하게 한 줄기로 흐른다.
翫月淸霄聞鶴唳　달 감상하는 맑은 밤에 학 울음소리 들리고
隔窓疏竹鎖靑烟　창밖의 성근 대는 푸른 아지랑이에 닫혔네.
風流此地同盟會　풍류 넘치는 이 땅에 같이 모이자 약속했으니

舞袖蹁躚玳瑁筵	춤추는 옷자락 화려한 잔치 자리에 나풀거린다.

선위사宣慰使 이극배李克培

◎ **이극배** ㅣ 1422년(세종 4)–1495년(연산군 1). 본관 광주廣州. 자 겸보謙甫, 호 우봉牛峰. 1447년(세종 29) 사마시 입격. 이조판서, 공조판서, 우참찬, 우의정 등을 역임.

◎ **비고** ㅣ ㉮ 선위사宣慰使는 외국 사신을 영접하던 임시 벼슬아치. 『세조실록』에는 1456년(세조 2)부터 1460년(세조 6)까지 이극배가 선위사로 임명된 기록이 있음.
㉯ 1457년(세조 3) 7월부터 1458년(세조 4) 6월까지 경상도관찰사로 재임.

우병사右兵使 이극균李克均

碧水東來入海天	푸른 강물 동쪽에서 흘러 바다로 들어가니
晩登殘照半山前	저물녘에 쇠잔한 노을 반쯤 산 앞에 걸렸네.
雲連海濕羅衣上	구름은 바다의 습기와 연이어 옷을 적시고
風送寒侵坐簟邊	바람이 한기를 보내 대자리에 서늘한 기운 일어나네.
地闊路長吾欲老	땅은 넓고 길은 장구하지만 나는 장차 늙으려 하고
夜闌尊盡水生烟	밤이 깊어 술 다하니 강물에선 아지랑이 피어나네.
喜心翻倒相迎處	기쁜 마음으로 허둥지둥 서로 맞이하는 곳에서
別恨千般付一筵	이별의 한 온갖 일 한 자리에서 다 보내네.

우병사右兵使 광릉廣陵 이극균李克均

◎ **이극균** ㅣ 1437년(세종 19)–1504년(연산군 10). 본관 광주廣州. 자 방형邦衡. 이극배의 동생. 1456년(세조 2) 식년문과 급제. 좌찬성, 우의정을 등을 역임.

◎ **비고** ㅣ 1494년(성종 24) 10월 3일부터 1495년(성종 25) 10월 9일까지 경상도관찰사로 재임.

양촌陽村 권근權近

高樓百尺控長天　백 척 높은 누각 긴 하늘을 당기고

風景森羅几案前　풍경은 빽빽하게 궤안 앞에 늘어섰네.

川近水聲流檻外　냇물 가까워 물소리 난간 밖으로 들리고

雲開山翠滴簷邊　구름 걷혀 푸른 산 빛 처마 가로 떨어진다.

千畦壠畝禾經雨　일천 이랑 벼논은 비 지나 이삭 패고

十里閭閻樹帶烟　십 리 여염집 나무는 연기를 띠었다.

匹馬南遷過勝地　필마로 남방에 와서 명승지를 지나다가

可堪登眺忝賓筵　손님 자리 차지하여 올라볼 만하구나.

양촌陽村 권근權近

◎ **권근** ㅣ 1352년(공민왕 1)–1409년(태종 9). 본관 안동安東. 자 가원可遠 · 사숙思叔, 호 양촌陽村. 1368년(공민왕 17) 성균시에 입격. 참찬문하부사, 대사헌 등을 역임.

◎ **비고** ㅣ 『양촌집』 권7 「남행록南行錄」, 〈차밀성영남루운次密城嶺南樓韻〉.

관찰사觀察使 박건朴楗

樓臺到處慣江天　누각은 사방으로 강물과 하늘이 열려

收拾風光入眼前　풍광을 거두어 눈앞으로 들어오는구나.

勢欲星辰攀可摘　별을 끌어당겨 잡을 듯 기세가 당당하여

望窮南北浩無邊　남북 끝까지 바라보니 가없이 호탕하구나.

疏疏滕閣西山雨　쓸쓸한 등왕각 서산에 비마저 내리고[99]

99 쓸쓸한……내리고 : 왕발王勃의 「등왕각서滕王閣序」에 "채색 칠한 용마루엔 아침에 남포의 구름

漠漠渭城楊柳烟　막막한 위성은 버들이 안개에 싸였네.[100]

信美吾鄕擅南服　내 고향 남쪽 고을을 잘 다스렸다는 칭송 믿을 수 있기에

相呼父老敞華筵　부로들이 서로 칭송하며 화려한 잔치 자리 열었네.

十載宦遊嶺外天　십 년을 벼슬자리 떠돌다가 영남에 부임하니

大平勝事較無前　태평성대의 좋은 일 전대에 비길 바 없네.

懷來玉帛滄溟外　바다 밖으로 사신 가 예물 바치던 생각 나고

夾路桑麻雨露邊　민가에선 길쌈하며 우로의 은택에 무젖네.[101]

枕簟迎風寒起粟　베개맡에서 바람 맞으니 찬 기운 일어나고

簾籠拍水晩浮烟　주렴 걷으며 강물 일렁이니 저물녘에 안개 피어나네.

區區原隰知何用　보잘것없는 내가 중임[102]을 맡아 어디에 쓰일까?

愧乏絲毫報御筵　부끄러워라, 임금님 베푼 잔치에 보답함이 적구나.

관찰사觀察使 박건朴楗

◎ **박건** ㅣ 1434년(세종 16)-1509년(중종 4). 본관 밀양密陽. 자 자계子啓, 호 연봉蓮峰. 1453년(단종 1) 사마시 급제. 한성부우윤, 호조참판 등을 역임.

이 날고, 붉은 주렴은 저녁에 서산의 비를 거둔 듯하네.(畫棟朝飛南浦雲 朱簾暮捲西山雨)"라는 구절이 있다.

100 막막한……싸였네 : 당唐나라 왕유王維의 〈송원이사안서送元二使安西〉에 "위성의 아침 비가 가벼운 먼지 적시니, 객사는 푸르고 버들 빛이 새롭구나. 그대에게 한잔 술 더하라 권한 까닭은, 서쪽으로 양관 나가면 친구가 없기 때문일세.(渭城朝雨浥輕塵 客舍靑靑柳色新 勸君更進一杯酒 西出陽關無故人)"라고 하였는데, 뒤에 이 시를 악부樂府에 올려서 송별곡送別曲으로 만들었다.

101 민가에선……무젖네 : 태평성대라는 뜻이다. 주희朱熹의 〈무이도가武夷櫂歌〉 구곡九曲에 "구곡이 다할 즈음 앞이 활짝 열리니, 뽕과 삼 비에 젖고 평평한 시내 보이누나.(九曲將窮眼豁然 桑麻雨露見平川)"라는 구절이 있다.

102 중임 : 원문의 '原隰'은 『시경詩經』 〈황황자화皇皇者華〉에 "찬란하게 핀 꽃들, 저 언덕과 습지에 있도다. 무리져 질주하는 사신들 일행이여, 해내지 못할까 걱정이 태산 같네.(皇皇者華 于彼原隰 駪駪征夫 每懷靡及)"라는 구절에서 유래하여, 사신 임무의 어려움을 뜻한다. 이 시에서는 관찰사의 중임을 뜻하는 말로 쓰였다.

◎ **비고** ㅣ 1478년(성종 9) 5월 2일 병조판서에서 경상도관찰사로 도임. 1479년(성종 10) 5월 3일 중추부사로 이임.

계림윤鷄林尹 유관柳觀

登臨正是九秋天　오른 때는 마침 구월의 가을
無限峰巒擁後前　한없는 봉우리 앞뒤로 에워쌌네.
孤鶩齊飛落霞外　외로운 오리 지는 노을 너머 가지런히 날고[103]
斷鴻驚起夕陽邊　한 마리 기러기는 석양 가에 놀라서 일어난다.
朱欄碧瓦淡斜月　붉은 난간 푸른 기와엔 맑은 달빛 비끼고
大野平林橫翠烟　넓은 들판 평평한 수풀엔 푸른 안개 가로지르네.
倚柱吟詩成一睡　기둥에 기대 시를 읊다 설핏 졸았더니,
夢中還有侍經筵　꿈속에 다시 경연에서 임금님을 모셨네.

계림윤鷄林尹[104] 유관柳觀

◎ **유관** ㅣ =유관柳寬. 1346년(충목왕 2)–1433년(세종 15). 본관 문화文化. 자 경부敬夫, 호 하정夏亭. 저서 『하정집夏亭集』. 1371년(공민왕 20) 문과 급제. 강원도도관찰출척사, 예문관대제학, 우의정 등을 역임.

◎ **비고** ㅣ 『태종실록』 2년(1402) 5월 4일에 "박돈지로 승추부제학을 삼고, 유관을 계림부윤으로, 이래를 중군동지총제로 삼았다.(以朴惇之爲承樞府提學 柳觀雞林府尹 李來中軍同知摠制)"는 기록이 있음.

---

103 외로운……날고 : 당나라 왕발王勃이 지은 「등왕각서滕王閣序」에 "지는 놀은 짝 잃은 따오기와 나란히 날고, 가을 강물은 끝없는 하늘과 한 색이로다.(落霞與孤鶩齊飛 秋水共長天一色)"라는 구절에서 차용한 말이다.

104 계림윤鷄林尹 : 경주부윤慶州府尹의 이칭으로, 계림은 경상북도 경주의 옛 이름이다.

유양춘柳陽春

醉倚飛樓俯半天	취하여 나는 듯한 누각에 기대 허공을 굽어보니
嶺南山水即吾前	영남의 아름다운 산수가 곧장 내 앞에 펼쳐지네.
一軒風月高吟外	한 누각의 풍월을 고상하게 읊조리고 나니
萬里乾坤無盡邊	만 리 하늘이 가없이 보이네.
龍首彈兒驚別鶴	용순금을 연주하는 어린 기생은 경별학조를 타고[105]
烏紗舞客孰凌烟	오사모 쓰고 춤추는 손님은 누가 기상이 출중한가?[106]
自疑身世在宵漢	이내 몸 마치 하늘에 있는 듯하여
日下青雲生几筵	날마다 청운을 좇으며 잔치 자리 베푼다.

유양춘柳陽春

◎ **유양춘** ㅣ 생몰년 미상. 본관 풍산(풍산 유씨 부제학파 중시조). 자 진경震卿. 1468년(세조 14) 식년시 등제. 승문원교리, 청송부사 등을 역임.

◎ **비고** ㅣ 『성종실록』 18년(1487) 8월 5일에 "형조정랑 유양춘이 희우부를 올렸다.(刑曹正郎柳陽春進喜雨賦)"는 기록이 있으며, 실록에 원문이 함께 수록됨.

---

105 용순금을……타고 : 원문의 '龍首'는 용순금, 즉 소리가 나오는 곳을 용 모양으로 꾸민 거문고이다. 송宋나라 진양陳暘의 『악서樂書』 「금제琴制」에 "용순은 소리가 나오는 곳이다.(龍脣者 聲所由出也)"라는 말이 나온다. 경별학驚別鶴은 악곡의 이름으로, 도잠陶潛의 〈의고擬古〉에, "내가 짐짓 온 뜻을 알고, 나를 위해 거문고를 타는구나. 경별학조를 타고 나서, 고란조를 다시 들려주네.(知我故來意 取琴爲我彈 上絃驚別鶴 下絃操孤鸞)"라는 말이 있다.

106 오사모……출중한가 : 진晉나라 정서장군征西將軍 환온桓溫과 그의 참군 맹가孟嘉가 관련된 고사이다. 중구일에 환온이 연회를 열었는데, 마침 바람이 불어 맹가의 오사모烏紗帽가 날려 땅에 떨어졌다. 술에 취한 맹가가 알아차리지 못한 채 밖으로 나간 사이 환온이 맹가를 놀리려고 손성孫盛을 시켜 글을 짓게 했다. 맹가가 돌아와 그 글을 보고는 즉시 답글을 지었는데, 문장이 매우 아름다워서 온 좌중이 감탄했다고 한다.

밀양교수密陽教授 김종유金宗裕

樓上波中共有天　누각 가장자리 강물 가운데엔 똑같이 하늘이 있고
此心元在混沌前　이 마음은 원래 혼돈[107] 이전부터 있었다오.
竹嫌花惱虛稱老　대나무를 꺼리고 꽃을 고민하느라 부질없이 늙었고
岸苦湖貪自消邊　벼랑을 찾고 호수를 탐하며 스스로 강가를 소요했네.
潮信遠隨山館雨　조수는 멀리서 산속 객관의 비를 따라 움직이고
野花開帶蚌舡烟　벌판의 꽃은 조각배 아지랑이와 띠를 이루어 피네.
從今欲斷吟詩喙　오늘부터 시 읊조리는 소리 그만두고자 하면서
掉臂猶能出入筵　손을 내저어도 오히려 잔치 자리를 출입하네.

黃梅青草是蠻天　누런 국화와 싱그러운 풀이 바로 남쪽 고을의 풍경이니
故國湖山醉倒前　고국의 호수와 산이 취한 듯 앞에서 거꾸러지는구나.
濟了虛舟橫渡口　건너고 난 뒤의 빈 배는 나루터에 비껴 서 있고
照殘漁火散城邊　쇠잔한 고깃배 등불은 성곽 가에 흩어지네.
祭龍潭上千撾鼓　수신에게 제사 지내는 호숫가엔 천 가지 북소리 울리고
打麥郊南萬炷烟　보리타작하는 교외 남쪽엔 만 기둥 아지랑이 오르네.
休道冷官無熱日　보잘것없는 관직 해 뜨는 날 없다고 하지 말기를.
時時走馬赴樓筵　때때로 말을 달려 와 누각의 잔치에 참석한다네.

百年憂樂摠關天　백 년의 근심과 즐거움은 모두 하늘에 달려 있건만
每遇西風嘆往前　매번 서풍을 만나면 지난 일을 한탄하네.[108]

---

107 혼돈混沌 : 『장자莊子』「대종사大宗師」에 나오는 말로, 천지가 개벽하기 전 원기元氣가 한 덩이로 뭉쳐 있을 때를 말한다.

108 매번……한탄하네 : 진晉나라 유량庾亮과 관련된 고사이다. 언젠가 서풍西風이 세게 불어 먼지

何處洞簫吹月下 어느 곳에서 달빛 아래 퉁소를 불겠으며
翩然羽客過舟邊 이리저리 떠도는 나그네가 배를 타고 지나가리오.
蘆花滿望秋如海 갈대꽃 시야에 가득하여 마치 바다 같은 가을에
水登[109]謄空曉作烟 물새가 허공을 날아오르고 새벽안개 피어오르네.
無乃紅裙欺白髮 차라리 기생들을 불러 늙음을 잠시 속여 보건만
可憐黃菊最宜筵 가련하다, 누런 국화가 이 자리에 가장 어울리는구나.

四山飛雪暮江天 사방의 산으로 흩날리는 눈발이 저물녘 강에 떨어지더니
坐我東吳八景前 나를 동오의 팔경 앞에 앉혔네.[110]
晴日暖雲歌扇側 맑은 날 구름 따뜻한데다가 곁에는 노래하는 부채[111] 있고
玉壺銀界水仙邊 옥 호리병 같은 은하수 가는 신선이 살 만한 곳이로다.
蒼茫歲律將窮臘 창망하게 한 해가 다 저물어 섣달[112]도 끝나려 하고
澹泊梅花自隔烟 맑고 깨끗한 매화만이 저절로 아지랑이와 멀어지네.
異境坤靈終不祕 기이한 경치와 땅의 신령함은 끝내 감출 수 없기에
故教時興繞詩筵 짐짓 때때로 흥을 일으키며 시 짓는 자리를 에워싸네.

를 일으키자, 유량을 혐오하던 왕도王導가 부채로 얼굴을 가리면서 "원규의 먼지가 사람을 더럽힌다.(元規塵汚人)"라고 말했다는 이야기가 『세설신어世說新語』에 있다. 원규는 유량의 자字이다.

109 원문의 '登' 자 두주에 "등登 자는 의심스럽다.(登字可疑)"라는 내용이 있으며, 번역도 두주를 따랐다.

110 나를……앉혔네 : 양梁나라 때 문장가인 심약沈約과 송宋나라 때 화가인 송적宋迪이 관련된 고사이다. 심약이 동양태수東陽太守로 있으면서 원창루元暢樓를 세우고 등대망추월登臺望秋月, 회포림동풍會圃臨東風, 세모민쇠초歲暮愍衰草, 상래비락동霜來悲落桐, 석행문야학夕行聞夜鶴, 신정청효홍晨征聽曉鴻, 해패거조시解佩去朝市, 피갈수산동被褐守山東 등의 팔경시를 지었다. 훗날 송적이 이 시를 배경으로 팔경도를 그렸으며, 이 그림은 여창조가 소장하게 되었다. 소식蘇軾이 가주태수嘉州太守로 부임하는 여창조를 보낸 시에, "삼도의 꿈으로 익주태수 되는 건 부럽지 않고, 팔영을 가지고 동오팔영 잇기를 바라노라.(不羨三刀夢蜀都 聊將八詠繼東吳)"라는 구절이 있다.

111 노래하는 부채 : 기생을 가리키는 별칭이다.

112 섣달 : 원문의 '歲律'은 한 해의 절기나 달, 계절에 따른 때를 뜻한다.

교수敎授 김종유金宗裕

◎ **김종유** | 1429년(세종 11)–?. 본관 선산善山. 자 중용仲容, 호 조당爪堂. 김종직金宗直의 형. 청송교수 역임.

향인鄕人 김종직金宗直

登臨正値浴沂天	올랐던 날은 바로 기수에 목욕하던 늦봄[113]
洒面風生倚柱前	기둥에 기대어 서니 얼굴에 뿌리는 바람.
南國山川輸海上	남국 산천의 풍경은 바다에서 실어 오고
八窓絃管鬧雲邊	사방의 관현악 소리 구름 가에 요란하다.
野牛浮鼻橫官渡	들의 소는 코를 쳐들며 나루를 비껴 건너고
巢鷺將雛割暝烟	둥지의 백로는 새끼 먹이려 새벽안개 가른다.
方信吾行不牢落	비로소 알겠노라, 내 행차 한적하지 않아서
每因省母忝賓筵	어머니 문안 올 때마다 빈객 자리 차지함을.

향인鄕人 김종직金宗直

◎ **김종직** | 1431년(세종 13)–1492년(성종 23). 본관 선산善山. 자 효관孝盥·계온季昷, 호 점필재佔畢齋. 1459년(세조 5) 식년문과 급제. 저서 『점필재집佔畢齋集』.

◎ **비고** | 『점필재집』 권5, 〈영남루차운嶺南樓次韻〉.

---

113 기수에……늦봄 : 『논어論語』 「선진先進」에 "늦봄에 봄옷이 만들어지면, 관을 쓴 벗 대여섯 명과 아이들 예닐곱 명을 데리고 기수沂水에서 목욕하고 무우舞雩에서 바람 쐰 뒤에 노래하며 돌아오겠다.(暮春者 春服旣成 冠者五六人 童子六七人 浴乎沂 風乎舞雩 詠而歸)"는 증점曾點의 말이 있다.

유정柳亭 양여공梁汝恭

夢裏身登鶴背天　꿈속에서 학의 등을 타고 올라
嶺南樓上立風前　영남루 위에서 바람 맞고 섰네.
乾坤物像羅胸次　하늘땅 온갖 사물이 앞에 나열하고
珠玉詩聯眩眼邊　주옥 같은 시구들이 눈에 아찔하네.
擧手鼎捫跳日月　손을 들어 빠른 세월 억지로 붙잡지만
回眸斗覺豁蘆烟　눈 돌리니 갈대와 아지랑이 활짝 피었네.
主人重容杯盤侈　주인은 거듭 술잔 가득 차기를 권하면서
屢舞狂歌踏酒筵　몇 번이나 춤추고 노래하며 술자리 맴도네.

유정柳亭 양여공梁汝恭

◎ **양여공** | 1378년(우왕 4)–1431년(세종 13). 본관 충주忠州. 자 경지敬之, 호 유정柳亭. 1405년(태종 5) 식년시 급제. 승정원주서, 이조좌랑, 예조정랑을 역임.

◎ **비고** | 문장으로 이름이 높아 『동문선東文選』에 〈촌장에 앓고 누워 유치양에게(病臥村莊書寄柳致養)〉, 〈어떤 일로 박부정에게 보내다(卽事呈朴副正)〉 등이 수록.

겸兼 관찰사觀察使 정숭조鄭崇祖

百尺飛樓欲上天　백 척 나는 누각 하늘에 닿으려는 듯
登臨山水盡吾前　올라 보니 산수가 내 앞에 다 펼쳐졌네.
指揮點點重重外　손으로 점점 풍경을 하나하나 가리키고
目送涓涓浩浩邊　눈으론 넓디넓은 경치 멀리 바라보네.
酒傑行人思渴海　술꾼과 나그네는 바다를 말리려고 생각하고

詩豪坐客孰凌烟　시인과 참석한 손님은 누가 능연각[114]에 걸릴까?

爲雲爲雨多仙子　구름이 되고 비가 되어 신선들이 많으니

不義狂言驚罷筵　미친 말로 놀라게 하여 잔치 자리 파하진 말아야지.

겸兼 관찰사觀察使 정숭조鄭崇祖

◎ **정숭조** ㅣ 1442년(세종 24)–1503년(연산군 9). 본관 하동河東. 자 효숙孝叔. 호 삼성재三省齋. 정인지鄭麟趾의 아들. 1458년(세조 4) 음보로 통례문봉례랑通禮門奉禮郎이 되고, 공조좌랑, 한성부소윤, 형조참판 등을 역임.

◎ **비고** ㅣ 1491년(성종 22) 1월 15일에 한성부판윤에서 경상도관찰사로 도임. 1492년(성종 23) 2월 26일 호조판서로 이임.

행객行客 유양춘柳陽春

嶺南樓依嶺南天　영남루는 영남의 하늘에 기대고 있으니

燕樓矗樓未敢前　연자루[115] 촉석루도 감히 앞서지 못하리라.

渺渺落霞孤鳥外　외로운 새 밖으로 아득하게 노을이 지고

悠悠黃鶴白雲邊　흰 구름 가로 유유하게 황학이 난다.

擧杯咫尺問明月　술잔 들고 가까운 사람들끼리 밝은 달을 묻고

橫笛半空吹紫烟　반공에 비끼는 젓대 자줏빛 안개 불어 온다.

領得江山無盡興　만약 강산의 무궁한 흥취를 얻게 했다면

114 능연각凌煙閣 : 공신각功臣閣의 이름으로, 당 태종唐太宗이 정관貞觀 17년(643)에 공신 24명의 초상화를 이곳에 걸게 하였다.

115 연자루燕子樓 : 순천부順天府의 남쪽 옥천玉川 위에 걸터앉은 누각 이름이다.

誤緣雲雨幾重筵　그릇된 인연의 남녀들이 자주 잔치 열었으리.

행객行客 유양춘柳陽春

◎ **유양춘** ㅣ 생몰년 미상. 본관 풍산豐山. 자 진경震卿. 1468년(세조 14) 식년시 등제. 승문원 교리, 청송부사 등을 역임.

화성花城 허계許誡

遊遍名區別洞天　이름난 경치 두루 유람하다 별천지에 닿으니

無樓能出此樓前　이 누각보다 이름난 누각 없네.

倚欄人影驚魚隊　난간에 기댄 사람 그림자 물고기 떼를 놀라게 하고

隔水梅香入酒邊　강물 건너 매화 향기는 술자리 안으로 들어오네.

林缺湖光渾似練　수풀 없는 호수 빛은 마치 명주처럼 흐드러지고

雨餘山氣自成烟　비 그친 뒤 산 기운으로 저절로 아지랑이 피어나네.

欲知勝槩眞奇處　아름다운 경치 진기한 곳을 알고 싶다면

更待更深月滿筵　깊은 밤 달이 자리에 가득하기를 다시 기다려야 하리.

화성花城[116] 허계許誡

◎ **허계** ㅣ ?-1502년(연산군 8). 본관 하양河陽. 허지許遲의 아버지. 1459년(세조 5) 식년문과 급제. 부제학, 호조참의, 대사간 등을 역임.

◎ **비고** ㅣ 1490년(성종 21) 밀양부사密陽府使, 1493년(성종 24) 경주부윤慶州府尹 역임.

---

116 화성花城 : 경상북도 하양河陽의 옛 이름.

직제학直提學 문익점文益漸

聞說仙神有洞天　소문으로 듣자니 신선이 살고 있던 골짜기를
六鰲頭戴忽移前　여섯 자라가 머리에 이고 여기 앞으로 옮겼다지.[117]
晴川芳草好風裏　맑은 냇물 향기로운 풀에 산들바람 불어오고
孤鶩落霞斜日邊　외로운 따오기 지는 노을은 석양 가의 풍경이네.[118]
曠野牛馬分客路　넓은 들판의 말과 소는 나그네의 길을 분간하고
遠村鷄犬接人烟　먼 마을 닭과 개 짖는 소리에 인가가 이어졌네.
一區萬景言難竟　한 구역의 온갖 경치를 말로 다하기 어려워
畫取吾將獻御筵　그림으로 그려 내 장차 임금님께 바치려네.

직제학直提學 문익점文益漸

◎ **문익점** | 1329년(충숙왕 16)–1398년(태조 7). 본관 남평南平. 자 일신日新, 호 삼우당三憂堂. 1360년(공민왕 9) 문과 급제.

◎ **비고** | 이색李穡, 『목은시고牧隱詩藁』 권18, 〈청도신태수문익점고행淸道新太守文益漸告行〉을 통해 문익점이 청도군수였음을 알 수 있음. 『삼우당문선생추모시집三憂堂文先生追慕詩集』(대전; 대경출판사, 1977)에 〈제영남루題嶺南樓〉라는 제목으로 실려 있고, 제목의 주석에 "청도군수일 때 지었다.(守淸道時作)"는 말이 있음.

---

117 신선이……옮겼다지 : 영남루 창건 설화에 대한 설명으로, 임춘林椿의 〈제영남사題嶺南寺〉에 "일찍이 푸른 바다 신선이 사는 원교에, 영롱한 누각이 큰 자라 타고 있다가, 자라 기울고 바다 흔들려 신선들 놀라고, 높은 봉우리 하나 아득하게 영영 잃었다지. 그 봉우리 문득 이곳으로 옮겨 날아와, 옛 성 앞에 천년토록 웅크리고 있었네.(曾聞圓嶠臨蒼濤 樓閣玲瓏駕巨鰲 鰲傾海動群仙駭 茫茫失去一峯高 飛來恍惚移於斯 磅礴千古當古壕)"라는 표현이 있다. 여기서 원교圓嶠는 『열자列子』 「탕문湯問」에 나오는 말로, 다섯 신선산 중의 하나이다.

118 외로운……풍경이네 : 당나라 왕발王勃이 지은 「등왕각서滕王閣序」에 "지는 놀은 짝 잃은 따오기와 나란히 날고, 가을 강물은 끝없는 하늘과 한 색이로다.(落霞與孤鶩齊飛 秋水共長天一色)"라는 구절에서 차용한 말이다.

관찰사觀察使 김겸광金謙光

目極迢迢萬里天	눈을 들어 아득하게 먼 만 리 하늘 바라보고
朗吟依立秋風前	낭랑하게 읊조리며 가을바람 앞에 의연하게 섰노라.
波頭白月淸詩興	물결 머리에 뜬 흰 달은 맑은 시흥을 일으키고
湖外靑山落酒邊	호수 밖 푸른 산이 술자리로 떨어진다.
江喧將動未崩石	강물이 시끄럽게 동탕해도 바위를 무너뜨리지는 못하고
郊遠欲浮無盡烟	교외 멀리선 다함없는 아지랑이 피어나려고 하네.
自是聖恩渾雨露	이로부터 성은이 비와 이슬처럼 무젖을 것이기에
南來日日醉華筵	남쪽에선 날마다 화려한 잔치 자리에 취하리라.

관찰사觀察使 김겸광金謙光

◎ **김겸광** | 1419년(세종 1)–1490년(성종 21). 본관 광산光山. 자 위경撝卿. 호 서정西亭. 1453년(단종 1) 식년시 급제. 예조판서, 경상도관찰사, 평안도절도사 등을 역임.

◎ **비고** | 1468년(세조 14) 3월 예조판서에서 경상도관찰사로 도임. 1469년(예종 1) 5월 10일에 중추부사로 이임.

병조참지兵曹參知 유자광柳子光

醉倚高樓尺五天	취하여 높은 누각에 기대니 하늘과 가깝고[119]
落霞孤鷲半簾前	반쯤 열린 주렴 앞으로 지는 노을, 외로운 기러기 난다.
一聲漁笛桑村晩	한 가닥 어부의 젓대 소리 뽕나무 마을에 저물고

119 하늘과 가깝고 : 원문의 '尺五'는 1자 5촌이니, 척오천尺五天은 하늘과 대단히 가까운 거리임을 말한다.

萬里紅蘆驛路邊　만 리 붉은 갈대 역로 가에 피었네.

市虛風去長江雨　저자 텅 비고 바람 그쳐 긴 강에 비 내리는데

地僻雲迷山寺烟　땅은 궁벽지고 구름 짙어 산사에 아지랑이 피어난다.

起立脫衣跨汗漫　새벽에 일어나 옷 벗는 중에 몸에 땀이 가득하건만

夜分忘却月生筵　밤 깊으면 모두 잊고 자리에 달이 떠오르네.

병조참지兵曹參知 유자광柳子光[120]

◎ **유자광** | 1439년(세종 21)–1512년(중종 7). 본관 영광靈光. 자 우복于復. 1467년(세조 13) 이시애의 난에 자진 출전하여 병조정랑에 올랐으며, 온양별시문과溫陽別試文科 급제.

◎ **비고** | 『세조실록』 14년(1468) 7월 4일에 "병조참지 유자광을 호송관으로 삼고 인하여 유자광에게 명하여 삼포에 가서 왜선을 조작하는 모양을 보도록 하였다.(以兵曹參知柳子光爲護送官 命子光仍往三浦 觀倭船造作之狀)"는 기록이 있음.

병마절도사兵馬節度使 안침安琛

維嶺之南別地天　영남의 남쪽에 별천지가 있으니

樓名肇揭百年前　누각 이름 백 년 전에 처음으로 걸렸었지.

水分燕尾蒼茫外　창망한 밖에는 강물이 제비 꼬리처럼 갈라지고

山作龍頭廣漠邊　산은 용두봉에서 넓고 아득하게 펴져 갔네.

短掉掛開千頃浪　짧은 노로 천 이랑 물결을 열고

長風吹散一村烟　긴 바람이 온 마을의 안개를 불었다 흩어 버린다.

120 검은색으로 본문과 성명을 지운 흔적이 있다. 관직은 지우지 않았다.

興來不禁蘇州癖　흥이 일어나니 소주를 좋아한 취미를 멈추지 못해
目注韋娘踏舞筵　눈길이 잔치 자리의 두위랑 춤사위에 머물렀네.[121]

병사兵使 안침安琛

◎ **안침** ㅣ 1445년(세종 27)–1515년(중종 10). 본관 순흥順興. 자 자진子珍, 호 죽창竹窓·죽제竹齊. 저서 『죽창세적竹溪世蹟』. 1466년(세조 12) 고성별시문과高城別試文科 급제. 부수찬, 부제학, 동부승지, 우승지 등을 역임.

◎ **비고** ㅣ 『연산군일기』 6년(1500) 6월 2일에 경상우도병마절도사 안침의 사직辭職 기록이 있음.

전前 사간司諫 이세인李世仁

高樓登眺屬晴天　높은 누각 올라 조망하니 푸른 하늘에 담겨 있어
無限奇觀入望前　무한히 펼쳐진 기이한 광경 눈 안으로 들어오네.
地逈星河低玉角　땅 멀리 별과 은하수가 처마 아래에 자리 잡고
日長鷗鷺睡磯邊　하루 긴 해에 갈매기 오리들 낚시터 가에서 조네.
一川柳洩三春信　한 줄기 강에 핀 버드나무 춘삼월 소식 끌어 오고
百里山沈萬戶烟　백 리 이어진 산은 만호의 연기에 잠겼네.
何處病夫貪勝景　어느 곳에서 병든 늙은이 좋은 경치를 감상할까?
强隨諸彦醉瓊筵　억지로 여러 선비들을 따라 좋은 잔치 자리에서 취한다.

---

121 눈길이……머물렀네 : 당唐 유우석劉禹錫과 관련된 고사이다. 유우석이 화주자사和州刺史를 그만두고 서울로 갈 때, 사공司空 이신李紳이 그를 위해 연회를 베풀었다. 그 자리에서 유우석이 가기歌妓에게 마음이 끌려 "궁중 미녀처럼 곱게 꾸민 머리 모습, 봄바람처럼 두위랑 한 곡조 들려주네. 사공께선 실컷 즐겨 들어서 시들하겠지만, 강남 땅 자사는 애간장이 끊어지오.(髮髮梳頭宮樣妝 春風一曲杜韋娘 司空見慣渾閑事 斷盡江南刺史腸)"라고 시를 지었다. 그러자 이 사공이 가기를 유우석에게 내주었다. 여기서 '두위랑杜韋娘'은 기생 이름이다.

白鳥高飛度碧天　하얀 새 높이 날아 푸른 하늘을 건너가고
騷人閑倚玉樓前　시인은 한가롭게 옥 같은 누각 앞에 기대네.
身超萬丈紅蘆外　몸은 만 길 붉은 갈대 밖을 뛰어넘고
目極千層杳靄邊　눈은 천 겹 아득한 아지랑이 끝을 바라보네.
南浦雨晴如拭鏡　남포에 비 개여 마치 거울을 닦아 놓은 듯하고
春郊風暖欲生烟　교외의 봄바람 따뜻하여 아지랑이 피어나려 하네.
沈吟盡日無佳局[122] 하루 종일 깊이 읊조려도 좋은 시구 한 줄 없으니
其奈叨參玳瑁筵　어떻게 하면 화려한 잔치 자리 억지로 참석할 수 있으랴.

전前 사간司諫 이세인李世仁

◎ **이세인** | 1452년(문종 2)–1516년(중종 11). 본관 성산星山. 자 원지元之. 1486년(성종 17) 식년문과에 급제. 홍문관직제학, 병조참의, 부제학 등을 역임. 저서 『연담이선생문집蓮潭李先生文集』 상하 2책.

◎ **비고** | 1494년(성종 25) 사간원정언, 1495년(연산군 1) 대사간, 1506년(중종 1) 사간, 1508년(중종 3) 사간원대사간. 1509년(중종 4)에도 대사간. 같은 해 10월에 좌승지로 이임. 1511년(중종 6)에 다시 대사간 역임.

철성鐵城 후학後學 이윤李胤

獨凭危檻望遙天　높은 난간에 홀로 기대 먼 하늘 바라보니
一點螺峯雁陣前　점 같은 작은 봉우리 앞으로 기러기 줄지어 난다.

---

122 원문 '局' 자 옆에 점 두 개가 있고, 두주에 "국局은 마땅히 구句가 되어야 한다.(局當作句)"라는 말이 있다. 번역은 두주를 참고하였다.

賢達古今陳迹裏	현인과 달사들이 예나 지금이나 찾았던 자취
江山圖畫此樓邊	그림 같은 강산의 풍광이 영남루에 있구나.
層林木葉明秋雨	겹겹 쌓인 숲의 나뭇잎은 가을비에 밝아지고,
遠巷人家裊夕烟	먼 저잣거리 인가엔 저녁연기 피어오른다.
爛醉高歌仍大噱	실컷 취해 크게 노래 부르고 소리 내 웃을 뿐
白頭且莫赴芳筵	흰머리로 성대한 잔치 자리에 달려가지 않으리.

철성鉄城[123] 후학後學 이윤李胤

◎ **이윤** | 1462년(세조 8)–?. 본관 고성固城. 자는 자백子伯, 호는 쌍매당雙梅堂. 1486년(성종 17) 문과 급제. 부제학 역임.

겸兼 관찰사觀察使 윤순尹珣

城上高樓出半天	성 위 높은 누각 허공에 솟았고
茫茫宇宙一尊前	아득한 우주는 한 동이 술 앞에 펼쳐졌네.
千層白浪風生後	천 층 흰 물결 바람 지나간 뒤 일고
十里青山鳥沒邊	십 리 푸른 산 가로 새들 내려앉네.
墻角春深梅作雪	봄 깊은 성가퀴 매화엔 눈 같은 꽃 피고
江心日暖水成烟	날 따뜻한 강 속에서 아지랑이 일어나네.
良辰盛會眞難得	좋은 날 성대한 모임 참으로 얻기 어려우니
更把瓊杯醉舞筵	다시금 옥 같은 술잔 잡고 춤추며 취하리라.

123 철성鐵城 : 경상남도 고성固城의 옛 이름.

겸兼 관찰사觀察使 윤순尹珣

◎ **윤순** | ?–1522년(중종 17). 본관 파평坡平. 자 백옥伯玉, 호 임심臨深. 문음으로 관직에 진출, 1501년(연산군 7) 식년문과 급제. 동부승지, 함경도관찰사, 형조판서 등을 역임.

◎ **비고** | 1507년(중종 2) 10월 2일 지중추부사에서 경상도관찰사로 도임. 1508년(중종 3) 12월 27일 형조판서로 이임.

이조정랑吏曹正郎 이사균李思鈞

樓下溶溶浪拍天　누각 아래 일렁이는 물결 하늘을 치고

洞庭犇放岳陽前　동정호에서 풀려 나와 악양 앞에 섰네.[124]

漢王氷渡滹沱上　한나라 왕은 빙판이 된 호타를 건넜고[125]

秦王鞭投淝水邊　진나라 왕은 비수 가에서 채찍을 던졌네.[126]

石轉怒灘聞霹靂　돌이 굴러 성난 여울물 소리 청천벽력같이 울리고

濤呑風樹捲雲烟　파도는 바람을 삼켜 구름과 아지랑이를 말아 올리네.

---

124 동정호에서……섰네 : 악양루는 동정호洞庭湖에 접해 있으며, 한유韓愈의 〈등악양루登岳陽樓〉에 "경내의 호수 칠백 리, 온갖 절경을 머금었네.(潴爲七百里 呑納各殊狀)"라는 구절이 보인다.

125 한나라……건넜고 : 후한의 광무제光武帝와 관련된 고사이다. 광무제가 남으로 달아나는 도중 곡양曲陽에 닿았을 때, 왕낭의 군대가 뒤에 임박했다는 소문을 듣고 부하들은 모두 겁에 질렸다. 왕패王覇를 보내 강의 상태를 확인시키자, 왕패는 군대의 사기를 생각하여 얼음이 얼었다고 허위 보고를 했다. 후한의 군대가 호타하에 이르니 과연 얼음이 얼어 있었고, 다 건너고 두서너 기병만 남았을 때 얼음이 모두 녹아 버렸다는 고사가 있다.

126 진나라……던졌네 : 전진前秦 왕 부견苻堅이 대군을 거느리고 진晉나라에 쳐들어 왔다가 비수淝水 싸움에서 사현謝玄 등에게 대패하였다. 이후 수양성壽陽城에 올라 두려움에 찬 마음으로 팔공산八公山을 바라보니 산 위의 초목들이 모두 진나라 군사들로 보였다는 고사가 있다. 원문 '王' 자 두주에 "왕王 자 위에 아마도 점이 있어야 할 것 같다.(王上疑有點)"라는 주석이 있다.

胸中八九知多少　흉중의 팔구가 얼마인지 잘 알기에
追逐相如共一筵　사마상여를 따라 함께 자리에 참석하네.[127]

이조정랑吏曹正郎 이사균李思鈞

◎ **이사균** ㅣ 1471년(성종 2)–1536년(중종 31). 본관 경주慶州. 자 중경重卿, 호 눌헌訥軒. 1498년(연산군 4) 식년문과 급제. 장악원정, 우승지, 이조판서, 지중추부사 역임.

◎ **비고** ㅣ ㉮ 1507년(중종 2) 문과중시에 을과로 급제. 이조정랑 겸 춘추관기주관에 제수.
㉯ 1535년(중종 30) 6월부터 1536년(중종 31) 6월까지 경상도관찰사로 재임.

김내문金乃文

香風何處大羅天　향기로운 바람 어디에서 하늘에 크게 펼쳤기에
誤入茅君案前王　잘못 들어온 모군[128]이 전왕들 앞에 자리 잡는다.
雲雨竟迷蓬島路　구름과 비는 봉래산 조도에서 끝내 혼미해졌지만
笙簫還下月宮邊　생황과 피리 소리는 여전히 월궁 가로 떨어진다.
深江一葉千年渡　깊은 강에는 조각배 하나 천 년을 지나다니고
落日長林萬古烟　넓은 들판으로 저무는 태양이 만고의 아지랑이 일으킨다.
無限嶺南佳景致　다함이 없는 영남의 아름다운 경치 지극하기에

---

127 흉중의……참석하네 : 한漢 사마상여司馬相如와 관련된 고사이다. 그가 지은 〈상림부上林賦〉에 "초나라에는 칠택이 있어, 그중 하나인 운몽택은 사방이 구백 리인데, 운몽택 같은 것 여덟아홉 개를 삼키어도 가슴속에 조금도 거리낌이 없다.(楚有七澤 其一曰雲夢 方九百里 呑若雲夢者八九 其於胸中曾不蔕芥)"라는 말이 있다. 이는 포부가 웅대함을 의미한다.

128 모군茅君 : 제齊나라 사람으로 구곡산句曲山에서 수도하여 신선이 되었다는 모씨茅氏 형제를 말한다. 모영茅盈과 아우인 고固와 충衷도 모두 벼슬을 버리고 형을 따라 신선이 되었다. 전하여 신선을 가리키는 말로 쓰인다.

白頭空愧滯芳筵　백수로 아름다운 자리 머물러 공연히 부끄럽구나.

김내문金乃文

◎ **김내문** | 생몰년 미상. 본관 광산光山. 자 경야景野. 1501년(연산군 7) 식년시 급제. 홍문관 교리, 지평, 사간 등을 역임.

◎ **비고** | 『중종실록』 11년(1516) 7월 25일에 "황해도·평안도·경상도에 홍언필·한효원·김내문을 나누어 보내어 백성의 고통을 묻게 하였다.(分遣洪彦弼韓效元金乃文于黃海平安慶尙道 問民疾苦)는 기록이 있음.

선위사宣慰使 정세광鄭世光

登臨已欲狎江天　올라 보니 이미 하늘이 강을 압도하려 하는데
況是奇觀指顧前　게다가 기이한 경관이 잠깐 사이 펼쳐짐에랴.
樹影帶風排檻外　수풀 그림자는 바람을 띠고 난간 밖에 늘어서고
灘聲和雨入吟邊　여울물 소리 비와 어울려 읊조리는 시로 들어오네.
高低列峀霏淸靄　들쑥날쑥 늘어선 봉우리에 맑은 안개 흩날리고
遠近平林生白烟　멀고 가까운 벌판의 수풀에 흰 아지랑이 피어난다.
不向壁間留翰墨　기둥에 그대들의 글 남기지 말기를
誰知今日醉華筵　오늘 성대한 잔치에 술 취한 사람이 누군지 안다오.

선위사宣慰使 정세광鄭世光

◎ 정세광 | 본관 하동河東. 부사 정양종鄭穰從의 증손자. 그림을 잘 그렸으며, 「천어도川魚圖」(국립중앙박물관 소장)가 전함.

도원수都元帥 유순정柳順汀

徙倚湖山萬里天　자리를 옮겨 만 리 하늘 펼쳐진 호산에 기대니
依然身世卄年前　의연한 이내 몸 감회는 이십 년 전과 같네.
數村水竹牛鳴外　두서너 마을의 아름다운 대 너머 소 울음 들리고
一村雲嵐鳥去邊　한 가닥 구름 띤 산에는 나는 새가 곁에 머무네.
夢斷落花江館雨　꽃 지는 강변 객관에서 빗소리에 꿈을 깨고
詩成斜日柳橋烟　비끼는 노을 버들 다리 연기에 시를 이루네.
白頭詞客偏依舊　흰머리의 시인만이 예전과 같아
奈此尊傾月滿筵　술동이 기울자 자리 가득한 달빛을 어찌하랴.

도원수都元帥 좌의정左議政 청천菁川[129] 유순정柳順汀

◎ **유순정** | 1459년(세조 5)–1512년(중종 7). 본관 진주晉州. 자 지옹智翁, 호 청천菁川. 1487년(성종 18) 별시문과 장원급제. 평안도절도사, 우의정, 영의정 역임.

◎ **비고** | 1510년(중종 5) 경오왜변庚午倭變 때에 도원수에 제수되어 삼포三浦의 난을 평정. 군공을 인정받아 영의정에 오름.

종사관從事官 허굉許硡

南郭高樓隱半天　성곽 남쪽 높은 누각 반쯤 하늘을 감추니
依稀風物畫圖前　희뿌연 풍경이 그림처럼 앞에 펼쳐진다.
眼窮飛鳥青山外　눈길은 청산 밖으로 나는 푸른 새에 닿고

---

129 청천菁川 : 경상남도 진주의 옛 이름.

身在層霄翠靄邊　몸은 푸른 아지랑이 핀 겹겹 하늘에 있네.

大野深林昏欲雨　넓은 벌판 깊은 숲엔 어둑어둑 비 내리려 하고

暮江晴浪淨涵烟　저문 강 푸른 물결엔 맑은 안개 피어난다.

御鞍登眺忘歸去　공무로 올라와 조망하며 돌아감을 잊으니

直到三更月滿筵　삼경이 되자마자 자리엔 달빛이 가득.

종사관從事官 허굉許硡

◎ **허굉** | 1471년(성종 2)–1529년(중종 24). 본관 양천陽川. 자 굉지宏之, 호 징와澄窩. 허침許琛의 아들. 1503년(연산군 9) 별시문과에 급제. 이조정랑, 대사간, 함경도관찰사 등을 역임.

◎ **비고** | 『중종실록』 5년(1510) 4월 12일에 도원수 유순정의 종사관으로 허굉許硡과 구지신具之愼을 임명한 기록이 있음.

군관軍官 이장길李長吉

閑看鳶飛政戾天　솔개 날아 하늘에 닿는 모습 한가롭게 바라보고

時聞魚躍在軒前　때때로 헌 앞으로 물고기 뛰어오르는 소리 듣는다.

將軍攬鏡悲雄釰　장군이 거울이나 만지작거리니 영웅검 슬피 울고

揖客籌謀息塞烟[130]　손님 접대하며 공무 보노라니 변방에 큰일 없네.

斷斷赤心歸北斗　굳고 굳은 붉은 마음 북두성에 귀의했으니[131]

---

130 원문의 두주에 묵서로 "먼저 연운烟韻으로 압운한 것은 의심스럽다.(先押烟韻 可疑)"라는 말이 있다. 영남루 본당의 천자운天字韻 칠언율시는 해당 부분의 글자가 '邊' 자이다.

131 북두성에 귀의했으니 : 북두성北斗星은 북쪽에 있는 성좌星座를 가리킨 것으로, 전하여 천자의 대궐을 이른다. 군주에게 충성하겠다는 의지를 표현한 것이다.

昭昭白日照頭邊	밝고 환한 흰 태양 나라 가장자리까지 비추네.
裹身馬革知吾分	말가죽에 싸일 육신[132]이 내 직분임을 알기에
潦倒何時赴戍筵	노쇠한 몸 이끌고 언제쯤 변방으로 달려갈꼬?

군관軍官 이장길李長吉[133]

◎ **이장길** | 생몰년 미상. 본관 벽진碧珍. 자 자하子賀. 창녕에 거주하며 김굉필金宏弼로부터 학문을 사사. 의성현령, 평안도병마우후 등을 역임.

◎ **비고** | 『중종실록』 23년(1528) 4월 11일에 이장길이 군관으로 임명된 기록이 있음.

영가永嘉 후인後人 문경동文敬仝

危甍高插半晴天	위태로운 기왓골 높다랗게 반공중에 꽂히고
遠岫輕嵐落檻前	먼 봉우리 가벼운 이내 난간 앞에 떨어진다.
千古風流杯酒裏	천고의 풍류는 술잔 속에 담겨 있고
一江雲物畫圖邊	한 줄기 강물 속 풍물은 그림과 같구나.
香傳野店梅村雨	매화마을 내리는 비 들판 객점으로 향기 전하고
翠鎖珠簾竹塢烟	대숲에 이는 아지랑이 옥발로 푸른빛 막는다.
更好倚欄山有月	난간에 기대면 산에 달 떠올라 더욱 좋을씨고

132 말가죽에……육신 : 전쟁터에서 싸우다 죽는 것을 뜻한다. 원문의 '馬革'은 말가죽이라는 말이다. 후한後漢의 복파장군伏波將軍 마원馬援이 "사나이는 변방의 들판에서 쓰러져 죽어 말가죽에 시체를 싸 가지고 돌아와 땅에 묻히는 것이 마땅하다. 어찌 침상 위에 누워 아녀자의 손에 맡겨서야 되겠는가."라고 말한 고사가 전한다.

133 원문 아래에 묵서로 "이장곤의 형이다. 무과에 등제하였으며, 관직은 훈련원정에 그쳤다. 창녕에 거주하였다.(李長坤之兄 登武科 官止訓練正 居昌寧)"라는 말이 있다.

却疑身在廣寒筵　이내 몸 마치 광한전[134]의 잔치 자리에 있는 듯.

壯志當年釰倚天　장한 뜻 품은 그해에 칼로 하늘을 짚고

光芒直射斗牛前　광망이 곧바로 두우성 앞으로 쏘았지.[135]

半生事業靑燈下　반평생 업적은 푸른 등불 아래에 빛나고

一段忠貞白日邊　한 가닥 충성심은 밝은 해 곁에 있도다.

淸夢有時尋釣澤　맑은 꿈속에선 때때로 낚시 드리울 연못을 찾지만

勳名無計上凌烟　공명을 따져 봐도 능연각[136]에 오를 계책이 없구나.

登臨意氣豪麤甚　누각에 올라 보니 의기가 참으로 거대하여

慷慨長吟風拂筵　강개하게 읊조리니 바람이 자리에 스치네.

영가永嘉[137] 후인後人 문경동文敬仝[138]

◎ **문경동** ㅣ 1457년(세조 3)–1521년(중종 16). 본관 감천甘泉. 호 창계滄溪. 1495년(연산군 1) 증광문과 급제. 양산군수梁山郡守, 성균관사성 등을 역임. 저서 『창계집滄溪集』.

◎ **비고** ㅣ 첫 번째 시는 『창계집』 권1, 〈차영남루운次嶺南樓韻〉에, 두 번째 시는 『창계집 속집續集』 권2, 〈차영남루운次嶺南樓韻〉에 수록.

---

134 광한전 : 달을 옥두꺼비(玉蟾)라 하며, 월궁月宮을 광한전廣寒殿이라 하는데 항아姮娥가 거처하는 곳이다. 항아는 예羿의 아내였으나, 예가 구해 둔 불사약을 훔쳐 먹고 월궁으로 도망갔다.

135 광망이……쏘았지 : 진晉나라 때 예장豫章의 풍성豐城에서 광망光芒이 하늘에 활을 쏘니, 두우성斗牛星 사이에 항상 자기紫氣가 있었다. 장화張華가 사람을 시켜 그곳의 옥기獄基를 발굴하여 용천龍泉과 태아太阿 두 보검을 얻었다.

136 능연각凌烟閣 : 공신각功臣閣의 이름으로, 당 태종唐太宗이 정관貞觀 17년(643)에 공신 24명의 초상화를 이곳에 걸게 하였다.

137 영가永嘉 : 경상북도 안동의 옛 이름.

138 원문 아래에 묵서로 "영천인. 관직은 사성에 그쳤다.(榮川人 官止司成)"는 기록이 있다.

이조정랑吏曹正郞 성세창成世昌

徙倚湖山欲暮天	자리를 옮겨 호산에 기대니 노을이 저물려 하고
百年光景畫欄前	백 년의 풍광이 단청 칠한 기둥 앞에 펼쳐진다.
平郊草樹斜陽裏	들판의 수풀 안으로 비끼는 석양이 있고
遙海峰巒落雁邊	먼 바다의 봉우리로 기러기 내려앉는다.
繞郭春田民雨露	성곽을 에워싼 봄밭엔 농부들 우로에 젖고
滿江詩思客風烟	강에는 시 생각 가득한 나그네 위해 바람과 안개 핀다.
龍岑待月吹長笛	용두산에 떠오를 달을 기다리며 길게 피리 불고
萬片梅花落舞筵	만 조각 매화꽃이 춤추는 자리에 떨어진다.

捲盡纖埃露碧天	티끌 한 점까지 말아 올리니 푸른 하늘 드러나고
奇觀遠近自無前	가깝고 먼 곳의 기이한 경관 예전에 없던 모습이로다.
人行十里平林外	사람들은 벌판 수풀 밖으로 십 리를 오가고
鳥沒千重列峀邊	새들은 늘어선 천 겹 봉우리로 내려앉네.
倒水虹明生閣影	강물엔 무지개 거꾸로 걸리고 누각엔 그림자 드리우며
傍山雲白是炊烟	곁에 있는 산엔 구름이 맑아 불 때는 연기와 같네.
嶺南獨揭當時號	영남루만이 홀로 그 당시의 편액을 걸고
幾箇騷仙詠醉筵	몇몇 이름난 시인들이 취한 자리를 읊조렸구나.

이조정랑吏曹正郞 성세창成世昌

◎ **성세창** | 1481년(성종 12)–1548년(명종 3). 본관 창녕昌寧. 자 번중蕃仲, 호 돈재遯齋. 성염조成念祖의 손자이자, 성현成俔의 아들. 1507년(중종 2) 증광문과 급제. 홍문관정자, 강원도관찰사, 형조판서 등 역임. 저서 『돈재집』, 『식료찬요食療纂要』.

◎ **비고** | ㉮ 『중종실록』 4년(1509) 8월 5일에 이조정랑에 제수된 기록이 있음.

㉯ 1524년(중종 19) 7월부터 같은 해 12월 17일까지 경상도관찰사로 재임.

관찰사觀察使 조계상曺繼商

洞府深深別一天　골짜기 깊고 깊어 한 구역 별천지를 이루었기에
暫住旌節畫欄前　단청 칠한 난간 앞에 잠시 깃발과 부절을 멈추네.
沙村日短溪橋外　백사장 가 마을의 시내 다리 밖으론 하루해 짧고
漁市寒輕寫[139]陣邊 포구에도 추위 가시어 기러기가 무리를 이룬다.
迢遞塞雲迷海戍　까마득한 변방의 구름 바닷가 수자리를 어지럽히고
微茫汀樹雜江烟　모래톱 희미한 나무는 강물의 아지랑이와 뒤섞였네.
上房明月回僊夢　상방에 밝은 달 떠올라 신선이 될 꿈을 회상하니
擬向蓬瀛上錦筵　봉래산과 영주산으로 가 비단 자리에 오르고 싶네.

十二雕欄倚暮天　열두 개의 조각한 난간[140]이 저문 하늘에 기대니
參差螺影入樓前　들쑥날쑥한 처마 그림자 누각 앞으로 들어오네.
蕭疏岸竹凌尊裏　쓸쓸하고 성근 벼랑의 대나무는 시들어 가고
淡泊秋花落[141]帽邊 담박한 가을꽃은 갓 테두리로 떨어진다.
玉鏡光寒當戶月　옥거울 속 광한전[142]은 창문의 달로 떠오르고
鳳簫聲徹隔林烟　봉소 소리 그치자[143] 수풀에 안개 피어나네.
雲隨老鶴應長在　구름은 늙은 학을 좇아 응당 오래 살기에

139 원문의 두주에 '疑作' 두 글자만 남았는데, "사寫 자는 안鴈 자가 아닌가 의심된다.(寫疑作鴈)"는 말로 추정된다. 번역도 두주를 참고하였다.

140 열두……난간 : 일반적으로 높은 누각樓閣의 난간에 곡절曲折이 많은 것을 말한다.

141 원문 '落' 자 다음에 한 글자(生 자로 추정)를 지웠다. 글자 수로는 지워야 옳다.

142 광한전 : 달을 옥두꺼비(玉蟾)라 하며, 월궁月宮을 광한전廣寒殿이라 하는데 항아姮娥가 거처하는 곳이다. 항아는 예羿의 아내였으나, 예가 구해 둔 불사약을 훔쳐 먹고 월궁으로 도망갔다.

143 봉소……그치자 : 진秦나라 목공穆公의 딸 농옥弄玉이 음악을 아주 좋아하였으며, 소사蕭史는 퉁소를 잘 불어서 봉새가 우는 소리를 냈다. 목공이 농옥을 그에게 시집보냈는데, 이들 두 사람이 퉁소를 불면 봉황이 날아와 모였으며, 두 사람은 그 뒤에 봉황을 타고 날아갔다는 전설이 있다.

留與仙曹忝上筵　머무르면서 신선들과 함께 잔치에 참석하겠지.

관찰사觀察使 조계상曺繼商

◎ **조계상** | 1466년(세조 12)–1543년(중종 38). 본관 창녕昌寧. 자 종성宗聖. 1495년(연산군 1) 증광문과 급제. 대사헌, 동지중추부사, 한성부좌윤, 이조참판 등을 역임.

◎ **비고** | 1514년(중종 9) 7월 호조참판에서 경상도관찰사로 도임하였으나, 복숭아꽃과 오얏꽃이 늦가을에 피는 변괴가 있었음에도 조정에 보고하지 않았다는 이유로 1515년(중종 10) 1월에 산직으로 물러남.

종사관從事官 황필黃玶

獨專形勝一方天　한쪽 하늘의 아름다움을 홀로 차지하여

二水三山在眼前　이수와 삼산이 눈앞에 펼쳐지네.[144]

地坼東南迷楚望　땅은 동남쪽으로 나뉘어 초나라 산천[145]이 아득하고

氣蒸雲夢是湖邊　기후는 운몽을 찌는 동정호의 더위라네.[146]

---

144 이수와……펼쳐지네 : 이수는 영천에 있는 두 물의 이름으로, 보현산 동남 산기슭에서 발원하여 조양각 앞으로 흐르는 남천南川과 보현산 서남 산록에서 발원하여 영천시 쌍계동 앞에서 신녕천과 합류되어 흐르는 북천北川을 이른다. 삼산은 조양각의 남쪽에 있는 작산鵲山과 서남쪽에 자리한 유봉산遊鳳山과 서북쪽에 자리한 마현산馬峴山을 이른다. 『신증동국여지승람』 제22권 「경상도 영천군」에 "흰 구름과 황학은 언제나 돌아오나. 이수와 삼산이 차례로 열려 있네.(白雲黃鶴幾時廻 二水三山次第開)"라 하고, 이는 서거정徐居正이 지었다고 하였으나, 현재 서거정의 『사가집四佳集』에는 전하지 않는다.

145 초나라 산천 : 원문의 '楚望'은 『춘추좌씨전』 「애공哀公」 6년 조에 "삼대에 제후가 제사 지낼 범위를 정하여 명하였으니, 자기가 영유하는 경내의 산천을 벗어나 제사 지낼 수 없다. 양자강, 한수, 회수, 장수는 초나라가 제사 지낼 산천이다.(三代命祀 祭不越望 江漢睢漳 楚之望也)"라고 한 데서 유래한 말이다.

146 기후는……더위라네 : 원문의 '雲夢'은 운몽택雲夢澤의 준말로, 한漢나라와 위魏나라 이전에는 그리 크지 않은 습지를 지칭했는데, 진晉나라 이후로 동정호洞庭湖까지 포괄하는 큰 호수를 뜻하게

蒼茫歲暮江千雪　한 해 저무는 창망한 강가 천 가닥 눈발 날리고
隱映人家竹外烟　그림자 감춘 여염집 대나무 밖으로 안개 피어난다.
賢主尊中如此海　사또의 술동이는 이처럼 바다와 같으니
長開玳瑁敞賓筵　화려한 잔치 길게 열어 보배로운 자리 빛나네.

종사관從事官 황필黃琿[147]

◎ **황필** ㅣ 1464년(세조 10)–1526년(중종 21). 본관 덕산德山. 자 헌지獻之, 호 상정橡亭. 김종직의 문인. 1492년(세종 23) 별시문과 급제. 의정부사인, 저작, 교리 등을 역임. 저서 『상정일고』.

◎ **비고** ㅣ ㉮ 1524년(중종 19) 경주부윤에 임명되어 임지에서 서거.
㉯ 『중종실록』 4년(1509) 11월 7일에 "헌부가 아뢰기를, '유희저의 연루자를 경상도 입거종사관 황필로 하여금 추고하여 계문하게 하였는데, 만약 틀린 점이 있으면, 청컨대 형장으로 심문하여 사실을 알게 하소서.' 하니, 그대로 윤허하였다.(憲府啓曰 柳希渚事干 令慶尙道入居從事官黃琿推考啓聞 如有違端 請刑推得情依允)"는 기록이 있음.

선산부사善山府使 유희철柳希轍

登樓俯瞰鏡中天　누각에 올라 굽어보니 거울 가운데 하늘이 담겼고
一望紅雲大野前　멀리 넓은 평원 앞 붉은 구름이 한꺼번에 들어온다.
遠樹平看雙眼裏　먼 수풀은 두 눈에 평평하게 보이고
晴岑低列八窓邊　푸른 봉우리는 여덟 창[148] 가에 낮게 깔렸네.

되었다. 당唐나라 때의 시인 맹호연孟浩然의 〈임동정臨洞庭〉에 "기운은 운몽택에서 증발하고 물결은 악양성을 뒤흔드네.(氣蒸雲夢澤 波撼岳陽城)"라고 하였다.

147 원문 아래에 묵서로 "선산인이다.(善山人)"라는 주석이 있다.

148 여덟 창 : 원문의 '八窓'은 사방의 창호가 환함을 뜻한다. 당나라 노륜盧綸의 〈부득팽조루송양덕

歸牛路入孤村雨　소 돌아가는 외로운 마을 어귀에 비 내리고
飛鳥影迷何處烟　어디서 안개 일어나는 듯 나는 새 그림자 희미하네.
客到偶逢三五夜　객이 도착하여 우연히 삼경 오경 깊은 밤을 만나
酷憐明月上芳筵　밝은 달 매우 아껴 아름다운 자리에 올랐네.

선산부사善山府使 유희철柳希轍

◎ **유희철** | 1453년(단종 1)–1514년(중종 9). 본관 문화文化. 자 사제思齊. 1495년(연산군 1) 증광시 급제. 사헌부지평, 장령, 집의 등을 역임.

◎ **비고** | 『중종실록』 9년(1514) 9월 28일에 봉상시정奉常寺正 유희철 등을 인재로 쓸 만하다는 기록이 있고, 같은 해 12월 3일에 이미 죽었다는 기록이 있는 점으로 미루어 유희철의 몰년을 1514년으로 추정함.

허지許遲

黃鶴危樓襯碧天　아찔한 황학루 푸른 하늘에 닿았고
依稀風物少年前　희미한 풍광이 소년 앞에 펼쳐지네.
客懷眇眇長林外　나그네 심사 긴 수풀 밖에 아득하고
往事悠悠落照邊　지난 일은 지는 노을 가로 유유하다.
一帶波滄閑白鳥　한 줄기 물결은 백구와 함께 한가롭고
數村桑拓臬[149]青烟　몇몇 마을 뽕나무 밭엔 푸른 안개 피어난다.
登臨不覺歸程遠　올라와 보니 돌아갈 길 아득함도 잊었기에

종귀서주막賦得彭祖樓送楊德宗歸徐州幕〉에 "네 방문과 여덟 창이 환하니, 영롱히 하늘에 가까워라.(四戶八窓明 玲瓏逼上淸)"라고 하였다.

149 원문 '臬' 자 두주에 "부臬는 마땅히 부梟로 써야 한다.(臬當作梟)"는 말이 있다.

無興[150]無端入醉筵 흥이 나지도 않는데 무단히 술자리에 든다.

허지許遲

◎ **허지** | 생몰년 미상. 본관 하양河陽. 자 희범希范. 밀양부사 허계許誡의 아들. 1504년(연산군 10) 식년문과 급제. 교리, 지평, 사간 등 언관言官 역임.

선위사宣慰使 성세창成世昌

誤入茅君別洞天 잘못 들어간 모군[151]은 별천지였으니
雨餘嵐翠相遠[152]連 비 그친 뒤 남기와 비췻빛 서로 멀리서 연이었네.
朱樓影裏魚吹浪 붉은 누각 그림자 속으로 물고기는 물결 일으키고
綠樹陰中人喚舡 푸른 나무 그늘진 가운데 사람은 뱃사공 부른다오.
桂棹若將銀漢前 계수나무 돛대 저어 만약 은하수 앞에 다다른다면
笙歌遙下月宮邊 생황 노랫소리 멀리 퍼져 월궁 가에 닿으리라.
蓬山此去無多路 봉래산은 여기서부터 갈림길이 많지 않으니
擺脫紅塵我欲仙 속세를 벗어던지고 나는 신선이 되고 싶어라.

선위사宣慰使[153] 성세창成世昌

---

150 원문의 '無興' 위 두주에 "무흥無興 두 글자는 아마도 오기誤記가 있는 듯하다.(無興二字 疑有誤)"는 말이 있다.

151 모군茅君 : 전설 가운데 나오는 사람들로 도를 닦아 신선이 된 모씨茅氏 삼형제, 즉 모영茅盈·모고茅固·모충茅衷을 말한다. 이들은 한나라 경제景帝 때 함양咸陽 사람들인데 전후로 구곡산句曲山에서 득도하여 신선이 되었다고 한다.

152 원문 '相遠' 두 글자에 점이 있고 두주에 "상원相遠은 아마도 바꾸어야 할 것 같다.(相遠疑乙)"는 내용이 묵서로 있다.

153 선위사宣慰使 : 일본 사신의 접대를 맡은 임시 직책.

◎ **성세창** | 1481년(성종 12)–1548년(명종 3). 본관 창녕昌寧. 자 번중蕃仲, 호 돈재遯齋. 성염조成念祖의 손자이자, 성현成俔의 아들. 1507년(중종 2) 증광문과 급제. 홍문관정자, 강원도관찰사, 형조판서 등 역임. 저서 『돈재집』, 『식료찬요』.

◎ **비고** | 『중종실록』 34년(1539) 2월 5일에 소세양을 원접사로, 성세창을 영위사로, 신광한을 도사 선위사로 삼았다는 기록이 있음.

병마절도사兵馬節度使 황형黃衡

飛甍壓倒水中天　나는 듯한 기와 짓눌러 물속에 하늘이 뜨고
野色湖光落檻前　들판 풍경 호수 빛이 난간 앞으로 떨어진다.
牛嶺閑雲朝日際　우령의 한가로운 구름 아침 해 사이에 있고
馬山斜雨夕陽邊　마산에 비끼는 비 석양 가에 내린다.
高低列峀掛明月　들쑥날쑥 늘어선 봉우리 밝은 달을 걸고
遠近平原生白烟　희미한 평원엔 흰 아지랑이 피어난다.
無盡奇觀當客面　다함없는 기이한 경관 나그네 얼굴에 닿으니
登臨遊目樂華筵　올라와 눈길을 보내며 화려한 자리를 즐긴다.

병사兵使 황형黃衡

◎ **황형** | 1459년(세조 5)–1520년(중종 15). 본관 창원昌原. 자 언평彦平. 1480년(성종 11) 무과 급제. 훈련원도정, 의주목사, 회령부사, 함경도병마절도사 등을 역임.

◎ **비고** | 『중종실록』 3년(1510) 11월 13일에 경상도병마절도사 황형을 개차改差하라는 기록이 있음.

창원부사昌原府使 채소권蔡紹權

隨節曾遊嶺海天　부절 따라 일찍이 영남 땅을 다녔으며
重來屈指六霜前　다시 와 손꼽아 보니 육 년 전이었구나.[154]
江流拖白環城外　강물은 흰빛을 끌어 성 밖을 둘렀고
夕照穿光閃鳥邊　석양은 붉은빛 꿰어 새들 사이로 비치네.
凉入簾櫳南浦雨　남포에 비 내려 발 사이로 서늘한 기운 스며들고
暝分林樹遠郊烟　먼 들판의 아지랑이 수풀의 어둠을 가르네.
百年興廢眞堪嘆　백 년 세월의 흥폐는 참으로 한탄스러우니
莫說當時醉綺筵　그날 화려한 잔치에서 취했다 말하지 말라.

창원부사昌原府使 채소권蔡紹權

◎ **채소권** | 생몰년 미상. 본관 인천仁川. 자 효중孝仲, 호 졸옹拙翁. 채윤蔡綸의 증손이자, 채수蔡壽의 아들. 1506년(연산군 11) 별시문과 급제, 사헌부집의, 홍문관전한, 형조판서 등을 역임. 저서 『졸재집拙齋集』.

◎ **비고** | 『중종실록』 15년(1520) 7월 14일에 채소권이 창원부사로 재직하고 있다는 기록이 있음.

김영金瑛

地折東南又缺天　땅은 동남으로 나뉘고 하늘도 잠겨
冥冥無限一簾前　아득하고 무한한 풍경 주렴 앞에 펼쳐졌네.

---

154 부절……전이었구나 : 『졸재집』 권2 「가장家狀」에 "갑술년(1513)에 경상도도사에 제수되었다.(甲戌除慶尙道都事)"라는 기록이 보인다.

江風老木秋聲裏	강가 노목에 부는 바람 가을 소리를 내고
海月淸霜雁影邊	달 뜬 바다 맑은 서리 기러기 그림자 드리운다.
凉夜蕭蕭茅店竹	서늘한 밤 초가 객점엔 대나무가 쓸쓸하고
平蕪薄薄遠村烟	들판 멀리로 마을 연기가 엷게 띠를 이루네.
醉携洛浦凌波襪	취해 낙동강 가에서 능파선자 버선을 신고[155]
緩步西廂踏錦筵	서상[156]으로 천천히 걸어 잔치 자리에 오르네.

김영金瑛

◎ **김영** | 1475년(성종 6)–1528년(중종 23). 본관 안동. 자 영지英之. 호 삼당三塘. 1506년(중종 1) 별시문과 급제. 좌승지, 이조참의, 강원도관찰사 역임. 풍산豊山 역양서원嶧陽書院에 제향. 저서 『삼당집三塘集』.

◎ **비고** | 이 시는 1512년(중종 15)에 밀양부사가 되었다가 체직되어 돌아오면서 지은 시이다. 원운元韻을 비롯하여, 이 시에 차운한 권벌權橃·이황李滉의 시도 수록.(『삼당집』「해제」)

양산군수梁山郡守 김자수金自修

危樓千尺倚靑天	천 길 높은 누각 푸른 하늘에 기대어 섰고
萬景朝宗几案前	자연의 만 가지 풍경이 궤안 앞에 펼쳐지네.
沈壁淸淵流郭外	맑은 연못에 잠긴 성벽, 강물은 밖으로 흐르고
隨風高管下雲邊	고아한 피리 소리 바람을 따라 구름 가로 내려온다.

---

155 취해……신고 : 능파선자凌波仙子는 물 위를 걷는다는 아름다운 수신水神이다. 복희씨伏羲氏의 딸 복비宓妃가 낙수洛水에 익사하여 수신水神이 되었다는 전설을 바탕으로 위魏나라의 조식曹植이 지은 〈낙신부洛神賦〉에 "물결을 타고 사뿐사뿐 걸으니, 비단 버선에 물방울 튀어 오르네.(凌波微步 羅襪生塵)"라는 구절이 있다. 이 시에서는 옆 건물 이름이 능파당凌波堂이기에 한 말이다.

156 서상 : 상廂은 건물을 뜻한다. 서쪽 건물이 능파당이다.

蒼蒼大野參差樹　창창하고 넓은 들판엔 나무들이 들쑥날쑥하고
漠漠孤村遠近烟　막막하고 외로운 마을엔 아지랑이 피었다 사라지네.
日暮渡頭喧欲息　날 저물자 나루터에는 떠들썩한 소리 잦아드니
月輪飛出照華筵　둥근 달 떠올라 화려한 자리 비추네.

양산군수梁山郡守 김자수金自修

◎ **김자수** | 1438년(세종 20)-1510년(중종 5). 본관 언양彦陽. 1467년(세조 13) 문과 급제, 홍문관응교, 강원도관찰사 등을 역임.

점마별감點馬別監 황효헌黃孝獻

深秋暮景屬江天　저물녘 강에는 깊은 가을 하늘이 잠겼고
彩舫橫流畫棟前　화려한 배[157] 단청 기둥 앞으로 비껴 흘러가네.
汪澤未殊千里外　넓은 호수 작은 연못 천 리 밖에선 다르지 않고
微裏長想五雲邊　희미한 가운데 길게 오색구름 가[158]를 생각한다.
風侵綿竹和瑤瑟　바람이 푸른 솜대를 침노하여 거문고와 조화롭고
暝落遙岑失市烟　어둠은 먼 봉우리로 떨어져 저자엔 연기 잃었네.
豈有涓埃遺愛在　어찌 티끌[159]만큼이라도 유애[160]가 남아 있으랴마는

157 화려한 배(彩舫) : 채선彩船. 그림과 조각 등으로 장식된 화려한 배이다. 또 다른 의미로는 궁중 무용에 사용되는 화려하고 아름답게 장식한 배를 가리키기도 한다.

158 오색구름 가 : 본래 신선이 머무는 곳을 가리키는데, 여기서는 임금이 머무는 곳을 선경仙境에 비유하여 미화한 것이다.

159 티끌 : 원문의 '涓埃'는 가느다란 물줄기와 티끌처럼 보잘것없는 것을 뜻한다.

160 유애遺愛 : 덕정德政을 베풀어 후대에까지 은택을 미치게 하는 사람을 말한다.

多慚見慰坐賓筵　위로를 받으며 잔치 자리에 앉음이 매우 부끄럽네.

점마별감點馬別監[161] 황효헌黃孝獻

◎ **황효헌** ㅣ 1491년(성종 22)–1532년(중종 27). 본관 장수長水. 자 숙공叔貢, 호 축옹蓄翁·현옹玄翁·신재愼齋. 황희黃喜의 현손. 1514년(중종 9) 별시문과 급제. 홍문관직제학, 동부승지, 강원도관찰사, 대사성 등을 역임.

향인鄕人 유세미柳世湄

何幸今朝拜二天　어찌나 다행인지 오늘 아침 감사[162]가 제수되어

懷情袞袞屬尊前　품은 정 곡진하여 술동이 앞에 펼쳤네.

身遊畫舫淸波上　몸은 화려한 배 타고 맑은 강가에서 노닐고

興逐遙岑落寫[163]邊　흥은 먼 봉우리로 내려앉는 새들을 좇네.

山腹秋深楓作錦　산은 깊은 가을 품어 단풍이 금빛으로 물들고

江心日暮水生烟　강 가운데로 해 저물어 물에는 안개 피어나네.

昔年遺愛渾如昨　지난 해 유애는 마치 어제와 같이 혼연하니

父老相携秩秩筵　부로들이 서로 가지고 질서 있게 잔치 베푸네.

---

161 점마별감點馬別監 : 각 도의 목장牧場에서 기르는 말을 점고點考하는 일을 맡아 보던 사복시司僕寺의 종9품 관원.

162 감사 : 원문의 '二天'은 감사監司를 일컫는 말이다. 후한後漢 때 소장蘇章이 기주자사冀州刺史로 부임하였는데 그의 벗 가운데 청하태수淸河太守가 된 사람이 있었다. 소장이 청하에 가서 그 비리를 조사하기 전에 술과 안주를 베풀어 대접하자 그 친구가 기뻐하면서 "다른 사람은 모두 일천一天이 있는데 나만 홀로 이천二天이 있구나."라고 한 고사에서 유래하였다.

163 원문의 '寫' 자 두주에 '鴈' 자라는 말이 있다.

향인鄕人 유세미柳世湄[164]

◎ **유세미** ㅣ 생몰년 미상. 본관 미상. 자 탁경濯卿. 김종직의 사위. 1480년(성종 11) 식년시 입격.

선위사宣慰使 소세양蘇世良

浮生行樂孰非天　덧없는 인생의 행락이 어찌 천명이 아니랴!
此地曾遊十載前　이곳에서 노닌 게 벌써 십 년 전이로다.
風景不殊供眼界　풍경은 낯설지 않게 눈앞에 펼쳐지고
檀槽依舊鬧樽邊　음악은 여전히 술자리 곁에 소란하구나.
留連客路拚沈醉　길게 이어진 나그네 길 취한 김에 팽개치고
指顧村林易暮烟　마을 숲 손으로 가리키니 저녁연기 덮이네.
今夜又成京國夢　오늘밤 또다시 꿈속에서 서울에 있다면
手開黃卷侍經筵　손으로 책 넘기며 경연에서 모시겠지.

선위사宣慰使 소세양蘇世良

◎ **소세양** ㅣ 1476년(성종 7)–1528년(중종 23). 본관 진주晋州. 자 원우元佑, 호 곤암困菴·병암屛巖. 1507년(중종 2) 식년문과 급제. 홍문관수찬, 사헌부지평, 남원부사 등을 역임. 저서 『병암집』, 『곤암집』.

◎ **비고** ㅣ ㉮ 1522년(중종 17) 2월부터 1539년(중종 34) 2월까지 선위사 소세양에 대한 기록 29건이 있음.

㉯ 한형윤韓亨允(1470–1532) 경상도관찰사가 재임할 당시인 1513년(중종 8) 6월 봉상시주부에서 경상도도사로 도임하여 1514년(중종 9) 7월 사헌부지평으로 이임.

---

164 원문 아래에 "점필재의 사위이다. 사마시에 합격하였다. 집안이 부유했으며, 재물에 인색하여 기롱을 받았다.(佔畢女壻 中司馬 家富 於財以吝 取譏)"는 말이 있다.

과객過客 박상朴祥

客到嶺梅初發天　영남에 매화 처음 필 때 손님으로 오니
嘉平之後上元前　가평절의 뒤이고 상원절 전이로다.[165]
春生畫雷鼓千面　봄은 북소리에서 생겨 일 천 얼굴로 울리고[166]
詩會靑山日半邊　청산에서 시회 열린 뒤 해가 반쯤 저물었네.
漁艇載分籠渚月　고깃배는 강가 둘러싼 달빛을 나누어서 싣고
官羊踏破冪坡煙　큰길의 양은 방죽 덮은 아지랑이를 밟고 다니네.
形羸心壯淩淸曠　파리한 몸이건만 마음은 장하여 맑은 허공을 밟고선
驅使乾坤入醉筵　건곤을 몰아다 취한 자리에 들이네.

西湖萬里隔吳天　서호[167]는 만 리 먼 오나라 땅에 있는데
綠浪東西忽墮前　동서로 이어진 푸른 물결을 홀연 앞에 떨구었네.
天上玉樓身坐處　천상의 옥루는 이내 몸이 앉을 수 있고
海中鰲極眼窮邊　바다 가운데에선 자라가 머리 내밀어 아스라이 바라보네.
江魚慣聽靑娥瑟　강의 물고기는 애기 기생의 비파 소리 익히 들었고
城樹恒燻錦燭煙　성의 나무는 금빛 촛불 연기에 늘 그을리네.
度嶺漫愁深涉險　조령 넘으며 험한 곳이라 부질없이 근심했으나
平生經賞摠塵烟[168]　평생토록 경험했던 것 모두 먼지 앉은 자리였네.

---

165 가평절의……전이로다 : 가평절은 한 해를 보내며 세사를 고하는 납향제臘享祭를 올리는 날이다. 동지 뒤 셋째 술일戌日, 조선 태조 이후엔 셋째 미일未日로 하였다. 상원절은 음력 정월대보름이다.

166 봄은……울리고 : 당나라 현종은 북 치기를 좋아했는데, 어느 해 2월 초순에 궁중의 버들과 살구꽃이 막 필 무렵 역사를 불러다 북을 치게 하니 북을 치고 나자 버들과 살구가 잎을 다 터트렸다고 한다.

167 서호 : 중국 절강성浙江省 항주杭州에 있는 지명.

168 원문은 '烟' 자인데, 지우고 '筵' 자를 썼다. 두주에 "진연塵烟의 연烟 자는 연筵 자로 써야 마땅하다.(塵烟之烟 當作筵)"라는 말이 있다.

과객過客 박상朴祥

◎ **박상** | 1474년(성종 5)-1530년(중종 25). 본관 충주忠州. 자는 창세昌世, 호는 눌재訥齋. 1501년(연산군 7) 식년문과 급제. 사간원헌납, 순천부사, 나주목사 등을 역임. 저서 『눌재집訥齋集』.

◎ **비고** | 『눌재집』 권5, 〈차영남루운次嶺南樓韻〉.

동도윤東都尹 황필黃㻶

脩竹鸎啼三月天　아름다운 대나무 사이로 새 울음 들리는 삼월 하늘
春風萬像集尊前　만물에 봄바람 불어와 술동이 앞으로 모였네.
東南富庶仙都府　동남쪽의 부유한 백성, 신선이 다스리는 고을인 듯하고
嶺海繁華日域邊　영남의 바다는 일본과 국경을 맞닿아도 번영했네.
兩岸楊花千樹雪　두 벼랑 사이의 천 그루 버드나무엔 눈 같은 꽃 날리고
一村桑柘萬家烟　한 고을의 뽕나무 밭엔 만 가마다 연기 피어오르네.
空煩盛禮慙賢主　번거롭게 성대한 예절로 사또에게 공연히 부끄러우니
坐乏高談驚四筵　앉아서 보잘것없는 고담으로 사방을 놀라게 하리라.

我行正値浴沂天　우리 행차는 바로 기수에서 목욕하던 일과 같으니[169]
夾路淸陰首夏前　민가의 맑은 그늘 드리운 것[170]이 첫 여름 전이로다.

---

169 우리……같으니 : 공자의 제자 증점曾點이 "늦봄에 봄옷이 만들어지면, 관을 쓴 벗 대여섯 명과 아이들 예닐곱 명을 데리고 기수에서 목욕하고 무우에서 바람 쐰 뒤에 노래하며 돌아오겠다.(暮春者 春服旣成 冠者五六人 童子六七人 浴乎沂 風乎舞雩 詠而歸)"라고 자신의 뜻을 밝히자, 공자가 감탄하며 허여한 내용이 『논어』에 보인다.

170 맑은……것 : 주 무왕周武王 때 소공召公이 서백西伯으로 선정善政을 베풀었으므로, 백성들이 그

郢樹荊門看不盡　형문의 영 땅 나무는 보아도 끝이 없으며[171]
江風山月自無邊　강바람과 산의 달은 저절로 가없네.
沾衣細細桃花雨　부슬부슬 옷을 적시는 복숭아 꽃비
入眼浮浮楊柳烟　눈으로 들어오는 희뿌연 버드나무 아지랑이
南國風流推第一　남국의 풍류는 제일로 추천되니
老翁何行上賓筵　이 늙은이 무슨 행차로 손님 자리에 오를꼬.

동도윤東都尹[172] 황필黃瓘

◎ **황필** | 1464년(세조 10)–1526년(중종 21). 본관 덕산德山. 자 헌지獻之, 호 상정橡亭. 김종직의 문인. 1492년(세종 23) 별시문과 급제. 의정부사인, 저작, 교리 등을 역임. 저서 『상정일고』.

◎ **비고** | 1524년(중종 19) 경주부윤에 임명되어 임지에서 서거.

재상어사災傷御史 임권任權

飛樓百尺壓江天　나는 듯한 백 척 누각, 하늘이 강을 누르고
萬景森羅供眼前　만 가지 풍경 늘어서서 눈앞에 펼쳐지네.
急急鴈鳴平野外　들판 밖으론 끼룩끼룩 기러기 울음소리 들리고
翩翩鷗下曲欄邊　굽은 난간 가엔 퍼덕퍼덕 갈매기 내려앉는다.

를 추모한 나머지 그가 잠시 그늘 아래 쉬었던 감당나무를 기념하여 잘 가꾸며 보존하였다는 고사에서 유래하여 지방관의 선정을 뜻한다.

171 형문의……없으며 : 형제가 그립다는 뜻이다. 당나라 유종원의 〈동생 종일과 이별하다(別舍弟宗一)〉라는 시에 "차후 그리워하는 꿈은 언제나 영 땅의 나무에 연기로 남으리라(欲知此後相思夢 長在荊門郢樹煙)"라는 구절이 있다.

172 동도윤東都尹 : 동도는 경상북도 경주의 옛 이름이며, 동도윤은 경주부윤의 이칭.

難親客子無窮意　친하기 어려운 나그네는 깊은 뜻을 가졌겠고
落日山原一樣烟　산모퉁이로 지는 해 아지랑이는 한결같으리.
此會悄然殊不興　이번 모임은 초연하여 달리 흥이 나지 않으니
他時能得更同筵　다른 날에 같은 자리를 다시 마련해야겠네.

재상어사災傷御史 임권任權

◎ **임권** ㅣ 1486년(성종 17)-1557년(명종 12). 본관 풍천豐川. 자 사경士經, 호는 정용재靜容齋. 1513년(중종 8) 식년문과 급제. 전라도관찰사, 동지중추부사, 지중추부사 등을 역임. 저서 『정용재집』.

◎ **비고** ㅣ 『중종실록』 19년(1524) 8월 29일에 경상도재상어사로 파견된 기록이 있음.

선위사宣慰使 이해李瀣

雄據東南近海天　웅장하게 동남에 자리 잡은 바다 가까운 하늘
一方奇勝此軒前　이 헌 앞 한쪽 방면은 기이한 경치 펼쳐진다.
目窮平楚長川外　눈은 긴 강물 밖 평원을 조망하고
雁沒遙岑遠岫邊　기러기는 먼 산 위 봉우리로 잠긴다.
繞郭黃雲饒黍稻　성곽에는 누런 구름 둘러싸 곡식이 풍요롭고
傍城綠霧盛人烟　곁 성 푸른 안개 인가의 연기 풍성하네.
登臨未極遊觀趣　올라와 봐도 유람하는 경치의 흥을 다하지 못해
他日相期更上筵　다른 날 다시 자리에 오르길 서로 기약하네.

선위사宣慰使 사인舍人[173] 이해李瀣

173 사인舍人 : 조선 시대 의정부 정4품의 관직. 하위의 검상檢詳(정5품)과 사록司錄(정8품)을 지휘하면서 실무를 총괄.

◎ **이해** ㅣ 1496년(연산군 2)–1550년(명종 5). 본관 진보眞寶. 자 경명景明, 호 온계溫溪. 이황李滉의 형. 1528년(중종 23) 식년문과 급제. 직제학, 도승지, 대사헌 등을 역임. 저서 『온계일고溫溪逸稿』.

◎ **비고** ㅣ 『중종실록』 32년(1537) 4월 24일에 선위사 이해에 대한 기록이 있음.

관찰사觀察使 최세절崔世節

一樓高架泬寥天	텅 빈 하늘에 누각 하나 높이 걸려
萬像紛紛簇後前	만물이 분분하게 앞뒤로 늘어섰네.
地約泉山趍眼底	땅은 샘과 산을 간추려 눈 밑으로 보내고
風將佳月入吟邊	바람은 아름다운 달 가지고 읊조리는 가운데 들어오네.
西南兩絶江分野	서남쪽 두 절벽이 강과 들을 나누고
青白相縈竹帶烟	푸르고 희게 서로 얽혀 대나무는 아지랑이 띠었다.
荒徼幸今無警急	거친 변방엔 오늘 다행스럽게도 놀라고 급한 일 없어도
莫辭終日醉瓊筵	하루 종일 화려한 잔치 자리에 취하겠다고 말하지 말라.

관찰사觀察使 최세절崔世節

◎ **최세절** ㅣ 1479년(성종 10)–1535년(중종 30). 본관 강릉江陵. 자 개지介之, 호 매창梅窓. 1504년(연산군 10) 별시문과 장원급제. 사간원정언, 대사헌, 전라도관찰사 등을 역임.

◎ **비고** ㅣ 1529년(중종 24) 6월 한성부우윤에서 경상도관찰사로 도임, 1530년(중종 25) 7월 형조참판으로 이임.

도사都事 정만종鄭萬鍾

衰病南遊嶺海天　쇠약하고 병든 이 남쪽으로 영남 바닷가를 다니면서
風狂猶自出人前　바람이 사나워도 오히려 다른 사람들보다 앞섰네.
樓從山郭臨千丈　누각은 산봉우리를 따라 천 길 절벽에 서 있고
客向青霄坐一邊　나그네는 푸른 밤하늘 기다리며 하루 종일 앉았네.
露洗空中月如晝　이슬이 공중을 씻어 달은 마치 대낮처럼 빛나고
錦籠缸上燭無烟　비단으로 감싼 항아리의 촛불만이 연기가 없네.
更深萬籟歸潛寂　다시 모든 소리[174] 잠겨 적막함으로 되돌리더니
會聽笙歌咽上筵　마침 생황 노래 들려 잔치 자리를 울리네.

도사都事 정만종鄭萬鍾

◎ **정만종** | ?–1549년(명종 4). 본관 광주光州. 자 인보仁甫, 호 조계棗溪. 1516년(중종 11) 별시문과 급제. 형조참판, 예조참판, 함경도관찰사 등을 역임.

◎ **비고** | ㉮ 1526년(중종 21) 6월 경상도도사로 도임.
㉯ 1548년(명종 3) 3월 25일 동지중추부사에서 경상도관찰사로 도임. 1549년(명종 4) 4월 호조참판으로 이임.

화산花山 김희수金希壽

一江秋色嶺南天　한 줄기 강물엔 가을 빛 가득한 영남의 하늘

---

174 모든 소리 : 원문의 '萬籟'는 『장자莊子』「제물론齊物論」에 "큰 땅덩어리가 숨을 내뿜는 것을 바람이라 하는데, 가만히 있으면 모르지만 일단 일어났다고 하면 만 개의 구멍이 노하여 부르짖기 시작한다.(夫大塊噫氣 其名爲風 是唯無作 作則萬竅怒號)"라고 한 말에서 유래한 것으로, 온갖 구멍에서 나는 소리를 뜻한다.

形勝寰區孰敢前　천하의 경치 어디가 이보다 빼어날쏘냐.
大野長林圍表裏　넓은 들판은 긴 숲으로 안과 밖을 감싸고
白雲清水落中邊　흰 구름은 밝은 강물 가운데로 떨어진다.
行行遠雁迷斜日　가고 가는 먼 기러기 비끼는 해에 어지럽고
點點遙岑帶淡烟　점점이 먼 봉우리 맑은 안개에 띠를 이루네.
此夕偶然逢故舊　이날 저녁엔 우연히 옛 친구를 만났으니
卄年懷抱爲張筵　이십 년 회포를 풀려고 긴 잔치 베풀었네.

화산花山[175] 김희수金希壽

◎ **김희수** | 1475년(성종 6)~1527년(중종 22). 본관 안동安東. 자 몽정夢禎, 호 유연재悠然齋. 1507년(중종 2) 증광문과 급제. 사헌부집의, 도승지, 대사헌 등을 역임.

◎ **비고** | 1526년(중종 21) 2월 경상도관찰사로 도임, 1527년(중종 22) 3월 동지중추부사로 이임.

산인散人 홍언국洪彦國

意氣常懷探地天　호탕한 기상으로 명승지 찾으리라 늘 마음먹고
半生遊覽此無前　반평생 유람했건만 이곳보다 나은 데 없었네.
身憑杜孟登臨處　몸은 두보와 맹호연이 올랐던 곳을 의지하고[176]
眼豁東南縹緲邊　눈은 동남쪽에서 활짝 열려 아득한 곳을 바라본다.

---

175 화산花山 : 경상북도 안동의 옛 이름.

176 몸은……의지하고 : 두보의 〈등악양루登岳陽樓〉에 "옛날에 동정호를 말로만 듣다가 오늘에야 악양루에 올랐네. 오초는 동남으로 갈라졌고 건곤은 밤낮으로 떠 있구나.(昔聞洞庭水 今上岳陽樓 吳楚東南坼 乾坤日夜浮)"라는 구절이 있으며, 맹호연孟浩然의 〈임동정臨洞庭〉에 "기운은 운몽택에서 증발하고 물결은 악양성을 뒤흔드네.(氣蒸雲夢澤 波撼岳陽城)"라는 구절이 있다.

襯碧長江秋靜練	푸른 산 맞닿은 긴 강에 가을 물은 고요한 비단 같고
浮空萬木野横烟	허공에 떠 있는 듯한 온갖 나무들 들판의 안개 가로지르네.
相公三十年來伴	상공은 삼십 년 지기가 왔다고 하며
催喚窮衰上錦筵	궁하고 쇠잔한 이를 재촉하여 잔치 자리에 오른다.

산인散人 홍언국洪彦國

◎ **홍언국** ㅣ 1475년(성종 6)-1540년(중종 35). 본관 부계缶溪. 자 공좌公佐. 허백정虛白亭 홍귀달洪貴達의 넷째 아들. 1495년(연산군 1) 증광시 입격. 1506년 중종반정 이후 고향에서 학문 연구와 후진 양성에 전념.

효유부사曉諭副使 고태필高台弼

萬里長江萬里天	만 리 긴 강물 만 리의 하늘
森羅勝槩入簷前	빽빽이 늘어선 승경이 처마 안으로 들어온다.
風恬浪靜白鷗外	흰 갈매기 넘어 바람 조용하고 물결 잦으며
城是人非黃鶴邊	황학루 가로 성만 남고 사람은 보이지 않네.
雨霽睢園凝翠霧	비 개인 수원[177]엔 푸른 안개가 엉기고
日斜茅店矗青烟	햇살 비낀 초가 주점엔 푸른 아지랑이 빽빽하네.
管絃聲裏傳觴急	관악기 현악기 소리 가운데 술잔 급하게 돌리니
梅塢淸香惹舞筵	매화와 오죽의 맑은 향기가 춤사위를 불러일으키네.

177 수원睢園 : 한漢나라 제왕諸王인 양효왕梁孝王이 빈객賓客들을 맞이하던 토원兔園을 말한다. 당唐나라 왕발王勃의 「등왕각서滕王閣序」에 "수원睢園의 푸른 대는, 그 기상이 도연명陶淵明의 술동이에 넘쳤고, 업수鄴水의 붉은 꽃은, 그 빛이 사영운謝靈運의 붓을 비추었네.(睢園綠竹 氣凌彭澤之樽 鄴水朱華 光照臨川之筆)"라고 한 말이 있다.

효유부사曉諭副使 행첨정行僉正[178] 고태필高台弼

◎ **고태필** | 생몰년 미상. 본관 제주濟州. 1451년(문종 1) 증광문과 급제. 대사성, 이조참판 등을 역임.

◎ **비고** | 『세조실록』 12년(1466) 12월 17일에 삼포효유사三浦曉諭使 등안길藤安吉과 부사副使 고태필高台弼에 대한 기록이 있음.

경차관敬差官 심연원沈連源

風滿江樓雨後天　비 개인 하늘, 바람 가득한 강가 누각
一春光景落花前　그 앞으로 꽃잎 지는 어느 봄날의 풍경
平林隱映長橋外　긴 다리 밖으로 들판은 햇살을 감추고
芳草萋迷曲渚邊　굽이 흐르는 강가엔 향기로운 풀 이지러지네.
遠峀聳金知上月　먼 봉우리로 솟구치는 금 상현달임을 알겠고
漁村燃竹看生烟　어촌엔 대나무 살라 피어나는 연기 바라본다.
登臨可盪煩襟盡　올라와 보면 번잡한 심사 다 씻을 수 있는데
何必淋漓醉錦筵　하필이면 화려한 잔치 벌여 거나하게 취하랴.

경차관敬差官 심연원沈連源

◎ **심연원** | 1491년(성종 22)-1558년(명종 13). 본관 청송靑松. 자 맹용孟容, 호 보암保庵. 1522년(중종 17) 식년시 급제. 예문관검열, 제주목사, 영의정 등을 역임.

---

178 행첨정行僉正 : 첨정은 조선 시대 돈령부, 봉상시, 종부시, 사옹원, 내의원, 상의원, 사복시 따위에 두었던 종4품從四品 벼슬. 행行은 조선 시대 품계와 관직이 일치하지 않는 관원에게 주던 칭호로, 관직이 품계보다 낮은 경우를 '행行', 관직이 품계보다 높은 경우를 '수守'라 하였다.

◎ **비고** | ㉮ 1533년(중종 28) 경상우도진휼경차관慶尙右道賑恤敬差官에 뽑혀 백성을 구제한 후 의주부사로 이임.

㉯ 1540년(중종 35) 2월에 이조참의에서 경상도관찰사로 도임. 같은 해 7월 병으로 사직.

관찰사觀察使 이사균李思鈞

高樓百尺薄雲天	백 척 높은 누각, 하늘엔 엷은 구름
襯眼奇觀效几前	눈 가까이 기이한 경관 안석 앞에 펼쳐졌네.
石鍊媧皇餘補極	돌을 구운 여와씨 남은 돌로 기둥을 보충하였고[179]
川輸海若學無邊	냇물은 바다 약[180]에 도달하여 가없음을 배운다네.
銀鎔珍簟山啣月	은을 녹인 구슬 자리에 산은 달을 머금었고
纈展緗簾日破烟	비단을 펼친 주렴에 햇살은 아지랑이 부수네.
靑嶂自能稽國士	푸른 산은 저절로 천하의 선비를 머물게 하니[181]
陽關且莫唱離筵	양관곡으로 이별의 슬픈 노래 부르지 말기를.[182]

---

179 돌을……보충하였고 : 와황媧皇은 상고 시대 제왕帝王인 여와씨女媧氏를 가리키는데, 『회남자淮南子』에 일찍이 공공씨共工氏가 축융祝融과 싸우다 부러뜨린 천주天柱를 "여와씨가 오색의 돌을 구워 보수하고 자라의 발을 잘라 사방을 지탱할 기둥으로 세웠다.(女媧氏 鍊五色石以補蒼天 斷鰲足以立四極)"라는 말이 있다.

180 바다 약 : 북해 약北海若의 준말로 바다 귀신 이름이다. 황하의 신 하백河伯이 홍수가 일어나자 혼자 기뻐하고 으스대며 천하의 아름다움은 모두 자기에게 있는 듯 여기다가, 마침내 끝이 보이지 않는 북쪽 바다에 이르자 자신의 좁은 소견을 탄식하며 북해 귀신 약若에게 허탈한 심경을 고백하는 내용이 『장자莊子』에 나온다.

181 푸른……하니 : 송宋나라 진사도陳師道의 시에 "푸른 산이 천하의 선비를 머무르게 할 만하나니, 비단 주머니에는 지금 교남의 시가 들어 있다오.(靑嶂足稽天下士 錦囊今有嶠南詩)"라는 말이 나온다.

182 양관곡으로……말기를 : 양관은 위성곡渭城曲이라고도 한다. 왕유王維의 원이元二를 전송하는 시에, "위성의 아침 비가 가벼운 먼지 적시니, 객사는 푸르고 버들 빛이 새롭구나. 그대에게 한잔 술 더하라 권한 까닭은, 서쪽으로 양관 나가면 친구가 없기 때문일세.(渭城朝雨浥輕塵 客舍靑靑柳色新 勸君更進一杯酒 西出陽關無故人)"라고 하였는데, 전하여 이별곡의 대명사로 쓰였다.

관찰사觀察使 이사균李思鈞

◎ **이사균** | 1471년(성종 2)–1536년(중종 31). 본관 경주慶州. 자 중경重卿, 호 눌헌訥軒. 1498년(연산군 4) 식년문과 급제. 장악원정, 이조판서, 지중추부사 역임. 저서『눌헌집訥軒集』.

◎ **비고** | 1535년(중종 30) 6월 좌참찬에서 경상도관찰사로 도임. 1536년(중종 31) 6월 한성부판윤으로 이임.

밀양부사密陽府使 권벌權橃

高架雄樓嶺外天　웅장한 누각 영남 하늘에 높게 섰으니
名區形勝一望前　이름난 명승이 눈앞에 모두 펼쳐졌네.
抽身長路驅馳裏　먼 길 가는 도중에 몸을 돌려
送眼歸鴻滅沒邊　기러기 사라지는 곳으로 눈길 보낸다.
不盡江流平似練　끝없는 강물은 비단을 펼친 듯 평평하고
無垠野氣淡如烟　가없는 들판은 아지랑이처럼 맑다.
憑虛爲報春風道　허공에 기대 봄바람이 전하는 말에 답하니
肯遣飛花入舞筵　꽃잎을 날려 춤추는 자리에 보내네.

부사府使 권벌權橃

◎ **권벌** | 1478년(성종 9)–1548년(명종 3). 본관 안동安東. 자 중허仲虛, 호 충재冲齋·훤정萱亭·송정松亭. 1507년(중종 2) 문과 급제. 호조정랑, 영천군수, 형조참판 등을 역임. 저서『충재집冲齋集』.

◎ **비고** | ㉮ 1533년 밀양부사로 재임.(『충재집』 연보)
㉯『충재집』 권1, 〈영남루차전인운嶺南樓次前人韻〉.

밀양부사密陽府使 장적張籍

危樓崒屼聳中天　아찔한 누각 우뚝하게 하늘 가운데 치솟아
黃鶴岳陽詎敢前　황학루와 악양루 감히 무엇이 이보다 나으랴.
南折海門郊樹外　교외 나무 밖은 남쪽에서 바다 끝이 꺾였고
北崇華嶽鳥途邊　조도 가로 북쪽으로는 화악산 높이 솟았네.
長江蜿轉循回岸　긴 강물 뱀처럼 굽어 벼랑을 휘감아 돌고
遠岫縱橫傚散烟　먼 산은 종횡으로 놓여 흩어지는 안개 같네.
人口勝名仍膾炙　이름난 명승이라 사람들의 입에 오르내리니
英雄幾度設瓊筵　영웅들은 몇 번이나 화려한 잔치 자리 열었으랴.

부사府使 장적張籍

◎ **장적** | 생몰년 미상. 본관 단양丹陽. 자 대훈大訓. 1507년(중종 2) 증광시 급제.

◎ **비고** | 신광한申光漢, 조사수趙士秀 등과 같은 시대에 활동. 1508년-1530년 무렵 왕조실록에 13건 검색됨.

관찰사觀察使 이사균李思鈞

嶺南勝形擅南天　영남의 아름다운 경치 남쪽 하늘을 독차지하니
景物隨時不變前　경관은 시절을 따라도 그전의 모습을 변치 않네.
麥浪翠翻抽草外　돋아난 풀 밖으로 보리 물결 푸르게 넘쳐나고
杏花紅折落梅邊　지는 매화꽃 곁에는 살구꽃이 붉게 일렁인다.
短衰耕趂村村雨　마을에 내린 비에 짧은 도롱이 입고 밭 갈러 나가고

大野炊浮戶戶烟	집집마다 피우는 연기는 넓은 들판에 떠 있구나.
四序迭環春最好	번갈아 오고가는 사시사철 중 봄이 가장 좋으니
狂歌遮莫放初筵	광부[183]의 노래 만류하지 않아 첫 자리에서 불러 본다.

관찰사觀察使 이사균李思鈞

◎ **이사균** ㅣ 1471년(성종 2)–1536년(중종 31). 본관 경주慶州. 자 중경重卿, 호 눌헌訥軒. 1498년(연산군 4) 식년문과 급제. 우승지, 이조판서, 지중추부사 역임. 저서 『눌헌집』.

◎ **비고** ㅣ 1535년(중종 30) 6월 좌참찬에서 경상도관찰사로 도임, 1536년(중종 31) 6월 한성부판윤으로 이임.

관찰사觀察使 송겸宋謙

畫棟文柱倚雲天	단청 칠한 화려한 기둥과 들보 구름에 기대니
形勝蒼茫曲檻前	빼어난 경치 창망하게 굽은 난간 앞에 펼쳐지네.
別浦遠回牛島外	포구에서 이별하며 우도 밖으로 멀리 고개 돌리고
長流斜繞馬巖邊	긴 강물은 마암[184] 가를 비끼며 감싼다.
千林欲捲黃梅雨	천 가지 숲은 누런 매화 비를 걷으려 하고
一水平分綠草烟	한 가닥 강물은 들판을 나누어 녹초에 안개 피어나네.
堪笑使華偏索寞	우습구나, 사신의 임무 다하고 홀로 쓸쓸하여
又承憂詔未開筵	잔치 열기 전에 또 근심스러운 명령을 받든다.[185]

---

183 광부狂夫 : 광부狂夫는 작자 자신의 겸칭이다.

184 마암馬巖 : 밀양시 전사포리의 마암산을 가리킨다. 서거정의 〈밀양십경密陽十景〉에 '마암비우馬巖飛雨'가 있다.

185 사신의……받든다 : 송겸이 1536년(중종 31)에 성절사聖節使로 중국에 다녀왔으며, 이듬해인

突兀朱甍飛半天　나는 듯한 기와 우뚝 솟아 반공에 날리고
萬千氣象紛來前　천만 가지 형상들이 어지럽게 앞에 펼쳐진다.
白鷗閑過綠楊外　백구는 푸른 버드나무 밖을 한가롭게 지나고
黃犢飽眼青草邊　누런 송아지는 푸른 초원을 실컷 쳐다보았네.
遠野微茫浦隔浦　먼 들판은 아득하여 포구와 포구가 떨어져 있고
長林隱映烟非烟　긴 숲은 햇살 감추어 안개인 듯 안개가 아니네.
登高作賦儘堪愧　높은 데 올라 시 짓자니 도무지 부끄러울 따름이건만
惟有豪談驚四筵　오로지 호방한 말 솜씨 있어 사방을 놀라게 했네.

관찰사觀察使 송겸宋礏

◎ **송겸** | 생몰년 미상. 본관 여산礪山. 자 여온汝溫, 호 추애秋厓. 1520년(중종 15) 별시문과 급제. 사간원헌납, 개성부유수, 충청도관찰사, 형조참판 등을 역임.

◎ **비고** | 1537년(중종 32) 2월 이조참의에서 경상도관찰사로 도임, 1538년(중종 22) 3월 개성부유수로 이임.

호조정랑戶曹正郎 이황李滉

欄干高壓鏡中天　난간은 거울 속 하늘을 높이 눌러
一望荊吳盡眼前　한번 바라봄에 남쪽 산천이 눈앞에 다 펼쳐지네.
江蹙海門荒野外　강은 거친 들 밖에서 바다 끝으로 밀려들고
地窮蠻嶺瘴雲邊　땅은 왜국의 산 눅눅한 구름 곁에서 다한다.

1537년에 경상도관찰사에 제수된 사실을 가리킨다.

催詩晩日纖纖雨　해 저물자 가랑비 내려 시를 재촉하며
入畫平林細細烟　벌판 숲의 가느다란 연기는 그림으로 들어오네.
好把淸樽供遠賞　맑은 술잔 잡고 먼 경치 감상할 뿐이기에
不須檀板鬧芳筵　박자 치며 좋은 자리 소란케 할 것 없네.

호조정랑戶曹正郞 이황李滉[186]

◎ 이황 | 1501년(연산군 7)-1570년(선조 3). 본관 진보眞寶. 자 경호景浩, 호 퇴계退溪 · 퇴도退陶 · 도수陶叟. 1534년(중종 29) 문과 급제. 풍기군수, 성균관대사성, 대제학 등을 역임. 저서 『퇴계집』.

◎ 비고 | 1536년(중종 31) 호조좌랑이 된 기록이 있음.(『퇴계집』 연보)

문소聞韶 김정국金正國

飄如跨鶴上秋天　훌쩍 학을 타고 가을 하늘에 올랐더니
萬景都輸入眼前　온갖 경치 모조리 눈앞으로 들어오네.
俯檻淸流江不盡　맑은 물 굽어보니 강은 다함이 없고
平郊搖落樹無邊　넓은 들에 낙엽 지고 나무숲 끝이 없다.
霞明返照沈遙岫　노을에 비치는 햇살 밝아 먼 뫼가 가라앉고
野闊歸鴉破暝烟　넓은 들의 갈가마귀 어두운 안개에 깬다.
自笑詩囊如許小　우스워라 시 주머니[187] 어찌나 적은지

---

186 원문 아래에 묵서로 '退溪'라는 말이 있다.

187 시 주머니 : 원문의 '詩囊'은 당唐나라 시인 이하李賀와 관련된 시어이다. 그는 매일 아침 동료들과 함께 놀면서 종에게 다 해진 비단 배낭을 등에 메고 따라오게 했다. 혹시 시상詩想이 떠오르면 그

欲將收拾媿同筵	주워 담으려니 동석한 사람에게 부끄럽네.

抽身飛上泬寥天	몸을 빼 텅 빈 하늘로 날아오르니
一派銀河落檻前	한 줄기 은하수가 난간 앞에 떨어졌네.
俯視雲山供眼底	눈 아래 펼쳐진 구름 산 굽어보고
已知梨棗到心邊	배와 대추 벌써 마음에 닿았음을 알겠네.[188]
依然步紫三垣界	의연하게 삼원[189]의 경계를 거닐고
宛似燒丹萬井烟	단약을 달이는 듯 온 마을에 연기 나네.
蓬島若非王母宴	만약 봉래섬의 서왕모[190] 잔치 아니라면
淸都應是玉樓筵	아마도 청도[191]의 옥루 잔치이리라.

문소聞韶[192] 김정국金正國

◎ **김정국** | 1485년(성종 16)–1541년(중종 36). 본관 의성義城. 자 국필國弼, 호 사재思齋 · 은휴恩休, 시호 문목文穆. 1509년(중종 4) 별시문과 급제. 경상도관찰사, 예조참판, 형조참판 등을 역임.

◎ **비고** | ㉮ 『사재집』 권2, 〈영남루嶺南樓〉에 위의 시 두 편 수록. 앞뒤 순서가 뒤바뀜.
㉯ 1539년(중종 34) 8월 예조참의에서 경상도관찰사로 도임, 1540년(중종 35) 1월에 예조참판으로 이임.

대로 써서 배낭 속에 넣었다는 이야기가 전한다.

188 배와……알겠네 : 원문의 '梨棗'는 신선이 먹는 과일, 즉 선약仙藥인 교리交梨와 화조火棗를 말한 것이며, 이 구절은 신선의 도를 얻었음을 뜻한다.

189 삼원三垣 : 북극北極 근방의 자미원紫微垣과 사자궁獅子宮 부근의 태미원太微垣, 사유궁蛇遺宮 부근의 천시원天市垣을 가리킨다.

190 봉래섬의 서왕모 : 발해渤海에 방호方壺, 영주瀛洲, 봉래蓬萊 세 선산仙山을 여섯 마리의 자라가 떠받치고 있다고 하며, 곤륜산崑崙山 서쪽에 있는 약수若水에는 서왕모가 산다고 한다.

191 청도淸都 : 옥황상제가 기거하는 궁궐이다. 『열자列子』 「주목왕周穆王」에 "청도淸都 · 자미紫微 · 균천鈞天 · 광악廣樂은 모두 상제上帝가 거하는 곳이다."라는 말이 있다.

192 문소聞韶 : 경상북도 의성의 별칭.

도사都事 고습高習

朱欄縹緲半空天 붉은 난간 아득하게 반공에 솟았고
面面奇觀嘯咏前 연이은 기이한 경치 읊조리는 앞에 펼쳐지네.
江帶高城波遠際 강은 높은 성을 끼고 물결은 멀리서 갈라지며
林粧廣野岸遙邊 숲은 넓은 평원을 치장하여 절벽 멀리 섰네.
危峰開霧迎新月 높은 봉우리 안개를 열어 새로 뜬 달을 맞고
碧竹媒風曳白烟 푸른 대나무 바람이 불어 흰 연기 끌어오네.
病客偶登逃世慮 병든 나그네 우연히 올랐다 세상 근심을 벗어나니
臨杯不覺醉華筵 술잔을 잡고 모르는 사이에 화려한 자리에 취하네.

도사都事 고습高習

◎ **고습** | 생몰년 미상. 본관 장흥長興. 자 성중誠仲. 1522년(중종 17) 식년시 급제.

◎ **비고** | 1539년(중종 34) 2월 성균관전적에서 경상도도사로 도임. 1540년(중종 35) 2월 형조좌랑으로 이임. 경상도관찰사 김정국과 같이 근무.

경차관敬差官 조사수趙士秀

爭得才如白樂天 어떻게 하면 백낙천과 같은 재주를 얻어
盡驅風物寫樓前 온갖 풍경을 다 몰아다 누각 앞에 펼쳐 낼꼬.[193]

---

193 어떻게……낼꼬 : 낙천은 백거이白居易의 자이다. 그가 일찍이 강주사마江州司馬로 좌천되었을 적에 분강湓江 포구浦口에서 손님을 전송하다가 한 여인이 타는 구슬픈 비파琵琶 소리를 들었다. 그녀의 슬픈 처지를 듣고 깊이 감동을 받은 나머지 〈비파행琵琶行〉을 지어서 그에게 주었는데, 이 작품은 절창으로 평가되어 전한다.

長林百里復千里　백 리 긴 숲은 다시 천 리로 이어지고
翠竹一邊分兩邊　푸른 대나무는 가장자리에서 양쪽으로 갈라졌네.
酒客哦詩松入韻　취한 나그네 읊조리는 시엔 송 자 운이 들어가고
瑤姬擺瑟玉生烟　예쁜 무희 튕기는 거문고엔 아지랑이 같은 옥조 생기네.
須知到夜尤清絶　밤이 깊어지면 더욱 맑고 빼어남을 알아야 할지니
人倚欄干月滿筵　사람들은 난간에 기대고 달은 자리에 가득하네.

경차관敬差官 조사수趙士秀

◎ **조사수** ㅣ 1502년(연산군 8)–1558년(명종 13). 본관 한양漢陽. 자 계임季任, 호 송강松岡, 시호 문정文貞. 1531년(중종 26) 식년문과 급제. 이조판서, 지중추부사, 좌참찬 등을 역임. 저서 『송강집』(『양산조씨세고楊山趙氏世稿』, 규장각한국학연구원 소장 필사본)

◎ **비고** ㅣ 『중종실록』 33년(1538) 12월 8일에 경상도 성주星州에서 일어난 사고史庫 화재 조사를 위해 조사수를 경차관으로 파견한 기록이 있음.

관찰사觀察使 심연원沈連源

三伏炎蒸秋滿天　삼복 무더위에도 하늘엔 가을이 가득
登臨爽塏知無前　올라와 보니 탁 트여 비길 바 없음을 알겠네.
馬山飛雨捲簾外　마산에 날리는 비는 주렴 밖에서 걷히고
龍峀閑雲拄笏邊　용수산의 한가로운 구름은 홀기 가에서 떠받히네.
弄景婆娑竹塢月　경치를 희롱하며 너울거리는 죽오의 달
浮空掩靄松嵐然[194]　허공에 떠 아지랑이를 가린 송람의 이내

194 원문의 '然'은 두주에 '烟'이라는 말이 있다. 문맥으로나 운자를 고려하여도 '烟'이 옳다.

重遊勝地興難竟　승경에 거듭 노닐면서 흥을 멈추기 어려우니
取醉從教開錦筵　취한 핑계로 화려한 잔치 열게 하련다.

관찰사觀察使 심연원沈連源

◎ **심연원** ㅣ 1491년(성종 22)–1558년(명종 13). 본관 청송靑松. 자 맹용孟容, 호 보암保庵. 김안국金安國(1478–1543)의 문인. 1522년(중종 17) 식년시 급제. 예문관검열, 제주목사, 예조참판, 영의정 등을 역임.

◎ **비고** ㅣ 1540년(중종 35) 2월에 이조참의에서 경상도관찰사로 도임, 같은 해 7월 병으로 사직.

도사都事 정언각鄭彦慤

六月淸凉別有天　유월에도 서늘한 별천지가 있으니
凝川一帶繞樓前　응천 한 줄기가 누각 앞을 감싸네.
峰巒極目龍津外　용나루 밖으로 멀리 봉우리들 이어지고
禾黍盈疇栗藪邊　율림 가 밭두둑엔 곡식이 가득하네.
徙倚朱檻看弊屋　붉은 난간에 기대 초가집을 바라보고
舊遊喬木鎖寒烟　예부터 노닐던 큰 나무는 차가운 안개에 닫혔네.
登臨就醉還成感　올라와 술에 취하니 도리어 감흥이 일어나고
白髮星星照綺筵　성성한 백발이 비단 자리를 비춘다.

향인鄕人 도사都事 정언각鄭彦慤[195]

◎ **정언각** ㅣ 1498년(연산군 4)–1556년(명종 11). 본관 해주海州. 자 근부謹夫. 1533년(중종 28) 별시문과 급제. 직제학, 전라도관찰사, 동지중추부사 등을 역임.

195 원문에 이름을 묵서로 지웠다.

◎ **비고** | ㉮ 1540년(중종 35) 2월 8일 병조좌랑에서 경상도도사로 도임, 1541년(중종 36) 2월 사간원헌납으로 이임. 김정국 관찰사와 비슷한 시기에 근무.

㉯ 1553년(명종 8) 9월 3일 호조참판에서 경상도관찰사로 도임, 1554년(명종 9) 9월 1일 한성부우윤으로 이임.

안동부사安東府使 김광철金光轍

五馬重來嶺嶠天	다섯 필 말의 수레[196]로 다시 온 영남의 하늘
悲歡人事卄年前	인사의 희비는 이십 년 전의 일처럼 아득하네.
依依遠樹晴川外	푸른 시내 밖의 먼 나무들은 예전 그대로이고
點點遙岑落照邊	지는 노을 가로 먼 봉우리들 점점이 서 있네.
黃鶴尋常閑歲月	황학은 늘 그대로여서 세월이 한가롭게 느껴지고
蓬萊咫尺隔雲烟	봉래산은 가까이에 구름과 아지랑이를 두었네.
恨無當日遺民愛	다스리던 시절에 백성들을 사랑하지 못해 한스럽건만
還愧爭迎設盛筵	부끄럽게도 다투어 가며 성대한 잔치를 열어 주네.

안동부사安東府使 김광철金光轍

◎ **김광철** | 1493년(성종 24)-1550년(명종 5). 1513년(중종 8) 별시문과에 급제. 밀양현감, 형조참의, 충청도관찰사, 예조참판 등을 역임.

◎ **비고** | ㉮ 『중종실록』 37년(1542) 윤5월 5일 조에 안동부사 김광철의 기사가 있음.

㉯ 『중종실록』 12년(1517) 윤12월 17일에 "김광철을 밀양현감으로 삼았다."는 기사가 있음.

---

196 다섯……수레 : 한漢나라 때 태수太守가 다섯 필의 말을 탔던 고사에서 유래하여 태수의 미칭美稱으로 쓰인다. 두보杜甫의 시에 "인생 중에 고귀한 오마의 신분이 되셨으니, 부디 백발에 침노당하지 마시기를.(人生五馬貴 莫受二毛侵)"이라는 구절이 있다.

진사進士 양담梁澹

耋艾爭瞻舊二天　어른들은 다투어 가며 옛 사또를 우러러보고

一空閭里滿庭前　한 마을 사는 사람들 뜰 앞에 가득 찼네.

潭淸可見萬尋底　맑은 연못은 만 길 바닥이 훤히 보이는 듯

山遠不知何處邊　산은 멀어 어느 곳이 가장자리인지 모르겠네.

白鷺將雛飛細雨　백로는 새끼 데리고 가랑비 사이를 날고

長林蔽野老蒼烟　긴 수풀 덮인 들판엔 푸른 안개 끼였네.

高樓是夕情無盡　높은 누각 오늘밤에는 정이 다함이 없으니

明日西郊更設筵　다음날 서쪽 교외에서 다시 자리 베풀겠네.

향인鄕人 진사進士 양담梁澹

◎ **양담** I 생몰년 미상. 본관 남원南原. 자 사념士恬. 1507년(중종 2) 증광시 급제.

◎ **비고** I 『밀양지』에 "필법에 능하여 월연月淵 이태李迨에 버금간다는 평이 있었다."는 기록이 보임.

승문원부정자承文院副正字 임윤任尹

樓壓淸湖水蘸天　누각이 맑은 호수 짓눌러 물에 하늘이 담겼고

湖山風景浩無前　호수와 산의 풍경은 비할 데 없이 호탕하여라.

斜陽牧笛殘城外　허물어진 성 밖엔 비끼는 노을 목동의 피리 소리

細雨漁歌斷岸邊　끊어진 벼랑 가에는 가랑비에 어부의 노랫소리

千疊峰巒羅翠黛　천 겹 봉우리 푸른 눈썹을 그린 듯 늘어섰고

一村籬落鬧靑烟　한 마을의 울타리 해어져 푸른 안개 번지네.

更教越女留歸客	다시 월녀[197]로 하여금 돌아가는 나그네 머물게 하여
銀燭瓊尊樂勝筵	은 촛대에 구슬 술병 잡고 화려한 잔치를 즐기게 하리.

城上危樓襯碧天	성 위 높은 누각 푸른 하늘에 맞닿았고
晴川一帶繞樓前	푸른 강은 한 줄기로 누각 앞을 감쌌네.
山橫翠障當軒外	산에는 푸른 절벽 비껴 헌 밖에 서 있고
麥吐黃雲度野邊	보리는 누런 구름 토해 들판 가를 건너네.
霧影遠波明似錦	안개와 그림자 같은 먼 물결 금빛처럼 맑고
嵐生晩樹細於烟	노목에서 피어나는 이내는 안개보다 가늘다.
客來探賞無窮趣	나그네 찾아와 가없는 흥취를 감상하다가
漫把歌兒趂夜筵	질펀하게 취해 기녀를 잡고 밤 자리를 좇네.

승문원부정자承文院副正字 임윤任尹

◎ **임윤** ｜ 1505년(연산군 11)–?. 본관 풍천豊川. 자 군빙君聘. 1534년(중종 29) 식년시 급제. 장령, 사간원사간, 사도시정司䆃寺正 등을 역임.

관찰사觀察使 송순宋純

雲散風輕欲暮天	구름이 가벼운 바람을 흩어 날이 저물려 하는데
詩情酒意晩樓前	저녁 누각 앞에서 시와 술 생각 일어난다.
秋聲細入灘橫處	여울 비낀 곳에 가을 소리 가늘게 들고
黛色偏多雨霽邊	비 개이자 검푸른 산 빛이 더욱 짙구나.

197 월녀越女 : 기생을 가리킨다.

孤棹何人驚玉笛　외로운 배에 누가 옥저를 불어 놀라게 하나?
雙飛沙鳥破林烟　쌍쌍이 나는 물새가 숲 안개를 깨뜨리네.
閑吟剩占湖山味　한가로이 시 읊으며 강호 풍미가 넉넉하니
歌舞無勞設綺筵　북 치고 노래하는 화려한 잔치 베풀 것 없네.

관찰사觀察使 송순宋純

◎ **송순** ㅣ 1493년(성종 24)–1582년(선조 15). 본관 신평新平. 자 수초遂初·성지誠之, 호 기촌企村·면앙정俛仰亭. 1519년(중종 14) 별시문과 급제. 홍문관부제학, 충청도어사, 경상도관찰사 등을 역임. 저서 『면앙집俛仰集』.

◎ **비고** ㅣ ㉮ 1540년(중종 35) 9월에 승정원도승지에서 경상도관찰사로 도임, 1541년(중종 36) 10월 동지중추부사로 이임.
㉯ 『면앙집』 권1, 〈차밀양영남루운次密陽嶺南樓韻〉.

밀양부사密陽府使 박세후朴世煦

危樓倒影水中天　아찔한 누각 그림자 거꾸러져 물 가운데 하늘이 담겼고
魚鳥浮沈曲檻前　물고기와 새들은 굽은 난간 앞에서 떠올랐다 가라앉네.
一代繁華知有象　한 시대의 번영과 영화는 형상이 있음을 알고
千年風月自無邊　천년의 풍월도 저절로 가장자리가 없어지네.
長林彌野呈新綠　긴 수풀 덮인 들판은 새로운 녹음을 보내고
遠店依山帶晩烟　산에 기댄 먼 가게는 저물녘 안개와 띠를 이루네.
更覺君恩隨處在　다시 곳곳마다 임금의 은혜 있음을 깨달으니
好將詩酒醉羅筵　시주를 잡고 화려한 잔치 자리에서 취하리라.

世間行止信由天　세간의 출처는 하늘로부터 말미암음을 믿고

曾夢玆樓數歲前　몇 년 전부터 이 누각 방문을 꿈꾸었네.
一帶青羅圍郭外　한 가닥 푸른 비단은 성곽 밖을 에워싸고
千簪碧玉揷雲邊　천 개의 벽옥 같은 비녀 구름 가에 꽂혔네.
渡頭人立驚眠鷺　나루터에 사람이 서 있어 졸던 백로 놀라고
浦口雲生破暝烟　포구에 구름 일어나 어두운 안개 깨뜨린다.
莫厭耽歡仍秉燭　촛불 잡고 기뻐할 일[198] 탐함을 싫어하지 말라
明年何處又開筵　이듬해에는 어느 곳에서 또 잔치를 열리오?

부사府使 상산商山 박세후朴世煦

◎ **박세후** | 1493년(성종 24)–1550년(명종 5). 본관 상주尙州. 자 중온仲溫. 호 인재認齋 또는 눌재訥齋. 1519년(중종 14) 별시문과 급제. 공조좌랑, 예조참의, 강원도관찰사 등을 역임.

◎ **비고** | 1540년(중종 35) 밀양부사로 부임.

훈도訓導 구유온仇有溫

快馭飛輪沆瀣天　나는 듯한 수레 빨리 몰아 이슬 맺힌 하늘 건너가니
飄然身世玉皇前　가뿐한 이내 몸 옥황상제 앞에 섰네.
山呈菡萏晴嵐外　산은 푸른 남기 밖으로 연꽃 향기 보내고
波様琉璃落雁邊　유리 같은 물결에 기러기 내려앉네.
黃鶴白雲人幾老　황학과 백운이여, 사람은 얼마나 늙었나.

---

198 촛불……일 : 형제끼리의 즐거운 모임을 말한다. 병촉秉燭의 놀이는 덧없는 인생을 아쉬워하며 밤늦도록 어울려 노니는 것을 말한다. 이백이 〈춘야연도리원서春夜宴桃李園序〉에서 "옛사람이 촛불을 잡고 밤늦게까지 노닐었던 것도 참으로 그 이유가 있었다.(古人秉燭夜遊 良有以也)"라고 하였다.

青樓紅友燭和烟	푸른 누각 붉은 옷 입은 기생, 촛불은 아지랑이와 어울리네.
自多奉袂[199]龍門久	이로부터 만남이 많아 용문에서 오래 몸담았으니
明月淸風醉錦筵	이듬해 맑은 바람 불면 비단 자리에서 취하리라.

훈도訓導 회산檜山 구유온仇有溫[200]

◎ **구유온** | 생몰년 미상. 본관 창원.

소산蘇山 채무적蔡無敵

徙倚湖山欲暮天	호산에 옮겨 기대니 노을이 저물려 하고
眼窮吳楚一望前	한번 조망함에 오나라 초나라까지 다하네.[201]
落霞孤鶩簷帷外	처마 밖 지는 노을엔 외로운 기러기 날아가고
南浦西山棨戟邊	깃발과 창 같은 봉우리는 남포와 서산에 늘어섰네.
風斂古江澄似鏡	옛 강엔 바람 불어 거울과 같이 맑고
月明寒渚白浮烟	차가운 모래톱엔 달 밝아 흰 아지랑이 떠 있네.
沈吟不覺凭欄久	깊이 읊조리는 사이에 나도 모르게 오래 난간에 기대니
露入雕簷濕坐筵	조각한 처마로 이슬 들어와 앉은 자리 적시네.
天涵江水水涵天	하늘은 강물을 담그고 물은 하늘을 담그니

199 원문의 '奉袂'는 손을 들어 읍한다는 말로 만남을 이른다.

200 원문 아래에 "창원인이다. 문과에 급제하지 못했다.(昌原人 不第)"라는 주석이 있다.

201 오나라……다하네 : 이 구절은 두보杜甫 〈등악양루〉의 "오초는 동남으로 갈라졌고 건곤은 밤낮으로 떠 있구나.(吳楚東南坼 乾坤日夜浮)"라는 구절에서 차용한 것이다.

天遣衡陽落眼前　하늘이 형양을 보내 눈앞에 떨어뜨렸네.[202]
飛鳥影從霞影過　나는 새 그림자는 노을 그림자 너머로 따라 가고
寒潭光射暮江邊　차가운 못 빛은 저무는 강변에 반짝인다.
長林處處沈紅日　긴 숲 곳곳에는 붉은 해 가라앉고
脩竹家家起翠烟　대숲 있는 집집마다 푸른 연기 일어나네.
無語倚欄成小憩　말없이 난간에 기대 잠시 쉬노라니
行雲冉冉入翠筵　가던 구름 타박타박 잔치 자리로 돌아오네.

一上蓬萊第一天　봉래산 첫째 하늘에 올랐더니
群山如畫老霜前　늙은 중 앞에 뭇 신선이 그림 같구나.
地臨蒼海無窮外　땅은 푸른 바다 무궁한 곳에 임하였고
眼逐紅雲不盡邊　눈은 붉은 구름 다함없는 곳을 좇는데
川入遠林拖白練　냇물은 먼 숲으로 흰 베를 끌어들이고
山含殘日濕靑烟　산은 지는 해를 머금어 푸른 안개에 젖었네.
浮生已落蹄涔裏　덧없는 인생 이미 보잘것없는 물속[203]에 떨어졌는데
何幸今朝得侍筵　오늘 이 자리에 초대되어 얼마나 다행인지.

소산蘇山[204] 채무적蔡無敵

◎ **채무적** ┃ 1500년(연산군 6)-1554년(명종 9). 본관 인천仁川. 자 거인居仁, 호 교헌僑軒. 1528년(중종 23) 생원시 합격. 장악원주부, 연천현감, 사섬시주부 등을 역임.

---

202 하늘이……떨어뜨렸네 : 왕발王勃의 「등왕각서滕王閣序」에 "기러기 떼 추위에 놀라니 소리가 형양의 포구에서 끊어진다.(雁陣驚寒 聲斷衡陽之浦)"라는 구절이 있다.

203 보잘것없는 물속 : 원문의 '蹄涔'은 『회남자淮南子』 「범론훈氾論訓」의 "소 발자국에 고인 빗물에서는 큰 물고기가 살 수 없다.(夫牛蹏之涔 不能生鱣鮪)"라는 말에서 유래한 것이다. 용량이나 부피가 얼마 되지 않는 것을 비유하는 말이다.

204 소산蘇山 : 경상북도 청도군의 옛 이름. 지금의 이서면 지역.

관찰사觀察使 이청李清

翼然華構襯雲天　나는 듯한 화려한 건물 구름과 하늘에 닿고
萬景都輸坐榻前　온갖 경치 모두 앉은 자리 앞으로 들어온다.
山似張屛橫地角　산은 병풍을 늘여 땅의 끝을 가로지른 듯
水如拖練落天邊　물은 비단을 펼쳐 하늘 가로 떨어지는 듯
花飛春巷迷紅雨　꽃은 봄 거리에 날려 붉은 비처럼 혼미하고
栗折秋林凝紫烟　밤나무는 가을 숲에 꺾여 붉은 안개 맺힌다.
暇日登臨清賞足　한가로운 날 올라와 맑은 감상 충분하니
更邀明月敞華筵　다시 밝은 달을 맞아 화려한 자리 비추네.

관찰사觀察使 이청李清

◎ **이청** | 1483년(성종 14)~1549년(명종 4). 본관 한산韓山. 자 계아季雅. 1511년(중종 6) 별시문과 급제. 이조정랑, 공조참판, 한성부우윤 등을 역임.

◎ **비고** | 1541년(중종 36) 10월 30일 한성부우윤에서 경상도관찰사로 도임, 1542년(중종 37) 6월 29일 사직.

호송관護送官 채무일蔡無逸

目送冥冥天外天　하늘 밖 아득한 곳으로 눈길을 보내면
百年形勝此樓前　백 년의 좋은 풍경 이 누각 앞에 펼쳐지네.
微茫遠勢長林下　긴 숲 너머로 어렴풋이 먼 경치 들어오고
縹緲奇觀夕照邊　석양빛 곁으로 아스라이 기묘한 모습일세.
萬里鄉關隨指顧　만 리 고향 산천 손가락 따라 돌아보니

一區山水老雲烟　한 구역 산수 경치에 구름 안개가 묵었네.
吾行正値春將暮　우리들의 행차는 참으로 봄이 저물 무렵이기에
不禁飛花落舞筵　꽃잎 날려 잔치 자리로 떨어진다네.

遠帆和雁政浮天　먼 돛단배 기러기와 짝을 이뤄 하늘에 뜬 것 같고
吳楚東南不盡前　오나라와 초나라 동남 끝까지 앞에 다 펼쳐졌네.[205]
客子光陰微雨裏　나그네는 가늘게 내리는 비에 시간을 보내고
故園消息濕雲邊　고향의 소식은 구름 가에서 솟아난다.
潮回別漵沒靑草　조수는 이별한 포구에 밀려가며 푸른 풀을 쓸어 가고
日落孤村生白烟　외로운 마을엔 해 떨어져 흰 연기 피어나네.
納納乾坤容我老　넓고 넓은 하늘은 나의 늙음을 받아들이겠기에
等閑扶醉上瓊筵　한가롭게 취한 이 부축해 화려한 잔치에 오르리라.

호송관護送官 채무일蔡無逸

◎ **채무일** | 1496년(연산군 2)–1556년(명종 11). 본관 인천仁川. 자 거경居敬, 호는 일계逸溪. 채수蔡壽의 손자. 1540년(중종 35) 식년문과 급제. 부안현감扶安縣監, 승문원정자, 이조좌랑, 헌납 등을 역임.

청도군수淸道郡守 안주安宙

樓觀星河共一天　누각에서 별과 은하수 바라보니 하늘을 함께 이고

205 오나라와……펼쳐졌네 : 이 구절은 두보杜甫 〈등악양루〉의 "오초는 동남으로 갈라졌고 건곤은 밤낮으로 떠 있구나.(吳楚東南坼 乾坤日夜浮)"라는 구절에서 차용한 것이다.

客來登眺立風前　나그네 올라와 멀리 조망하며 바람 앞에 섰네.
雨收遠水碧千里　먼 강물은 비를 거두어 천 리 푸른 띠를 띠었고
簾捲長空開半邊　긴 허공은 주렴을 말아 올려 반공을 열었네.
漁笛吹殘寒渚月　어부의 피리 쓸쓸하게 들려 강가의 달 차갑고
少禽啼割茂林烟　어린 새 울음소리 빽빽한 숲의 아지랑이를 일으키네.
眼窮宇內詩情壯　눈으로 우주 끝까지 바라보니 시정이 막 일어나기에
筆落雲霞生錦筵　붓이 구름과 노을에 떨어져 비단 자리를 일으키네.

雨後春光浪拍天　비 개인 뒤 봄빛에 물결은 하늘에 닿고
洞庭之水岳陽前　동정호 물은 악양루 앞으로 흐르는구나.
片帆萬里鳥飛外　나는 새 밖으로 만 리의 외로운 배
紅袖三行花影邊　꽃 그림자 가론 세 명의 붉은 소매[206]
日暖怪禽團作隊　날이 따뜻하여 놀란 새들은 단란하게 무리를 이루고
渚晴芳草簇生烟　물가가 맑아 향기로운 풀잎에는 안개가 맺힌다.
憑欄無限瀟湘意　난간에 기대니 소상강의 뜻 가없이 일어나고[207]
吟罷新詩動四筵　새로 지은 시 다 읊조리자 잔치 자리가 들썩인다.

청도군수清道郡守 안주安宙

◎ **안주** | 1495년(연산군 1)–?. 본관 광주廣州. 자 태고太古, 호는 치암恥庵. 1516년(중종 11) 식년시 장원. 호조정랑, 청도군수, 밀양부사 역임. 저서 『치암집』.

---

206 붉은 소매 : 원문의 '紅袖'는 미인의 붉은 옷소매, 즉 기생을 말한다.
207 난간에……일어나고 : 이 말은 이태백의 〈당도조염소부분도산수가當塗趙炎少府粉圖山水歌〉에서 차용하였다. 순舜이 남쪽으로 순수巡狩하다가 창오蒼梧의 들에서 붕하자, 두 비妃 아황娥皇과 여영女英이 소상강瀟湘江 가에서 흘린 눈물이 대나무에 얼룩무늬가 되었다는 고사가 있다.

홍문관부제학弘文館副提學 주세붕周世鵬

南樓風景冠南天	영남루 풍경 남방에서 으뜸이라
銀漢橫流繞檻前	은하수 가로 흘러 난간 앞을 두른다.
三島雲霞來脚底	삼신산의 구름과 노을은 발아래 깔리고
九霄星斗近頭邊	높은 하늘의 별들은 머리에 닿을 듯.
無私潤物千林雨	천 그루 숲에 내리는 비는 사심 없이 사물을 적시고
有象豐年萬戶烟	일 만 집에 피어나는 연기는 풍년이 들 조짐이로다.
歸去田園纔咫尺	고향으로 돌아가는 길 지척에 있는지라
何時一醉使君筵	언제쯤 사또의 잔치에서 한 번 취할까.[208]

高樓氷雪生炎天	높은 누각에 눈 같은 꽃잎 날려 여름이 열리고
景物爭驅入眼前	온갖 경물들이 다투어 눈앞으로 몰려오네.
佔畢墓荒鳴犢外	송아지 울음소리 밖으로 점필재 무덤 황량하고
將軍井冽釋弸邊	장군정의 차가운 물은 화살통을 풀게 했네.[209]
千畦大野黃翻浪	넓은 들판 천 이랑 밭두둑엔 푸른 물결 일렁이고
萬栗長洲翠動烟	긴 모래톱 만 그루 밤나무엔 푸른 아지랑이 꿈틀댄다.
當暑欲騎孤鶴去	더위가 찾아와 외로운 학을 타고 떠나고 싶어도
與君明月共瓊筵	그대와 더불어 밝은 달 아래서 좋은 자리 함께하네.

---

208 고향으로……취할까 : 주세붕의 고향이 함안군이기에 한 말이다. 「덕민정기」에 주세붕이 수산守山 나루를 건너 영남루를 자주 방문하였다는 기록이 보인다.

209 송아지……했네 : 점필재는 김종직金宗直의 자호이며, 그의 무덤은 밀양시 부북면 제대리에 있다. 장군정은 김석 장군의 우물을 가리킨다. 『신증동국여지승람』 26권 「밀양도호부」에 "장군정將軍井은 객관의 동북쪽에 있다. 샘물이 맑고 차며, 겨울에는 따듯하고 여름에는 차다. 그 깊이가 10여 척은 되는데 큰 가뭄에도 마르지 않는다. 세속에서 '김석金碩 장군의 우물'이라 한다."는 말이 있다.

登樓曾値菊花天　누각에 오른 건 국화 피는 가을.
納納乾坤醉眼前　넓고 넓은 하늘땅이 취한 눈앞에 펼쳐졌네.
孤鶩落霞滕閣上　외로운 기러기 지는 노을에 등왕각에 올랐고[210]
茂林脩竹會稽邊　빽빽한 수풀 긴 대나무 회계 가에 있었지.[211]
月明峰頭唳玄鶴　달 밝은 산봉우리에 검은 학 울고
夜寂江心噓白烟　깊은 밤 적막한 강에는 흰 아지랑이 피어오른다.
黙坐自然淸興足　묵묵히 앉아 있으니 저절로 맑은 흥취 충분하여
風流不必敞華筵　풍류를 위해 화려한 잔치 자리 열 필요 없겠네.

送君名府望遙天　이름난 고을로 그대를 송별하고 먼 하늘 바라보니
雪擁藍關馬不前　눈이 남전관에 가득 쌓여 말이 나가질 못하는구나.[212]
城僻莫愁千里外　성이 외딴 곳 천 리 밖에 있다고 근심하지 말라.
樓可高望五雲邊　누각 높은 곳에 오르면 오색구름 바라볼 수 있네.
淸詩佔老園無木　점필재 선생의 청아한 시엔 동산의 나무 없고
能賦興公宅鎖烟　수초부 노래했던 흥공은 집을 안개로 닫았네.[213]

---

210 외로운……올랐고 : 당唐나라 왕발王勃의 「등왕각서滕王閣序」에 "지는 놀은 짝 잃은 따오기와 나란히 날고, 가을 강물은 끝없는 하늘과 한 색이로다.(落霞與孤鶩齊飛 秋水共長天一色)"라는 구절이 있다.

211 빽빽한……있었지 : 회계會稽는 난정蘭亭의 모임을 가리킨다. 왕희지가 사안謝安, 손작孫綽 등 당대의 명사 40여 인과 회계 산음山陰의 난정에서 모임을 가졌다. 그가 지은 〈난정기蘭亭記〉에 "이곳에는 높은 산, 험준한 봉우리와 무성한 숲, 길게 자란 대나무가 있네.(此地有崇山峻嶺 茂林脩竹)"라는 표현이 있다.

212 눈이……못하는구나 : 원문의 '藍關'은 진秦나라의 남전관藍田關의 준말로, 섬서성陝西省 남전현藍田縣 동남쪽에 있다. 한유의 시 〈좌천지남관시질손상左遷至藍關示姪孫湘〉에 "구름이 진령에 비꼈나니 집은 어디에 있는가, 눈이 남관에 가득 쌓여 말이 가지를 않는구나.(雲橫秦嶺家何在 雪擁藍關馬不前)"라는 표현이 있는데, 이는 친구와의 이별을 아쉬워하는 내용이다.

213 흥공은……닫았네 : 흥공興公은 진晉나라의 문장가인 손작孫綽의 자로, 그는 젊었을 때에 벼슬 하지 않고 산수에서 즐기겠다는 포부를 담아 〈수초부遂初賦〉와 〈천태산부天台山賦〉 등을 지었다.

寂寞有孫應破屣　쓸쓸한 가운데 어진 후손이 있어 관직에 나갔으니
賑貧須爲撤賓筵　가난 구제하려면 모름지기 잔치 자리를 물려야 하리.

홍문관부제학弘文館副提學 주세봉周世鵬

◎ **주세봉** | 1495년(연산군 1)–1554년(명종 9). 본관 상주尙州. 자 경유景游, 호 신재愼齋 · 남고南皐 · 무릉도인武陵道人 · 손옹巽翁. 1522년(중종 17) 별시문과 급제. 승문원정자, 성균관사성, 황해도관찰사 역임. 저서 『무릉잡고武陵雜稿』, 『죽계지竹溪誌』 등.

◎ **비고** | ㉮ 『명종실록』 1년(1546) 11월 26일에 주세봉을 홍문관부제학에 제수한 기록이 있음.
㉯ 『무릉잡고武陵雜稿』 권4, 〈차영남루운次嶺南樓韻 송안사군태고지임밀양送安使君太古之任密陽〉.

신광한申光漢

分明霞鶩水呑天　하늘 삼킨 강물엔 노을과 기러기 선명한데
安得登臨落我前　어떻게 하면 누각에 올라 내 앞에 떨어지게 할까?
官路春花開句裏　관직 생활에선 봄꽃이 시구 속에서 피어나고
龍山秋色到罇邊　용두산의 가을 색은 술두루미 앞에 이르렀네.
淸淮未賞籠沙月　맑은 회수에서는 모래를 가둔 달빛을 보지 못했고[214]
黃鶴難尋入石烟　황학루에선 바위에 드는 아지랑이를 찾기 어렵네.
羈宦却悲韓愈記　관직에 매인 몸이기에 도리어 한유의 기문이 서글퍼[215]

---

214 맑은……못했고 : 회수는 강소성江蘇省에 있으며, 두목杜牧의 〈야박진회夜泊秦淮〉라는 시에 "강물에 안개 덮이고 백사장에 달빛 쏟아지는데, 밤에 진회에 정박하니 술집이 가까워라.(煙籠寒水月籠沙夜泊秦淮近酒家)"라는 구절이 있다.

215 관직에……서글퍼 : 당대唐代의 문인 한유韓愈는 등왕각을 가보지 못했지만, 「신수등왕각기新修滕王閣記」를 지었다는 뜻이다.

勝遊空負子安筵	좋은 놀이에도 공연하게 자안의 잔치[216]를 저버렸네.

髫雅[217]年來解怨天	어린 시절 하늘을 원망할 줄만 알았지
不曾知有過庭前	어버이의 가르침이 있는 줄은 몰랐네.
眠雲立月乾坤內	구름 속에 졸고 달빛에 섬[218]도 건곤의 품안,
濡雨霜霑草木邊	비에 적시고 서리에 젖는 초목처럼 자랐도다.
聞說碧沙[219]餘筆跡	듣건대 벽사롱[220]에 필적이 남아 있다고 하니
欲將丹荔事香烟	붉은 여지[221]로 향기로운 연기를 피우려 하네.
眼穿南斗空回首	남쪽 하늘 뚫어지게 보며 괜스레 머리 돌리니
金碧新樓謾錦筵	단청 찬란한 새 누각엔 부질없이 화사한 자리.

신광한申光漢

◎ **신광한** ㅣ 1484년(성종 15)–1555년(명종 10). 본관 고령高靈. 자 한지漢之, 호 석선재石仙齋. 신숙주申叔舟의 손자이자 신형申泂의 아들. 1541년(중종 36) 동지중추부사에 제수. 저서 『기재집企齋集』.

◎ **비고** ㅣ 『기재집』에 첫째 수와 둘째 수가 다른 제목으로 수록됨. 첫째 수는 『기재집 별집』 권3, 〈차영남루운次嶺南樓韻〉, 둘째 수는 같은 곳에 다른 제목으로 수록되어 있음.

---

216 자안의 잔치 : 자안은 「등왕각서滕王閣序」를 쓴 왕발王勃의 자이다. 신광한이 영남루 중수에 참여하지 못함을 아쉬워하는 말이다.

217 원문의 '雅' 두주에 "아雅는 아마도 치稚일 것이다.(雅疑作稚)"라는 내용이 있다. 『기재집企齋集』 '稚'.

218 구름에……섬 : 부모 없이 세상에 외롭게 홀로 사는 것을 형용한 말이다. 신광한의 『기재집 별집』 권3의 시에 "나는 어려서부터 고난을 당해 나이 4세에 부모님을 여의었기에 선공先公의 전형典刑이 어떠하신지 잘 알지 못한다. 봄가을에 이슬이 내리면 길이 사모하는 마음이 지극하니, 생질의 말을 듣고 나도 모르게 한탄하며 눈물을 흘렸다. 다시 그 운에 차운하여 권말에 추기하고 종천망극의 뜻을 붙인다. 오호, 통재라.(余夙遭凶閔 生年四歲 乃失所怙 未省先公典刑爲何如 春秋雨露 永慕無窮 卽聞趙甥之語 不覺嘆吒悲涕 復次其韻 追記卷末 以寓終天罔極之意 嗚呼痛哉)"라는 말이 있다.

219 원문 '沙' 두주에 "사沙는 아마도 사紗일 것이다.(沙疑紗)"라는 내용이 있다. 『기재집』 '紗'.

220 벽사롱碧紗籠 : 당나라 왕파王播와 관련된 고사로, 먼지가 묻지 않도록 푸른 깁으로 감싸서 벽에 쓴 시문을 보호하는 것을 말한다.

221 붉은 여지 : 원문의 '丹荔'은 제사에 사용되는 과일로, 주로 중국의 남방에서 생산된다.

밀양부사密陽府使 전팽령全彭齡

登臨始免井觀天	올라 보니 비로소 좌정관천에서 벗어나
景物分明几案前	사물들이 또렷하게 궤안 앞에 펼쳐지네.
水逝滔滔看有術	도도하게 흐르는 강물은 관찰에 방법이 있는 듯하고[222]
鳶飛得得理無邊	솔개 의기양양하게 날아 이치는 중심과 가장자리의 분변이 없네.
清風滿閣能排暑	맑은 바람은 누각에 가득하여 더위를 물리치겠고
細靄飛空不辨烟	가는 노을은 허공에 날아 아지랑이와 구별할 수 없네.
高臥浪吟猶足樂	고상하게 누워 읊조려도 즐거움은 넉넉하니
何須歌舞醉瓊筵	잔치 자리에서 가무를 더해 취할 필요 있으랴.

不敢尤人敢怨天	감히 다른 사람이나 하늘을 원망하지도 않으니[223]
窮通已定未生前	궁함과 통함은 이미 태어나기 전부터 정해졌네.
專城佩印猶踰分	고을 다스리러 찬 관인은 오히려 직분을 넘어섰지만
望闕思親豈有邊	대궐 바라보며 어버이 생각함 어찌 다함이 있으랴.
坐臥每臨軒外水	앉고 누울 때마다 늘 동헌 밖 강물을 가까이했고
晨昏長對樹間烟	새벽과 저녁으로 길게 수풀 사이의 아지랑이를 마주 대했네.
自慚無補公家事	나랏일에 보탬이 되지 못해 스스로 부끄러우면서도
幾度名樓設勝筵	몇 번이나 이름난 누각에서 화려한 잔치 베풀었던가.

---

222 도도하게……듯하고 : 『맹자孟子』 「진심 상盡心上」에서 맹자가 "물을 보는 데는 방법이 있으니 반드시 그 물결을 보아야 한다.(觀水有術 必觀其瀾)"라고 한 말이 있다.

223 감히……않으니 : 『논어論語』 「헌문憲問」 편에 공자의 "하늘을 원망하지도 않고 사람을 탓하지도 않는다.(不怨天 不尤人)"라는 말이 있다.

밀양부사密陽府使 전팽령全彭齡

◎ **전팽령全彭齡** | 1480년(성종 11)–1560년(명종 15). 본관 옥천沃川. 자 숙로叔老, 호는 송정松亭. 1524년(중종 19) 별시문과 급제. 형조좌랑, 삼척부사, 상주부사 등을 역임.

과객過客 정중호鄭仲濩

雨細塵氛五月天　티끌 먼지 사이로 가랑비 내리는 오월의 하늘
百千奇觀畫樓前　온갖 기이한 경관 화려한 누각 앞에 펼쳐졌네.
湖明新漲長林外　긴 수풀 밖엔 호수 맑아 새롭게 물 불어났고
山倚濃粧落照邊　산은 떨어지는 석양 가로 짙은 화장을 했네.
地過江淮通海舶　땅은 강수와 회수를 지나 바닷가로 통하고
州雄荊蜀富人烟　형주와 촉 땅처럼 웅장한 고을엔 부유한 집처럼 연기 피어나네.
登臨盡日無詩伴　올라와 하루 종일 노닐어도 시 지을 친구 없어
直待孀娥入錦筵　상아[224]가 비단 자리로 들어오기만을 기다린다오.

古來窮達摠關天　예부터 궁달은 모두 하늘에 달렸다고 하니
莫用深嗟百歲前　백 세가 되기 전에는 깊게 탄식하지 말라.
無賴光陰霜鬢上　무심한 시간은 가을 서리 가로 떨어지고
多情風月畫欄邊　다정한 풍월은 화려한 난간 가를 스치네.

---

224 상아孀娥 : 일명 항아嫦娥라고도 하는, 달 속에 사는 여선이다. 본래 유궁후有窮后 예羿의 부인이었는데, 예가 서왕모西王母에게 불사약不死藥을 얻어 오자, 상아가 이를 훔쳐 먹고 달 속의 광한전으로 들어가서 몸을 숨기고 두꺼비가 되었다고 한다.

游魚出渚吹殘絮　물가엔 노닐던 물고기 뛰어올라 버들개지 나풀거리고
倦鳥還山割暝烟　게으른 새는 산으로 돌아오며 구름과 안개를 나누네.
後樂先憂俱已矣　나중에 즐겁고 먼저 근심함[225]을 모두 그만둘지니
不妨隨意醉華筵　화려한 잔치 자리에서 마음껏 취해도 무방하리라.

과객過客 정중호鄭仲濩

◎ **정중호** ｜ 생몰년·본관 미상. 자 문숙文叔. 거주지 영천. 1519년(중종 14) 식년시 급제.

경차관敬差官 김충렬金忠烈

登臨望眼遠呑天　올라와 보니 조망하는 눈에는 멀리 하늘을 머금고
身在平湖浩渺前　육체는 평평한 호수에 잠겨 앞에서 아득한 경치 펼쳐지네.
秋晩荻花明水國　늦가을에 억새풀 피어 강가는 풍경이 밝고
夜深漁笛徹雲邊　밤 깊어 어선의 피리 소리 구름 가로 사라지네.
繁華紅色[226]三行色　화려하게 치장한 기생들은 세 줄로 아리땁게 앉았고
淡泊青爐一炷烟　푸른 화로에는 한 줄기 맑은 연기 피어오른다.
多病只知孤枕穩　병치레 많아 외로운 베개만이 편안한 줄 알았더니
佳辰非厭醉芳筵　좋은 날에는 화려한 잔치에서 취해도 좋겠네.

---

225 나중에……근심함 : 본문의 선우후락先憂後樂은 송宋나라 범중엄范仲淹의 「악양루기岳陽樓記」에 나오는 "천하 사람이 근심하기에 앞서 근심하고, 천하 사람이 즐거워한 뒤에 즐거워한다.(先天下之憂而憂 後天下之樂而樂)"라는 말을 요약한 것이다. 전하여 사또로서 정무에 임하는 것을 총괄적으로 가리킨다.

226 원문의 두주에 "위의 색色 자는 분紛 자의 오기로 추정된다.(上色字 疑紛之誤)"는 말이 있다. 번역도 주석을 참고하여 '紛'으로 풀이하였다. '홍분紅紛'은 곱게 치장한 기녀妓女를 가리킨다.

경차관敬差官 김충렬金忠烈

◎ **김충렬** | 1503년(연산군 9)-1560년(명종 15). 본관 강릉江陵. 자 국간國幹, 또는 국기國紀. 1531년(중종 26) 식년문과 장원급제. 한성부판관, 경기도도사, 제주목사 등을 역임.

관찰사觀察使 권응창權應昌

朱欄影落鏡中天	화려한 난간 그림자 거울 속 하늘로 떨어지고
形勝千年冠後前	천년을 이어온 빼어난 경치 앞뒤에서 우뚝하네.
遠樹微茫連郭外	먼 수풀은 연이은 성곽 밖으로 흐릿흐릿하고
晴巒隱約入雲邊	푸른 봉우리는 은둔 약속에 구름 가로 들어가네.
莫嫌夕照還昏霧	저녁노을 비추었다가 다시 어두워지는 안개를 싫어하지 말라.
直待蟾光破瞑烟	곧장 달빛을 기다리노라면 검은 안개 흩어진다네.
佳會良辰知不再	좋은 날 좋은 모임 다시 기약할 수 없음을 알기에
何妨尊酒醉華筵	화려한 잔치 자리 동이 술이 무슨 방해 되리오.

自幸相逢嶺外天	참으로 다행스럽게 영남 밖에서 서로 만났으니
玆遊難又百年前	이번 유람의 어려움은 백 년 만에 찾아온 듯하네.
雙雙紅燭明樓上	밝은 누각 위에는 쌍쌍이 붉은 촛불 켜지고
咽咽繁絃閑[227]耳邊	오열하는 듯한 현악기 소리 귓가를 어지럽히네.
逸氣醉來橫宇宙	좋은 기운은 취한 가운데 우주를 가로지르고

227 원문 '閑' 자 두주에 "한閑은 마땅히 폐鬧가 되어야 한다.(閑當作鬧)"는 말이 있으며, 번역도 두주를 따랐다.

風懷興發駕雲烟　풍류가 일고 흥이 더하여 안개와 구름을 타네.
殊方覊宦歸何日　변방으로 유배 온 관리 돌아갈 날 언제인가.
魂夢徒煩侍講筵　꿈의 혼령만이 부질없이 모시는 강연을 오가네.

관찰사觀察使 권응창權應昌

◎ **권응창** ｜ 1505년(연산군 11)–1568년(선조 1). 본관 안동安東. 자 경우景遇, 호 지족당知足堂. 1528년(중종 23) 식년문과 병과 급제. 승정원주서, 홍문관직제학, 형조참판 등을 역임.
◎ **비고** ｜ 1544년(인종 1) 5월 30일 병조참판에서 경상도관찰사로 도임, 1545년(명종 1) 7월에 동지중추부사로 이임.

종사관從事官 김진종金振宗

危樓南望水連天　아찔한 누각에서 남쪽을 바라보니 강물은 하늘과 이어졌고
十里平林一檻前　십 리 평평한 수풀이 난간 앞에 모두 펼쳐지네.
極目淸秋孤鶩外　맑은 가을 하늘 가 멀리 외로운 기러기 날아가고
高懷斜日落霞邊　지는 노을 가로 고상하게 비끼는 햇살을 품는다.
野田禾黍盈黃畝　들판 곡식들은 누렇게 밭에 가득하고
水國漁村隱暮烟　수국의 어촌에는 저녁연기 감추었네.
幕府諸賢誰落帽　막부의 여러 손님들 중 누가 모자를 떨어뜨렸나?[228]
羽觴終日醉瓊筵　좋은 술잔 가지고 종일토록 화려한 잔치에 취하리라.

---

228 막부의……떨어뜨렸나 : 좋은 글을 지으라고 권유하는 말로, 진晉나라 맹가孟嘉와 정서장군征西將軍 환온桓溫이 관련된 고사이다. 맹가가 환온이 베푼 잔치에 참석했다가, 술에 취한 나머지 모자가 바람에 날아가는 것도 알아채지 못하고 밖으로 나갔다. 환온은 맹가에게 알려 주지 말라 하고 손성孫盛에게 희롱하는 글을 짓게 하였다. 맹가가 돌아와서 손성의 글을 보고는 곧장 멋진 글을 지어 사람들을 놀라게 했다.

종사관從事官 김진종金振宗

◎ **김진종** | 1496년(연산군 2)–1557년(명종 12). 본관 선산善山. 자 효선孝善, 호 신재新齋 · 문암文巖. 1528년(중종 23) 식년문과 급제. 홍문관주서, 경성판관 등을 역임.

◎ **비고** | 윤근수尹根壽의 『월정집月汀集』 권6, 「이조정랑이공중열묘갈명吏曹正郎李公仲悅墓碣銘」에 1544년(중종 39) 이기李芑가 순변사로 영남嶺南에 갈 때 김진종을 종사관으로 삼았다는 기록이 있음.

관찰사觀察使 정만종鄭萬鍾

百尺高樓聳半天　백 척 높은 누각 반공에 솟았고
平林大野闊當前　넓은 벌판 평평한 숲이 그 앞에서 트였네.
雲門水繞龍頭外　운문산에서 내린 물은 용두산을 밖으로 감싸고
駕洛山橫鳥背邊　가락산 가장자리로 새들은 등지며 가로지르네.
造物開張窮巧璞　조물주는 교묘함과 질박함을 다하여 나열했고
騷人驅使困風烟　시인은 바람과 안개를 모두 여기에 몰아 놓았네.
客旌頻駐緣探勝　나그네는 좋은 경치 구경하느라 자주 깃발 멈추고
多荷使君張綺筵　몇 번이나 사또에게 부탁하여 좋은 자리 베풀라 하네.

聞說蓬壺別有天　듣건대 봉래산에는 별천지가 있다 하지만
誰教縮地在樓前　누가 땅을 축소시켜 누각 앞에 가져다 놓았나?
紺瞳綠髮應遊處　붉은 눈동자 푸른 머리털[229]의 도사들이 노니는 곳은

229 붉은……머리털 : 원문의 '紺瞳綠髮'은 붉은 눈동자와 푸른 머리털을 가리킨 것으로, 흔히 선인도사仙人道士의 건강한 모습을 형용한다.

野馬城車不到邊　아지랑이와 오가는 수레조차 보이지 않는다네.
似聽蕭笙來夜月　밤에 달 뜨면 마치 생황 소리 들리는 듯하고
竚看鸞鶴戲雲烟　우두커니 선 난새와 학은 구름을 희롱하네.
自多凡骨眞成換　범골이 선골로 바뀌는 경우가 참으로 많으니[230]
擬赴瑶[231]池王母筵 요지로 달려가 서왕모의 잔치에 참여하고 싶네.

登臨正値暮春天　올라 보니 바로 만춘의 하늘이기에
嫩綠縈林滿眼前　고운 초록에 엉긴 숲이 눈앞에 가득하구나.
顚倒三光收座裏　순서 없이 이르른 삼광[232]이 앉은 자리를 거두어
籠羅萬象入雲邊　온갖 형상을 바구니에 담아 구름 가로 들어가네.
昔人題詠詩中畫　옛 사람이 노래한 시는 그림 가운데 있고
老我慚無語帶烟　늙은 나는 연하를 띤 말[233]이 없어 부끄럽네.
西望故鄕歸意促　서쪽으로 고향 바라보니 돌아갈 생각 급하지만
淹留空復醉華筵　오래 머무르며 공연히 다시 잔치 자리에 취하네.

가정嘉靖 기유년己酉年(1549) 봄(春) 관찰사觀察使 광산光山 정만종鄭萬鍾

◎ **정만종** | ?–1549년(명종 4). 본관 광주光州. 자 인보仁甫, 호 조계棗溪. 1516년(중종 11) 별시문과 급제. 사헌부지평, 형조참판, 예조참판, 함경도관찰사 등을 역임.

◎ **비고** | 1548년(명종 3) 3월 25일 동지중추부사에서 경상도관찰사로 도임, 1549년(명종 4) 4월 호조참판으로 이임.

---

230 범골이……많으니 : 신선이 되기 위해 금단金丹을 먹으면 범골이 선골로 바뀐다고 한다. '금단환골金丹換骨'이라는 표현을 쓰기도 한다.

231 원문의 '瑶'는 '瑤'의 이체자로 추정된다.(혹은 오자) 요지瑤池는 신선이 사는 곳을 말한다.

232 삼광 : 세 가지 광채가 나는 것으로 해와 달, 별을 이른다.

233 연하를……말 : 매우 아름다운 시구를 뜻한다. 소식蘇軾의 〈증시승도통贈詩僧道通〉 "말이 연하를 띤 것은 예로부터 드물다.(語帶煙霞從古少)"라는 구절 주註에 "다른 사람의 글은 산에 연하가 없고 봄에 초목이 없는 것과 같다."라고 한 이태백李太白의 말을 수록해 놓았다.

관찰사觀察使 심통원沈通源

颷輪驚突暮江天	저문 강에 바람바퀴[234] 갑자기 솟아나더니
兩脚奔崩暗後前	어두워지기 전후에 두 다리를 거세게 치달렸네.
萬鼓齊搥渤海上	발해 가에서 온갖 북소리 동시에 울리자
千軍競逐瞿塘邊	천군들이 구당 가로 앞다투어 쫓아가네.[235]
狂威直射雙籠燭	세찬 위엄으로 곧바로 두 농촉을 쏘았고[236]
怒氣長驅幾屋烟	노한 기운 길게 몰아 몇 집에 연기 피웠던가.
地折天傾愁達曙	땅이 꺾이고 하늘이 기울까 수심으로 새벽이 되었으나
起看紅粉濕華筵	일어나 보니 붉은 분가루가 화려한 자리 적셨구나.

관찰사觀察使 심통원沈通源

◎ **심통원** | 1499년(연산군 5)-?. 본관 청송靑松. 자 사용士容, 호 욱재勗齋. 1537년(중종 32) 별시문과 장원급제. 부응교, 병조참지, 우승지, 예조참판 등을 역임.

◎ **비고** | 1549년(명종 4) 4월 18일 승정원좌승지에서 경상도관찰사로 도임. 1550년(명종 5) 4월에 병으로 사직.

---

234 바람바퀴颷輪 : 바람을 타고 날아다니는 수레로 신선들이 타고 다니는 수레인데, 여기서는 사신이 타고 가는 수레를 가리킨다.

235 천군들이……쫓아가네 : 훌륭한 글을 지었다는 뜻이다. 원문의 '瞿塘'은 중국 삼협三峽의 하나로, 사천성四川省 봉절현奉節縣 동남쪽 양자강揚子江 상류에 있는 협곡峽谷이다. 두보의 〈취가행醉歌行〉에 "문장의 근원은 삼협의 물을 기울인 듯하고, 필력의 전진은 천군을 쓸어 낼 기세로다.(詞源倒流三峽水 筆陣獨掃千人軍)"라는 말이 있다.

236 두……쏘았고 : 원문의 '籠'은 '隴'의 오자로 추정된다. 농隴은 왕망王莽의 신新나라 말기에 농서隴西 지방을 점거하고 스스로 서주상장군西州上將軍이라 자칭했던 외효隗囂를 가리키고, 촉은 역시 신나라 말기에 스스로 촉왕蜀王이라 자칭하고 성도成都에 도읍을 정했던 공손술公孫述을 가리킨다. 뒤에 이들은 모두 광무제에게 멸망당하였다.

도사都事 신일辛馹

一樓佳景屬秋天　한 누각의 아름다운 경치 가을 하늘에 섰건만
景物蕭疏白髮前　온갖 사물들은 쓸쓸하게 백발 앞에 펼쳐지네.
萬點螺鬟平野外　들판 밖엔 머리 묶은 듯한 산봉우리 이어지고
一圍籬帶茂林邊　무림 가엔 울타리처럼 한 바퀴 띠를 둘렀네.
鏡中斜照成金柱　거울 속에 비끼는 낙조는 금 기둥을 이루고
天末殘霞接暮烟　하늘 끝 희미한 노을은 저물녘 연기에 닿았네.
却恨千年歌舞地　천년의 가무하던 곳이 도리어 한스러우니
幾經人世聚離筵　인간 세상에서 모이고 흩어지는 자리 몇 번이나 겪었던고?

도사都事 신일辛馹

◎ **신일** ｜ 생몰년 미상. 본관 영산靈山. 자 치원致遠. 1538년(중종 33) 별시 급제. 신인손과 관련이 있음. 손자로 추정.

◎ **비고** ｜ 심통원이 관찰사로 재직하던 1549년(명종 4)에 전라도에서 도임하여, 9월에 공조정랑으로 이임.

강원도도사江原道都事 임회林薈

十二唯聞在九天　십이 난간[237]은 오로지 구천에 있다고 소문났지만
人間樓勝此無前　인간 세상의 누각 승경은 이보다 좋은 곳 없도다.
沙鋪白雪長林際　긴 수풀 가 모래톱은 흰 눈 같고
波拭青銅小竹邊　작은 대밭은 청동을 닦은 듯 물결 일렁이네.

237 십이 난간 : 원문의 '十二'는 십이 난간十二欄干, 즉 거대한 누각의 굽이가 많은 난간을 가리킨다.

漁唱隔橋催落日　어부의 노래는 먼 다리에 낙조를 재촉하고
野航横渡帶青烟　들판의 고깃배는 노를 가로질러 푸른 안개 띠었네.
春風醉客轉狂興　취한 나그네 봄바람 맞아 격한 흥이 솟구치니
兩兩仙娥踏舞筵　양양하게 선녀 항아가 춤사위를 즈려밟는다.

강원도사江原都事 임회林薈

◎ **임회** | 1508년(중종 3)–1573년(선조 6). 본관 부안扶安. 자 헌가獻可. 후일 임회林誨로 개명. 1534년(중종 29) 식년시 장원급제.

청도군수淸道郡守 최운崔雲

偶然來倚夕陽天　우연히 와서 석양이 지는 하늘에 기대니
夜色蒼茫入眼前　밤하늘 창망하게 눈앞에 들어온다.
百代江山興廢外　백 대의 강산은 흥폐를 견디며 남아 있고
一樓風月醉醒邊　한 누각의 풍월은 취했다 깨는 도중이로다.
依依樹木東南柳　의의한 수풀 동남쪽으로 버드나무 늘어섰고
簇簇人家朝暮烟　빽빽한 인가엔 아침저녁으로 연기 피어난다.
不獨滕王飛閣好　나는 듯한 등왕각이 좋은 것만은 아니기에
遙吟亦可此華筵　멀리서도 이처럼 화려한 자리 읊조릴 만했구나.

開盡八窓欲夜天　팔방으로 난 창을 다 여니 점점 밤이 되려 하기에
酒兵肉陣共羅前　술 병사 고기 부대 모두 이 앞에 늘어섰네.
身憑十二欄干上　몸은 열두 난간에 기대고

眼豁三千世界邊　눈은 삼천세계[238]로 열렸네.

黃鶴月明添地勝　황학 같은 달 밝아 땅의 빼어난 경치에 더하고

白鷗波暖滿江烟　백구 내려앉은 물결 따뜻하여 강에 안개 가득하네.

六鰲見釣仙山動　여섯 마리 자라 낚시에 걸리자 선산이 움직여

流到人間設此筵　인간세계로 흘러와 이 자리 만들었네.[239]

청도군수清道郡守 최운崔雲

◎ **최운** | 생몰년 미상. 명종~선조 연간 청도군수로 재임.(『청도군지』, 1991)

선전관宣傳官 송찬宋贊

遐想當年暑雨天　그해에 여름비 내리던 때를 멀리서 생각하노라니

百川驚漲一樓前　온갖 냇물의 놀란 물결이 누각 앞으로 다 모였지.

應嫌四牡留江上　사신에게 길을 양보하느라 강가에 머무르며[240]

不分三行擁座邊　세 줄로 나누지 않고 앉은 자리를 두르고 있었지.

遺句于今看氣節　지금까지 남은 시구로 절개를 볼 수 있고

238 삼천세계三千世界 : 삼천대계三千大界와 같은 말로, 광대무변廣大無邊한 세계를 말한다. 불교에서는 무수히 많은 세계가 있다고 보는데, 일천 세계가 소천세계小千世界가 되고, 소천세계가 천 개 모여서 중천세계中千世界가 되고, 중천세계가 천 개 모여서 대천세계가 되니, 이 세 천세계를 총칭한 것이 삼천대계이다

239 여섯……만들었네 : 원문의 '六鰲'는 여섯 마리의 큰 자라를 말하는데, 『열자列子』「탕문湯問」에 나오는 내용이다. 발해渤海에 대여岱輿, 원교員嶠, 방호方壺, 영주瀛洲, 봉래蓬萊의 다섯 선산仙山이 있었는데, 이들을 열다섯 마리의 자라가 떠받치고 있었다. 그런데 용백국龍伯國의 거인이 여섯 마리의 자라를 잡아갔으므로 대여와 원교 두 산이 북극으로 흘러가서 큰 바다 아래로 가라앉았다고 한다.

240 사신에게……머무르며 : 원문의 '四牡'는 네 필의 수말이라는 뜻으로, 『시경』 소아小雅의 한 편명이다. 이 시는 왕명을 봉행하는 사신使臣을 위로하기 위해 지어졌다.

名區依舊繞風烟　의구한 좋은 구역엔 바람과 안개가 둘렀네.
龍鐘此日來祈雨　오늘 보잘것없는 모습으로 와서 기우제를 올리니
敢墜家聲展綺筵　감히 집안의 명성 실추시키며 화려한 자리 베풀랴.

滿樓佳景那牽興　누각 가득 아름다운 풍경 어찌 끌어 온 흥일쏘냐.
連月淫霖却惹愁　몇 달 연이은 음습한 장마가 도리어 근심 일으키네.
這裏先憂知者寡　저 속엔 나라 근심 우선한 지혜로운 이 적으니[241]
芳名獨興巨三流　아름다운 이름 홀로 일으켜 보잘것없는 나를 우쭐하게 하네.

선전관宣傳官 송찬宋贊

◎ **송찬** | 1510년(중종 5)-1601년(선조 34). 본관 진천鎭川. 자 치숙治叔, 호 서교西郊. 1540년(중종 35) 식년문과 급제. 경기감사, 영흥부사, 판돈녕부사 등을 역임.

◎ **비고** | ㉮ 1565년(명종 20) 5월 6일부터 같은 해 9월까지 경상도관찰사로 재임. 이후 1571년(선조 4) 6월 24일에 호조참판에서 다시 경상도관찰사로 도임. 1572년(선조 5) 1월 12일에 동지중추부사로 이임.

㉯ 1560년(명종 15)부터 좌승지로 근무함. 선전관은 승지 역할을 맡은 무관직.

성주목사星州牧使 조희曺禧

樓壓空明鏡裏天　누각이 밝은 허공 압도하여 거울 속에 하늘 비치고
雄名獨擅設從前　웅장한 이름 홀로 드러나 이곳에 펼쳐졌네.

---

241 나라……적으니 : 나라 근심을 우선한 이는 송대의 학자 범중엄范仲淹(989-1052)을 가리킨다. 그가 지은 「악양루기岳陽樓記」에 "천하 사람이 근심하기에 앞서 근심하고, 천하 사람이 즐거워한 뒤에 즐거워한다.(先天下之憂而憂 後天下之樂而樂)"라는 말이 있다.

茂林脩竹清虛裏	무림의 푸른 대나무는 속이 맑고 텅 비었으며
芳草晴川晻靄邊	청천 가 향기로운 풀엔 어두운 안개 피어나네.
宇宙幾輕今物色	우주가 몇 번이나 가벼워져 지금의 물색을 만들었지만
湖山常管古風烟	강산에는 늘 예전의 바람과 아지랑이가 스쳐가네.
長江不盡何須羨	긴 강물 다하지 않음을 어찌 꼭 부러워하리오.
可付盈虛一醉筵	가득 참과 텅 빔을 한번 취한 자리에 부치네.

성주목사星州牧使 조희曺禧

◎ **조희** | 1490년(성종 21)–1564년(명종 19). 본관 창녕. 1513년(중종 8) 식년문과 급제. 온성판관, 평안도도사, 병조정랑, 동래부사 역임.

◎ **비고** | 심수경沈守慶의 『견한잡록遣閑雜錄』에 "가정嘉靖 경술년(1550) 친척 어른 조희가 성주목사였다."는 기록이 있음.

도순찰사都巡察使 조광원曺光遠

神區淸勝是仙天	신령스러운 구역 청아한 승경 이곳이 신선세계이니
萬像無窮一檻前	삼라만상이 가없이 한 난간 앞에 펼쳐졌구나.
白鷺數聲斜日外	비끼는 노을 밖으로 백로 몇 마리 지저귀고
靑螺千點斷雲邊	끊어진 구름 가로 푸른 봉우리 천 점 이어졌네.
長江浸郭遙通解	긴 강은 성곽을 침노했다 멀리 통하며 풀어지고
廣野含林半鎖烟	넓은 들판은 수풀 머금어 아지랑이 반쯤 잠궜네.
身在玉欄圖畫裏	몸은 그림 속의 옥 같은 난간에 있으니
不妨終夕醉瓊筵	저녁 내내 화려한 자리에서 취해도 좋으리.

도순찰사都巡察使 조광원曺光遠

◎ **조광원** | 1492년(성종 23)–1573년(선조 6). 본관 창녕昌寧. 자 회보晦甫. 조계상曺繼商의 아들. 1528년(중종 23) 별시문과 급제. 예조참의, 함경도관찰사, 대사헌 등을 역임.

◎ **비고** | ㉮『명종실록』 10년(1555) 5월 16일에 조광원을 경상도도순찰사로 파견한 기록이 있음. ㉯ 1555년(명종 10) 11월에 공조판서에서 경상도관찰사로 도임, 1556년(명종 11) 9월 지중추부사로 이임.

관찰사觀察使 심수경沈守慶

似到蓬壺別樣天　마치 봉래산에 도착하여 별천지를 만든 듯
誰言矗石可居前　누가 촉석루가 이 누각보다 좋다 했던가?
一軒興在揮毫裏　한 누각의 흥은 편액의 휘호에 있고
千古愁消把酒邊　천고의 근심은 잡은 술잔에 녹는다.
目斷長林兼廣野　눈길은 넓은 들판과 함께 긴 숲에서 끊어지고
魂迷落日與孤烟　지는 해 외로운 아지랑이와 더불어 정신이 혼미하네.
欄干倚遍堪終夕　하루 종일 난간에 기대고 있자니
不用笙歌擁綺筵　화려한 잔치에 생황 소리 울릴 필요는 없겠네.

관찰사觀察使 심수경沈守慶

◎ **심수경** | 1516년(중종 11)–1599년(선조 32). 본관 풍산豊山. 자 희안希顔, 호 청천당聽天堂. 1546년(명종 1) 식년문과 장원급제. 경기도관찰사, 대사헌, 우의정 등을 역임. 저서 『청천당시집聽天堂詩集』, 『청천당유한록聽天堂遺閑錄』.

◎ **비고** | 1563년(명종 18) 3월 동지중추부사에서 경상도관찰사로 도임, 같은 해 8월 병으로 사직.

도사都事 김우홍金宇弘

新磨鏡面碧於天　거울 표면을 새로 닦으니 하늘보다 푸르러
遠近詩材集眼前　원근의 시재들이 눈앞으로 모인다.
野色蒼茫黃犢外　들판은 누런 송아지 밖에서 창망하고
波光浩蕩白鷗邊　물빛은 백구 곁에서 넓고 양양하다.
浮空疊峀啣殘照　하늘에 뜬 첩첩 봉우리 지는 햇살을 머금었고
傍渚孤村帶淡烟　강물 곁 외로운 마을엔 맑은 연기 띠었네.
最好夜深無夢寐　밤 깊어 잠 못 드는 일 없어 참으로 좋으니
一江明月影侵筵　강에 뜬 밝은 달 그림자 자리에 들어온다네.

도사都事 김우홍金宇弘

◎ **김우홍** ｜ 1522년(중종 17)-1590년(선조 23). 본관 의성義城. 자 면부勉夫. 1553년(명종 6) 계축별시 급제.

◎ **비고** ｜ 1563년(명종 18) 3월 병조좌랑에서 경상도도사로 도임. 1564년(명종 19) 3월 성균관전적으로 이임. 당시의 관찰사는 심수경.

절도사節度使 송찬宋贊

名區濡滯杪秋天　이름난 구역에 오래 머무르다 보니 늦가을이 되어
爽氣呈奇病眼前　상쾌한 기운이 기이한 경관 보내 눈앞을 괴롭히네.
寒水流丹雲影裏　차가운 물은 구름 그림자 속으로 단청 빛 흘려보내고[242]

---

242 차가운……흘려보내고 : 이 구절은 왕발王勃의 「등왕각서滕王閣序」에 "높은 누각이 단청 빛을 물

遙岑聳翠雁聲邊　먼 봉우리는 기러기 소리 곁으로 푸르게 솟았네.
登臨但覺憂如范　올라 보니 다만 근심이 범중엄과 같음을 알았고[243]
排悶何開語帶烟　울적함 달래려 해도 아름다운 시구 어디에서 열리리.
俯仰仍悲今視昔　굽어보고 우러러보며 지금이 예전과 같음이 슬프기에
却將詩筆擲離筵　시 지을 붓 들었다 던져 버리고 자리를 떠난다.

겸 절도사兼節度使 송찬宋贊

◎ **송찬** | 1510년(중종 5)-1601년(선조 34). 본관 진천鎭川. 자 치숙治叔, 호 서교西郊. 1540년(중종 35) 식년문과 급제. 경기감사, 영흥부사, 판돈녕부사 등을 역임.

◎ **비고** | ㉮ 1565년(명종 20) 5월 6일부터 같은 해 9월까지 경상도관찰사로 재임.
㉯ 1571년(선조 4) 6월 24일에 호조참판에서 경상도관찰사로 도임, 1572년(선조 5) 1월 12일에 동지중추부사로 이임.

밀양부사密陽府使 이경우李慶祐

清和時節嶺南天　맑고 온화한 계절의 영남 하늘
萬景三列一楹[244]前　만 가지 온갖 풍경 헌함 앞에 펼쳐졌네.
母子共登[245]情不盡　모자간에 올라오니 정이 무진하고

에 흘리니, 아래로 땅이 없는 강물에 임하였다.(飛閣流丹 下臨無地)"라는 말에서 차용하였다.

243 다만……알았고 : 송宋나라 범중엄范仲淹의 「악양루기岳陽樓記」에 "천하 사람이 근심하기에 앞서 근심하고, 천하 사람이 즐거워한 뒤에 즐거워한다.(先天下之憂而憂 後天下之樂而樂)"라는 말이 있다.

244 원문 '列' 자는 지운 흔적이 있고, 두주에 "열列은 아마도 라羅일 것이다.(列疑作羅)"라는 내용이 있다. '楹' 자 또한 지운 흔적이 있고, 두주에 "영楹은 아마도 함檻일 것이다.(楹疑作檻)"라는 내용이 있다. 번역도 두주를 참고하였다.

245 원문의 '登' 자 다음에 '臨' 자가 있었으나, 검게 지웠다. '臨' 자가 있으면 칠언율시七言律詩 자수字

兄弟[246]相樂興無邊　형제간에 서로 즐기니 흥취가 끝없네.

萱堂已獻三山壽　어머님께 삼신산의 축수 술잔 올리니

錦席還凝五鼎烟　비단 자리엔 도리어 오정의 연기가 어렸네.[247]

此會人間眞盛事　이 모임은 인간 세상에 참으로 성대한 일이건만

況今猶父同又筵　더구나 숙부께서도 자리 함께하셨도다.

부사府使 이경우李慶祐

◎ **이경우** ㅣ 1518년(중종 13)~1574년(선조 7). 본관 전의全義. 자 비응丕應. 1540년(중종 35) 식년시 급제.

호송관護送官 이경희李慶禧

幸承綸命觀南天　왕명 받들고 남쪽 지방 살피다가

壽席初開畫閣前　그림 누각 앞에서 수연을 베풀었네.

鶴髮婆娑舐犢日　자식 기르느라 부모님은 학발이 되었고

班衣凌亂弄雛邊　아이를 어르던 곳에 때때옷 어지럽네.

游魚亦聽陵崗祝　오래 사시라는 축원 소리 물고기도 함께 듣고

垂柳猶燻錦燭烟　화사한 촛불 연기에 늘어진 버들도 그을리네.

數가 맞지 않는다.

246 원문의 '兄弟' 두 자를 도치하라는 표시가 있고, 두주 "형제兄弟는 아마도 수정해야 할 것이다.(兄弟疑乙)"라는 내용이 있다.

247 비단……어렸네 : 오정五鼎은 다섯 종류의 육식을 늘어놓고 먹는 것을 말하는데, 고관대작의 호사스러운 생활을 비유하는 말로 쓰였다.

却憶椿堂風樹動　아버지 돌아가신 애통한 생각에
不堪悲淚落華筵　잔치 자리 슬픈 눈물 감당하지 못하네.

호송관護送官 이경희李慶禧

◎ **이경희** | 1508년(중종 3)–?. 본관 전의全義. 자 중응仲應. 밀양부사 이경우李慶祐의 형. 1562년(명종 17) 문과 급제. 양주목사, 상서원정 등을 역임.

호송관護送官 권벽權擘

勝地誰言隔海天　명승지 그 누가 바다 건너 있다더냐?
奇觀都萃此樓前　기이한 경치 이 누각에 모두 모였네.
一城秋色霜楓外　온 성의 가을빛은 서리 맞은 단풍
兩岸砧聲脩竹邊　강 언덕 대밭 곁에 물레방아 소리
雁落蘆洲飛白雪　기러기 갈대 밭에 내리자 꽃잎이 흰 눈처럼 휘날리고
漁歸第舍起青烟　고깃배 초가로 돌아오니 푸른 연기 피어난다.
客中贏得銷愁處　나그네 생활 하다 근심 녹일 데를 얻었건만
到夜憑欄露滿筵　밤에 난간에 기대면 자리에 이슬 가득하네.

호송관護送官 권벽權擘

◎ **권벽** | 1520년(중종 15)–1593년(선조 26). 본관 안동. 자 대수大手, 호 습재習齋. 양촌陽村 권근權近의 후손後孫이며, 석주石洲 권필權韠의 아버지. 1543년(중종 38) 식년문과 급제. 성주목사, 장단부사, 승문원제조 등을 역임. 저서『습재집習齋集』.

어사御史 하응림河應臨

城上高樓倚暮天	성 위 높은 누각 저문 하늘에 기대고
凝川形勝笑談前	응천의 빼어난 경치 담소 나누는 자리 앞에 펼쳐지네.
魂迷大野長林外	긴 숲 밖 넓은 평야는 정신이 아득하고
詩在孤雲斷雁邊	시는 기러기 끊어진 외로운 구름 가에 남아 있네.
南國綺羅人似玉	남쪽 지방에는 마치 옥 같은 인재들이 즐비하고
東廂燈燭帳如烟	동쪽 행랑의 등불은 아지랑이처럼 장막을 쳤네.
征鞭纔御無佳興	나그네 길을 잠시 멈추었건만 좋은 흥취가 없으니
唯擬明朝辨別筵	그저 내일 아침의 이별 잔치 자리만 참여하고 싶네.

어사御史 하응림河應臨

◎ **하응림** | 1536년(중종 31)–1567년(명종 22). 본관 진주晉州. 자 대이大而, 호 청천菁川. 경재敬齋 하연河演의 5대손. 1559년(명종 14) 정시문과 급제. 예문관검열, 부수찬, 예조정랑 등을 역임.

좌랑佐郎 이경희李慶禧

嶺南高閣倚淸天	영남의 높은 누각 맑은 하늘에 기대었고
雲影波光繞檻前	구름 그림자 비친 물빛은 난간 앞을 둘렀네.
萬古江山誰是主	만고의 강산 주인이 누구이던가?
一軒風月自無邊	동헌의 풍월만은 절로 다함이 없네.
長橋人渡橫殘照	사람 건너는 긴 다리엔 지는 노을 비끼고
遠店牛鳴隔暮烟	소 우는 먼 객점엔 저녁 안개 멀어진다.

此日萍逢淸話足　오늘 우연히 만나 맑은 담소 충분하게 나누니
笙歌何必醉羅筵　생황 소리 울리며 화려한 잔치에서 취할 필요 있으랴.
좌랑佐郎 이경희李慶禧

◎ **이경희** Ι 1508년(중종 3)-?. 본관 전의全義. 자 중응仲應. 밀양부사 이경우李慶祐의 형. 1562년(명종 17) 문과 급제. 양주목사, 상서원정 등을 역임.

관찰사觀察使 박계현朴啓賢

城上高樓倚半天　성 위 높은 누각 반공에 기대었고
一江春水白鷗前　백구 앞 한 줄기 강엔 봄 강물이 흐르네.
詩生脩竹梅花外　시는 푸른 대나무 매화꽃 밖에서 피고
興落寒鴉野樹邊　흥은 들판 숲 까마귀로 떨어진다.
霽色暉暉呈遠峀　비 개인 하늘은 훤하여 먼 봉우리까지 보이고
村墟漠漠曳長烟　마을 옛터는 막막하여 아지랑이 길게 끌고 간다.
追思十五年前事　지난 십오 년 전의 일을 추억하노라니
夢罷畫堂月滿筵　꿈 깬 단청 집 달이 자리에 가득하다.
관찰사觀察使 박계현朴啓賢

◎ **박계현** Ι 1524년(중종 19)-1580년(선조 13). 본관 밀양密陽. 자 군옥君沃, 호 관원灌園. 1552년(명종 7) 식년문과 급제. 예문관검열, 장단부사, 호조판서 등을 역임. 저서 『관원집灌園集』.

◎ **비고** Ι 1567년(명종 22) 10월 12일 병조참판에서 경상도관찰사로 도임, 1568년(선조 1) 6월 사직.

교서관저작校書館著作 손흥서孫興緖

傑閣雄臨鏡面天　빼어난 누각 씩씩하게 오르니 거울에 하늘이 보이고
滕王何獨美專前　등왕은 어째서 전에 홀로 아름다움을 독차지했었나.
高低樹影雕欄外　조각한 난간 밖 나무 그림자 들쑥날쑥하고
遠近山光畫棟邊　단청 칠한 기둥 가엔 멀리 산 빛 비치네.
入耳數聲雙下鷺　두 마리 백로 내려앉으며 몇 마디 귀로 들어오고
橫空百里一江烟　백 리 허공으론 강의 아지랑이 가로지른다.
千年佳麗奇觀地　천년의 아름다운 경치 기이한 풍경으로 남은 곳
幾箇英雄醉錦筵　몇 사람의 영웅들이 비단 자리에서 취했던가.

교서校書 저작著作 손흥서孫興緖

◎ **손흥서** | 생몰년 미상. 본관 밀양. 자 사술士述. 1555년(명종 10) 식년시 급제.

어사御史 민덕룡閔德龍

星月同涵上下天　별과 달이 함께 빠져 하늘에 오르내리고
今霄淸勝萃樓前　오늘 밤 맑은 경치 누각 앞에 다 모였네.
眠鷗屢呌平林外　조는 갈매기 수풀 밖에서 자주 울어 대고
睡鳥時驚釣艘邊　자던 새 때때로 낚싯배 가에서 놀란다.
膾炙飣盤皆異饌　밥상에 오른 고기들 모두 별다른 반찬이고
燈籠點席匪人烟　등롱이 걸린 자리는 인가의 안개가 아니네.

初登矗石心猶動　촉석루에 처음 올랐을 때 마음이 동탕하더니
仙興眞開此夜筵　신선이 흥겨워 이 밤의 자리를 진짜로 열었네.

어사御史 성균사예成均司藝 민덕룡閔德龍

◎ **민덕룡** | 인물정보 없음. 민덕봉閔德鳳의 오기誤記로 추정.

◎ **비고** | 민덕봉. 1519년(중종 14)–1573년(선조 6). 본관 여흥驪興. 자 응소應韶. 할아버지는 민미閔敉이고, 아버지는 습독習讀 민우필閔友弼이며, 어머니는 초계 정씨草溪鄭氏 정옥견鄭玉堅의 딸이다. 1560년(명종 15) 별시문과 장원급제.

밀양부사密陽府使 박승간朴承侃

生平流坎任諸天　일생 동안 가고 멈춤을 하늘에 맡겼더니
冷笑先儒仕不前　선유들은 사불전인이라 냉소하셨네.[248]
半世功名輸夢裏　반평생 공명은 꿈속으로 실어 보내고
一江風月付詩邊　한 줄기 강물의 풍월은 시구로 부친다.
華毛種種欺朝雪　화려한 털은 종종 아침 눈을 속이고
病眼朧朧纈暮烟　병든 눈은 침침하게 저녁 안개에 맺힌다.
何幸行臺陪賞日　다행스럽게도 누대에 행차한 날 배종하였으니
枯顔借酒醉佳筵　늙은 얼굴 술을 빌려 좋은 자리에서 취하련다.

부사府使 박승간朴承侃

---

248 선유들은……냉소하셨네 : 북송 때의 시인 진사도陳師道가 매성유梅聖俞의 시를 평가하면서 사용한 말이다. 진사도는 "매성유가 시에 능하여 세상에 이름이 크게 났으나 그의 지위는 남보다 앞서지 못하였다.(聖俞以詩名家 仕不前人)"라고 평가하였다.

◎ **박승간** | 1508년(중종 3)–1588년(선조 21). 본관 반남潘南. 자 자열子悅, 호 인암忍庵. 소고嘯皐 박승임朴承任의 형. 1540년(중종 35) 식년시 급제. 성균관사성, 밀양부사, 경상도점마 등을 역임.

◎ **비고** | 유희춘柳希春의 『미암집眉巖集』 권8 「일기日記」 경오년(1570)에 "유시酉時에 밀양군수 박승간 자열朴承侃子悅이 찾아와 만나봤다."는 기록이 있음.

밀양부사密陽府使 김극일金克一

正値蒲黃八月天　지금은 바로 부들 피는 팔월
蒼茫獨立玉樓前　옥 같은 누각 앞에 창망하게 홀로 섰다.
峰巒青了南溟上　산봉우리는 푸르게 물결 위에 섰고
楹桷丹流北斗邊　기둥엔 붉은 단청이 북두 가로 흐른다.
霜入千林風落果　빽빽한 수풀은 서리 맞아 바람에 과일 떨어지고
江橫一道月籠烟　강물이 온 고을을 가로지르며 달은 안개에 잠긴다.
博陵死願吾生遂　박릉이 죽어서 기원함은 형제끼리 화목한 것이니[249]
未怪金錢辦此筵　금전을 베풀어 자리 마련해도 괴이하게 여기지 말기를.

瑤爲境界木爲天　요지는 경계가 되고 석목은 하늘이 되기에[250]

---

249 박릉이……것이니 : 북제北齊 때 사람 소경蘇瓊과 관련된 고사로, 그는 주周가 건국하였을 때 박릉태수博陵太守를 역임하였다. 남청하태수南淸河太守였을 때 을보명乙普明 형제가 전지를 가지고 서로 다투었다. 소경이 형제를 불러 "하늘 아래에서 얻기 어려운 것이 형제이고 구하기 쉬운 것이 전지인데, 전지를 얻었더라도 형제를 잃는다면 어떻겠는가."라고 하니, 두 형제가 잘못을 빌면서 분가하여 산 지 10년 만에 합쳐서 살았다는 말이 『소학小學』에 보인다.

250 원문 두주에 "목木은 아마도 수水의 오기일 것이다.(木疑水之誤)"라는 말을 썼다가 지운 흔적이 있다. 요지瑤池는 서왕모西王母가 목천자穆天子와 만나 주연酒筵을 베푼 자리로, 헤어질 때 이별시를 지어 주었다는 전설이 있다. 석목진析木津은 석목성析木星이 위치한 은하, 즉 은하수를 가리킨다.

呼吸應通帝坐前　호흡하면 응당 옥황상제 앞으로 통하리라.[251]

目短海門千嶂外　눈길은 천 겹 봉우리 밖 포구에서 짧아지고

心長雲露獨鴻邊　마음은 구름 사이 외로운 기러기로 길어진다.

臨飧厭有堆盤雪　잔치에선 소반에 눈처럼 쌓인 음식이 싫증나고

揮筆慚無落紙烟　붓을 휘두를 제 종이에 연기 일어나지 않아 부끄럽네.[252]

頭白昏昏迷簿領　흰머리 어둑어둑하여 문서 처리로 혼미하니

三□[253]未得一開筵　삼경이 되도록 잔치 자리 한 번 열지 못했네.

부사府使 김극일金克一

◎ **김극일** | 1522년(중종 17)–1585년(선조 18). 본관 의성義城. 자 백순伯純, 호 약봉藥峰. 1546년(명종 1) 증광문과 급제. 사헌부감찰, 예천군수, 성주목사 등을 역임. 저서 『약봉일고藥峰逸稿』.

◎ **비고** | 1575년에 밀양부사 부임.

경차관敬差官 윤우신尹又新

仙界微茫作一天　신선 세계에 아득히 한 세상을 만들어

---

251 호흡하면……통하리라 : 고래로 전수되는 수양 방법을 시적으로 표현한 것이다. 『하씨어림何氏語林』에 이백李白이 화산華山 낙안봉落雁峯에 올라 "이곳이 아주 높아서 호흡呼吸하는 기운이 상제上帝에게 통하는데, 사조謝眺의 경인시驚人詩를 가지고 와 머리를 긁적이며 청천靑天에 묻지 못하는 것이 한스럽다."라는 말이 보인다.

252 붓을……부끄럽네 : 이 말은 두보杜甫가 장욱張旭의 글씨를 칭송하면서 지은 〈음중팔선가飮中八仙歌〉의 "장욱은 석 잔 술에 초성으로 전해지는데, 왕공의 앞에서도 모자 벗어 이마를 드러내고, 종이에 붓 대고 휘두르면 구름 연기 같았네.(張旭三杯草聖傳 脫帽露頂王公前 揮毫落紙如雲煙)"라는 구절에서 유래한 것이다.

253 원문에 한 글자가 빠졌다. □ 부분으로 추정되며 '更' 자가 누락된 것으로 여겨진다.

畫欄形勝儘無前　단청 칠한 난간 빼어난 경치 이보다 좋은 데 없도다.
登臨樓閣深秋後　누각에 오를 때는 가을이 깊은 뒤이고
徙倚湖山落照邊　강호로 옮겨 기댄 곳은 석양 지는 곳이네.
芳渚倒流長檻影　향기로운 물가에 거꾸로 흐르는 건 긴 난간 그림자이고
茂林橫帶遠村烟　무성한 숲가에 가로 띤 건 먼 마을의 연기네.
英雄今古繁華地　고금에 영웅호걸들이 자주 드나들었던 곳에
樽酒何當作盛筵　작은 술병으로 어떻게 성대한 잔치 감당하리오.

경차관敬差官 윤우신尹又新

◎ **윤우신** | 1534년(중종 29)-1594년(선조 27). 본관 남원南原. 자 선수善修. 1561년(명종 16) 식년시 급제. 안악군수, 인천도호부사, 지중추부사 등을 역임.

창원昌原 황응규黃應奎

雲際翬簷映水天　구름 사이론 나는 듯한 처마, 강물에는 하늘이 비치고
登臨觀覽富樓前　올라와 관람하니 누각 앞에 사물들이 빽빽하다.
數聲晩笛歸牛背　돌아가는 소 등 뒤로 저녁 피리 소리 띄엄띄엄 들리고
一抹斜陽去鳥邊　나는 새 곁으로 한 줄기 저녁노을 가로지른다.
遠峀平林媚几案　먼 봉우리와 평평한 들판이 책상 앞에 치장을 하고
斷橋孤店好風烟　끊어진 다리의 외로운 가게는 바람과 안개에 걸맞다.
夜深不用燃燈燭　밤 깊어도 등잔불 사를 필요 없으니
霧捲長空月滿筵　긴 허공에 안개 걷히어 달이 자리에 가득하네.

芥子東南吳楚天　동남쪽 오초의 하늘에 오래 머무르다
一呑雲夢八窓前　여덟 창문 앞에서 운몽을 한 번에 삼켰네.[254]
瑤空鴈度銀波外　은빛 물결 밖 맑은 하늘엔 기러기 날아가고
玉露猩殷錦樹邊　고운 나무에는 옥 같은 이슬 짙게 맺혔네.
寶瑟聲中桑落酒　보배로운 비파 소리 가운데 상락주[255] 마시고
珠簾影裏水沈烟　주렴 그림자 속으로 물가의 안개가 잠긴다.
山河景物誰云美　산과 강물의 경치를 누가 아름답다 했는가
愧乏新詩忝盛筵　새로 시 짓지 못하고 성대한 자리 즐겨 부끄럽네.

창원昌原 황응규黃應奎

◎ **황응규** | 1518년(중종 13)–1598(선조 31). 본관 창원昌原. 자 중문仲文, 호 송간松澗. 황사우黃士祐의 아들. 1569년(선조 2) 알성문과 급제. 전생서주부典牲署主簿, 공조좌랑, 동지돈녕부사 등을 역임. 저서『송간고松澗稿』.

관찰사觀察使 유홍俞泓

定是壺公謫處天　정녕 여기는 호공[256]이 유배 온 곳
長江袞袞彩樓前　긴 강물 곤곤하게 흘러 누각 앞에 빛나네.

---

254 동남쪽……삼켰네 : 운몽雲夢은 한위漢魏 이전엔 그리 크지 않은 습지를 지칭했는데, 진晉 이후로 동정호洞庭湖까지 포괄하는 큰 호수를 뜻하게 되었다. 사마상여司馬相如의 〈상림부〉에 "운몽택 같은 것 여덟아홉 개를 삼키어도 가슴속에 조금도 거리낌이 없다.(呑若雲夢者八九 其於胸中 曾不蔕芥)"라는 표현이 있다.

255 상락주桑落酒 : 중양절에 마시는, 뽕잎이 떨어질 무렵에 빚은 술이다.

256 호공壺公 : 선인仙人의 이름. 후한後漢의 술사術士 비장방費長房이 시장에서 약을 파는 호공을 따라 그의 호리병 속으로 들어가 맛좋은 술과 음식을 실컷 먹고 나왔다는 전설이 있다.

漁村水竹平分外　어촌에는 평지 밖에 수죽이 자라고
風景鳧鷺割據邊　오리와 갈매기가 나뉘어 사는 풍경이라네.
月林散明秋葉露　밝은 달빛 흩어진 숲 가을 잎에 이슬 맺히고
寺鍾寒度暮山烟　절의 종소리는 저문 산의 안개를 한가롭게 건넌다.
萍逢勝地眞稀有　빼어난 승경에서 만남은 참으로 드물기에
莫惜淋漓醉別筵　이별 잔치에서 흥건하게 취함을 애석해 말라.

관찰사觀察使 유홍兪泓

◎ **유홍** ㅣ 1524년(중종 19)–1594년(선조 27). 본관 기계杞溪. 자 지숙止叔, 호 송당松塘. 1553년(명종 8) 별시문과 급제. 함경도병마절도사, 한성판윤, 우의정 등을 역임. 저서 『송당집松塘集』.

◎ **비고** ㅣ ㉮ 1577년(선조 10) 윤8월 3일 동지중추부사에서 경상도관찰사로 도임. 1578년(선조 11) 1월 19일 병으로 사직.
㉯ 『송당집松塘集』 권1, 〈차밀양영남루운 증태수김백순극일次密陽嶺南樓韻贈太守金伯純克一〉.

관찰사觀察使 최옹崔顒

縹緲瓊樓襯碧天　아득하고 화려한 누각 푸른 하늘에 닿을 듯
風光擁後忽迷前　풍경은 뒤에 펼쳐지다 홀연 앞을 어지럽히네.
孤村隱約殘暉外　외로운 마을은 저문 노을 밖에 은은하고
層崎微茫白雨邊　겹겹 산봉우리는 하얀 비에 아스라해지네.
魚逐錦波歸別浦　물고기는 금빛 물결 좇아 이별한 포구로 돌아가고
鷺尋琪樹閃輕烟　백로는 기수[257] 찾아 가벼운 아지랑이로 날아가네.

257 기수琪樹 : 구슬을 드리우고 있다는 선경仙境의 옥수玉樹이다.

乍昏乍豁奇觀足　잠깐 어두웠다 잠깐 넓어지는 기이한 경관 충분하니
此夜要看月照筵　오늘 밤에는 달이 자리를 비추는 모습 보고 싶구나.

관찰사觀察使 최옹崔顒

◎ **최옹** ㅣ 생몰년 미상. 본관 삭녕朔寧. 자 경숙景肅, 호 남강南岡. 1555년(명종 10) 식년문과 급제. 홍문관부정자, 동부승지, 예조참판 등을 역임.

◎ **비고** ㅣ 1578년(선조 11) 3월 1일 특별히 품계를 더해 경상도관찰사로 도임. 같은 해 10월 부모의 병으로 사직.

관찰사觀察使 홍성민洪聖民

練江螺岫碧羅天　흰 강물 들쑥날쑥한 봉우리 푸른 비단 같은 하늘
三面當樓忽在前　누각 삼면 앞에 홀연 다가서 있구나.
垂釣人歸孤鶩外　낚시 드리운 사람 외로운 기러기 너머로 돌아오고
采菱舟向斷橋邊　마름 캐는 배는 끊어진 다리 곁으로 향한다.
桃花氣暖輕含雨　복사꽃 따뜻한 날씨 가벼이 비를 머금고
杜若香薰細吐煙　두약[258]의 향기로운 냄새 가늘게 연기 토하네.
寶瑟調來宜到夜　비파를 조율하려면 밤이 되어야 할 터인데
風傳珠箔月侵筵　구슬발에 바람 오고 달이 자리에 침노하네.

관찰사觀察使 홍성민洪聖民

---

258 두약杜若 : 향초香草의 일종이다.

◎ **홍성민** | 1536년(중종 31)–1594년(선조 27). 본관 남양南陽. 자 시가時可, 호 졸옹拙翁. 1564년(명종 19) 식년문과 급제. 예조판서, 대사헌, 경상감사 등을 역임. 저서 『졸옹집拙翁集』.

◎ **비고** | ㉮ 1580년(선조 13) 8월 27일 동지중추부사에서 경상도관찰사로 도임, 1581년(선조 14) 9월 20일 동지중추부사로 이임.

㉯ 1590년(선조 23) 6월 7일 예조판서에서 경상도관찰사로 도임, 1591년(선조 24) 7월 임기 만료로 판부사로 이임. 10년 사이 두 번 경상도관찰사로 도임.

㉰ 『졸옹집拙翁集』 권2, 〈차밀양영남루운次密陽嶺南樓韻〉.

도사都事 정경달丁景達

百尺危樓壓水天　백 척 아찔한 누각, 강물이 하늘을 압도하니
岳陽黃鶴敢居前　악양루와 황학루가 감히 이보다 나으랴.
波光隱映長林外　물결은 긴 숲 밖에서 은은하게 빛나고
山勢翶翔曠野邊　산세는 넓은 들판 가로 날개를 펼친 듯.
歸笛喚牛坡暗草　소를 부르며 돌아오는 피리 소리에 언덕엔 풀빛 어둡고
漁歌濕雨帆沈烟　음습한 비 속 어부 노래 아지랑이 돛에 잠기네.
萍蹤到處拚高醉　부평초 발길 닿는 곳에서 실컷 취하고 싶기에
彈罷薰風倒綺筵　연주 마치자 훈풍이 화려한 자리에 거꾸러지네.

도사都事 정경달丁景達

◎ **정경달** | 1542년(중종 37)–1602년(선조 35). 본관 영광靈光. 자 이회而晦, 호 반곡盤谷. 1570년(선조 3) 식년문과 급제. 선산군수善山郡守 등을 역임. 저서 『반곡집盤谷集』.

◎ **비고** | 유희춘柳希春의 『미암집』 권9 「일기」 경연일기별편經筵日記別編 신묘년(1570) 9월 13일에 가도사假都事 정경달丁景達에 대한 기록이 있음.

정이주鄭以周

棟宇當年蔽半天　우뚝한 건물 서던 때에 반공을 덮었고
樓臺多少孰居前　많은 누대 중 무엇이 이보다 나을까?
江流乙乙環三除　강물 굽이굽이 흐르며 세 갈래로 빙 두르고
山勢庚庚髻四邊　산세는 비스듬하게 사방을 상투처럼 감쌌네.
俯瞰平林藏宿霧　평평한 숲을 굽어보니 머물던 안개 감추었고
遙分歸鳥帶吹烟　멀리 돌아가는 새 갈라져 노을을 이루었네.
何由除却人間事　인간사를 빼놓고 무엇을 말미암으랴?
招得仙曹開秩筵　신선들을 불러들여 화려한 잔치 열었네.

勝地詩難如盡天　경치 좋은 곳에선 하늘 다하듯 시 짓기 어렵기에
敢將蕪拙比於前　감히 졸렬한 솜씨를 전인들에게 견줄 수 있으랴.
江從載岳來雙派　강물은 재악산을 따라 두 갈래로 나뉘고
山擁金官翠一邊　산은 금관을 끼고 한쪽 모퉁이가 푸르네.
林映渚間眠鷺影　숲에는 강가에 잠자던 백로 그림자가 비치고
檻留潭底臥龍烟　난간에는 연못 아래 누운 용처럼 안개가 머무네.
從他過客洗除惡　지나던 나그네를 따라 악한 기운을 씻어 내었으니
遮莫淸波噴坐筵　맑은 물결이 앉은 자리에서 울부짖게 하지 말라.

정이주鄭以周

◎ **정이주** | 1530년(중종 25)-1583년(선조 16). 본관 광주光州. 자 방무邦武·유성由盛, 호 성재醒齋. 1568년(선조 1) 증광문과 급제. 평안도도사, 봉상시첨정, 정주목사 등을 역임. 저서 『성재집醒齋集』.

◎ **비고** | 『선조실록』 7년(1574) 3월 14일에 정이주를 경상도군적경차관慶尙道軍籍敬差官에 임명한 기록이 있음.

관찰사觀察使 유성룡柳成龍

歸雲拖雨度江天　돌아가는 구름이 비를 끌고 강을 건너더니

銀牙[259]橫斜忽滿前 은빛 대나무 가로 비끼며 홀연 앞에 가득.

何處亂峰晴靄外　어느 곳인지 어지러운 봉우리에 안개 개이고

幾村燃火夕陽邊　몇몇 마을에선 지는 석양에 불을 피운다.

英豪袞袞空遺躅　영웅호걸 끊이지 않았으나 공연히 자취만 남고

佳會悤悤似散烟　좋은 모임도 다 지나가 흩어지는 연기처럼 사라졌네.

鄕思晩來禁不得　늦도록 고향 생각 멈출 수 없어서

夜深愁坐月侵筵　밤 깊도록 시름겹게 앉았더니 달이 자리에 찾아드네.

관찰사觀察使 유성룡柳成龍

◎ **유성룡** ｜ 1542년(중종 37)~1607년(선조 40). 본관 풍산豊山. 자 이현而見, 호 서애西厓. 1566년(명종 20) 별시문과 급제. 병조판서, 이조판서, 영의정 등을 역임. 저서『서애집西厓集』,『징비록懲毖錄』등.

◎ **비고** ｜ ㉮ 1583년(선조 16) 12월 9일 동지중추부사에서 경상도관찰사로 도임, 1584년(선조 17) 7월 6일 홍문관부제학으로 이임.

㉯ 이 시는『서애집』에 수록되지 않고, 유성룡의 문인 동리東籬 김윤안金允安(1560~1622)의『동리집東籬集』권2에〈영남루嶺南樓〉라는 제명으로 수록.

관찰사觀察使 윤탁연尹卓然

南國高樓倚半天　남쪽 지방의 높은 누각 반공에 기댔고

---

259 원문 '牙'는 지운 흔적이 있고 옆에 '竹' 자가 묵서되어 있음. 두주에 "은銀 자 아래 맨 끝에 아마도 죽竹 자가 있어야 할 것이다.(銀下終疑竹字)"라는 내용이 있음.

淸江水上碧峰前　맑은 강물 가에는 푸른 봉우리 섰네.

驛程去馬閑忙裏　역참엔 바쁘고 한가로운 가운데 말이 떠나고

官渡呼船彼此邊　관리는 강을 건너려 이쪽저쪽으로 배를 부르네.

千尺斷巖圍逈野　천 척 끊어진 바위 먼 들판을 에워싸고

一聲長笛破輕烟　한 가닥 긴 피리 소리 가벼운 연기를 깨뜨리네.

是時觀察獨無事　오늘날의 관찰사는 유독 아무 일이 없어

日日醉醒紅粉筵　날마다 기생들과 잔치 벌이며 취하고 깬다네.

관찰사觀察使 윤탁연尹卓然

◎ **윤탁연** ㅣ 1538년(중종 33)–1594년(선조 27). 본관 칠원漆原. 자 상중尙中, 호 중호重湖. 1565년(명종 19) 알성문과 급제. 형조참판, 함경도도순찰사 등을 역임. 저서 『계사일록癸巳日錄』.

◎ **비고** ㅣ 1581년(선조 14) 10월 19일 형조참판에서 경상도관찰사로 도임. 1582년(선조 15) 8월 21일 동지중추부사로 이임.

이조정랑吏曹正郎 유근柳根

南極蒼茫雪後天　남쪽 끝은 창망하게 눈 그친 뒤의 하늘이라

登臨疑是抄秋前　올라 보니 첫 가을인 듯 의아하네.

輕陰垂野失三面　가벼운 그늘 들판에 드리워 삼면이 사라지고

落照翻江明半邊　지는 노을 강물에 뒤집혀 절반은 밝아졌네.

共說古今專物色　고금엔 물색이 똑같았다고 다들 말하지만

却知朝暮異風烟　도리어 아침저녁의 풍경이 다름을 알겠네.

洛中相識還青眼　　낙중에선 푸른 눈[260]으로 돌아옴을 알지만

不覺淹留玳瑁筵　　화려한 잔치에 머무름을 깨닫지 못하네.

이조정랑吏曹正郎 유근柳根

◎ **유근** ｜ 1549년(명종 4)–1627년(인조 5). 본관 진주晉州. 자 회부晦夫, 호 서경西坰. 1572년(선조 5) 별시문과 장원급제. 경기도관찰사, 예조판서, 충청도관찰사, 좌찬성 등을 역임. 저서 『서경집西坰集』.

◎ **비고** ｜ 『선조실록』 20년(1587) 10월 22일에 이조정랑 유근에 대한 기록이 있음.

경주부윤慶州府尹 구사맹具思孟

名區恰是大羅天　　이름난 구역 흡사 대라천[261]과 같아서

江水溶溶繞檻前　　강물이 늠실늠실 난간 앞을 에워싼다.

逸興不禁飛鶩外　　날아가는 따오기 너머 좋은 흥을 멈출 수 없고

新詩陟[262]覺鬧鷗邊　소란한 갈매기 곁에 새 시 문득 생각나네.

迢迢遠岫動明月　　아스라이 먼 뫼에 밝은 달이 흔들리고

漠漠空林浮翠烟　　막막하게 빈 숲엔 푸른 연기 떠오르네.

跋涉本謀拚一賞　　산과 물 넘고 건너 구경 한 번 하려 했더니

復因恩慶醉長筵　　은혜로운 경사 있어 긴 잔치에 취하네.

---

260 푸른 눈 : 원문의 '青眼'은 다정한 눈길이라는 뜻이다. 『세설신어世說新語』에 삼국시대 위魏나라 완적阮籍이 속된 사람을 만나면 백안白眼 즉 흰 눈자위를 드러내어 경멸하는 뜻을 보이고, 의기투합하는 사람을 만나면 청안青眼 즉 검은 눈동자로 대하여 반가운 뜻을 드러낸 고사가 전한다.

261 대라천大羅天 : 도가에서 신선이 많이 산다는 하늘나라이다.

262 원문 '陟' 자 두주에 "척陟은 아마도 이徙의 오기로 여겨진다.(陟疑徙之誤)"라는 말이 있다.

계림윤鷄林尹[263] 구사맹具思孟

◎ **구사맹** ㅣ 1531년(중종 26)-1604년(선조 37). 본관 능성綾城. 자 경시景時, 호 팔곡八谷. 1558년(명종 13) 식년문과 급제. 좌부승지, 이조판서, 좌찬성 등을 역임. 저서『팔곡집八谷集』.

◎ **비고** ㅣ ㉮『팔곡집』「해제」에 1586년(선조 19) 봄에 경주부윤이 되었다는 기록이 있음.
㉯『팔곡집』 권1, 〈차영남루운次嶺南樓韻〉. 이 시의 마지막 구절에 "부백의 차자 경원이 진사에 입격하여 축하 잔치연을 열었기 때문에 마지막 구에서 언급하였다.(府伯次子慶遠 中進士 設慶筵 故結句及之)"라는 주석이 있음.

승문원정자承文院正字 구성具宬

綠影侵江媚齊天　강 깊이 드리운 숲 그림자 하늘과 어울려 어여뻤고
追歡政趂麥秋前　기쁘게 만났던 날은 바로 보릿가을 전이라네.
管絃沸月殷潭底　관악기와 현악기 소리 달에 울려 연못 아래로 깔리고
詩酒勾人迷客邊　시와 술로 사람을 얽어매 나그네를 혼미하게 하네.
一代恩榮新雨露　한 세대 은혜와 영광은 우로처럼 새롭고
百年文物舊風烟　백 년의 문물은 바람과 연기처럼 예전 같네.
書生亦幸陪高會　서생도 고아한 모임을 곁에서 모셔 다행이니
浮世無多具慶筵　부질없는 세상 양친을 위한 자리가 많지는 않네.
승문원정자承文院正字 구성具宬

263 계림윤鷄林尹 : 계림은 경상북도 경주의 이칭이며, 계림윤은 경주부윤을 지칭한다.

◎ **구성** | 1558년(명종 13)–1618년(광해군 10). 본관 능성綾城. 자 원유元裕, 호 초당草塘. 구사맹의 아들. 1585년(선조 18) 별시문과 급제. 예조좌랑, 첨지중추부사, 병조참의 등을 역임. 저서『초당집草塘集』.

밀양부사密陽府使 김해金澥

離合悠悠本在天　유유한 만남과 이별은 본래 하늘에 달려 있고
相逢樽酒十年前　서로 만나 술동이 기울인 것이 십 년 전이었지.
慚非玉樹生庭際　뜰에 옥 같은 나무 피어나지 못함이 부끄럽지만
幸荷恩光到席邊　다행스럽게도 은혜를 입어 잔치 자리에 이르렀네.
良覿可能供晤語　즐겁게 만났기에 정담을 나눌 수 있고
名樓猶足賞風煙　이름난 누각은 풍경을 감상하기 충분하네.
當時一醉還成夢　그때 한번 취함이 도리어 꿈이 되었으니
簾月依然照舊筵　주렴 밖 달만이 의연하게 옛 자리를 비추네.

부사府使 김해金澥

◎ **김해** | 1534년(중종 29)–1593년(선조 26). 본관 예안禮安. 자 사회士晦, 호 설송雪松. 1564년(명종 19) 식년문과 급제. 형조좌랑, 사간, 상주목사 등을 역임.

* 천자운필天字韻畢

□ 별용루자운別用樓字韻

정인征人 설순조薛順祖

誰構臨江百尺樓　누가 강가에 백 척 누각 만들었나.
高明爽塏陟無儔　올라 보니 환하고 상쾌함 비할 데 없네.
萬般佳景挑詩興　온갖 아름다운 경치는 시흥을 북돋우고
一曲情盃慰客愁　다정한 한잔 술은 나그네 시름 달래네.
垂柳含風漾溪水　늘어진 버들가지 바람 머금어 냇물에 닿을 듯 말 듯
飛甍戴月逼牢牛　나는 듯한 기와 달을 이고 견우성에 다가가네.
四方戍幕閑斗刀　사방 수자리 막사엔 도두[264] 쓸 일 없기에
乘鶴何時達九旒　학을 타고 어느 때에 구류[265]에 이를꼬?

年來多愧戍江樓　강루에 수자리 서면서 해마다 부끄러움 많으니
大樹高風難作儔　큰 나무와 높은 바람은 짝하기 어렵네.
戀主效忠心更重　임금 생각과 나라 위한 충정에 마음은 다시 무거워지고
鎭邊憂國意彌愁　변방 진압과 나라 근심에 의중이 더욱 염려스럽다.
征夫韜武藏金革　출정 나가는 군사는 굳센 의지로 병기를 들고
佃客賣刀買犢牛　소작인은 칼을 팔아 송아지를 산다네.[266]

---

264 도두刀斗 : 구리로 만든 용구用具로, 군중軍中에서 낮에는 취사도구炊事道具로 사용하고, 밤에는 이것을 두드리며 경계하는 데 사용하였다. 조두刁斗와 같다.

265 구류九旒 : 깃발 위에 아홉 가닥의 수술을 드리우는 것으로 천자의 제도이다. 여기서는 궁궐을 가리킨다.

266 소작인은……산다네 : 한 선제漢宣帝 때에 공수龔遂와 관련된 고사이다. 그가 발해태수渤海太守로 부임하니, 그곳 백성들 중에 도검刀劍을 휴대하고 다니는 자들이 있었다. 그들에게 검을 팔아 소를 사고(賣劍買牛), 도를 팔아 송아지를 사도록 하였다.(賣刀買犢) 결국 그곳 백성들의 생활이 부

海不揚波無夜警　바다에 거센 물결 일지 않아 밤에 놀라는 일 없으니[267]
聊將尺紙奏神旒　애오라지 짧은 글에 적어 신의 깃발에게 아뢰리라.

經營還似岳陽樓　애써 경영함은 오히려 악양루와 흡사하고
無限奇觀赤壁儔　가없는 기이한 경관은 적벽과 짝할 만하네.
半夜孤燈燃客夢　외로운 등불 밤새도록 객의 꿈을 불사르고
萬家寒杵擣鄕愁　온 집의 차가운 절굿공이 향수를 빻네.
世爲周室施仁政　세상은 주나라 조정이 되어 인정을 베푸니
正是桃林放馬牛　지금이 바로 도림에 마소를 방목할 때라네.[268]
却恨致君時已晩　한스럽도다 성군을 만들 때는 이미 늦어
難期抱笏侍天旒　홀을 안고 임금을 모시길 기약하기 어렵네.

정인征人 옥천玉川 설순조薛順祖

◎ **설순조** ｜ 1427년(세종 9)-?. 무신武臣. 본관 옥천玉川. 세조의 즉위를 도운 공으로 좌익원종공신佐翼原從功臣에 책록되었으며, 성주목사, 김해부사 등을 역임.

유해지고 송사訟事가 멈추었다.

267 바다에……없으니 : 풍파 없이 바다가 고요한 것처럼 태평성대가 이루어지게 할 것이라는 말이다. 주 성왕周成王 때 남만南蠻의 사신이 주공周公에게 흰 꿩을 바치며, "하늘에 폭풍우가 일지 않고, 바다에 거센 물결이 일어나지 않은 것이 어언 3년이나 되었는데, 이는 중국에 성인이 계셔서 그럴 것이라고 생각하고 조회하러 왔다."고 말한 고사가 있다.

268 지금이……때라네 : 전쟁이 없는 평화로운 시대라는 말이다. 주 무왕周武王이 은殷나라를 정벌하고 돌아오다가 풍豐에 이르러 "말을 화산의 남쪽에 돌려보내고 소를 도림의 들판에 풀어놓아, 천하에 무력을 쓰지 않을 것임을 보였다.(歸馬于華山之陽 放牛于桃林之野 示天下弗服)"라는 말이 있다.

□ 용타운用他韻

경주부윤慶州府尹 유인숙柳仁淑

南中形勝說茲樓　남쪽의 승경은 바로 이 누각을 말하는지
枕水跨城勢欲浮　강물을 베고 성에 걸터앉아 떠 있는 듯하네.
欲覓奇觀勞病眼　기이한 경관 찾으려니 병든 눈이 피로하여
做成新句掉吟頭　새로운 시 짓고 나서 머리 흔들며 읊조린다.
長林渺渺生昏靄　긴 숲은 아득하여 저물녘 아지랑이 피어나고
遠興悠悠併暮愁　고원한 흥취 유유하여 만년의 근심을 아우른다.
直到夜深渾不去　곧바로 깊은 밤에 이르니 혼란이 가시지 않아
更邀明月上簾鉤　다시 밝은 달을 맞으려 주렴을 걷어 올리네.

계림윤鷄林尹 유인숙柳仁淑

◎ **유인숙** ㅣ 1485년(성종 16)–1545년(인종 1). 본관 진주晉州. 자 원명原明, 호 정수靜叟. 1510년(중종 5) 식년문과 급제. 한성부우윤, 공조판서, 우찬성 등을 역임.

◎ **비고** ㅣ 『중종실록』 16년(1521) 9월 28일에 경주부윤 유인숙에 대한 기사가 있음.

선위사宣慰使 서후徐厚

元龍豪氣是高樓　원룡의 호기는 이 높은 누각과 같아[269]

269 원룡의……같아 : 원룡元龍은 삼국시대 위魏나라 진등陳登의 자이다. 국사國士의 이름을 지니고 있던 허사許汜가 유비劉備와 이야기를 나누던 중에 "진원룡陳元龍은 호해지사湖海之士로서 아

俯視人間漚沫浮　인간 세상 굽어보니 거품이 떠 있네.
白水縈回流曲曲　흰 강물 감고 돌아 굽이굽이 흐르고
青山呈露出頭頭　청산이 이슬 보내 쭝긋쭝긋 솟았네.
詩無隻手能桃興　시는 흥을 돋울 만한 빼어난 솜씨 없고
酒欠長兵自破愁　술은 어른이 계시지 않아 저절로 근심 사라지네.
一下南荒知幾何　한번 남쪽으로 온 뒤 세월이 얼마나 흘렀나?
再看新月細如鉤　거듭 새로 뜬 달 보노라니 갈고리처럼 가늘다.

선위사宣慰使 서후徐厚

◎ **서후** | 생몰년 미상. 본관 달성達城. 자 덕재德載. 1498년(연산군 4) 별시문과 급제. 직제학, 예조참의, 충주목사 등을 역임. 편서 『군문요람軍門要覽』, 『장훈원구將訓元龜』 등.

◎ **비고** | ㉮ 『중종실록』 16년(1521) 5월 7일에 선위사 서후에 대한 기록이 있음.
㉯ 김극성金克成의 『김선생우정집金先生憂亭集』에 이 시를 비롯하여 아래 김극성, 심언경沈彦慶의 시가 수록되어 있음.

관찰사觀察使 김극성金克成

抱病年來怯上樓　병을 안고 해마다 오니 누각에 오르기 겁나지만
乾坤無際此身浮　건곤이 가없어 이 몸이 뜬 것 같네.

직도 호기가 없어지지 않았더라. 나를 손님으로 대하려는 뜻도 없이 오랫동안 아무 말도 하지 않더니, 자기는 큰 침상 위에 드러눕고 나는 그 아래 침상에 눕게 하더라."라고 불평을 하자, 유비가 "구전문사求田問舍나 하는 당신에게는 그 정도라도 대접을 잘해 준 것이다."라고 진등을 옹호하면서 "만약 소인 대접을 했더라면 자기는 백척루百尺樓 위에 올라가 눕고 당신은 땅바닥에 눕도록 했을 것이다. 어찌 위아래 침상의 차이만 두었겠는가."라고 대답한 고사가 있다. 『三國志』 卷7 「魏書 陳登傳」.

新交到處多青眼	새로 부임하여 도착한 곳엔 젊은 선비들 많고
故友如今少黑頭	옛 친구들도 여전하나 검은 머리가 드무네.
春盡尙餘芳草恨	봄이 다했지만 오히려 방초의 한은 남았고
酒醉難禁落花愁	술 취해도 낙화의 근심을 막기 어렵네.
無端狂興生肝肺	무단히 흥을 다하니 가까운 친구 생기고
高捲風簾不下鉤	높이 주렴을 말아 올려 갈고리 내리지 않네.

관찰사觀察使 김극성金克成

◎ **김극성** | 1474년(성종 5)-1540년(중종 35). 본관 광산光山. 자 성지成之, 호 청라靑蘿·우정憂亭. 1498년(연산군 4) 별시문과 급제. 이조판서, 평안도관찰사, 우의정 등을 역임. 저서 『김선생우정집金先生憂亭集』.

◎ **비고** | ㉮ 1520년(중종 15) 5월 1일 경상우도병마사에서 경상도관찰사로 도임, 1521년(중종 16) 4월 30일 동지중추부사로 이임.
㉯ 『김선생우정집』 권3, 〈동음망호당차호숙운同飮望湖堂次浩叔韻 2수二首〉.

도사都事 심언경沈彦慶

萬丈蒼崖百尺樓	만 길 푸른 절벽에 선 백 척 누각
飛甍畫桷入雲浮	나는 듯한 기와 단청 칠한 처마는 구름에 잠긴다.
淸波白鳥長橋外	긴 다리 밖엔 맑은 물결과 흰 새
碧樹靑烟大野頭	넓은 들판 가엔 푸른 나무와 안개
放盡磊嵬千里眼	높고 큰 건물 천 리 밖에서도 보이고
洗盡塵土十年愁	세속의 십 년 근심을 다 씻어내네.
夜深歌罷賓朋散	밤 깊어 노래 끝나자 손님과 벗들도 흩어지니

落月西岑掛一鉤　서쪽 봉우리 지는 달은 갈고리를 걸었네.

도사都事 심언경沈彦慶

◎ **심언경** | 1479년(성종 10)–?. 본관 삼척. 자 사길士吉, 호 동해낭옹東海浪翁. 1516년(중종 11) 문과 급제. 정언, 장령, 대사헌 등을 역임.

◎ **비고** | 1521년(중종 16) 3월 11일 병조좌랑에서 경상도도사로 도임, 같은 해 11월 28일 병으로 사직.

관찰사觀察使 송겸宋㻩

嶺南聞說有名樓　영남엔 이름난 누각 있단 소문 들리던데
倚遍方知信不浮　두루 다녀보고서야 뜬소문 아님을 알았네.
占得淸奇皆自足　맑고 기이한 광경 모두 저절로 만족스럽지만
全他雄勝此爲頭　웅장한 경관은 이곳이 제일이로다.
且將芳草添吟料　또 방초를 가지고 읊조리는 맛을 더하지만
休向烟波動遠愁　아지랑이 물결로 먼 근심 일으키지는 말기를.
坐久更嫌猶有礙　오래 앉았노라니 다시 막힘이 있을까 염려되어
手褰珠箔掛金鉤　손으로 구슬 장막을 걷고 금 갈고리 걸었네.

梅雨欲晴風滿樓　매화비[270] 개려 하자 바람이 누각에 가득하고
冷然輕擧身如浮　가벼운 거동 사뿐하여 마치 몸이 떠오르는 듯.
日光穿漏射簷角　햇살은 비를 뚫고 처마와 서까래에 비치고

270 매화비(梅雨) : 매실이 노랗게 익는 늦은 봄이나 초여름에 내리는 비를 말한다.

雲影離披回嶺頭　구름 그림자 헤치고 나와 고갯마루를 감돈다.

袞袞長江帝子恨　곤곤한 긴 강물을 제자는 한스러워하고[271]

年年細草王孫愁　해마다 돋는 새싹은 왕손의 근심이네.[272]

包羅物色各殊態　싸서 나열한 물색은 각각 자태가 다르지만

遣興有詩詩有鉤　보낸 흥에 시가 있고 시에는 바늘이 있네.[273]

관찰사觀察使 송겸宋𤥽

◎ **송겸** | 생몰년 미상. 본관 여산礪山. 자 여온汝溫, 호 추애秋厓. 1520년(중종 15) 별시문과 장원급제. 개성부유수, 충청도관찰사, 형조참판 등을 역임.

◎ **비고** | 1537년(중종 32) 2월 이조참의에서 경상도관찰사로 도임. 1538년(중종 22) 3월 개성부유수로 이임.

관찰사觀察使 이청李淸

龍頭山下水油油　용두산 아래로 흐르는 강물 잔잔하고

一葉爭牽上瀨浮　한 조각 배 다투어 끌며 여울로 올라가네.

怪石高懸危欲墮　괴석 높이 매달려 위태롭게 떨어지려 하고

---

271 곤곤한……한스러워하고 : 전국시대 초楚나라의 충신 굴원屈原의 『초사楚辭』 〈구가九歌 상군湘君〉에 "황제의 딸이 북쪽 물가에 빠지니, 아름다운 그 모습 아련히 나를 슬프게 하네.(帝子降兮北渚 目眇眇兮愁予)"라는 말이 있다. 황제 딸은 요 임금의 딸인 아황娥皇과 여영女英을 말한다.

272 해마다……근심이네 : 멀리 떠난 사람에 대한 그리움이나 원망 등을 표현할 때 사용하는 왕손초王孫草와 관련된 말이다. 회남소산淮南小山이 지은 초사楚辭인 〈초은사招隱士〉에 "왕손께선 노니느라 돌아가지 않는데, 봄풀은 자라나서 우거졌도다.(王孫遊兮不歸 春草生兮萋萋)"라는 말이 있다.

273 보낸……있네 : 원문의 '詩有鉤'는 술을 가리킨 말이다. 소식蘇軾이 〈동정춘색洞庭春色〉에서 "응당 시 낚는 낚시로 부를 것이요, 또한 시름 쓰는 비로도 호칭해야지.(應呼釣詩鉤 亦號掃愁箒)"라고 한 데서 유래하였다.

淸風颯至凜生秋　맑은 바람 휑하게 불어 차갑게 가을이 되었네.
金虀滿椀氷和縷　쟁반 가득한 귤 껍질에 얼음을 더하면 가는 회와 어울리고[274]
竹葉盈杯醉薄愁　술잔 가득 찬 죽엽주는 취해 근심 사라지게 하네.
最愛冥濛烟樹裏　가장 좋은 건 캄캄하게 안개 낀 숲 속에
朱欄隱映嶺南樓　붉은 난간 은은하게 영남루를 비추는 것.

관찰사觀察使 이청李淸

◎ **이청** ㅣ 1483년(성종 14)−1549년(명종 4). 본관 한산韓山. 자 계아季雅. 1511년(중종 6) 별시문과 급제. 이조정랑, 공조참판, 한성부우윤 등을 역임.

◎ **비고** ㅣ 1541년(중종 36) 10월 30일 한성부우윤에서 경상도관찰사로 도임. 1542년(중종 37) 6월 29일 사직.

선위사宣慰使 임억령林億齡

落日長江潑淥油　해 지는 긴 강은 푸른 기름 쏟은 듯
孤舟泛泛載沈浮　외로운 배 넘실넘실 잠겼다 떠오르는 듯.
灘聲颯颯晴猶雨　개울물 소리 휘익휘익 개여도 비오는 듯
風氣凄凄夏亦秋　바람은 쉬익쉬익 여름에도 가을인 듯.
已把新詩題勝迹　새로운 시 지어 빼어난 자취를 제목으로 하고
更傾官酒洗羈愁　다시 관청의 술을 기울이니 나그네 근심 씻긴다.
隴西妙句驚人眼　농서[275]의 아름다운 구절 남의 안목을 놀라게 하니

274 쟁반……어울리고 : 가늘게 썬 생선회에 감귤을 껍질째 짓이겨서 함께 섞어 버무린 것을 금제옥회金虀玉膾라고 한다.

275 농서隴西 : 당대唐代의 시인 이백李白의 고향이다.

定是前身趙倚樓　　전신이 바로 조의루였다네.[276]

선위사宣慰使 임억령林億齡

◎ **임억령** ㅣ 1496년(연산군 2)–1568년(선조 1). 본관 선산善山. 자 대수大樹, 호 석천石川. 1525년(중종 20) 식년문과 급제. 병조참지, 강원도관찰사 등을 역임. 저서 『석천집石川集』.

◎ **비고** ㅣ 『중종실록』 37년(1542) 4월 24일에 선위사 임억령에 대한 기사가 있음.

진사進士 양담梁澹

一道澄江瀉碧油　　한 줄기 맑은 강물 푸른 구름을 쏟아내고
良辰探勝放船浮　　좋은 날에 아름다운 경치 탐하여 배를 띄웠네.
白沙翠竹看如昨　　흰 모래사장 푸른 대나무 어제와 같아 보이고
明月淸風度幾秋　　밝은 달 맑은 바람 몇 번이나 가을을 만났나.
取盡山川今日興　　산천을 다 취해야 오늘처럼 흥겨우니
洗空塵土十年愁　　세속의 먼지 같은 십 년 근심 다 씻으리.
醉來覓句依林樾　　취해 시구 찾으려 숲속에 기대었더니
要待黃昏上畫樓　　황혼을 기다려 화려한 누각에 오르고 싶네.

진사進士 양담梁澹

◎ **양담** ㅣ 생몰년 미상. 본관 남원南原. 자 사념士恬. 1507년(중종 2) 증광시 급제.

◎ **비고** ㅣ 『밀양지』에 "필법에 능하여 월연月淵 이태李迨에 버금간다는 평이 있었다."는 기록이 보임.

---

276 전신이……조의루였다네 : 조의루趙倚樓는 당대唐代의 시인 조하趙嘏의 별칭이며, 그의 〈조추早秋〉에 "성긴 별 몇 점 아래 기러기는 변새에 비껴 날고, 긴 피리 한 소리에 사람은 누각에 기대었네.(殘星幾點雁橫塞 長笛一聲人倚樓)"라고 하였다. 두목杜牧은 조하의 이 시구를 몹시 좋아하여 조하를 '조의루趙倚樓'라 호칭하였다.

도사都事 장응선張應璇

一帶長江潑似油	한 가닥 긴 강물 구름처럼 콸콸 흐르고
蒼林翠峀共浮浮	푸른 숲 푸른 봉우리 모두 희뿌옇네.
淸遊已近蓬瀛日	맑은 유람은 이미 영주[277]를 만날 날과 가까웠건만
勝事何須赤壁秋	좋은 일에 어찌 꼭 적벽의 가을이 있어야 하리.
詩興慣牽舟上興	시흥은 으레 배 위의 흥취를 보내지만
莫愁聊解客中愁	애오라지 나그네 근심 풀릴까 염려하지 말라.
歸來最是忘機處	돌아오기엔 기심 잊는 곳이 가장 좋으니
蓽撥香邊暮倚樓	필발[278] 향기 맡으면서 저녁 누각에 기댄다.

도사都事 장응선張應璇

◎ **장응선** | 생몰년 미상. 본관 인동. 경북 예천 출신. 자는 중기仲紀, 호는 유서헌幽捿軒. 1531년(중종 26) 식년문과 급제. 흥해수령, 판결사判決事 등을 역임.

◎ **비고** | 1542년(중종 37) 4월 24일 형조좌랑에서 경상도도사로 도임. 1543년(중종 38) 5월 10일 예조좌랑으로 이임.

청도군수淸道郡守 안주安宙

玉節煌煌擁碧油	옥부절 번쩍번쩍 군영에 임하니[279]

277 영주瀛州 : 봉래蓬萊, 방장方丈, 영주瀛州를 합쳐 삼신산三神山이라 하며, 신선이 산다고 한다.

278 필발蓽撥 : 보통 '蓽茇'로 흔히 쓴다. 후추과에 딸린 약초로 후추와 비슷한 냄새가 나며 한약재로 쓰인다.

279 군영에 임하니 : 원문의 '碧油'는 벽유당碧油幢의 준말로, 곧 푸른 휘장을 두른 장수의 수레를 가리킨다.

乘流時作白鷗浮　흐름을 타면 때때로 백구처럼 떠다녔네.[280]
江回鐵甕千尋郭　강은 천 길 철옹성 둘레를 돌아 나가고
風動蘭舟一葉秋　바람은 가을에 일엽 목란주 띄웠네.
人世無窮天地老　인간 세상 무궁한데 천지는 노쇠하여
烟波不盡古今愁　아지랑이 낀 물결 고금의 근심 다하지 않네.
夜深更向汀洲泊　밤 깊어 다시 모래톱 향해 정박하자니
紅燭雙雙引上樓　붉은 촛불 쌍쌍이 누대 위로 인도한다.

청도군수清道郡守 안주安宙

함안인이다. 문과에 급제하였으며 뒷날 밀양부사를 지냈다.(咸安人 文科 後爲密陽府使)

◎ **안주** ㅣ 1495년(연산군 1)–?. 본관 광주廣州. 자 태고太古, 호는 치암恥庵. 1516년(중종 11) 식년시 장원. 호조정랑, 청도군수, 밀양부사 역임. 저서『치암집』.

□ 용타운用他韻

여성礪城 송인宋寅

嶺南第一嶺南樓　영남의 제일인 영남루
歌舞留連春復秋　가무가 남아 이어져 봄이었다 다시 가을이로다.
飛閣層城疑閬苑　나는 듯한 누각 높은 성은 낭원[281]인가 싶고

---

280 흐름을……떠다녔네 : 공무로 바쁘지만, 정신적으로는 한껏 자유를 만끽하고 있다는 말이다. 소동파의 시에 "고명한 분은 무심하여 불가함이 없으니, 웅덩이 만나면 멈추고 흐름을 타면 떠다닐 뿐.(高人無心無不可 得坎且止乘流浮)"이라는 말이 있다.

281 낭원閬苑 : 신선神仙이 거주하는 곳.

白波青嶂卽瀛洲　흰 물결 푸른 봉우리 여기가 바로 영주라오.

故人作宰雙青眼　옛 사람들 고을살이 오니 반가운 한 쌍의 눈

客子吟詩雪半頭　나그네 시 읊조리니 눈이 반쯤 머리를 덮었네.

夜宿東廂淸不寐　밤에 동쪽 방에서 묵으며 말똥말똥 잠이 오지 않기에

起看明月漾江流　일어나 밝은 달 바라보니 흐르는 강물에 일렁인다.

여성礪城 송인宋寅

◎ **송인** | 1516년(중종 11)–1584년(선조 17). 본관 여산. 자 명중明仲, 호 이암頤庵 · 녹피옹鹿皮翁, 시호 문단文端. 1526년 중종의 셋째 서녀 정순옹주貞順翁主와 결혼하여 여성군에 봉해짐. 저서 『이암집頤庵集』.

□ 용한자운用閑字韻

도사都事 김종金悰

誰謂嶺南風景好　누가 영남 풍경이 좋다 했던가?

行行到處苦無閑　가는 데 곳곳마다 고달파 쉬지 못하네.

山川重疊土田少　산천은 겹겹으로 쌓였고 논밭은 적으며

人物夥繁衣食艱　인물이 번화하지만 의식은 가난하네.

況復去年値凶歉　게다가 지난 해 다시 흉년을 당했으니

豈能今日救飢寒　어찌 오늘 굶주림과 추위를 구제하리오.

佐宣如得絲毫補　수령의 일에 조금이라도 도움이 되려면

身上勤勞自不關　몸소 부지런히 수고하되 간섭하지 말아야지.

도사都事 동원東原[282] 김종金悰

◎ **김종** | 생몰년 미상. 본관 강릉江陵. 자 영유永裕. 1468년(세조 14) 식년문과 급제. 사간원지평, 감찰, 경상도도사, 황해도관찰사 역임.

◎ **비고** | 1481년(성종 12) 6월 20일 사헌부감찰에서 경상도도사로 도임, 1482년(성종 13) 6월 24일 성균관직강으로 이임.

사인舍人 임억령林億齡

樓高出鳥外　누각 나는 새 밖으로 높이 솟았고
客到與雲齊　나그네 구름과 나란하게 이른다.
江帶平郊闊　강은 넓은 평야를 가로지르고
天和遠樹低　하늘은 먼 나무들 아래에 어울리네.
詩因淸境助　시는 맑은 지경의 도움으로 인하고
壺仗主人提　호리병은 주인이 직접 가져오네.
惆悵不得酒　애달프게도 술이 없기에
催歸征馬嘶　돌아가는 길 재촉하자니 군마가 울부짖네.

사인舍人[283] 임억령林億齡

◎ **임억령** | 1496년(연산군 2)–1568년(선조 1). 본관 선산善山. 자 대수大樹, 호 석천石川. 1525년(중종 20) 식년문과 급제. 병조참지, 강원도관찰사 등을 역임. 저서 『석천집石川集』.

---

282 동원東原 : 강원도 강릉의 옛 이름.

283 사인舍人 : 조선 시대 의정부 정4품의 관직. 하위의 검상檢詳(정5품)과 사록司錄(정8품)을 지휘하면서 실무를 총괄.

□ 희우가喜雨歌 용양자운用陽字韻

병마절도사兵馬節度使 손순효孫舜孝

龍御天兮雲飛揚　용이 하늘로 올라감이여, 구름을 흩뿌리는구나.

商羊舞兮石燕翔　상양[284]이 춤을 추는구나, 석연[285]이 날갯짓하네.

雨霈然兮河滂沲　비가 흠뻑 내림이여, 하수에도 주룩주룩 내리네.[286]

旱魃沈兮江之長　가뭄이 심함이여, 강물만 유유히 흐르는구나.

聖澤流兮溢四海　성인의 은택이 미침이여, 사해에 넘치는도다.

嘉谷茂兮收千箱　좋은 곡식의 무성함이여, 천 상자를 거두는구나.

民扣腹兮不知力　백성들 배를 두드림이여, 힘든 줄을 모르는구나.

康衢謠兮虞耶康　강구요[287]를 노래함이여, 순이여, 요임금이로다.[288]

병사兵使 손순효孫舜孝

가뭄이 계속되다 비가 내렸기 때문이다.(旱得雨故云爾)

---

284 상양商羊 : 비와 관련된 전설 속의 새이다. 한漢나라 왕충王充의 『논형論衡』 「변동變動」에 "상양은 비가 오기 전에 먼저 아는 새이다. 비가 오려고 하면 한쪽 발을 굽히고 일어나서 춤을 춘다.(商羊者知雨之物也 天且雨 屈其一足起舞矣)"라는 말이 있다. 진晉나라 장협張協의 〈잡시雜詩〉 중 열 번째 시에 "흑려가 깊은 못에서 뛰어나오고, 상양이 들판의 뜰에서 춤을 춘다.(黑蜧躍重淵 商羊舞野庭)"라는 표현이 있다.

285 석연石燕 : 상주湘州 영릉산零陵山에 제비처럼 생긴 돌들이 있는데, 풍우가 몰아치면 크고 작은 돌들이 진짜로 제비 모자母子처럼 날아다니다가 풍우가 그치면 다시 돌로 환원한다는 전설이 있다.

286 하수에도……내리네 : 이 구절은 『시경』 〈삼삼지석漸漸之石〉에 "돼지가 발이 흰데 여러 마리가 물결을 건너며 달이 필성畢星에 걸려 있으니 비가 주룩주룩 내리리로다.(有豕白蹢 烝涉波矣 月離于畢俾滂沱矣)"라는 구절에서 차용한 것이다.

287 강구요康衢謠 : 요 임금이 천하를 다스린 지 50년 만에 천하가 제대로 다스려지고 있는지 알아보기 위하여 미복微服 차림으로 강국 땅에 갔을 때 어린아이가 불렀다는 동요가 바로 이 노래이다.

288 순이여, 요임금이로다 : 『물재집』에 원문의 '康'은 '唐'으로 수록되어 있으며, 번역도 이를 따랐다. 당唐은 도당씨陶唐氏의 준말로, 요堯임금의 호이다. 우虞는 유우씨有虞氏의 준말로 순舜임금을 말한다.

◎ **손순효** | 1427년(세종 9)–1497년(연산군 3). 본관 평해平海. 자 경보敬甫, 호 물재勿齋 · 칠휴거사七休居士, 시호 문정文貞. 1457년(세조 3) 문과 급제. 형조참판, 경기도관찰사, 대사헌, 병조판서 등을 역임. 저서『물재집勿齋集』.

◎ **비고** | ㉮ 1485년(성종 16) 12월 16일 동지중추부사에서 경상도관찰사로 좌천, 1487년(성종 18) 1월 11일 지중추부사로 이임.

㉯『물재집勿齋集』권1, 〈희우가喜雨謌〉.

□ 용횡자운用橫字韻

목은牧隱 이색李穡

嶺南樓下大川橫　영남루 아래로 큰 냇물 가로질러

秋月春風屬太平　가을 달 봄바람에 태평세월 맞았네.

忽得銀魚森在眼　문득 눈앞으로 빽빽한 은어 떼 들어오니

斯文笑語可聞聲　선비의 웃음소리 귀에 들리는 듯.[289]

목은牧隱 이색李穡

◎ **이색** | 1328년(충숙왕 15)–1396년(태조 5). 본관 한산韓山. 자 영숙穎叔, 호 목은牧隱. 저서『목은고牧隱藁』.

---

289 선비의……듯 :『영남루제영시문嶺南樓題詠詩文』에 "손병현孫柄鉉이 편찬한『밀주승람密州勝覽』에는 이 시에 주석을 붙여 '당시 밀양의 유생이 무슨 일로 선생에게 글을 청하면서 은어 포를 예물로 가져왔으므로 선생이 이 시를 지었다.(時密陽儒生 以事謁文于先生 而銀魚脯爲贄 故先生作此詩)'"라는 주석이 있다.

차운시 次韻詩

□ 관찰사觀察使 박소립朴素立

일본승 경철에게 차운하여 보내다(次贈日本僧景轍韻)

誤身方覺坐虛名	몸을 그르치면 헛된 명성에 연루됨을 깨달았으니
薄劣何能佐聖明	용렬한 재주로 어떻게 성스럽고 총명한 군주 보좌하리오.
溢美瓊詞知未副	옥 같이 아름다운 글솜씨에 부응하지 못함을 알았고
省躬深愧負平生	자기 성찰도 매우 부끄러워 평생토록 짐이 된다네.

◎ **박소립** | 1514년(중종 9)–1582년(선조 15). 본관 함양咸陽. 자 예숙豫叔. 1555년(명종 10) 식년시 급제. 이조좌랑, 대사헌, 지중추부사 역임. 『동몽선습』의 저자 박세무의 아들.

◎ **비고** | ㉮ 1576년(선조 9) 3월 28일 동지중추부사에서 경상도관찰사로 도임하여 이듬해 이임.

㉯ 경철景轍 : 경철현소景轍玄蘇라고도 하며, 호는 선소仙巢. 박다博多의 성복사聖福寺 주지로 있다가 대마도주 종의조宗義調의 명에 의해서 1579년 조선에 도래한 뒤 대마도에 머무름.

㉰ 『명종실록』 11년(1556) 10월 19일에 "상이 근정전勤政殿에 나아가 일본日本 국왕

國王의 사신使臣인 상관上官 승僧 천부동당天富東堂과 부관副官 승僧 경철서당景轍西堂 등을 접견하였다."는 기록이 있음.

㉣ 이상질李尙質(1597–1635)의 『가주집家州集』 권5, 〈증가선대부예조참판겸동지경연춘추관성균관사예문관제학세자좌부빈객행통정대부예조참의지제교권공행장贈嘉善大夫禮曹參判兼同知經筵春秋館成均館事藝文館提學世子左副賓客行通政大夫禮曹參議知製敎權公行狀〉에 "기사년 여름 제용감정으로 선위사가 되어 영남에서 일본 사승 경철과 청암을 맞았다.(己巳夏濟用監正 以宣慰使接日本使僧景轍淸菴于嶺南)"라는 기록이 있음.

부관에게 차운하여 보내다次贈副官

少年豪氣已摧殘　　소년의 호탕한 기운 이미 꺾이고 쇠잔하여
離恨覊愁摠萬般　　이별의 한 나그네 근심 모두가 마찬가지네.
多慰啣盃遣興處　　술잔 머금고 흥을 보내는 곳이 매우 위로되기에
水光山色繞朱欄　　물빛과 산색이 붉은 난간 감싸네.

관찰사觀察使 박소립朴素立

◎ **박소립** ㅣ 1514년(중종 9)–1582년(선조 15). 본관 함양咸陽. 자 예숙豫叔. 1555년(명종 10) 식년시 급제. 이조좌랑, 대사헌, 지중추부사 역임.

◎ **비고** ㅣ 1576년(선조 9) 3월 28일 동지중추부사에서 경상도관찰사로 도임하여 이듬해 이임.

□ 차루자운次樓字韻

관찰사觀察使 유홍俞泓

登盡南州幾處樓　남쪽 고을 몇몇 누각 다 올라 보았건만
嶺南雄麗獨難儔　웅장하고 아름다운 영남루 유독 비길 데 없네.
窺簷山月供詩料　처마를 바라보니 산에 뜬 달은 시의 재료를 바치고
繞郭烟波蕩羈愁　성곽 두른 안개와 물결에 나그네 근심 깊어지네.
漁父移舟隨白鳥　어부가 배를 옮기자 흰 새도 따르고
牧童橫笛入黃牛　목동이 피리를 가로 부니 누런 소 들어온다.
取來欲借王喬舃　가져와 왕교의 신발을 빌리려 했더니[290]
一入丹墀拜玉旒　한꺼번에 대궐로 들어와 임금께 절한다.

塵纓濯罷倚高樓　먼지 묻은 갓 씻어내고 높은 누각에 기대니
快覺蓬丘跨海浮　상쾌하게 잠 깬 봉래산이 바다 위를 건넌다.
醉愛淸風生水面　취하니 수면에서 일어나는 맑은 바람이 좋고
吟憐明月滿岑頭　산 위에 가득한 밝은 달을 가련하게 읊조린다.
龍音度曲蒼崖裂　용이 웅얼거리듯 물결 지나가니 푸른 절벽 터지고
珠唱含羞翠黛愁　아름다운 노래 부끄러운 듯 푸른 봉우리 근심스럽네.
北海探樽泉未渴　북해는 술동이가 샘물처럼 마르지 않기를 바랐으니[291]

290 가져와……했더니 : 동한東漢 사람 왕교王喬가 섭현葉縣의 수령으로 있으면서 도술道術을 부려 자신의 신발을 물오리로 변하게 한 다음에 그것을 타고서 조정으로 날아오곤 했다는 전설이 있다.

291 북해는……바랐으니 : 북해北海는 후한後漢 공융孔融을 가리킨다. 그는 많은 사람들과 어울리기를 좋아하여 자리 위에는 언제나 손님이 가득하고, 술독에는 술이 늘 비지 않는 게 소원이라고 했다.

免教狂客費金鉤　미친 나그네가 금 갈고리를 허비하지 않게 하리.[292]

郭外晴川淡瀉油　성곽 밖 푸른 강물 기름을 쏟은 듯 맑고
晩風吹動浪花浮　저녁바람이 불어와 꽃에 물결을 일으킨다.
烟横大野村將夕　안개가 넓은 들판을 가로질러 마을이 어둑해지고
葉脫疏林栗已秋　성근 수풀엔 낙엽 져 율림은 이미 가을이네.
詩入錦囊方盡興　시는 비단주머니로 들어가 바야흐로 흥을 다하고[293]
酒消雲檻旋生愁　술은 구름 같은 난간에서 다 마셔 두루 근심 생기네.
北辰杳杳空回望　북두성 아득하여 공연히 빙 돌건만
客路何必[294]更上樓　나그네 길 하필이면 다시 누각에 오르리오.

佳人眉黛遠山横　아름다운 여인의 눈썹처럼 멀리서 산이 가로지르고
乍激鵾絃寫不平　잠시 곤현처럼 거세게 울려 불평을 쏟아 내었네.[295]
莫道騷翁衰已甚　시인의 노쇠함이 이미 심해졌다고 말하지 말라
愛聽柔指按歌聲　부드러운 손가락으로 음악에 맞는 노래 즐겨 듣노라.

관찰사觀察使 유홍兪泓

---

292 미친……하리 : 당대唐代의 시인 이백李白과 관련된 고사이다. 이백의 〈대주억하감對酒憶賀監〉에 "사명에 미친 나그네 있었으니, 풍류 넘치는 하계진이로다. 장안에서 한 번 서로 만나서는, 나를 적선인이라 불렀었지. 그 옛날 술을 그리도 좋아하더니, 어느새 솔 밑의 티끌이 되었구려. 금 거북으로 술 바꿔 마시던 일, 생각만 하면 눈물이 건을 적시네.(四明有狂客 風流賀季眞 長安一相見 呼我謫仙人 昔好杯中物 翻爲松下塵 金龜換酒處 却憶淚沾巾)"라는 구절이 있다. 금귀金龜는 본디 황금으로 주조한 거북 형상의 꼭지가 달린 관인官印을 말한다.

293 시는……다하고 : 금낭錦囊은 당唐나라 시인 이하李賀와 관련된 시어이다. 이하가 매일 아침 벗들과 나가 노닐면서 종에게 다 해진 비단 배낭을 등에 메고 따라오게 하고, 시상詩想이 떠오르는 대로 적어서 배낭 속에 넣었다는 고사가 있다.

294 원문 두주에 "필必 자는 아마도 수須 자일 것이다.(必字疑作須)"라는 내용이 있다.

295 잠시……내었네 : 원문의 '鵾絃'은 곤계鵾雞의 힘줄로 만든 비파 줄로, 곤현鵾弦이라고도 한다. 한유韓愈의 「송맹동야서送孟東野序」에 "대저 어떤 존재이든 간에 온당함을 얻지 못하게 되면 밖으로 표현해 내기 마련이다.(大凡物不得其平則鳴)"이라 하였다.

◎ **유홍** | 1524년(중종 19)–1594년(선조 27). 본관 기계杞溪. 자 지숙止叔, 호 송당松塘. 1553년(명종 8) 별시문과 급제. 함경도병마절도사, 한성판윤, 우의정 등을 역임. 저서 『송당집松塘集』.

◎ **비고** | 1577년(선조 10) 윤8월 3일 동지중추부사에서 경상도관찰사로 도임, 1578년(선조 11) 1월 19일 병으로 사직.

관찰사觀察使 윤탁연尹卓然

聞說樓名今上樓　누각의 명성 소문으로 듣고 오늘 올랐더니

山下形勝果無儔　산 아래 빼어난 풍경 과연 비길 데 없구나.

檻前鳴玉短長調　난간 앞에는 장조 단조로 옥소리 울리고

天末畫眉深淺愁　하늘 끝에는 그린 눈썹처럼 깊고 얕은 봉우리들.

柳汀繫篷漁罷艇　버들 핀 물가에 배 매여 어부는 낚시를 멈추고

野橋呼犢牧歸牛　들판 다리엔 송아지 불러 소떼 몰고 돌아간다.

玆遊實荷君恩重　이 유람은 실제로 임금의 두터운 은혜 덕분이니

夢裏尋常拜冕旒　꿈속에서도 늘 면류관을 향해 절한다.

관찰사觀察使 윤탁연尹卓然

◎ **윤탁연** | 1538년(중종 33)–1594년(선조 27). 본관 칠원漆原. 자 상중尙中, 호 중호重湖. 1565년(명종 20) 알성문과 병과 급제. 승정원주서, 홍문관수찬, 사헌부지평, 형조참판, 함경도도순찰사 등을 역임. 저서 『계사일록癸巳日錄』.

◎ **비고** | 1581년(선조 14) 10월 19일 형조참판에서 경상도관찰사로 도임, 1582년(선조 15) 8월 21일 동지중추부사로 이임.

장편시

□ 임춘林椿

유밀주서사遊密州書事

山郡多佳麗　산 많은 고을 아름다운 경치도 많아
名高冠一方　한 고장의 으뜸으로 명성이 높구나.
地靈人自傑　땅이 신령하여 인재들 저절로 걸출하고,
野沃歲頻穰　농토가 비옥하여 해마다 자주 풍년 드네.
路控舟車會　길은 배와 수레를 잡아당겨 머물게 하고,
風存禮義鄉　풍속은 예와 의를 보존한 고장.
多儒如蜀郡　촉군처럼 어진 선비들 많은데다가[296]
絶景甲餘杭　빼어난 풍광은 항주에서 첫째라네.[297]

---

296 촉군처럼……많은데다가 : 촉군蜀郡은 예로부터 이름난 사람이 많았으니, 사마상여司馬相如, 왕포王褒, 엄준嚴峻, 양웅揚雄이 모두 촉군 출신이다.

297 빼어난……첫째라네 : 항주杭州는 중국 절강성에 있는 도시로, 그곳에 있는 서호西湖는 풍경이 빼

松菊荒彭澤	소나무와 국화는 팽택[298]을 황량하게 하고
烟波動岳陽	아지랑이와 파도는 악양[299]을 동탕케 하네.
山深禽格磔	산이 깊어 새들은 꽥꽥 소리 지르고
天與水蒼茫	하늘은 강물과 함께 아득하네.
岫碧開新障	산봉우리 푸르러 새로운 병풍을 치기에
湖明倚淡粧	호수는 맑아 깔끔하게 단장하며 기대네.
際天排樹幄	하늘에 닿을 듯 나무들 장막을 치고
拂雪臬茶槍	눈발을 헤치고 차 싹은 용맹을 떨치네.
四序叢筠綠	사철 내내 울창한 대나무 푸르고
千門細柳黃	일천 대문엔 가는 버들 누렇네.
杯盤饒海陸	쟁반엔 바다와 육지의 산물이 풍부하고
絃管妙宮商	현악기 관악기 궁상의 조화가 오묘하네.
遇勝添詩興	좋은 풍광 만나 시흥을 더하려니
餘閑泥酒觴	넉넉한 여유로움에 술잔을 기울이네.
春行鳧渚暖	봄이 무르익어 오리 노는 물이 따뜻하고
暮燕鳳樓涼	저물녘 제비는 봉황의 누대가 서늘하네.
夢覺書窓月	꿈을 깨자 서창엔 달빛 비치고
衣凝宴寢香	옷에는 연침의 향기가 배었네.
賞心幷樂事	구경하는 마음으로 즐거운 일 함께하고

어나기로 유명하다.

298 팽택 : 진晉나라 도잠陶潛을 가리킨다. 그가 팽택현령彭澤縣令으로 있을 적에, 군郡에서 파견한 독우督郵의 시찰을 받게 되었다. 아전이 도잠에게 의관을 갖추고 독우에게 인사를 해야 한다고 하자, 도잠은 쌀 다섯 말 때문에 허리를 꺾어 향리에게 굽실거릴 수는 없다고 탄식하고는, 즉시 수령의 인끈을 풀고 고향으로 돌아갔다는 고사가 있다.

299 악양 : 중국 호남성 악양현을 가리키며 이곳에 악양루가 있다.

乘興放淸狂　흥을 타고 천진난만하게 실컷 놀았네.

久被山河住　오랫동안 산천에 머무르다

飜嗟道路長　돌아보니 갈 길이 멀기만 하구나.

殘霞望滕閣　스러지는 노을에 등왕각을 바라보고

夜雨聽瀟湘　밤에 소상강에 내리는 빗소리 듣네.

鞭促征鞍發　채찍을 재촉하여 길을 떠나려니

心隨去鴻忙　마음은 기러기 따라 총총하도다.

嫌無王勃筆　부끄럽게도, 왕발의 글솜씨처럼

霞鶩記南昌　남창 하늘 나는 기러기[300]를 그려 낼 솜씨가 없구나.

임춘林椿

◎ **임춘** ｜ 1148년(의종 2)–1186년(숙종 16). 본관 예천醴泉. 호 서하西河. 저서 『서하집西河集』.
◎ **비고** ｜ 『서하집』 권2, 〈유밀주서사遊密州書事〉.

제영남사題嶺南寺

曾聞圓嶠臨蒼濤　일찍이 푸른 바다 신선이 사는 원교에

樓閣玲瓏駕巨鰲　영롱한 누각이 큰 자라 타고 있다가

鰲傾海動群仙駭　자라 기울고 바다 흔들려 신선들 놀라고

茫茫失去一峯高　높은 봉우리 하나 아득하게 영영 잃었다지.

---

300 남창……기러기 : 왕발의 「등왕각서滕王閣序」에 "지는 놀은 짝 잃은 따오기와 나란히 날고, 가을 강물은 끝없는 하늘과 한 색이로다.(落霞與孤鶩齊飛 秋水共長天一色)"라는 구절이 있다.

飛來恍惚移於斯	그 봉우리 문득 이곳으로 날아와
磅礴千古當古壕	옛 성 앞에 천년토록 웅크리고 있더니
突起連空如疊玉	옥을 쌓은 듯 공중에 연이어 우뚝 솟아나
百丈淸潭橫鴨綠	백 길 맑은 연못에 푸른 기운 비끼네.
水泛桃花出洞中	강물에는 복사꽃이 골짜기에서 나오고
居人宛似秦餘俗	백성들은 완연하게 선진의 풍속[301] 지녔네.
靑山影裏兩三家	푸른 산 그림자 속에는 두서너 채 집
垂柳陰中千萬屋	수양버들 녹음 가운덴 천만 채 민가.
日暮郊原牛馬歸	해 저문 교외엔 소와 말이 돌아오고
春深洲渚鳧鷖浴	봄 깊은 물가엔 오리들이 헤엄친다.
漁舟之子棹如飛	어부의 노질에 배는 날아가듯 하기에
溪岸不知盤幾曲	벼랑은 몇 번이나 돌았는지 모르겠네.
洛城歸客來時何[302]	서울 떠난 손님은 언제쯤 도착할까?
樓上欲窮千里目	누각 위에 올라 천리 길 멀리 바라보려네.
山耶雲耶遠一色	산인지 구름인지 멀리 한 가지로 보이고
雁點長空行斷續	먼 하늘 기러기 점처럼 끊어졌다 이어지네.
天涯晩色正蒼然	하늘 가로 저무는 풍경 참으로 창연하여
其奈思家心更速	고향집 생각에 다급해지는 마음 어찌할꼬.
不用重來登此樓	다시는 이 누각에 오르지 말자 생각하는 건
烟波好處使人愁	아지랑이와 물결 좋은 곳이 시름을 자아내기 때문.[303]

301 선진先秦의 풍속 : 이상향의 풍속이란 뜻이다.

302 원문 '時何'에는 도치 표시가 되어 있으며, 『서하집西河集』에 '何時'라고 하였다. 번역도 도치를 따랐다.

303 노을과……때문 : 당대唐代 시인 최호崔灝의 〈등황학루登黃鶴樓〉에 "해는 저무는데 고향은 그 어

임춘林椿

◎ **임춘** | 1148년(의종 2)–1186년(숙종 16). 본관 예천醴泉. 호 서하西河. 저서 『서하집西河集』.

◎ **비고** | 『서하집』 권2, 〈제영남사題嶺南寺〉.

□ 서거정徐居正

영남루십경嶺南樓十景

牛嶺迢迢插蒼碧　우령산 아스라이 푸른 하늘에 꽂혀
嶺南佳麗天下獨　영남의 아름다운 경치 천하에 으뜸일세.
瓊樓畫棟金鰲頭　화려한 누각 채색한 기둥 금자라 머리에 우뚝하고
閑雲繚繞長五色　한가로운 구름 빙 둘러 언제나 오색 빛 찬란하네.
誰言雲是無心物　누가 구름을 무심한 경물이라 말했던가?
澤潤生靈元有術　생명을 윤택케 하는 술법을 가졌구나.
何曾蔽日漫遮天　어찌 공연히 태양과 하늘을 가리기만 했겠는가.
大旱成霖應不日　큰 가뭄이 들면 금방 장맛비를 내렸는걸.

우령牛嶺[304]의 한가로운 구름(右牛嶺閑雲)

東風簾捲十二欄　동풍에 열두 난간[305] 발을 걷으니

디에 있는가. 강가에 낀 안개가 사람을 수심에 젖게 하네.(日暮鄉關何處是 烟波江上使人愁)"라는 구절에서 차용하였다.

304 우령牛嶺 : 밀양군 제대리에 소재한 우령산을 가리킨다.

305 열두 난간 : 일반적으로 높은 누각樓閣의 난간에 곡절曲折이 많은 것을 말한다.

一望眼界東南寬　일망무제 열린 시야 동남쪽이 넓구나.

長林隱映浦隔浦　긴 수풀 사이로 포구가 어른거리고

馬山一點靑鴉鬟　마암산은 청둥오리의 머리 한 점이로다.

忽有江雲黑如漆　문득 강 위의 구름이 칠흑같이 어두워지더니

白雨飛飛銀箭瞥　흰 빗발 날리며 은빛 화살 번뜩이네.

長風吹掃過江去　긴 바람 불어와 강 너머로 쓸어 가니

半邊靑山啣落日　한편의 푸른 산이 지는 해를 머금었네.

마산馬山[306]에 날리는 소낙비(右馬山飛雨)

凝川遠從天漢來　응천이 멀리 은하수로에서 흘러나와

樓前綠漂蒲萄醅　누각 앞에서 포도주처럼 푸르게 물들이네.

昨夜小雨漲半篙　지난 밤 가랑비에 삿대 반쯤 물이 불어

漁舠隨意沿流回　어선이 마음대로 물길 따라 맴도네.

桃花細浪鱖魚悲　도화랑[307] 가는 물길에 쏘가리도 살쪄

盤心膾縷紛雪飛　쟁반 위 실 같은 회는 눈이 내린 듯.

半酣坡湖歌滄浪　얼큰하게 취해 다리 두드리며 창랑가[308] 노래하니

麟臺黃閣都不知　기린각[309] 황각[310]의 일은 도무지 모르는구나.

응천凝川의 고기잡이 배(右凝川漁艇)

---

306 마산馬山 : 밀양군 전사포리에 소재한 마암산을 가리킨다.

307 도화랑桃花浪 : 복숭아꽃이 필 무렵 얼음이 풀리고 봄비가 내려 불어난 강물.

308 창랑가 : 진속塵俗을 초탈하여 고결한 자신의 신념을 지키는 것을 뜻하는데, 『맹자孟子』「이루 상離婁上」에 "창랑의 물이 맑으면 나의 갓끈을 씻고, 창랑의 물이 흐리면 나의 발을 씻으리라.(滄浪之水淸兮 可以濯我纓 滄浪之水濁兮 可以濯我足)"라는 말에서 유래하였다.

309 기린각麒麟閣 : 한 선제漢宣帝가 공신 11명의 초상화를 그려서 걸어 놓게 한 공신각의 이름이다.

310 황각黃閣 : 재상이 거처하는 관청이다. 전하여 높은 벼슬을 뜻한다.

鈒浦朝來新水生　삽포에 아침 들어 새물이 불어
碧空涵水秋夜淸　푸른 하늘 잠긴 물에 가을밤이 맑네.
疎林葉盡江無風　성긴 수풀엔 낙엽 지고 강에는 바람 없어
漁燈耿耿排明星　어선 등불마저 가물가물 별을 늘여 놓았네.
野老相喚喜欲顚　촌로들은 서로 부르며 자빠질 듯 반기고
今年魚足休論錢　올해는 고기 풍족하니 값을 따지지 않네.
白酒黃螯復相慰　막걸리에 누런 가재로 서로를 위로하고
孤舟夜泊蘆花邊　외로운 배 밤중에 갈대꽃 가에 대었네.

삽포鈒浦[311]의 고기잡이 등불(右鈒浦漁燈)

龍頭山上春政好　용두산 정상엔 봄이 참으로 좋아
躑躅滿壁春意鬧　철쭉꽃 산에 가득 봄 생각 어지럽네.
一夜好雨如酒醇　하루 저녁 좋은 비에 익은 술인 것처럼
花開已遍紅似燒　꽃 두루 핀데다 붉은빛 불타는 듯.
誰家少年錦障泥　뉘 집 소년인지 금장니[312] 말을 타고
携壺遊賞東復西　술병 들고 이리저리 놀러 다니네.
日暮歸來春滿面　해 저물어 돌아오면 얼굴에 봄이 가득
無數飛花襯馬啼[313]　무수히 날리는 꽃이 말발굽에 붙네.

용두산 절벽의 봄꽃(龍壁春花)

---

311 삽포鈒浦 : 밀양 시가지 서쪽의 사포沙浦를 가리킨다.

312 금장니錦障泥 : 비단으로 장식한 말다래를 말한다. 말다래는 말을 탄 사람의 옷에 진흙이 튀지 않게 하기 위해, 가죽 같은 것으로 만들어 안장 양쪽에 늘어뜨리는 물건을 이른다.

313 원문에 권점이 있고 두주에 "마제馬啼 아래에 운韻 자가 빠졌다.(馬蹄下闕韻)"는 말이 있다.

樓前十里鸚鵡洲　누각 앞 십 리에 뻗은 앵무주[314]는
栗花如雪香浮浮　눈 같은 밤꽃 향내가 둥실둥실
纍纍結子如繁星　주렁주렁 맺은 열매 별처럼 많고
秋來萬斛黃金收　가을이면 일만 섬 황금을 수확하네.
樹杪拖白烟非烟　나무 끝에 달린 빛 연기인 듯 아닌 듯
萬家烟火遙相連　만 가의 밥 짓는 연기 멀리까지 서로 이어졌네.
大平氣像無人畫　태평한 기상을 그려내는 사람 없으니
妙手我欲煩龍眠　묘한 솜씨 용면[315]에게 그리라 하리라.

밤섬의 가을 안개(右栗島秋烟)

金鷄啁哳扶桑晨　금계가 조잘거려 부상[316]에 새벽이 되니
六龍扶出初日輪　여섯 용 붙들어 둥근 해를 뿜어내었다.[317]
蒸紅閙熱珊瑚光　찌는 듯 붉은 열기 산홋빛을 내더니
洪濤萬頃金粼粼　일만 이랑 큰 파도 황금이 반짝거린다.
須臾飛上萬丈崗　순식간에 일만 길 산 위로 날아올라
一日一周天蒼茫　아득한 하늘을 하루에 한 바퀴 도네.

---

314 앵무주鸚鵡洲 : 악주鄂州 황학루 앞 강가 모래톱이다. 최호의 〈등황학루登黃鶴樓〉에 "맑은 냇물 저 너머엔 한양의 나무숲 역력하고, 봄풀은 앵무주를 무성하게 덮었도다.(晴川歷歷漢陽樹 春草萋萋鸚鵡洲)"라는 구절이 있다.

315 용면龍眠 : 송宋나라 이공린李公麟의 자이다. 그가 그린 산장도山莊圖는 세상의 보물로 일컬어졌으며, 인물의 묘사는 고개지顧愷之와 장승요張僧繇에 견준다는 평가를 받았다.

316 부상扶桑 : 해 뜨는 동쪽 바다 속에 있다는 전설상의 신목神木 이름이다.

317 여섯……뿜어내었다 : 희화羲和와 관련된 고사로, 그녀는 천제天帝 제준帝俊의 아내이며, 해수레를 모는 여신이다. 그녀는 동해 밖 희화국羲和國에서 새벽마다 여섯 마리의 용이 끄는 수레에 태양을 싣고 허공을 달려 서쪽의 우연虞淵에까지 이른다. 이는 해가 막 떠오르려 할 때의 아름답고 신비한 느낌을 표시한 것이다.

我欲長繩繫九烏　긴 줄로 아홉 까마귀[318] 영원히 묶어
萬古懸在天中央　만고토록 하늘 가운데 걸어 두었으면.

형봉의 해돋이(右瑩峯初旭)

江雲黯黯濃潑墨　강 위의 구름 어둑어둑 짙은 먹을 풀고
雪片飛飛大於席　눈송이 부슬부슬 방석보다 크구나.
天地中間一淸氣　하늘과 땅 사이의 한 가닥 맑은 기운
無有一片纖靄隔　한 조각 구름이나 안개도 가림이 없네.
由來三白瑞豐年　본디 삼백[319]은 풍년의 조짐이라는데
家家白玉千頃田　집집마다 흰 옥이 천 이랑 밭을 이루었네.
遺蝗入地已千尺　천 척 깊은 땅속으로 황충[320]을 보냈으니
明年應取禾百廛　내년에는 아마도 백 전의 곡식을 수확하리라.

나현의 적설(右羅峴積雪)

春日可人溫似玉　봄날은 마치 옥처럼 포근하게 사람에게 맞고
西郊芳草細於織　서쪽 교외의 짙은 풀은 베를 짤 듯 가늘다.
滿郊花雨紅紛紛　들판 가득 꽃비에 붉은빛 분분하고
春波粼粼流水曲　봄 강물 출렁출렁 굽이쳐 흐른다.
鄉憐[321]修禊簇如雲　고을 사람 계모임에 구름처럼 모여들어

318 아홉 까마귀 : 구오九烏는 요 임금과 관련된 고사이다. 요가 다스릴 때 10개의 해가 한꺼번에 떠서 초목을 태워 말리자 예羿에게 해를 쏘게 하여 9개의 해를 맞추었는데, 이때 해 속에 사는 까마귀가 모두 죽었다고 한다.

319 삼백三白 : 정월에 사흘 동안 내리는 눈.

320 황충蝗蟲 : 메뚜기와 유사한 생김새를 가졌으며, 떼를 지어 날아다니면서 벼에 큰 해를 끼친다. 눈이 많이 오면 이 곤충이 땅속 깊이 들어가서 나오지 못한다.

321 원문 '憐' 자 두주에 "연憐은 마땅히 인隣 자로 써야 한다.(憐當作隣)"라는 말이 있다. 『사가집四佳集』 '隣'.

飛觴轉急皆醺醺　잔 들고 급히 돌리니 모두가 얼큰하네.
風流不減永和春　풍류는 난정의 봄보다 못하지 않으나[322]
醉札誰似王將軍　왕 장군처럼 취한 글은 누가 쓰려나?

서쪽 교외의 계모임(右西郊修禊)

朝來小雨潤如油　아침에 내린 보슬비 기름처럼 반들거리더니
官街碧樹細如繰　관청 거리 푸른 버들 고치실처럼 가늘다.
單僮匹馬雙白瓶　아이 하나 말 한 필 백자 병 한 쌍으로
送客直過南浦橋　손님을 전송하러 남포 다리를 지나네.
人生聚散如浮雲　인생의 모이고 흩어짐은 뜬구름과 같아
富別貧別皆傷神　부자이건 가난한 사람이건 모두들 상심하네.
驪駒一曲歌已闋　여구[323] 한 곡조 노래 이미 끝나면
天長水遠愁殺人　먼 하늘 긴 물에 사람은 수심 가득하네.

남포에서 손님 전송(右南浦送客)

서거정徐居正

◎ **서거정** | 1420년(세종 2)–1488년(성종 19). 본관 대구大丘. 자 강중剛中 · 자원子元, 호 사가정四佳亭 · 정정정亭亭亭. 1444년(세종 26) 식년문과 급제. 예조참판, 형조판서, 좌찬성 등을 역임. 저서 『사가집四佳集』.

◎ **비고** | ㉮ 『사가시집四佳詩集 보유補遺』 권3, 〈밀양십경密陽十景〉.

---

322 풍류는……않으나 : 진 목제晉穆帝 영화永和 9년 3월 상사일上巳日에 회계會稽 산음山陰의 난정蘭亭에서 왕희지王羲之, 사안謝安 등 42인의 명사들이 모여 계사禊事를 행하고 곡수曲水에 술잔을 띄워 마시면서 시를 지으며 성대한 모임을 가졌다. 왕희지가 당시의 광경을 〈난정기蘭亭記〉로 기록하였다.

323 여구驪駒 : 일시逸詩의 편명으로, 송별할 때 부르는 노래이다. "검정 망아지 문밖에 있고 마부 모두 대기하네. 검정 망아지 길 위에 있고 마부 멍에 올리었네.(驪驅在門 僕夫具存 驪驅在路 僕夫整駕)"라고 하였다.

㉯ 『사가시집四佳詩集 보유補遺』에 수록된 시와 『영남루시운』의 편차가 다소 다름. 『사가시집四佳詩集 보유補遺』는 '우령한운牛嶺閑雲-삽포어등鈒浦漁燈-율도추연栗島秋烟-형봉초욱瑩峯初旭-나현적설羅峴積雪-서교수계西郊修禊-남포송객南浦送客-마산비우馬山飛雨-응천어정凝川漁艇-용벽춘화龍壁春花'의 순서임.

□ 기타[324]

남양南陽 홍성민洪聖民

休說年來兩地思	해마다 양쪽 땅에서 그리워했음을 말하지 말라.
相携直恐更分岐	서로 손잡고 나면 곧장 갈림길 나뉠까 두려웠네.
離愁多在知心處	이별의 근심은 대부분 마음에 있음을 알았고
樂事還乖會面時	즐거운 일은 도리어 만날 때 어그러진다네.
千里江山頭欲白	천 리 강산은 머리가 하얗게 새려 하고
一場樽酒意難持	한 마당 술동이 술은 끝내 유지하기 어렵네.
宦遊身世元無定	관리로 유람하는 신세라 원래 정처 없으니
要結城東晩歲期	결성[325]의 동헌에서 만년에 만나길 기약하네.

남양南陽 홍성민洪聖民

◎ **홍성민** | 1536년(중종 31)–1594년(선조 27). 본관 남양南陽. 자 시가時可, 호 졸옹拙翁. 1564년(명종 19) 식년문과 급제. 예조판서, 대사헌, 경상감사 등을 역임. 저서

---

324 기타 : 원문에 없는 구분법이며, 이해의 편의를 위해 추가하였다.

325 결성結城 : 충청남도 보령의 속현屬縣. 김정국金正國의 『사재집思齋集』 권1, 〈차결성동헌운次結城東軒韻〉 및 이안눌李安訥의 『동악집東岳集』 권21, 〈결성동헌용판상쌍매당운結城東軒用板上雙梅堂韻〉이 있다.

『졸옹집拙翁集』.

◎ **비고** | ㉮ 1580년(선조 13) 8월 27일 동지중추부사에서 경상도관찰사로 도임. 1581년(선조 14) 9월 20일 동지중추부사로 이임.

㉯ 1590년(선조 23) 6월 7일 예조판서에서 경상도관찰사로 도임. 1591년(선조 24) 7월 임기 만료로 판부사로 이임.

㉰ 『졸옹집拙翁集』에 본문이 수록되지 않음. 관찰사로 부임하기 이전 작품으로 추정.

선성宣城 김해金澥

幾年烹鯉費相思	몇 년을 편지[326] 전하며 서로 그리워하였나?
何意萍連在路岐	갈림길에 있으면서 만나기를 어떻게 생각하리오.
黃覇重臨爲相日	황패는 재상이 된 날 거듭 부임하였고[327]
劉郎顚倒看花時	유랑은 좌천되었다가 돌아오면서 꽃을 보았네.[328]
南樓明月聊同賞	남루에 밝은 달 애오라지 똑같이 감상했고
北海淸樽許復持	북해의 맑은 술 다시 지니길 허락했네.
世事悠悠何足道	유유한 세상 일 무엇을 족히 말하리오.
歲寒須結此心期	차가운 날 이 마음 기약하길 결심하리다.

---

326 편지 : 원문의 '烹鯉'는 진晉나라 육기陸機의 〈음마장성굴행飮馬長城窟行〉에 "손님이 멀리서 와서 나에게 잉어 두 마리 주네. 아이 불러 삶게 했더니 그 속에 편지 있네.(客從遠方來 遺我雙鯉魚 呼兒烹鯉魚 中有尺素書)"라고 한 데서 유래하여, 본래 편지를 의미하기도 한다.

327 황패는……부임하였고 : 한 선제漢宣帝 때 황패가 영천태수潁川太守로 전후 8년간 있으면서 많은 선정善政을 베풀어, 치적治績이 천하제일天下第一로 일컬어졌는데, 이때에 봉황鳳凰 등 서조瑞鳥가 영천에 가장 많이 날아들었다고 한다.

328 유랑은……보았네 : 유랑은 당나라 유우석劉禹錫을 말한다. 그가 낭주郎州에 좌천되었다가 돌아와 지은 시에 "자맥에 홍진을 떨치고 오니, 사람마다 꽃 보고 돌아온다 하네. 현도관의 천 그루 복숭아는 다 유랑이 떠난 후에 심었네.(紫陌紅塵拂而來 無人不道看花回 玄都觀裏桃千樹 盡是劉郎去後栽)"라고 한 말이 있다.

선성宣城[329] 김해金澥

◎ **김해** | 1534년(중종 29)–1593년(선조 26). 본관 예안禮安. 자 사회士晦, 호 설송雪松. 1564년(명종 19) 식년문과 급제. 형조좌랑, 사간, 상주목사 등을 역임.

김해金澥

眼割東南不盡天　눈길을 동과 남으로 나누어 봐도 하늘 끝에 닿지 못하고
一區風物曲欄前　한 구역 풍물 굽은 난간 앞에 펼쳐지네.
斷橋人向青林外　끊어진 다리에서 사람들은 푸른 숲 밖을 향하고
別浦舟橫白鳥邊　포구에서 이별한 배 너머 흰 새 가로지른다.
寶瑟聲凉簾捲雨　비파 소리 서늘하여 비에 주렴을 말아 올리고
博山香暖酒和烟　박산향로[330] 향기 따사로워 술이 연기와 조화를 이루네.
蘇州病守還無興　소주에서 괴롭게 고을살이해도 도리어 흥이 나지 않으니[331]
慚看金釵踏舞筵　금비녀 끼고 자리에서 춤추는 무희들 보기 부끄럽구나.

김해金澥

◎ **김해** | 1534년(중종 29)–1593년(선조 26). 본관 예안禮安. 자 사회士晦, 호 설송雪松. 1564년(명종 19) 식년문과 급제. 형조좌랑, 사간, 상주목사 등을 역임.

---

329 선성宣城 : 경상북도 예안禮安의 옛 이름.

330 박산향로 : 서긍徐兢의 『선화봉사고려도경宣和奉使高麗圖經』 제30권 「기명器皿」에 "본래 한대漢代의 기물이다. 바다 안에 박산이란 이름의 산이 있는데, 그 형상이 연꽃 같기 때문에 향로에 그 형상을 본 따 쓴 것이다.(博山爐 本漢器也 海中有山 名博山 形如蓮花 故香爐取象)"라는 말이 있다.

331 소주에서……않으니 : 소주자사蘇州刺史를 지낸 당唐나라 시인 위응물韋應物의 시에 "몸에 질병이 많으니 고향 생각이 나고, 들에 유리하는 백성들 있으니 봉록 받기 부끄럽네.(身多疾病思田里 野有流亡愧俸錢)"라는 구절이 있다.

미상

第一名樓聳半天　제일로 이름난 누각 반 하늘에 솟았고
別區形勝岳陽前　별구의 형승이 악양 앞에 펼쳐졌네.
落霞孤鶩歸雲外　지는 노을에 외로운 오리 구름 밖에서 돌아오고
脩竹平林大野邊　푸른 대나무 평평한 숲은 넓은 들판 밖에 있네.
風引寺鍾清透檻　구름이 끌고 온 절의 종소리 조용하게 난간을 지나가고
日沈漁浦暝生烟　해는 어촌 포구로 떨어져 검게 안개 일어나네.
按廉三世眞非分　삼세를 안렴사로 부임함은 참으로 내 분수에 맞지 않고,
蒼古悲今月滿筵　옛날을 우러러 오늘을 슬퍼하니 달이 자리에 가득하네.

獨坐深更爲問天　깊은 밤에 홀로 앉아 하늘에 묻노니
今玆旱有我生前　지금 이 같은 가뭄이 제 생전에 있었는지요?
雖覲霄旰雲霓望　가뭄에 먹구름을 바라듯 부지런히 정무를 돌보았는데[332]
奈乏承宣嶺海邊　어찌 영남의 궁벽진 바닷가조차 선정을 빠뜨렸겠는가.
眢井方懸憂渴飮　물 마른 우물은 목마르면 마심을 근심해야 하고
荒村會見斷炊烟　황폐한 마을엔 불 때는 연기 끊겼음을 알 수 있네.
已孤先正年豊願　앞선 수령들이 해마다 드렸던 풍년 기원 사라졌으니
樓上何心敞綺筵　누각 위에서 무슨 마음으로 화려한 잔치 열리오?

332 가뭄에……돌보았는데 : 원문의 '雲霓'는 구름과 무지개로, 운예망雲霓望은 가뭄에 구름이나 무지개를 바라보는 심정을 말한다. '霄旰'은 소의간식霄衣旰食의 준말로 날이 새기 전에 일어나 옷을 입고 해가 진 뒤 늦게야 저녁밥을 먹는다는 뜻이다. 임금이 정사政事에 부지런한 것을 말한다.

□ 우제일절 又題一絕

관찰사觀察使 김金

商羊舞絶漲黃塵　상양[333]의 춤이 끊어져 누런 먼지 불어나고
赫日浮空轉火輪　붉은 해 공중에 떠 불 수레바퀴를 돌렸네.
三度伽倻慳一雨　세 차례 기도를 올려도 비 한 번을 아끼니
江潭應有臥龍人　강과 못에는 응당 누운 용이 있겠지.

관찰사觀察使 화산花山[334] 김金

미상

山自盤桓水自流　산은 저절로 머물러 있고 물은 저절로 흐르니
古今興廢一江頭　고금의 흥폐가 한 줄기 강물 같구나.
少年爲客曾遊處　소년은 나그네 되어 일찍이 이곳에서 노닐었건만
昨是春風今如秋　어제는 봄바람 불더니 오늘은 가을처럼 서늘하도다.

---

333 상양商羊 : 전설 속의 새 이름이다. 『공자가어孔子家語』「변정辨政」에 "큰비가 오려고 할 때에는 상양이 춤추는 동작을 취한다.(天將大雨 商羊鼓舞)"라는 말이 있으며, 왕충王充의 『논형論衡』에 "상양은 비가 오기 전에 먼저 아는 새이다. 비가 오려고 하면 한쪽 발을 굽히고 일어나서 춤을 춘다.(商羊者 知雨之物也 天且雨 屈其一足起舞矣)"라는 말이 있다.

334 화산花山 : 경상북도 안동의 옛 이름.

□ 제추자이십운 題秋字二十韻

충주목사 忠州牧使 박상 朴祥

丁卯東堂試院秋　정묘년 동당시 과거 시험 치르던 날

平生何幸識荊州　일생에 형주를 알게 되어 얼마나 다행인가.[335]

依俙面目嗟相闊　어렴풋한 모습은 이별한 지 오래되었기 때문이고

荏苒星霜問幾周　그럭저럭 흐른 세월 얼마나 지났는가.

客路轉蓬逢歲臘　나그네 신세 이리저리 떠돌다 세모가 되어

公堂披霧謁君侯　공관의 안개 헤치고 원님을 알현하네.

庫錢肯愛歡娛費　곳간에 돈 넉넉하니 비용 아낄 필요 없고

罇玉聊爲壓倒謀　술병의 이슬 같은 술은 애오라지 실컷 마셔야 하리라.

讌寢凝香辭邃館　침실에 향기 배인 좋은 객관 사양하고

丹梯跨漢上層樓　붉은 계단 은하수를 건너 높은 누각에 올랐네.

遮風甲帳圍三面　삼면에 바람막이 화려한 장막을 두르고

納日珠簾捲一頭　볕을 들이려고 구슬발의 한쪽 모서리를 걷어 올렸다.

斐潤綵筵迷錦繡　광채 나는 화려한 자리는 비단으로 수를 놓았고

鮮光朱戶錯琳璆　선명한 붉은 문은 아름다운 옥을 깎아 놓았네.

工曹後到欽差重　공조의 관리가 늦은 건 조정에 일이 있어서고

元帥先臨節度遒　원수가 먼저 도착함은 군사 제도가 굳셈이라.

---

335 일생에……다행인가 : 나그네가 좋은 주인을 만나 시문을 자랑하게 되었다는 뜻으로, 삼국시대 위魏나라 왕찬王粲과 관련된 고사이다. 왕찬은 한 헌제漢獻帝 때의 난리를 피해 형주荊州의 유표劉表에게 15년 동안 의탁해 있다가 조조曹操 밑으로 들어가 시중侍中 벼슬까지 지냈다. 형주에 있을 때 성루城樓에 올라가 시사를 한탄하고 고향을 그리는 뜻으로 〈등루부登樓賦〉를 지었다.

爐霽暗霏薰點數	향불 자주 피워 향기가 어지럽고
髻鴉交映妓行稠	기생들 많다 보니 비녀 머리 엇갈리네.
微醺漸覺諧言笑	술 얼큰해지니 웃음소리 점차 높아지고
卒爛還教迭獻酬	몹시 취해도 도리어 술잔이 오간다.
黃鶴晴川天半落	황학루엔 개인 냇물에 하늘의 절반이 떨어지고
吳門煙樹地全浮	오문[336]에선 숲에 안개 가득하여 땅이 전부 떠오른 듯.
西橋晚罷官坊市	서쪽 다리는 저물어 어촌 시장이 파했고
南浦遙通海賈舟	남쪽 포구는 아득히 바다 장삿배 오가네.
粧暮架雲飛白鳳	붉은 노을과 붉은 구름 사이로 흰 봉황이 날고
鎮虛靈嶽舞蒼虯	허공에 걸친 신령한 산은 푸른 용이 춤추는 듯
曠懷橫厲翔鵬界	담대한 포부 힘차게 봉황의 뜻을 품고
騷興聯翩宿莽洲	시인의 흥취는 갈대 우거진 모래톱에서 함께 날아오른다.
賢主貸容憐老醜	어진 주인 용모를 빌려도 늙고 추한 모습 가련하고
幻娥譏指似瘡疣	아리따운 아가씨들 늙고 병들었다 손가락질하네.
桃顏梨頰俱朝夕	붉은 뺨 어여쁜 기생들은 아침저녁으로 모시고
龍袞羊裘摠土丘	곤룡포 양 갖옷은 모두 예전의 이야기이네.[337]
物理細推須痛飲	사물의 이치 세세하게 따지며 필시 통음했으며,
功名深究可營求	공명을 깊게 궁구함은 노력으로 구할 수 있겠네.
人間不省神仙府	인간들은 신선세계를 살피지 못하니
夢裏如成汗漫遊	꿈속에서야 세상을 벗어나 마음껏 노닌 듯하네.

336 오문吳門 : 중국 남방의 소주蘇州를 가리키는 말인데, 여기서는 남쪽 지방을 말한다.

337 곤룡포……이야기이네 : 한漢나라 광무제光武帝와 엄광嚴光에 관련된 고사이다. 엄광은 광무제와 함께 수학한 죽마고우로, 광무제가 즉위한 뒤 성명을 바꾸고 은거하였다. 광무제는 수소문 끝에 제齊나라에서 "어떤 남자가 양구羊裘를 입고 택중澤中에서 낚시질을 하고 있습니다."라는 보를 듣고, 그가 엄광임을 알아차렸다.

明月有緣將踴躍　밝은 달은 인연이 있어 막 뛰어오르려 하고
棲鳥無賴尙嘲啾　자던 새들 둥지 없어져도 여전히 재잘거리네.
他年記得憑欄處　먼 훗날 난간에 기대었던 일 생각하노라니
千竹斜陽和碧流　천 줄기 대나무만이 비끼는 노을에서 푸른 강물 대하겠지.

충주목사忠州牧使 박상朴祥

◎ **박상** ㅣ 1474년(성종 5)–1530년(중종 25). 본관 충주忠州. 자는 창세昌世, 호는 눌재訥齋. 1501년(연산군 7) 식년문과 급제. 사간원헌납, 순천부사, 나주목사 등을 역임. 저서 『눌재집訥齋集』.

◎ **비고** ㅣ ㉮ 『중종실록』 19년(1524) 9월 12일에 충주목사 박상에 대한 기록이 있음.
㉯ 『눌재집』 권7, 〈영남루상석嶺南樓觴席 사주인이공충걸謝主人李公忠傑 시우병사김세희황양목경차관곽지번구회時右兵使金世熙黃腸木敬差官郭之蕃俱會〉에 위의 시 수록.

경주부윤慶州府尹 황필黃㻶

密府奇觀春復秋　밀양부 기이한 경관 봄이 다시 가을 되니
擅名六十六南州　육십여섯 남쪽 고을에 이름을 떨쳤네.
群山拱挹屛千疊　뭇 산들은 병풍처럼 천 겹으로 공손하게 읍하고
二水逶迤帶四周　이수는 구불구불 사방을 둘렀네.
地接蓬壺馳俊彩　땅은 봉래산에 닿아 준수한 풍채를 치달리고
天憐赤子惠仁侯　하늘은 백성들 가련하게 여겨 인자한 원님을 보냈네.
寬和黃霸治常靜　너그럽고 조화로운 황패[338]는 다스림이 늘 조용했고

---

338 황패黃霸 : 한漢나라 때 양하陽夏 사람으로 자는 차공次公, 시호는 정定이다. 율령律令에 밝았으며,

草創裨諶野獲謀　초고를 만든 비심은 들판에서 좋은 꾀를 내었네.[339]

設樂娛賓虛左席　잔치 베풀어 손님 즐겁게 했지만 왼쪽 자리는 비웠고

跨空架壑有斯樓　허공을 타 넘어 골짜기에 시렁을 얹어 이 누각을 세웠네.

中峰鎭邑馬驤首　가운데 봉우리는 고을을 눌러 말이 머리를 든 형상이고

東嶺捍川龍掉頭　동쪽 마루는 강물이 막아 용이 머리를 돌리는 형상이네.

堂上工伶歌小雅　당 위에선 악공들이 소아를 노래하고

尊前女隷戛鳴璆　술동이 앞에선 여종들이 옥경을 울리네.

謝池春草才渾盡　사령운의 봄풀이란 글귀는 혼신의 재주를 다하였고[340]

滕閣飛霞句欲遒　등왕각의 나는 노을[341]에 시구가 희미해지려 하네.

花剝園林紅藥殿　꽃이 시든 동산엔 붉은 작약만이 만발하고

鴉藏地樹綠陰稠　갈가마귀 숨은 수풀엔 녹음이 짙네.

乾坤逆旅閑來往　건곤엔 나그네가 한가롭게 왕래했건만

今古諸賢幾唱酬　고금의 제현들은 몇 차례나 수창하였을까?

遠浦雲烟頻出沒　먼 포구엔 구름과 안개가 자주 출몰하고

시랑알자侍郎謁者 · 영천태수潁川太守 등을 거쳐 승상丞相에 이르렀다.

339 초고를……내었네 : 춘추시대에 정鄭에서는 국가의 사명辭命을 지을 때 여러 대부들이 돌아가면서 역할을 맡아 상세하고 정밀함을 다하였다. 공자가 이를 "사명을 지음에 비심이 초안을 만들고 세숙이 토론하고 행인 자우가 수식하고 동리 자산이 윤색한다.(爲命 裨諶草創之 世叔討論之 行人子羽修飾之, 東里子産潤色之)"라고 평가하였다. 또 『춘추좌씨전』 「양공襄公」 31년에 "비심은 계획을 잘 내지만, 야외에서 내는 계획은 훌륭하고 성읍에서 내는 계획은 그렇지 못하였다.(裨諶能謀 謀於野則獲 謀於邑則否)"라는 말이 있다.

340 사령운의……다하였고 : 원문의 '謝池'는 좋은 시구를 가리킨다. 남조南朝 송宋의 사령운謝靈運은 아우 사혜련謝惠連을 보면 좋은 구절이 떠오르곤 하였다. 한번은 시구를 생각해도 종일토록 시상이 떠오르지 않다가, 꿈에 혜련을 보고 "지당에 봄풀이 돋아난다.(池塘生春草)"라는 구절을 얻었다고 한다.

341 등왕각의……노을 : 이 말은 왕발王勃의 「등왕각서滕王閣序」에 "지는 놀은 짝 잃은 따오기와 나란히 날고, 가을 강물은 끝없는 하늘과 한 색이로다.(落霞與孤鶩齊飛 秋水共長天一色)"라는 구절에서 차용한 것이다.

清江鷗鷺乍沈浮　맑은 강엔 기러기와 백로 잠깐씩 부침하네.
暫抛主文千篇牘　글을 담당하는 관리는 천 편의 글을 잠시 던져두었고
試駕蘇仙一葉舟　소동파는 시험삼아 일엽편주에 굴레를 얹었네.[342]
素月漸高窺繡戶　흰 달은 점점 높이 떠올라 비단 창을 엿보고
洞簫將斷起潛虬　퉁소 소리 떴다 잠기는 이무기로 곧 끊어지겠네.
佳人拾翠蘼蕪渚　미인은 향초 우거진 물가에서 비취색을 줍고[343]
坐客尋詩杜若洲　앉은 나그네 두약주[344]에서 시를 찾았네.
萬事破除無過酒　만사를 부수어 없애는 것은 술보다 나은 게 없고
百年毁譽竟生疣　백 년의 비방과 칭송으로 마침내 혹이 생겼네.
孟軻豈願授齊室　맹가가 어찌 제나라 왕실에서 관직을 바랐겠으며
盜跖胡爲識孔丘　도척[345]이 어찌 공구를 알았으리오.
得失榮枯初不與　득실과 영고는 애초에 관여하지 않았으니
死生貧賤又何求　사생과 빈천을 또 어디에서 구하리오.
良辰美景須行樂　좋은 날 아름다운 경치는 모름지기 즐겨야 하기에
此日知音可語遊　오늘 지기는 노닐자고 말해도 되리라.
交態寒溫曾爛熟　추위와 더위가 번갈아 옴은 일찍부터 아는 사실이건만
世間辭舌莫啁啾　세간에서 주고받은 말 알아듣지 못하게 조잘대지는 말라.

---

342 소동파는……얹었네 : 원문의 '蘇仙'은 송宋나라 소식蘇軾을 가리킨다. 그가 지은 〈전적벽부前赤壁賦〉에 "하나의 잎사귀 같은 조각배를 타고서, 바가지 술잔 들어 서로 권한다.(駕一葉之扁舟 擧匏樽以相屬)"라는 말이 있다.

343 미인은……줍고 : 비취새의 깃을 주워 간다는 것은 옛날 부녀자들이 수식首飾을 위해 비취새의 깃을 주웠던 데서 온 말인데, 전하여 후세에는 흔히 부녀자들이 봄놀이하는 것을 지칭한다. 조식曹植의 〈낙신부洛神賦〉에 "밝은 구슬을 캐기도 하고, 비취새의 깃을 줍기도 한다.(或採明珠 或拾翠羽)"라는 말이 있다.

344 두약주杜若洲 : 향초의 일종으로 아욱과 비슷한 풀이다. 두약杜若이라는 이칭도 있으며, 문학작품에서는 주로 군자나 현인을 비유한다.

345 도척盜跖 : 춘추시대의 큰 도둑이다.

明朝分手東南去　내일 아침 악수하며 동남으로 떠나겠지만

陳跡還隨逝水流　옛 자취는 흐르는 물을 따라 갈 것이로다.

동도윤東都尹 상정야로橡亭野老 황필黃㻶

◎ **황필** ｜ 1464년(세조 10)–1526년(중종 21). 본관 덕산德山. 자 헌지獻之, 호는 상정橡亭. 김종직의 문인. 1492년(세종 23) 별시문과 급제. 의정부사인, 저작, 교리 등을 역임. 저서 『상정일고』.

◎ **비고** ｜ 1524년(중종 19) 경주부윤에 임명되어 임지에서 서거.

활계산인活溪散人 어영준魚泳濬

凝川有邑幾經秋　응천에 고을 생겨난 뒤 몇 해나 지났나?

形勝無雙嶺外州　형승은 영남 밖 고을에서 비길 데 없네.

割裂山川天色慘　산과 내를 찢고 나누어 하늘빛이 참혹하고

蕭條風物歲行周　쓸쓸한 풍경에 세월은 육십 년이 흘렀네.

公來正値粗完日　공무로 온 때는 바로 대충 완비된 날이지만

民道今逢可挽侯　백성의 도리론 오늘 사또를 만류해야 하는 날이네.

朋友戱談終作讖　붕우들의 우스갯소리는 끝내 참소하는 말이 되고

功名前定豈容謀　공명은 그전에 정해졌으니 어찌 도모할 수 있으랴.

恢恢工部千間廈　넓고 넓은 두공부의 시심은 천 칸 큰 건물 같고[346]

346 넓고……같고 : 두보杜甫의 〈모옥위추풍소파가茅屋爲秋風所破歌〉에 "어찌하면 천만 칸 넓은 집을 구하여, 천하의 궁한 선비 모두 다 가려주어 기쁜 얼굴 짓게 할까?(安得廣廈千萬間, 大庇天下寒士俱歡顔?)"라는 표현이 있다.

蕩蕩元龍百尺樓　크고 큰 원룡의 기상 백 척 누각과 같았네.[347]

見客無官春入面　벼슬 내세우지 않고 선비 맞으니 얼굴은 봄날처럼 싱그럽고

憂民如病雪侵頭　백성 근심 병처럼 아프게 여겨 머리가 다 세었네.

廉能絶世眞循吏　청렴과 재능으로 세속을 끊었으니 참으로 어진 원님이고

咳唾隨風摠玉璆　해타는 바람을 따르니 모두 옥과 보배 같네.[348]

洛下風塵曾一處　일찍이 도성에선 한 곳에서 풍진을 겪었지만

天邊歲臘已三遒　변방에선 이미 세 번이나 세모를 보냈네.

去冬尊酒論文細　지난 겨울엔 술동이 앞에서 세밀하게 글을 토론했고

當日溪山雨雪稠　오늘은 산과 골짜기에 눈비가 알맞게 내리네.

密坐洞房唯極樂　통방에 빽빽하게 앉아도 오로지 즐거움을 다했건만

怯寒高閣欠相酬　높은 누각에선 추위에 떨어 술잔을 주고받지 못하네.

但看朴老題詩好　다만 박 부사[349]가 걸어 놓은 시가 보기에 좋으니

聊與梁生擧白浮　애오라지 양 진사[350]와 더불어 공연히 술잔만 비우네.

別後還眠康節室　헤어진 뒤에는 강절의 방에서 환중에 잠들고[351]

---

347 크고……같았네 : 원룡元龍은 삼국시대 위魏나라 진등陳登의 자이다. 국사國士로 추앙되던 허사許汜가 유비劉備와 담소하던 중에 "진등이 나를 손님으로 대접하지 않았다. 자기는 큰 침상 위에 드러눕고 나는 그 아래 침상에 눕게 했다."라고 불평했다. 그러자 유비는 "그 정도의 대접은 잘해 준 것이다."라고 하면서 "만약 소인 대접을 했더라면 자기는 백척루百尺樓 위에 올라가 눕고 당신은 땅바닥에 눕도록 했을 것이다."라고 대답한 고사가 있다.

348 해타는……같네 : '해타咳唾'는 멋있는 시문을 가리킨다. 당唐나라 이백李白의 시에 "하늘 위에서 침을 뱉어 아래로 떨어지면, 바람 따라 모두가 옥구슬을 이루었네.(咳唾落九天 隨風生珠玉)"라는 표현이 있다.

349 박 부사 : 1542년에 영남루를 대대적으로 중수한 밀양부사 박세후朴世煦를 가리킨다.

350 양 진사 : 밀양부에서 이름난 진사 양담梁澹을 가리킨다.

351 강절의……잠들고 : 강절康節은 소옹邵雍(1011–1077)을 가리킨다. 소강절의 시에 "환중의 뜻을 알게 된 후로 한기가 가슴속에 한 점도 없다.(自從會得環中意 閒氣胷中一點無)"라고 하였는데, 여기서 환중環中은 그가 지은 〈선천도先天圖〉를 가리킨다.

興來思泛剡溪舟　흥이 오르면 섬계로 배 띄울 생각하네.[352]
可憐櫪上低嘶馬　가련하구나, 말구유에는 말 울음소리 나지막하고
堪笑泥中久滯虬　우스워라, 진흙 속에는 이무기 오래 머물러 있네.
弅蒼一江猶弱水　아득한 한 줄기 강물이 얕은 물과 같고
逍遙半世只滄洲　반평생 소요한 곳도 단지 창주[353]뿐이로구나.
敗軍語容誰知得　패배한 군사가 말한 용맹을 누가 알아듣겠으며,[354]
宿疾無醫肯決疣　묵은 병 약 없이도 혹을 치료할 수 있다네.[355]
自分圖書消日月　그림과 책을 분류하여 세월을 보낸다면
不嫌車馬到林丘　수레 소리 산림으로 들어와도 싫지 않으리.
案頭簿牒何時了　책상 앞에 쌓인 문서들 언제 마치겠으며
身外聲名合少求　본문 이외의 명성은 조금만 구하리라.
幸賴明時逢稔歲　다행히 태평성대에 풍년을 만난다면
何妨賸錢作淸遊　넉넉한 노자가 맑은 유람에 무슨 방해되리.
乾坤納納群生苦　넓고 너른 천지 사이에 백성들은 고통스럽고

352 흥이……생각하네 : 왕휘지王徽之가 산음에 있을 때 구름이 걷히고 사방이 눈으로 덮여 달빛이 청랑한 밤 혼자 술을 마시며 좌사左思의 초은시招隱詩를 읊던 도중 갑자기 대규戴逵가 생각나 작은 배를 타고 밤새 그 집에 갔다가 문 앞에서 들어가지 않고 도로 돌아왔는데, 그 까닭을 물으니 "흥이 나서 왔다가 흥이 다해 갈 뿐(乘興而來 興盡而反)"이라고 했다.

353 창주滄洲 : 삼국시대 위魏나라 완적阮籍의 〈위정충권진왕전爲鄭沖勸晉王箋〉의 "창주를 굽어보며 지백에게 사례하고, 기산에 올라가 허유에게 읍을 한다.(臨滄洲而謝支伯 登箕山而揖許由)"라는 말에서 유래한 말로, 은자의 거처를 뜻한다.

354 패배한……알아듣겠으며 : 원문의 '容'은 '勇'의 오기로 판단된다. 『사기史記』「회음후열전淮陰侯列傳」에 "나라를 망하게 한 대부는 국가 존망의 대계를 논할 수가 없고, 군대를 패하게 한 장수는 군대의 용맹에 대해서 말할 수가 없다.(亡國之大夫 不可以圖存 敗軍之將 不可以語勇)"는 말이 있다.

355 묵은……있다네 : 이 말은 『장자』「대종사大宗師」에 "삶을 군더더기로 붙어 있는 혹과 사마귀처럼 여기고, 죽음을 곪은 종기가 터지는 것으로 여긴다.(以生爲附贅縣疣 以死爲決疕潰癰)"라는 구절을 염두에 두었다.

今古悠悠衆口啾　고금은 유유하나 백성들은 아우성치네.
君若未來吾盍往　그대가 만약 오지 못해도 나 어찌 가지 않으랴
相應明月照江流　밝은 달과 서로 어울려 흐르는 강물 비추길.

활계산인活溪散人 어영준魚泳濬

◎ **어영준** ㅣ 1483년(성종 14)–1529년(중종 24). 본관 함종咸從. 자 언심彦深. 1507년(중종 2) 증광문과 급제. 홍문관박사, 사간원헌납, 밀양부사 등을 역임.

관찰사觀察使 조사수趙士秀

關河千里欲窮秋　천 리의 산하는 늦가을로 접어들려 하고
行遍新羅陸海州　신라의 육지와 바닷길을 두루 다녔네.
鬢髮滄浪年半百　귀밑머리는 귀양지에서 반백 년을 보내고
節旄零落歲將周　사신 깃발 다 해어져 한 해가 저물려 한다.
疏庸孰愛稽中散　성글고 용렬한 얼굴 누가 혜중산을 사랑하겠으며[356]
淸瘦誰憐沈隱侯　맑고 파리한 모습 누가 심은후를 안타까워하리.[357]
宣化更無郇伯勞　교화를 펼침에 다시 또 순백의 위로가 없었고[358]

356 성글고……사랑하겠으며 : 원문의 '稽'는 '嵇'의 오자이다. 혜중산嵇中散은 혜강嵇康을 가리키는데, 위魏나라 때의 문인으로 일찍이 중산대부中散大夫를 지낸 적이 있기에 이렇게 말한다. 죽림칠현의 한 사람으로, 거문고에 능하였으며 시대가 좋지 않음을 알아 세상에 나가지 않았다.

357 맑고……안타까워하리 : 심은후沈隱侯는 남조南朝 양梁의 심약沈約을 가리키는데, 은후는 그의 시호諡號이다. 시문詩文에 능했으며, 고조高祖가 선양을 받자 상서복야尙書僕射가 되고 건창현후建昌縣侯에 봉해졌다.

358 교화를……없었고 : 이 말은 『시경』 〈하천下泉〉에 "무성하게 자라는 기장 싹을 음우가 내려 기름지게 하노라. 사국에 왕이 계시거늘 순백이 또 위로하셨더라.(芃芃黍苗 陰雨膏之 四國有王 郇伯勞之)" 라는 구절을 바탕으로 한 말이다. 이 시는 주周나라가 망해 가는 것을 보고 어진 사람들이 탄식하

治生靡有計然謀	백성을 다스림에 계연의 계책이 없었네.[359]
子山詩賦空懷國	유자산의 시부는 부질없이 나라를 떠올렸고[360]
杜子行藏獨倚樓	두자미는 출사와 물러남을 생각하며 홀로 누각에 기대었네.[361]
抱野長江龍首矯	들판을 안은 긴 강물 용머리가 바로잡힌 듯하고
彌望平楚栗林幽	아득하고 망망한 초원엔 율림이 그윽하네.
依稀遠色渾無闋	희미하게 멀리 있는 빛은 흐릿하여 다함이 없고
演漾澄江不畫頸	일렁이는 맑은 강물은 그림으로 묘사하지 못하네.
抹嶺落霞明剪綺	고갯마루에 말리는 노을은 비단을 자른 듯 밝고
戛林風竹擺鳴璆	숲을 때리는 대 바람 소리 보배로운 울림을 펼치네.
鳳凰鸚鵡知才健	봉황과 앵무주로 재주가 웅건함을 알았고[362]
吳楚東南㤼語道	오초가 동남으로 갈라졌다[363]고 말하기를 겁내었네.

여 부른 노래이다.

359 백성을……없었네 : 계연計然은 춘추시대 월越의 경제가經濟家이다. 월왕 구천句踐이 오왕吳王 부차夫差에게 패한 뒤에 범려范蠡와 함께 월나라를 경제적으로 부강하게 할 방법을 아뢰었다. 구천이 그의 계책대로 시행하여 10년 만에 나라가 부강하게 되자, 계연은 군사들에게 후한 상금을 주어 전쟁터로 달려 나가게 해, 구천의 복수를 이루게 하였다.

360 유자산의……떠올렸고 : 유자산은 남북조南北朝 시대 주周의 시인 유신庾信을 가리킨다. 그는 양梁나라에 벼슬하여 무강현후武康縣侯에 봉해졌다. 뒤에 난리를 만나 이리저리 유랑하면서 어지러운 시국을 슬퍼하고 타향에서 고향을 그리는 내용의 〈애강남부哀江南賦〉를 읊었다.

361 두자미는……기대었네 : 두자미는 당나라 시인 두보杜甫를 말한다. 그의 〈강상江上〉에, "공적 생각에 자주 거울 들여다보고, 나가고 숨음 생각하며 홀로 누각에 기대네.(功業頻看鏡 行藏獨倚樓)"라는 구절이 있다.

362 봉황과……알았고 : 당唐나라 최호의 〈등황학루登黃鶴樓〉에, "맑은 냇물 저 너머엔 한양의 나무숲 역력하고, 봄풀은 앵무주를 무성하게 덮었도다.(晴川歷歷漢陽樹 春草萋萋鸚鵡洲)"라는 구절이 있으며, 이백李白의 〈등금릉봉황대登金陵鳳凰臺〉에 "삼산은 푸른 하늘 밖으로 반쯤 떨어져 있고, 두 강물은 백로주에서 중간이 나뉘었네. 이 모두가 뜬구름이 태양을 가린 때문이라, 장안을 볼 수 없어 사람을 시름하게 하누나.(三山半落靑天外 二水中分白鷺洲 摠爲浮雲能蔽日 長安不見使人愁)"라고 하였다.

363 오초가……갈라졌다 : 두보杜甫가 동정호 가에 있는 악양루에 올라 지은 〈등악양루〉에서 "오초는 동남으로 갈라졌고 건곤은 밤낮으로 떠 있구나.(吳楚東南坼 乾坤日夜浮)"라고 하였다.

歌管沸聲傳罼幔　넘쳐나는 노래와 피리 소리는 장막 안의 옥 술잔으로 전해지고.

綺羅矜色就筵稠　비단 입고 자랑스런 얼굴색으로 자리에 나아가 조화를 이루네.

娥冠號呶僛僛舞　어여쁜 갓 시끄럽게 떠드는 소리에 덩실덩실 춤추고

婪尾逡巡秩秩酬　남미주[364] 준순주[365] 차례대로 번갈아 수작하네.

挽古有懷悲世窄　고인을 추모하니 감회가 일어 슬픔으로 세상이 좁고

泛流無滯笑萍浮　강물에 배 띄우니 막힘이 없어 부평초를 비웃네.

絶筋何補能扛鼎　빼어난 근육이 솥을 두 손으로 드는데[366] 무슨 보탬이 되며

怪力誰稱漫盪舟　괴력을 지녔다고 누가 배를 땅에서 끌었음[367]을 칭송하리오.

愁緖糾紛成老繭　근심의 단서가 얽히고설켜 노년이 되었고

遠心蟠屈似潛虬　먼 마음은 구불구불 마치 물속의 이무기 같네.

羈吟越調思莊舃　나그세 신세로 월나라 곡조를 읊조리니 장석이 생각나고[368]

---

364 남미주藍尾酒 : =남미주婪尾酒, 도소주屠蘇酒. 산초와 잣 등을 넣어 만든 술로, 설날에 이 술을 마시면 귀기鬼氣를 도절屠絕하고 인혼人魂을 소성蘇醒한다는 뜻에서 이러한 이름이 붙여졌다. 『형초세시기荊楚歲時記』에 "그믐밤을 자지 않고 지내다가 새해 첫새벽이 되면 가족 모두 의관을 정제하고 모여서 차례로 도소주를 마시는데, 나이 어린 사람부터 마신다."라는 말이 있다.

365 준순주逡巡酒 : 신선神仙이 잠깐 사이에 빚는다는 술을 말한다.

366 솥을……드는데 : 항우項羽와 관련된 고사이다. 『사기史記』「항우본기項羽本紀」에, "항우는 힘이 세어서 세 발 달린 솥을 두 손으로 불끈 들 만하였다.(力能扛鼎)"라는 말이 있다.

367 배를……끌었음 : 남궁괄南宮适이 공자에게 "예는 활을 잘 쏘고, 오는 땅에서 배를 끌 정도로 힘이 셌으나 모두 좋게 죽지 못했다. 반면에 우와 직은 몸소 농사를 지었으나 천하를 소유하였다.(羿善射 奡盪舟 俱不得其死然 禹稷躬稼 而有天下)"라고 의견을 물었는데, 공자가 대답하지 않다가 그가 나간 뒤에 그를 군자라고 칭찬한 내용이 『논어』「헌문憲問」에 보인다.

368 월나라……생각나고 : 월조越調는 음조音調의 이름으로 상성商聲 칠조七調의 하나인데, 월나라에서 나왔다 하여 붙여진 이름이다. 전국시대 월나라 사람 장석이 초나라에 벼슬하여 부귀를 누렸으나, 고국을 잊지 못해 병중에 고국을 그리며 월나라의 곡을 노래하였다.

孤奏南音憖楚囚　외롭게 남쪽 음악을 연주하니 초나라 죄수를 예우했네.[369]
笙鶴未能超上界　생학[370]은 상계를 뛰어넘을 수 없으나
杜衡還欲採芳洲　향기 나는 모래톱에서 두약을 캐고 싶네.[371]
功名自古皆昏醉　공명은 자고로 모두 잔뜩 술에 취한 것이고
鐵石何人善決疣　철석으로 어떤 사람이 혹을 잘 떼리오.
賴有江山澄俗念　의지하는 강산이 있어 속세의 근심이 맑아지니
未須蟬蛻訪丹丘　매미가 허물 벗으려 단구를 찾을 필요 없으리.
窮通在命難爲預　궁함과 통함은 천명에 달렸으니 예비하기 어렵고
倚伏由天孰可求　화복은 하늘에서 말미암으니 어찌 추구할 수 있으랴.
四氣回環何倏忽　네 계절은 순환하는데 어찌 급하거나 소홀하겠으며
百年憂患少歡遊　백 년의 근심과 걱정으로 즐겁게 노닒이 드물었네.
人間離合雲同散　인간의 이별과 만남은 구름과 같이 흩어지고
夢裏浮沈鳥一啾　꿈속의 부침도 새와 한 가지로 우네.
世事說來須痛飮　세상사 말해 보자니 통렬하게 마심이 필요하기에
萬緣都付碧江流　만 가지 인연 모두 푸른 강물에 흘려보낸다.

관찰사觀察使 조사수趙士秀

369 외롭게……예우했네 : 춘추시대 진 혜공晉惠公과 관련된 고사이다. 그가 군부軍府를 시찰하다가 종의가 묶여 있는 것을 보고는 “남쪽나라 관을 쓰고 잡혀 있는 저자는 누구인가?”라고 묻자, “정나라 사람이 바친 초나라 포로입니다.”라고 대답하였다. 혜공이 그의 집안이 악관 출신이라는 말을 듣고, 그에게 거문고를 주며 음악을 연주하게 하자 초나라 음악을 연주하였으며(使與之琴 操南音), 혜공이 범문자范文子의 말에 따라 그를 예우하여 고국으로 돌려보낸 일이 있다.

370 생학笙鶴 : 신선이 타는 선학仙鶴을 말한다. 주周나라 영왕靈王의 태자太子 왕자 교王子喬가 학을 타고 젓대를 불며 하늘로 올라가 신선이 되었다고 한다.

371 향기……싶네 : 두형杜蘅은 향초의 일종으로 아욱과 비슷한 향초香草이다. 마제향馬蹄香 혹은 두약杜若이라는 이칭도 있다. 『초사楚辭』 〈상군湘君〉에 “방주에서 두약을 뜯는구나.(採芳洲兮杜若)” 하였는데, 군자를 모셔온다는 뜻이다.

◎ **조사수** | 1502년(연산군 8)–1558년(명종 13). 본관 한양漢陽. 자 계임季任, 호 송강松岡, 시호 문정文貞. 1531년(중종 26) 식년문과 급제. 이조판서, 지중추부사, 좌참찬 등 역임.

◎ **비고** | 1550년(명종 5) 6월 4일 경상도관찰사로 도임. 1551년(명종 6) 6월 1일 홍문관부제학으로 이임.

밀양부사密陽府使 김극일金克一

歲在壬寅九月秋　임인년(1542) 구월 가을에

遠尋麗澤客南州　멀리서 벗을 찾아 남쪽으로 온 나그네

晴江袞袞圍山趾　맑은 강 곤곤하게 산 둘레를 에워싸고

脩竹森森擁道周　푸른 대나무 빽빽하게 길 주위를 감싼다.

高士雖慚漢孺子　고아한 선비의 풍모는 비록 한나라의 유자에 부끄럽지만[372]

卑辭得見梁諸侯　겸손한 말로 양나라의 제후를 알현하노라.[373]

名區起廢恢新制　이름난 구역의 흥폐를 따라 새로운 제도로 넓히고

穀日興功愜衆謀　곡일[374]의 흥이 일어 읍민들이 흔쾌하게 도모했네.

僧舍讀書經幾月　절집에서 책과 씨름하며 몇 개월을 보냈고

王春隨計別玆樓　봄이 되자 계획 따라 이 같은 누각 세웠도다.

中年入幕誇紅頰　중년에 높은 벼슬에 올라 붉은 볼 자랑했지만[375]

---

372 고아한……부끄럽지만 : 한漢의 서치徐穉와 관련된 고사이다. 진번陳蕃이 다른 손님은 일절 접대하지 않았는데, 서치가 오면 특별히 의자 하나를 내려놓고 환담을 하다가 그가 가면 다시 올려놓을 정도로 깍듯하게 접대한 고사가 있다.

373 겸손한……알현하노라 : 맹자가 전국을 유세하면서 위衛나라 대량大梁의 혜왕惠王을 알현하면서, 인의仁義를 펼칠 것을 주장한 내용이 『맹자孟子』「양혜왕梁惠王」편에 보인다.

374 곡일穀日 : 음력 초하룻날부터 시작하여 여덟 번째 되는 날로, 이날 전답에 거름을 내면 풍년이 든다고 하여 봄 농사 준비를 본격적으로 시작하였다.

375 중년에……자랑했지만 : 원문의 '入幕'은 참모를 뜻하는 말로, 진晉나라 사안謝安과 관련된 고사이

此日分符愧白頭	오늘에서야 부절을 받으니 흰 머리가 부끄럽네.
岳色如新開活畫	산색은 새로워 살아 있는 듯한 그림이 열리고
灘聲依舊戛鳴璆	개울물 소리 여전하여 베틀 소리처럼 보배롭네.
登臨可耐情懷撓	올라보니 마음이 심란함은 견디겠으나
覽物偏驚節序遒	사물을 바라보며 빠른 계절에 깜짝 놀라는구나.
地近深溟魚市早	땅 가까운 바다엔 일찍 열린 어시장
雲連逈野栗林稠	구름 연이은 먼 들판엔 빽빽한 율림
來牛去馬亘塡咽	길에는 오가는 우마들 가득 차 있고
牧笛漁歌迭唱酬	목동의 피리 어부의 노래 번갈아 들린다.
岩腹雨暗架帽捲	산허리에 비 캄캄하여 솜털 모자를 벗고
潭心日暖黿鼉浮	연못 가운데 햇살 따뜻하여 악어와 자라가 헤엄치네.
騷人多少吟瓊句	시인은 아름다운 시구 얼마나 지었으며
酒客尋常倒玉舟	주객은 늘 옥 술잔 거꾸러뜨렸네.[376]
換骨自能超逸鶴	환골탈태하면 저절로 군계일학을 초월하겠으나
尋仙何必駕長虬	신선 찾으려고 하필이면 긴 규룡에 멍에 매리오.
平生每歎迷三島	일생 동안 매번 아득한 삼신산을 탄식했으나
老境還欣到十洲	늙으막엔 도리어 십주에 도착해 기뻤네.[377]
只恨承流逢歲歉	다만 명 받들고 부임한 해에 흉년 든 게 한스러우니

다. 사안이 환온桓溫을 찾아왔을 때 환온이 자신의 참모인 치초郗超에게 장막 속으로 들어가서 엿듣도록 하였다. 마침 바람이 불어와 장막이 걷히자 사안이 웃으면서 "치초는 장막 속의 손님"이라고 한 고사가 있다. 홍협紅頰은 젊은이를 뜻하는 시어이다.

376 주객은……거꾸러뜨렸네 : 주객은 소식蘇軾을 가리킨다. 원문의 '玉舟'는 옥으로 만든 배 모양의 술잔으로 옥선玉船, 혹은 옥주선玉酒船이라고도 한다. 소식의 시에 "내일은 두 사람을 혼내 주려고, 두 개의 옥술잔을 벌써 씻었네.(明當罰二子 已洗兩玉舟)"라는 표현이 있다.

377 일생……기뻤네 : 십주十洲와 삼도三島는 도교道敎에서 말하는 바닷속의 선경仙境.

何方發政扶民疣	어떤 방법으로 정사를 펼쳐 백성들의 근심을 없애리.
始知鐘鼎享千日	비로소 알았네, 종정에 새겨져 길이 후인들의 제사를 받는 일은
不似單瓢臥一丘	거친 도시락과 표주박 물로 자연에 은거함만 같지 못함을.
家在河村中可柱	건물은 물가 마을에 있고 그 가운데는 주춧돌 삼을 만하기에
年知擅名外何求	해마다 이름을 천명하는 일 이외에 무엇을 구해야 할지 알았네.
匡衡老去猶勤學	광형은 늙어 가면서도 오히려 학문에 부지런했고[378]
司馬年來且倦遊	사마상여는 해마다 객지의 벼슬살이를 지겨워했네.[379]
出峀閑雲看片片	솟은 봉우리 한가로운 구름 조각조각 보이고
趨林返鳥聽啾啾	수풀을 좇아 돌아오는 새 울음소리 재잘재잘.
揮毫欲繼思歸引	붓을 들어 사귀인[380] 같은 아름다운 곡조 잇고 싶으나
擒藻吾非詩者流	형편없는 솜씨로 내가 어떻게 시를 남기랴.

부사府使 김극일金克一

◎ **김극일** ㅣ 1522년(중종 17)–1585년(선조 18). 본관 의성義城. 자 백순伯純, 호 약봉藥峰. 1546년(명종 1) 증광문과 급제. 사헌부감찰, 예천군수, 성주목사 등을 역임. 저서 『약봉일고藥峰逸稿』.

---

378 광형은……부지런했고 : 광형匡衡은 전한前漢 말기의 유학자이다. 어릴 때 집이 가난하여 촛불이 없었고, 이웃집에는 촛불이 있었으나 그 불빛이 자기 집까지 밝히지는 못하였다. 그러자 광형은 이웃집 벽을 뚫고 거기서 나오는 불빛으로 책을 읽었다는 고사가 있다.

379 사마상여는……지겨워했네 : 『사기』「사마상여열전司馬相如列傳」에 "장경은 예전부터 객지의 벼슬살이에 싫증을 냈다.(長卿故倦游)"라는 구절이 있다. 장경은 사마상여의 자字이다.

380 사귀인思歸引 : 악부 금곡가사琴曲歌辭 중의 하나로, 춘추시대에 소왕邵王과 위후衛侯의 공주와 관련된 노래이다. 소왕과 위후의 공주가 혼인을 앞두고 있었으나, 혼인 전날에 왕이 죽었다. 집으로 돌아가려는 공주를 태자가 억지로 궁궐에 억류시켰다. 자신의 뜻을 이루지 못한 공주는 이 노래를 부르고 목매어 죽었다.

권응인權應仁

層構經營問幾秋	층층이 얽고 경영한 지 몇 해가 지났는가?
登臨高視兩三州	올라보니 두서너 고을 높게 들어오는구나.
憑危却訝騎鯨李	아찔한 데 기대니 도리어 고래 탄 이백인 듯 의심스럽지만[381]
遺世眞成夢蝶周	세상과 등지며 참으로 장주의 호접몽[382]을 이루었네.
泣鬼佳篇思朴老	우는 귀신이 지은 아름다운 시는 박 부사를 생각나게 하고[383]
投虛游刃見金侯	허공에 던진 좋은 글솜씨 김 부사[384]와 견주어 보네.
江城孤客凝睇立	강성의 외로운 객을 응시하고 섰노라니
水國驚灘與耳謀	수국에 놀란 여울 소리 귀에 들린다.
八九可呑雲夢藪	팔구백 리 운몽택을 삼킬 만한데[385]
東南元坼岳陽樓	동남쪽으로 터진 곳이 악양루였지.[386]

---

381 고래……의심스럽지만 : 아름다운 풍경을 형용한 것으로, 북송北宋 마존馬存의 〈연사정燕思亭〉에 "이백이 고래 타고 하늘에 날아오른 뒤로, 강남의 풍월이 많은 세월 쓸쓸하였네.(李白騎鯨飛上天 江南風月閑多年)"라는 구절에서 유래하였다.

382 장주의 호접몽 : 장주莊周는 장자莊子를 가리킨다. 『장자』「제물론齊物論」에 "언젠가 장주가 꿈속에서 나비가 되었다. 나풀나풀 잘 날아다니는 나비의 입장에서 스스로 유쾌하고 만족스럽기만 하였을 뿐 자기가 장주인 것은 알지도 못하였는데, 조금 뒤에 잠을 깨고 보니 몸이 뻣뻣한 장주라는 인간이었다.(昔者莊周夢爲胡蝶 栩栩然胡蝶也 自喩適志與 不知周也 俄然覺則蘧蘧然周也)"라는 구절이 있다.

383 우는……하고 : 원문의 '泣鬼'는 이백李白과 같은 훌륭한 시인을 가리킨다. 두보杜甫는 〈기이백寄李白〉에서 "붓이 떨어지면 풍우가 놀라고, 시가 이루어지면 귀신이 울었네.(落筆驚風雨 詩成泣鬼神)"라고 이백의 시재詩才를 칭송하였다. 박 부사는 밀양부사 박세후朴世煦를 가리킨다.

384 김 부사 : 밀양부사 김극일金克一을 가리키는 것으로 추정된다.

385 팔구백……만한데 : 회포가 큰 것을 비유한 말이다. 사마상여司馬相如의 〈상림부上林賦〉에 "초楚나라의 운몽택은 사방이 구백 리인데, 운몽택 같은 것 여덟아홉 개를 삼키어도 가슴속에 조금도 거리낌이 없다."고 하였다.

386 동남쪽으로……악양루였지 : 두보杜甫가 지은 〈등악양루登岳陽樓〉에 "옛날에 동정호를 말로만 듣다가 오늘에야 악양루에 올랐네. 오초는 동남으로 갈라졌고 건곤은 밤낮으로 떠 있구나.(昔聞洞庭水 今上岳陽樓 吳楚東南坼 乾坤日夜浮)"라는 구절이 있다.

晴空樹露忝天項　맑은 허공에 치솟은 나무 하늘 꼭대기에 닿았고
絶塞山昂飮海頭　변방의 산들은 머리 들고 바닷물을 마시네.
返照蘸波明謝練　석양빛은 물결에 잠겨 금모래 일구듯 반짝이고
寒颷敲竹戞荊璆　찬바람 대나무를 두들겨 옥구슬처럼 달그락거리네.
分留物色人安在　물색을 분간해 둔 인물은 어디로 갔나?
摹寫風光語未遒　풍광을 묘사해도 언사가 힘차지 못하네.
蘋渚細烟漁店小　마름 핀 물가 희미한 연기에 어점이 드물고
棘籬遙火野村稠　멀리 보이는 불빛, 가시울타리 두른 초가집으로 마을이 빽빽하다.
鷺盤遠勢齊高下　해오라기 앉은 먼 모습 높낮이가 가지런하고
鳥碎新聲互應酬　새는 부딪치며 새로운 소리로 서로 화답하는구나.
觸石浪花珠的礫　바위에 부딪치는 물보라에 구슬이 반짝이고
過墻梅萼雪飄浮　담 너머 매화꽃엔 눈발이 나부끼네.
浦雲飛棟洪都閣　포구의 구름 속 산뜻한 건물은 홍도의 누각이고[387]
淮月籠沙杜子舟　회수의 달빛에 갇힌 모래는 두목의 배로다.[388]
青草怒[389]長嘶玄馬　청초 우거진 먼 길엔 울며 가는 말
紫簫橫捻動蟠虬　붉은 퉁소 비껴 불면 꿈틀거리는 이무기.
春堤雨霽舒新柳　봄 강둑에 비 개이자 버들잎 새로 피고

---

387 포구의……누각이고 : 이 구절은 왕발의 「등왕각서」에 “남창은 옛날 군의 이름이요, 홍도는 새로운 부의 이름이다.(南昌故郡 洪都新府)”라는 구절에서 유래하였다.

388 회수의……배로다 : 원문의 ‘淮’는 강소성에 있는 강 이름이다. 두목杜牧의 〈야박진회夜泊秦淮〉에 “강물에 안개 덮이고 백사장에 달빛 쏟아지는데, 밤에 진회에 정박하니 술집이 가까워라.(煙籠寒水月籠沙 夜泊秦淮近酒家)”라는 구절이 있다.

389 원문 두주에 “노怒는 로路로 써야 한다. 노怒 자는 의심스러우니, 아마도 원怨 자의 오자가 아니겠는가.(怒作路 怒字可疑 無乃怨字之誤耶)”라는 말이 있다. 번역도 두주를 따랐다.

夕岸湖平沒亂洲　저녁 강둑에 잔잔한 호수 모래섬을 덮었네.

對景但知詩遣興　경치를 대하면 그저 시로 흥을 풀 줄만 알았지

投閑寧怕事生疣　한가한 때에 어찌 사생의 질곡을 염려하랴.

仙區形勝移玄圃　신선 구역의 형승은 현포[390]에서 옮겨 오고

賢主聲名比大丘　어진 주인의 성명, 태구[391]에 견주겠네.

自幸騷壇逢鮑謝　다행스럽게도 시단에서 포조와 사조[392]를 만났으니

不須園經半羊求　동산 길에 양구자[393] 벗할 필요 없겠네.

樽傾北海濡頭醉　술동이 기울여 북해에서 머리 젖도록 취하고

簾捲西山滿意遊　주렴 걷고 서산에서 마음껏 놀아 보세.

羅綺筵中欣會合　고운 잔치 자리에 흔연히 모여들고

笙歌叢裏厭喧啾　피리와 노랫소리는 실컷 지절대네.

從前遊子知多少　종전에 노는 이들 얼마나 많았을까마는

誰似吾今接勝流　그 누가 오늘 우리들의 맑은 놀이 같으랴.

권응인權應仁

◎ **권응인** ｜ 1517년(중종 12)–1588년(선조 21). 본관 안동. 자 사원士元. 호 송계松溪. 서얼금고에 가로막혀 벼슬이 한리학관漢吏學官에 머묾. 저서 『송계집松溪集』, 『송계만록』.

---

390 현포玄圃 : 위로 천계天界와 통한다고 일컬어지는 곤륜산崑崙山의 정상에 있다는 신선의 거처를 말한다.

391 태구太丘 : 태구장太丘長을 지낸 동한東漢의 진식陳寔을 가리킨다. 그는 당화黨禍로 많은 사람들이 피해를 당할 때에 자신의 몸을 돌보지 않고 구제해 준 일화가 있다.

392 포조鮑照와 사조謝朓 : 남조南朝의 대표적인 시인들이다. 당唐나라 두보杜甫의 〈견흥遣興〉에 "시를 읊조림에 어찌 반드시 많아야만 할까, 왕왕 포조와 사조를 압도한다네.(賦詩何必多 往往凌鮑謝)"라는 시구가 있다.

393 양구자 : 한漢의 엄광嚴光을 말한다. 그는 학우學友였던 무제武帝가 제위帝位에 오르자 양피로 된 옷을 입고 물고기를 낚으며 일생을 마쳤다.

이조좌랑吏曹佐郎 김성일金誠一

舟泛凝川七月秋	초가을에 응천에 배 띄우고
名樓形勝閱雄州	이름난 누각 명승지에서 큰 고을을 살피네.
天開澤國年何遠	하늘이 강호의 나라를 연 세월이 얼마나 멀며
地濩江城歲幾周	땅이 강가의 성을 보호하여 세대가 몇 번 바뀌었나?
興廢不須詢淨土	흥폐를 정토[394]에 물어볼 건 없으나
經營猶可想賢侯	경영한 원님만은 상상할 만하네.
一區當日應神會	당시 이 한 구역이 마음에 맞았겠지만
萬像今朝與目謀	오늘도 온갖 형상이 눈과 의논 맞추네.
江渚依稀仙李閣	강가에 희미한 것은 선리의 전각이고[395]
巴陵髣髴子京樓	파릉을 방불한 것은 자경의 누각이라.[396]
危簷高翥蒼鵬翼	높다란 처마에 푸른 붕새 높이 나래치고
斷岸低回白鳳頭	끊어진 절벽에 흰 봉황 머리 낮게 맴돈다.
騷客篇章鳴大玉	시인의 시편들은 큰 옥을 울리는 듯
仙環官佩振明璆	신선의 패옥 소리 밝은 구슬을 떨치는 듯
登臨自覺乾坤大	올라보면 건곤이 큼을 저절로 깨닫지만
行樂何知歲月遒	나가고 물러남에 세월 빠름을 어찌 알리오.

394 정토淨土 : 불가의 청정한 세계. 영남루 앞에 무봉암舞鳳菴이 있기 때문에 한 말이다.

395 강가에……전각이고 : 영남루는 전패殿牌를 모신 객관의 부속 건물이다. 전패는 왕실의 위패로, 조선왕조를 상징하는 물건이다. 선리仙李는 조선 왕가를 달리 부르는 말이다.

396 파릉을……누각이라 : 자경子京의 누각은 악양루를 가리킨다. 당唐나라 개원開元 4년에 중서령中書令 장열張說이 이곳 태수로 부임해 와서 날마다 재자才子들과 이 누각에 올라 시를 읊었다고 하며, 그 뒤 경력慶曆 5년(1044)에는 등자경滕子京이 파릉군巴陵郡으로 좌천되어, 이듬해에 악양루를 중수하였다.

謝眺澄波兼練淨	사조의 맑은 파도는 명주처럼 깨끗하고[397]
淇園晩翠倚霜稠	기원의 푸른빛[398]은 서리 속에 한결 더하네.
閑雲倦鳥供朝暮	한가한 구름 지친 새는 아침저녁 풍경이고
朗月輕風入唱酬	밝은 달 가벼운 바람이 시 속으로 들어오네.
雨細烟林青漠漠	가는 비 안개 낀 숲에는 푸른 이내 은은하고
秋深荻岸雪浮浮	가을 깊은 갈대 언덕엔 눈이 펄펄 날리네.
開軒可挹吳山翠	헌함 열어 오나라 산의 푸른빛을 당기겠고
解纜如牽楚水舟	닻줄 풀면 초나라 강물에서 배를 끌고 가겠네.
遺世何難驂白鶴	세상 버리고 백학을 타는 게 어찌 어려우랴?
尋眞直欲跨玄虬	진인 찾아 곧바로 검은 이무기를 타고 싶네.
多兄逸興神仙府	형들의 흥은 신선 사는 곳인 양 빼어나지만
媿我才慚鸚鵡洲	나의 재주는 앵무주에 못 미쳐 부끄럽네.[399]
五馬不妨成隱吏	다섯 필 말은 은둔한 관리 되는 데 방해되지 않으나
一官隨處足生疣	관직 하나는 가는 곳마다 혹이 되는구나.
登壇敢詑題千首	시단에 올라 천 수 시를 감히 자랑하랴?
負郭猶堪卜一丘	성곽 밖에 은거할 곳을 마련할 만하구나.
陳迹忽隨忙裏散	묵은 자취는 바쁜 가운데 홀연 흩어지고
奇觀時向夢中求	기이한 경치는 때때로 꿈속에서 찾는다.

397 사조의……깨끗하고 : 남조南朝 시인 사조謝眺의 〈만등삼산환망경읍晩登三山還望京邑〉에 “남은 노을 흩어져서 깁을 이루고, 맑은 강은 깨끗하기 명주 같아라.(餘霞散成綺 澄江靜如練)”라는 명구가 있다.

398 기원의……푸른빛 : 대나무 숲으로 유명했던 고대 위衛나라의 기원淇園을 말한다. 나이가 90이 넘었어도 선정善政을 베풀려고 노력했다는 위 무공衛武公을 기린 〈기욱淇奧〉에 “저 기수 물굽이를 바라다보니, 푸른 대 아름답게 우거졌도다.(瞻彼淇奧 綠竹猗猗)”라는 구절이 있다.

399 나의……부끄럽네 : 당唐나라 최호의 〈등황학루登黃鶴樓〉에 “맑은 냇물 저 너머엔 한양의 나무숲 역력하고, 봄풀은 앵무주를 무성하게 덮었도다.(晴川歷歷漢陽樹 春草萋萋鸚鵡洲)”라는 구절이 있다. 이백李白이 이 구절을 절창이라 칭송한 뒤, 앵무주는 빼어난 글을 상징하는 말로 쓰였다.

希文久係江湖念 범희문은 오래도록 강호와 관련지어 생각했고[400]

司馬初回燕趙遊 사마천도 처음엔 연나라와 조나라를 두루 다녔네.[401]

東閣未同常棣樂 동각에서는 형제의 즐거움 같이하지 못하나

西風不耐侯虫啾 서풍에 귀뚜라미 소리 견디지 못하겠구려.

何方借翮南飛鴈 무슨 방도로 남쪽으로 나는 기러기 날개 빌려

一笑黃堂對碧流 동헌에서 한바탕 웃으며 푸른 강물 대할까?

이조좌랑吏曹佐郎 김성일金誠一

◎ **김성일** | 1538년(중종 33)-1593년(선조 26). 본관 의성義城. 자 사순士純. 호 학봉鶴峰. 1568년(명종 13) 증광문과 급제. 통신부사, 경상우도병마절도사, 경상우도순찰사 역임. 저서 『학봉집鶴峰集』.

◎ **비고** | 『학봉집』「해제解題」'연보年譜'에 김성일이 1576년(선조 9) 봄에 이조좌랑에 제수된 기록이 있음.

관찰사觀察使 윤탁연尹卓然

叨承寵命任春秋 은혜로운 왕명 받들어 포폄의 임무 띠고

---

400 범희문은……생각했고 : 범희문은 송대宋代의 명재상 범중엄范仲淹을 가리킨다. 희문은 그의 자이다. 그가 지은 「악양루기岳陽樓記」에 "조정의 높은 지위에 있으면 백성들을 걱정하고, 물러나 멀리 강호에 거처하게 되면 임금을 걱정했다. 그러니 조정에 나아가서도 걱정이요, 물러나서도 걱정이었으니, 어느 때에나 즐거울 수가 있었겠는가.(居廟堂之高則憂其民 處江湖之遠則憂其君 是進亦憂 退亦憂 然則何時而樂耶)"라는 말이 있다.

401 사마천도……다녔네 : 소철蘇轍의 「상추밀한태위서上樞密韓太尉書」에, "태사공太史公은 천하天下를 두루 다니면서 사해四海의 명산대천名山大川을 두루 유람하고, 연조燕趙 사이의 호걸豪傑들과 교유交遊했기 때문에 그의 문장文章은 소탕하여 자못 기발한 기운이 있다."라고 하였다. 여기서 태사공은 사마천을 가리킨다.

巡遍南邦七十州　남방의 칠십 고을을 두루 순력하였네.

棠芨不忘誰是召　감당나무 그늘을 잊지 않으니 그 누가 소공이며[402]

鴻飛信宿我非周　기러기 날아와 이틀 묵지만 나는 주공이 아니로다.[403]

山河壯麗稱天[404]府　산하가 장려하여 천부라 일컬으며

文物繁華頌地侯　문물이 번화하여 제후의 영지로다.

佳會莫敎魔作祟　좋은 모임에 마가 끼이는 빌미를 만들지 않으면

盛筵何恨辦無謀　어찌 성대한 잔치를 무모하게 열었다 한탄하리.

千年勝槩輸千堞　천년 명승지를 일천 성가퀴에 실어 왔고

一道雄名付一樓　한 도의 웅장한 이름을 한 누각에 부쳤네.

暇日登臨聊騁目　틈을 내어 올라옴은 안목을 넓히려 함이니

斜陽徙倚屢回頭　지는 해에 자리 옮겨 자꾸 머리 돌리노라.

愁眉遠掃粧成黛　찌푸린 눈썹 멀리 쓸어 검푸른 산을 그리고

大帶重拖響戛璆　큰 띠를 무겁게 끌고 강물은 옥구슬 소리 울리네.

始覺宣城詩善狀　선성[405]의 시 잘 묘사한 줄 비로소 알겠고

---

402 감당나무……소공이며 : 원문의 '棠茇'은 『시경詩經』 〈감당甘棠〉에 "무성한 저 감당나무 가지를, 갈기지 말고 베지도 말라. 우리 소백이 쉬시던 곳이니라.(蔽芾甘棠 勿翦勿伐 召伯所茇)" 한 데서 온 말이다. 이 시는 남국南國을 순행巡行하면서 문왕文王의 정사政事를 편 소공召公의 덕德을 추모하여 부른 노래이다. 전하여 지방관의 선정善政을 의미한다.

403 기러기……아니로다 : 『시경』 〈구역九罭〉에 "큰 기러기 날아와 물가를 따라가니 공이 돌아갈 곳이 없겠는가. 너에게만 이틀 밤을 묵어 가셨느니라. 큰 기러기 날아와 고원을 따라가니 공이 떠나가면 다시 오지 않으리니, 너에게만 이틀 밤을 묵어 가셨느니라. 이 때문에 곤의를 입은 분이 계시더니, 우리 공은 돌아오지 말아서, 우리 마음을 슬프게 하지 말지어다.(鴻飛遵渚 公歸無所 於女信處 鴻飛遵陸 公歸不復 於女信宿 是以有袞衣兮 無以我公歸兮 無使我心悲兮)"라는 말이 있다. 이 시는 원래 주周나라 주공周公이 동쪽 지방에 있을 때, 그 지방 사람들이 주공을 만나 본 것을 기뻐하여 지은 것이다.

404 원문 '天' 자는 원래 '大'이나 묵서로 지우고 '天' 자를 썼다.

405 선성宣城 : 경상북도 예안의 옛 이름이며, 이황李滉을 가리킨다. 이황의 영남루 시는 『퇴계집退溪集』 권1, 〈영남루嶺南樓〉 참고.

從知工部句偏遒　두공부 시 힘 있는 줄 따라서 알겠네.[406]

乍晴欲雨雲容變　잠시 개였다 비 오려 함은 구름이 모습 변함이요

淡碧深青樹色稠　옅고 짙게 푸르름은 나무 빛의 조밀함이네.

村路細連官路合　시골길은 가느다랗게 관로와 합하였고

漁歌還與棹歌酬　고기잡이 노래 일어나자 배 노래가 화답하네.

綠窓丹棟屛間畫　파란 창문에 붉은 집은 병풍 사이 그림이고

朗月疏星鏡裏浮　밝은 달 성근 별은 거울 속에 떠오르네.

衙罷侑賓斟竹葉　관청 일 마치자 손님에게 죽엽주 권하고

興來携妓泛蘭舟　흥이 나면 기녀를 데리고 놀잇배를 탄다.

霞觴影亂驚巢鶴　아름다운 술잔에는 놀란 학의 그림자 어지럽고

錦瑟聲高舞壑虬　금슬 소리 높아지자 구렁의 이무기가 춤추는구나.

仍想草綸遊鳳沼　궁궐에서 근무하며 교서를 작성하던 때를 상상하고

更思持被直瀛洲　또 이불 당기며 대궐에서 숙직하던 일 생각하네.

摧頹已甚空添老　기상은 너무도 꺾이고 공연히 늙었지만

病痛如前未砭疣　병통은 여전하고 고치지도 못하였네.

半夜孤忠瞻斗極　한밤중 외로운 충성으로 북극성을 쳐다보며

東郊歸夢到林丘　동교로 돌아가던 꿈 꾸며 고향 동산에 이르네.[407]

平生自幸窮而樂　반평생 살면서 궁함을 즐겨 다행스러우니

---

406 두공부……알겠네 : 두공부杜工部는 당대唐代의 시인 두보杜甫를 가리킨다. 두보杜甫가 동정호가에 있는 악양루에 올라 "오초는 동남으로 갈라졌고 건곤은 밤낮으로 떠 있구나.(吳楚東南坼 乾坤日夜浮)"라는 〈등악양루登岳陽樓〉를 지었다.

407 동교로……이르네 : 북송北宋의 위야魏野(960-1019)와 관련된 고사이다. 그는 세상에 알려지기를 구하지 않고 섬주陝州의 동교東郊에 초당草堂을 짓고 살면서 초당거사草堂居士로 자칭하였다. 황제의 부름을 받았지만 상소하여 초야에서 살아가게 해 주기를 청하니, 황제는 사신을 보내 안부를 물었다.

抵死休言富可求　죽음에 이르러 부유함을 구할 수 있다 하지 않으리.
陶令醉時能寄傲　도연명은 취했을 때 마음 가는 대로 했지만
蘇仙逝後少追遊　소동파가 떠난 뒤 뒤따라 노는 이들 드물었네.
賞音祗恃虛堂聽　지기의 말조차 단지 빈 집에서 울리는 소리로 들으니
多口寧嫌衆馬啾　백성들이 어찌 관찰사의 말울음 싫어하리오.
早晩定尋鷗鷺去　아침저녁으로 늘 갈매기 떠난 곳 찾아오리니
所愆期者有江流　기일을 늦춘다면 흐르는 강물 때문이리라.

관찰사觀察使 윤탁연尹卓然

◎ **윤탁연** | 1538년(중종 33)–1594년(선조 27). 본관 칠원漆原. 자 상중尙中, 호 중호重湖. 1565년(명종 20) 알성문과 급제. 홍문관수찬, 형조참판, 함경도도순찰사 등을 역임.

◎ **비고** | 1581년(선조 14) 10월 19일 형조참판에서 경상도관찰사로 도임, 1582년(선조 15) 8월 21일 동지중추부사로 이임.

□ 하중수영남루賀重修嶺南樓

진사進士 양담梁澹

百年樓廢壓城闉　백 년 동안 누각 황폐해져 성문을 짓누르고
明府經營運智神　밝은 원님 경영하여 지혜와 신통력을 움직였네.
政必多材天佑力　재주 있는 장인들이 많아 하늘도 힘을 돕고
成之不日子來民　백성들이 기꺼이 왔기에 완성은 하루도 걸리지 않았네.
更張房闥餘香寢　방문을 다시 달고 나머진 향기로운 침실로 했으며

恢拓軒楹絶點塵 헌과 기둥을 넓게 여니 하나하나 세속보다 빼어났네.
萬古風流驚換舊 만고의 풍류가 예전과 달라져 놀라고
高飛燕雀賀重新 높이 나는 제비와 참새도 중수를 축하하네.
增輝雲物供吟數 사물은 빛을 더해 읊조리는 시에 이바지하고
潤色湖山入眼頻 윤기 나는 호수와 산은 자주 눈으로 들어오네.
細濕綺疏留宿霧 아로새긴 창문 가늘게 젖어 자던 안개 머무르고
遙瞻金碧駐行人 멀리 보이는 푸른 물결, 다니는 사람들을 멈추게 하는구나.
虛明氣接簷前月 허공의 밝은 기는 처마 앞의 달에 닿고
丹堊光搖郭外津 단청 빛은 성곽 밖 나루를 흔든다.
訴牒餘閑延野老 남은 한가로운 시간에 야인의 늙음을 연장해 달라고 하소연하고
曳裙[408]終日踏文茵 옷자락 끌며 하루 종일 무늬 있는 자리를 밟는다.
芳名已仰齊牛斗 향기로운 이름 이미 나란한 두성과 우성을 우러러 보고
大手仍知邁等倫 훌륭한 솜씨는 비길 데 없음을 알았네.
久歲空言今決意 오랜 세월의 공연한 말을 오늘 결심했더니
一朝鴦瓦聳蒼旻 하루아침에 원앙 기와[409]가 푸른 하늘에 솟아났네.

진사進士 양담梁澹

◎ **양담** | 생몰년 미상. 본관 남원南原. 자 사념士恬. 1507년(중종 2) 증광시 급제.
◎ **비고** | 『밀양지』에 "필법에 능하여 월연月淵 이태李迨에 버금간다는 평이 있었다."는 기록이 보임.

---

408 원문 '裙' 자 두주에 "군裙은 아마도 거裾의 오자일 것이다.(裙疑裾之誤)"라는 말이 있다.
409 원앙 기와(鴛鴦瓦) : 부부간의 금슬이 좋기로 유명한 원앙 모양으로 짝을 이룬 암키와와 수키와를 말한다.

밀양부사密陽府使 박세후朴世煦

蒼頭持札扣重闉	사내종 편지를 가지고 겹겹 닫힌 문 두드리고
開見淸詩用意神	열어 보니 맑은 시에 담긴 뜻이 신비롭네.
修創莫言何費力	수리하고 창건함에 있어 얼마나 힘을 소비했냐 말하지 말며,
經營安有不勞民	경영함에 어떻게 백성들을 수고롭게 하지 않았으랴.
固非宴樂終忘弊	진실로 잔치의 기쁨이 아니었기에 끝내 민폐를 잊었고
祇爲名樓久沒塵	단지 이름난 누각 위해 오래도록 먼지를 털었지.
一府協心功易就	온 고을에서 협심하여 공사가 쉽게 이루어졌고
衆工售智制增新	여러 장인들의 지혜를 빌려 제도를 새롭게 더했네.
楹高山雨橫闌重	기둥 높은 산의 비는 사납고 무겁게 가로지르고
簷豁江雲入坐頻	처마 활짝 열려 강의 구름은 자주 들어와 앉네.
風景倍前迎客子	풍경이 전보다 배가되어 나그네를 맞이하고
繁華如舊慰遊人	예전처럼 화려하여 노니는 사람들 위로하네.
翻嗟王勃無今世	왕발이 지금 세상에 없어 참으로 안타깝지만
還喜希文在上津	도리어 범희문은 하늘나라에 있어 기쁘구나.[410]
得句相酬吟野興	시구 지어 서로 수작하며 들판의 흥을 읊조리는데
傾樽共酌醉花茵	술동이 기울여 함께 마시며 꽃자리에서 취하네.

---

410 왕발이……기쁘구나 : 당唐 왕발王勃은 「등왕각서滕王閣序」에서 "지는 놀은 짝 잃은 따오기와 나란히 날고, 가을 강물은 끝없는 하늘과 한 색이로다."라고 하였다. 희문希文은 송宋나라 범중엄范仲淹의 자이다. 범중엄은 「악양루기岳陽樓記」에서, "조정의 높은 지위에 있으면 백성들을 걱정하고, 물러나 멀리 강호에 거처하게 되면 임금을 걱정했다. 그러니 조정에 나아가서도 걱정이요, 물러나서도 걱정이었으니, 어느 때에나 즐거울 수가 있었겠는가.(居廟堂之高則憂其民 處江湖之遠則憂其君 是進亦憂 退亦憂 然則何時而樂耶)"라고 하였다.

四年推火憂熙績	사 년 동안 추화[411]를 다스리며 백성들이 기뻐할까 근심했고
千載廬陵欲與倫	천년 전의 여릉과 나란하기를 희망했네.[412]
士志豈容分彼此	선비의 뜻이 어찌 이것과 저것을 분리하리오.
平生情抱證蒼旻	평생에 품은 마음 푸른 하늘이 증명하리라.

부사府使 박세후朴世煦

◎ **박세후** | 1493년(성종 24)–1550년(명종 5). 본관 상주尙州. 자 중온仲溫, 호 인재認齋 또는 눌재訥齋. 1519년(중종 14) 별시문과 급제. 공조좌랑, 장악원첨정, 성균관사예, 예조참의, 강원도관찰사 등을 역임.

◎ **비고** | 1540년(중종 35) 밀양부사로 부임. 1543년(중종 38)에 이임.

청도군수淸道郡守 안주安宙

水郭淸辰敞畫闉	강물 밖 맑은 하늘에 화려한 성 열렸고
使君心匠所好神	사또의 마음씀은 귀신 같은 솜씨 좋아했도다.
高樓更起千秋屋	높은 누각은 다시 천년 뒤의 집으로 솟았고
大惠先絶一邑民	큰 은혜는 온 고을 백성들에게 먼저 베풀었네.
詩客坐中詞吐錦	시객은 좌중에서 비단 같은 시구 토해 내고

411 추화推火 : 밀양의 옛 이름.

412 천년……희망했네 : 여릉은 남송 여릉廬陵 사람 문천상文天祥(1236–1282)을 가리킨다. 그는 원元나라가 침입해 오자 가산家産을 털어 군사를 일으켜 근왕勤王함으로써 신국공信國公에 봉해졌고, 그 후 원나라의 장군 장홍범張弘範에게 패하여 3년 동안 연옥燕獄에 수감되었으나 끝내 굴복하지 않고 시시柴市에서 죽임을 당하였다.

江妃波上襪生塵　물결 위 선녀의 버선에선 먼지가 피어난다.[413]
腐椽落地知誰改　썩은 서까래 땅으로 떨어져도 누가 고칠 줄 알았으랴,
丹栱淩空待子新　허공을 뚫은 붉은 두공은 그대를 기다려 새로워졌네.
半世浮名交契厚　반평생 헛된 명성이건만 사귐은 두터웠고
數年沿牒往來頻　몇 년 동안 공문을 결재하며 왕래가 빈번했네.
青樽共對檻前月　푸른 술동이 함께 마주하니 난간 앞에 달이 떴고
白首重尋花下人　흰머리로 거듭 꽃 아래 사람을 찾았네.
十二欄干城倚斗　열두 난간[414] 화려한 성은 북두칠성에 기대고
三千粉黛膩凝津　곱게 화장한 삼천 기생 응천 나루에 나풀거리네.
天低曠野晴連樹　하늘 아래 넓은 들판엔 푸른 나무 연이었고
草暖芳洲翠接茵　풀 따뜻한 향기로운 물가엔 안개가 자리에 닿는다.
治化龔黃難伯仲　다스림은 공수와 황패처럼 우열을 가리기 어렵고[415]
風流王謝豈同倫　풍류는 왕도와 사안을 어찌 같이 논하리오.[416]
玉京休恨不歸去　서울로 돌아가지 못함을 한스러워 말기를.
定有吹噓送上旻　입김으로 불어 하늘로 보내 줄 것이로다.[417]

---

413 물결……피어난다 : 물에 매화꽃이 떨어짐을 형용한 말이다. 주周나라 때 정교보鄭交甫란 사람이 초楚나라를 노닐다가 한고대漢皐臺 아래에서 강비江妃 두 여인을 만나 그녀들로부터 패옥佩玉을 정표로 받았는데, 몇 걸음 가지 않아서 보니 패옥도 없고 그녀들도 종적이 묘연하였다 한다.

414 열두 난간 : 거대하고 화려한 누각의 난간에 굽이가 많은 것을 가리킨다.

415 다스림은……어렵고 : 원문의 '龔黃'은 한나라 때 지방장관으로 선정을 베풀어 치민治民이 으뜸으로 꼽혔던 발해태수渤海太守 공수龔遂와 영천태수潁川太守 황패黃霸를 아울러 일컬은 말이다.

416 풍류는……논하리오 : 원문의 '王謝'는 동진東晉의 대표적인 귀족으로, 승상을 지낸 왕도王導와 사안謝安을 가리킨다. 모두 오의항烏衣巷에 살면서 부귀를 누렸으므로, 후세에는 부귀한 집안의 자제들을 가리킬 때, '오의자제烏衣子弟' 또는 '오의랑烏衣郎'이라고 하였다고 한다.

417 입김으로……것이로다 : 다시 관직을 제수받을 것이라는 뜻이다. 두보杜甫가 〈증헌납사기거전사인징贈獻納使起居田舍人澄〉에서 "양웅에게 다시 하동부가 있으니, 오직 불고 불어 하늘 위로 올라가길 기다리네.(揚雄更有河東賦 唯待吹噓送上天)"라고 하였다. 이는 자신을 천거해 주기를 희망하는 내용이다.

청도군수清道郡守 안주安宙

◎ **안주** | 1495년(연산군 1)-?. 본관 광주廣州. 자 태고太古, 호는 치암恥庵. 1516년(중종 11) 식년시 장원. 호조정랑, 청도군수, 밀양부사 역임. 저서『치암집』.

안승종安承宗

咄嗟重創洞開闔	짧은 기간에 중창하여 닫혔다 열림을 통괄하였으니
觀者皆驚照必神	보는 이들 모두 놀랄 정도로 조망이 신령스럽겠네.
太半棟樑仍舊貫	기둥과 들보의 절반은 예전에 쓰던 그대로이고
始終功役謝齊民	공사의 처음과 끝까지 백성들의 힘을 의지하였네.
軒窓照映暉金碧	헌과 창문에 비치는 햇살 금빛 물결에 일렁이고
墻壁芳菲潤玉塵	담장과 벽의 향기로운 풀 옥가루를 빛나게 하네.
這裏雲山增活畫	그 속에 운산이 살아 있는 그림을 더하고
箇中烟水倍清新	그 중에 안개 낀 강물은 맑고 새로움을 배가시키네.
朱欄浸浪魚奔急	붉은 난간 물결에 드리우니 고기들 다급하고 분주하며
丹檻橫空鳥駭頻	붉은 함 허공을 가로질러 새들이 자주 놀라네.
形勝不應爲棄物	빼어난 경치는 응당 사물로부터 버림을 받지 않으니
鋪張今忽有高人	벌려 나열한 오늘 문득 고고한 선비 있네.
逢迎佳客欣容動	아름다운 나그네 환영해 맞이하니 기쁜 얼굴 띠고
邂逅良朋喜色津	좋은 벗을 해후하니 희색이 만면하다.
坐久避陽還設帳	오래 앉았노라니 태양 피하려 도리어 장막을 설치하고
語闌隨月更移茵	담소 무르익다 보니 달을 따라 다시 자리를 옮기네.

吟工芳草凌崔顥　향기로운 풀 공교롭게 읊조리자니 최호를 능가하고[418]
吸盡深盃倒伯倫　마시기를 다한 깊은 술잔엔 백륜이 거꾸러지네.[419]
逸興飄飄超宇宙　빼어난 흥취 너울너울 우주를 초월하니
何須白日上昇旻　어찌 흰 태양이 하늘로 오를 필요 있으리오.[420]

안승종安承宗

◎ **안승종** ㅣ 1483년(성종 14)-?. 본관 순흥順興. 자 효사孝思, 호 집승정集勝亭. 예천醴泉에 거주. 1525년(중종 20) 생원시 급제.

함천咸川 조연趙淵

重修樓閣俯城闉　누각을 중수하고 성곽을 내려다보니
制度都緣太守神　제도는 모두 태수의 신명함을 따랐네.
斧彼旣無煩衆力　도끼질은 처음부터 여러 장인들을 번거롭게 하지 않았고
呼耶元不役齊民　공사에 필요한 인원 원래부터 많은 백성들을 부리지 않았네.

---

418 향기로운……능가하고 : 당唐나라 최호崔顥의 시 〈황학루黃鶴樓〉에 "맑은 냇물 저 너머엔 한양의 나무숲 역력하고, 봄풀은 앵무주를 무성하게 덮었도다.(晴川歷歷漢陽樹 春草萋萋鸚鵡洲)"라는 구절이 있다.

419 마시기를……거꾸러지네 : 진晉나라 때 죽림칠현竹林七賢의 한 사람인 유령劉伶과 관련된 고사이다. 그는 술을 매우 좋아하여 늘 녹거鹿車를 타고 한 호로병의 술을 가지고 다니면서, 한 사람에게 삽을 메고 따라다니게 하여 자기가 죽으면 그 자리에 묻어 달라고 하였다.

420 어찌……있으리오 : 원문의 '白日上昇'은 신선이 되어 대낮에 하늘로 올라갔다는 뜻이다. 한漢나라 회남왕淮南王 유안劉安이 단약丹藥을 제련하여 온 가족을 이끌고 백일白日에 승천昇天하였는데, 그때 그 집의 개와 닭들까지도 하늘로 올라가 닭은 하늘 위에서 울고 개는 구름 속에서 짖었다는 이야기가 전한다.

經營未久開華構　공사 기간 오래지 않아 화려한 누각 열었고
金碧須臾洗舊塵　금빛 물결은 짧은 순간에 옛 먼지를 씻었네.
倚欄忽驚魂易悸　난간에 기대니 문득 혼이 쉽게 두근거려 놀라고
吟詩先覺句能新　시 읊조리는 사이에 새로운 시 지어졌음을 먼저 깨닫네.
興多無厭登臨樓[421]　흥이 많아 여러 차례 오르는 것 싫증나지 않고
眼眩何嫌指顧頻　눈이 아찔해도 손가락 자주 가리킴을 어찌 꺼리리오.
萬古江山增賁飾　만고의 강산은 아름답게 꾸밈을 더하고
千年形勝賴斯人　천년의 빼어난 경치는 이 사람을 의지하네.
三生俗累身空老　삼생[422]에 속되게 얽매여 몸은 부질없이 늙고
終日清淡齒欲津　하루 종일 맑고 담박하여 입에서 진액이 나려 하네.
已作狂荒招物議　진작부터 푹 빠져 비난을 불러 왔건만
更將衰病上芳茵　다시 쇠잔하고 병든 몸으로 향기로운 자리에 오른다.
猥蒙厚意加諸輩　외람되게 입은 후의 여러 사람들에게 더해졌고
深荷交情邁等倫　두텁게 맺은 교분의 정 비길 데가 없네.
爲報使君須記取　모름지기 사또에게 보답함을 기억해야 하니
我言非諛在蒼旻　내 말은 아첨이 아니고 하늘에 맹세하는 것이라네.

함천咸川 조연趙淵

◎ **조연** ǀ 1489년(성종 20)–1564년(명종 19). 본관 함안咸安. 자 정경靜卿, 호 내헌耐軒. 거주지 한양. 1510년(중종 5) 식년시 급제. 선릉참봉, 유곡찰방 등을 역임.

---

421 원문 '樓' 자 두주에 "루樓는 아마도 수樹의 오기일 것이다.(樓疑樹之誤)"라는 말이 있다.
422 삼생三生 : 불교에 나오는 말로 전생·이승·저승을 뜻한다.

영 남 루 제 2 장

능파당

凌 波 堂

기문記文

□ 신광한申光漢 능파당중창기凌波堂重創記

영남루의 동북쪽에 예전부터 당이 있었는데, 이름을 망호望湖라 했다. 홍치弘治 연간에 밀양부사 김영추金永錘가 창건하여 빈객이 쉬고 자는 곳을 삼았으니, 참으로 아름다운 건물이다. 그러나 망호당은 낮은데 영남루는 높아서 여기에 투숙한 빈객들이 오르내리기에 매우 불편하였다. 또 지은 지 오래되어 터가 허물어지고 기둥이 기울어져, 참으로 거처하기에 적당하지 못했다. 밀양부사 박세후朴世煦 공이 이를 안타깝게 여겨 옛 건물을 걷어내고, 조금 남쪽으로 옮겨 석대를 쌓아 그 터를 높이고, 옛날 제도와 비교하여 한 칸 정도 증축하였다. 그래서 당은 비로소 누마루와 높이가 같게 되었다. 삼면을 장식하여 단청을 칠하고, 남쪽을 틔워서 강물과 마주하게 했으며, 이름을 고쳐 능파당凌波堂이라 했다. 높이고 밝게 하며 상쾌하게 틔웠더니, 정녕 이른바 '내 집의 귀한 손님으로 모신다.'[1]는 말에 부합하게 되었다.

---

1 내……모신다 : 이 말은 『시경』 〈백구白駒〉에 "그대의 흰 망아지가 내 밭의 콩잎을 먹었다 핑계 대

신광한 쓰다.

㉮ **작성연도** ❘ 1542년경

㉯ **저자** ❘ 신광한申光漢(1484-1555)

본관 고령高靈. 자 한지漢之. 호 석선재石仙齋. 신숙주申叔舟의 손자. 1541년(중종 36) 동지중추부사에 제수.

㉰ **비고** ❘ 『기재집』 권1, 「능파당소기凌波堂小記」.

樓之東北隅舊有堂 名曰望湖 在弘治年中 府使金永錘創之 爲賓客燕寢之所 固爲美制也 然堂卑而樓高 賓客之由是樓投宿者 甚妨於陟降 且作之日月旣久 基圮棟傾 殆不惬居處 朴侯世煦病之 乃撤其舊 小移于南 築石臺崇其址 視舊制增加一間 堂始得與樓聯楹 飾其三面而丹雘之 虛其南以臨江流 改名曰凌波堂 高明爽豁 正所謂於焉嘉客者也

申光漢記

고는, 붙잡아 매어 두고 오늘 밤 길게 늘여, 저 훌륭하신 분을 내 집의 귀빈으로 모셨으면.(皎皎白駒 食我場藿 縶之維之 以永今夕 所謂伊人 於焉嘉客)"이라는 말에서 유래하였다.

제영시 題詠詩

□ 용두자운 用頭字韻[2]

경상도도사慶尙道都事 이전지李全之

山脈高低欲盡頭　높고 낮은 산맥은 하늘 끝에 닿으려 하고
畫堂開豁枕江流　화려한 건물 넓게 열려 흐르는 강물을 베고 누웠네.
秋風剩得千般景　가을바람 불어와 온갖 경치 실컷 얻었건만
乘馬班如更一留　말을 타다가 다시 내려와 또 한 번 머무르네.[3]

도사都事 이전지李全之

◎ **이전지** ｜ 1394년(태조 3)–1468년(세조 14). 본관 양성陽城. 자 사전士專·자경子敬, 호 구촌龜村·노수老叟. 1447년(세종 29) 식년시 급제. 지중추부사, 예조정랑, 사간원사간 등을 역임.

2　원문에 없는 구분법이며, 이해의 편의를 위해 추가하였다.

3　말을……머무르네 : 『주역』 몽괘蒙卦 상육上六 효사爻辭에, "말을 탔다가 내려와서 피눈물을 줄줄 흘리도다.(乘馬班如 泣血漣如)"라고 하였다. 이는 결정을 내리지 못하고 주저하는 모습을 형용한 말이다.

◎ **비고** | 1444년(세종 26) 8월 성균관직강에서 경상도도사로 도임. 1445년(세종 27) 7월 도관정랑으로 이임.

종사관從事官 신형申泂

夢結巫峰第幾頭　무산의 정을 꿈꾸었지만[4] 단지 몇 봉우리에 그쳤고
青樓今日領風流　푸른 누각에서 오늘은 풍류를 이끄네.
只怕此行王事急　다만 이번 행차는 조정의 급한 일이기에
春花開處不曾留　봄꽃 핀 곳에 머무르지 못할까 두렵다오.
종사관從事官 신형申泂

◎ **신형** | 1449년(세종 31)–1487년(성종 18). 본관 고령高靈. 자 언통彦通, 호 해옹海翁. 신숙주의 아들이며, 신광한의 아버지. 1474년(성종 5) 문과 급제. 사섬시정司贍寺正, 삭녕군수 등을 역임.(『고령신씨세보 1』, 대전 : 농경출판사, 1995)

관찰사觀察使 이계린李季疄

伊誰用意創山頭　누가 마음먹고 산머리를 만들었나?

---

4 무산의……꿈꾸었지만 : 초나라 시인 송옥宋玉의 〈고당부高唐賦〉에 초 회왕楚懷王이 고당高唐에서 노닐다가 대낮의 꿈속에서 무산의 신녀를 만나 하룻밤의 인연을 맺고 서로 작별했다는 꿈 이야기가 있다. 일반적으로 무산의 꿈은 남녀의 정을 말하지만, 이 시에서는 군신君臣 관계를 상징하는 시어이다.

衆壑長川向北流　뭇 골짜기 긴 강물은 북으로 흐르네.

徙倚欄干忘萬慮　자리를 옮겨 난간에 기대며 온갖 근심 잊었으나

最憐佳景慰人留　사람 위로하려 머무는 아름다운 풍경이 가장 안타깝네.

관찰사觀察使 한산韓山 이계린李季疄

◎ **이계린** ㅣ 1401년(태종 1)-1455년(세조 1). 본관 한산. 자 자경子耕. 이색李穡의 손자이며, 태종의 장녀인 정순공주貞順公州의 사위. 1416년(태종 16) 16세의 나이로 돈녕부판관敦寧府判官에 임명. 1455년(세조 1) 세조가 왕위에 오르는 데 기여한 공으로 좌익공신 2등에 책록. 한산군韓山君에 봉해짐.

◎ **비고** ㅣ 1445년(세종 27) 7월에 동지돈녕부사에서 경상도관찰사로 도임. 1446년(세종 28) 8월에 사헌부대사헌으로 이임.

관찰사觀察使 윤호尹壕

重到天南欲白頭　남쪽 고을에 다시 부임하여 머리가 세려 하지만

還嗟歲月逝如流　여전히 세월은 흐르는 강물 같아 안타깝네.

治官昔日愧無效　지난날 벼슬살이 효과 없음이 부끄럽건만

今復何顏更小留　오늘 다시 어떤 얼굴로 잠시라도 머무를까.

관찰사觀察使 윤호尹壕

◎ **윤호** ㅣ 1424년(세종 6)-1496년(연산군 2). 본관 파평. 자 숙보叔保. 1472년(성종 3) 식년문과 급제. 1480년(성종 11) 딸이 성종의 비가 되었으며, 영원부원군鈴原府院君에 봉해짐. 저서 『파천집坡川集』.

◎ **비고** ㅣ 1475년(성종 6) 2월 27일 사복시정司僕寺正에서 경상도관찰사로 도임. 1476년(성종 7) 4월 7일에 동지중추부사로 이임.

회산檜山 김계창金季昌

十載巾簪已白頭　십 년 관직 생활로 이미 흰머리 되었는데

浮沈無際水東流　부침은 가없고 강물은 동으로 흐르네.

歸來頗喜江山靜　전원으로 돌아와 보니 짐짓 고요한 강산이 기쁘고

杯酒蒼茫半日留　술잔 속 술이 창망하여 반나절 머물렀네.

회산檜山 김계창金季昌

◎ **김계창** ㅣ ?-1481년(성종 12). 본관 창원昌原. 자 세번世蕃. 1462년(세조 8) 추장문과秋場文科 급제. 세자시강원문학, 예문관응교, 도승지, 이조참판 등을 역임.

관찰사觀察使 원효연元孝然

小閣新營斷麓頭　아찔한 벼랑 위에 새롭게 작은 누각 세우니

南臨大野厭淸流　남쪽으론 넓은 들판이 맑은 강물을 압도하네.

我今登眺貪佳勝　나는 오늘 올라 조망하며 아름다운 경치 탐하며

俯仰沈吟數日留　오르내리며 깊게 읊조리고 며칠을 머무른다.

관찰사觀察使 원효연元孝然

◎ **원효** ㅣ ?-1466년(세조 12). 본관 원주. 자 자순子順, 시호 문정文靖. 1432년(세종 14) 식년문과 급제. 한성부윤, 예조판서, 대사헌 등을 역임.

◎ **비고** ㅣ 1455년(세조 1) 7월에 예조참의에서 경상도관찰사로 도임, 1456년(세조 2) 8월에 이조참의로 이임.

예문관직제학藝文館直提學 안관후安寬厚

南望雲山天一頭　남쪽으로 구름 낀 산 바라보니 하늘과 하나이고
前臨江水古今流　그 앞으로 예나 지금이나 흐르는 강물.
新樓有洒擅名勝　새로운 누각과 술이 있어 명승지를 드러내니
爲感重遊不愛留　거듭 노닐어도 감회가 많아 아끼지 않고 머무른다.

樓在煙霞翠峀頭　누각은 푸른 봉우리 아래 노을 잠긴 곳에 섰고
天低野闊水旁流　하늘 낮아 들판 드넓고 곁으론 강물이 흐르네.
坤靈豈惜開仙境　땅의 영령이 어찌 선경 열리기를 안타까워했으랴.
盡寫奇觀勸一留　기이한 경관 다 쏟아내고 한번 머물길 권하네.

예문관직제학藝文館直提學 안관후安寬厚

◎ **안관후** | 1417년(태종 17)–?. 본관 순흥. 1441년(세종 23) 식년시 등제. 예조정랑, 경상도 관찰사, 사간원대사간 등을 역임.

◎ **비고** | 1461년(세종 8) 9월 17일 예문관직제학에 제수, 이듬해 4월 17일 경상도분순어사에 제수.

도순찰사都巡察使 권반權攀

凭欄胡乃獨垂頭　난간에 기대 홀로 머리 숙여 생각해 보니
清淚無端兩臉流　무단하게도 맑은 눈물이 두 뺨에 흐르네.
只爲天倫淪喪疾　단지 천륜을 위할 뿐이건만 빠르게 떠나 버렸으니[5]

5 단지……버렸으니 : 형 권람權擥(1416–1465)의 죽음을 가리킨다. 권람은 권반이 도순찰사로 임명된 1465년에 서거하였다.

夕陽回首自遲留　　석양에 머리 돌리며 스스로 지체하며 머무르노라.

도순찰사都巡察使 화산군花山君 권반權攀

◎ **권반** | 1419년(세종 1)–1472년(성종 3). 본관 안동安東. 자 자룡子龍, 호 무진정無盡亭. 양촌 권근權近의 손자이며, 권람權擥(1416–1465)의 동생. 첨지중추부사, 예문관제학, 충청도관찰사 등을 역임.

도관찰사都觀察使 정문형鄭文炯

作客年來欲白頭　　해마다 나그네 신세라 머리 새려 하고

光陰冉冉逐江流　　세월은 가고 가서 강물처럼 흐르네.

奔忙不耐身多病　　바쁘고 분주함을 견디지 못해 몸에 병이 많으니

爲避炎塵到此留　　더위와 속세 피해 이곳에 와서 머무르네.

高閣鮮明壟斷頭　　높은 누각 선명하게 벼랑 끝에 서 있고

青巒回遠水東流　　푸른 봉우리 멀리서 휘감아 강물은 동으로 흐르네.

江山信美非吾土　　강산은 인간 세상 아닌 듯 아름답기에

日暮堪悲此久留　　해 지자 슬픔 견디려고 여기에 오래 머무르네.

도관찰사都觀察使 정문형鄭文炯

◎ **정문형** | 1427년(세종 9)–1501년(연산군 7). 본관 봉화奉化. 자 명숙明叔, 호 야수野叟. 정도전鄭道傳의 증손. 1447년(세종 29) 별시문과 급제. 형조판서, 황해도관찰사, 우의정 등을 역임.

◎ **비고** | 1464년(세조 10) 11월 공조참의에서 경상도관찰사로 도임, 1465년(세조 11) 8월 자진하여 물러남.

행객行客 안빈세安貧世

山色湖光落檻頭 산색과 호수 빛이 난간 끝으로 떨어지고

風吹金碧簟紋流 바람이 금빛 푸른 강물에 불어와 대자리 무늬처럼 흐르네.

昇平日久身無事 태평세월에는 하루가 길고 나에겐 아무 일 없으니

月滿汀洲任去留 달이 모래톱에 가득하여 임의대로 가고 머무는도다.

행객行客 죽성인竹城人 안빈세安貧世 낙도樂道 쓰다.(書)

◎ **안빈세** | 1445년(세종 27)~1478년(성종 9). 본관 죽산竹山. 자 낙도樂道. 시호 이평夷平. 아버지는 연창위延昌尉 안맹담安孟聃이며, 어머니는 세종의 딸 정의공주貞懿公主이다. 동부승지, 공조참판, 한성부좌윤 등을 역임.

◎ **비고** | 이명 안빈세安貧歲.

경차관敬差官 조원지趙元祉

炎天紅日觸心頭 하늘을 태울 듯 붉은 해 마음속까지 파고들건만

乘馹奔馳大火流 역마 타고 큰 별 흐르는 때[6]에 분주히 달려왔네.

霄旰憂民綸命密 소의간식[7]하며 백성 근심하라는 윤음이 엄밀했기에

山川風景莫余留 산천의 풍경조차 잠시도 나를 머무르지 못하게 하네.

경차관敬差官 조원지趙元祉

---

6 큰……때 : 7월을 뜻한다. 『시경詩經』 〈빈풍豳風 칠월七月〉에, "칠월에 대화심성大火心星이 서쪽으로 내려가면, 구월에는 두터운 옷을 준다.(七月流火 九月授衣)"라고 하였다.

7 소의간식霄衣旰食 : 새벽에 일어나서 정복正服하고 해가 진 후에야 저녁 밥상을 받는 것으로, 왕이 정사政事에 부지런하며, 정사 때문에 아침저녁으로 근심하는 것을 말한다.

가뭄이 심하여 농사의 형편을 적간했기 때문이다.(旱甚 農事摘簡故云)

◎ **조원지** | 생몰년 미상. 본관 배천白川. 1453년(단종 1) 식년시 급제. 경상도경력, 온양군사溫陽郡事, 종부시첨정 등을 역임.

행객行客 김려광金礪光

過盡山下又水頭　산 아래를 다 지나고 또 물가에서
天南此處儘風流　하늘 남북 곳곳에 풍류를 다했네.
登臨壯志凌雲外　올라보니 씩씩한 뜻 구름 밖을 능가하니
安得功名萬古留　어떻게 공명을 얻어 만고에 남기리오.

행객行客 화산花山 김려광金礪光

◎ **김려광** | 김려석金礪石의 오기로 판단됨. 『광산김씨사光山金氏史 I』(대전 : 회상사, 1991)
◎ **김려석** | 1445년(세종 27)-1493년(성종 24). 본관 광산光山. 자 은경殷卿. 도사都事 김수金洙의 아들. 1465년(세조 11) 별시문과 급제. 예문관검열, 병조정랑, 도승지, 이조참의 등을 역임.

호조정랑戶曹正郎 정석신鄭碩臣

驅馬悠悠上石頭　말을 몰아 유유히 석두산에 올랐더니
高樓倒影蕩淸流　높은 누각 그림자 거꾸러져 청류[8]들이 가득하네.

8　청류淸流 : 맑은 물과 젊은 선비들이라는 두 가지 뜻을 지닌 중의적 표현이다.

一軒相對雙靑眼	한 마루에서 서로 반갑게 마주 대한 뒤에
更憶張公別小留	다시 장공[9]을 떠올리며 홀로 잠시 머무른다.

호조정랑戶曹正郎 정석신鄭碩臣

◎ **정석신** | 정신석鄭臣碩의 오기로 추정됨.

◎ **정신석鄭臣碩** | 본관 영일迎日. 1444년(세종 26) 식년시 급제. 『단종실록』 1년(1453)에 정신석에 대한 기록이 처음 보이고, 이후 『성종실록』 5년(1474) 7월 8일에 호조정랑 정신석鄭臣碩 등 5인이 윤대輪對하였다는 기록이 있음.

선위사宣慰使 이칙李則

黙數雲山坐點頭	가만히 운산을 세고 앉아 머리를 끄덕이고
醉憑危檻俯淸流	취하면 난간에 기대 맑은 물을 굽어본다.
乾坤何處非吾土	하늘 아래 어느 곳인들 우리 땅이 아니랴.
每向高樓盡日留	매양 높은 다락에서 종일토록 머무노라.

선위사宣慰使 이칙李則

◎ **이칙** | 1438년(세종 20)–1496년(연산군 2). 본관 고성固城. 자 숙도叔度. 경상도관찰사 이원李原의 손자. 1462년(세조 8) 식년문과 급제. 승정원동부승지, 좌우부승지, 평안도관찰사 등을 역임.

◎ **비고** | ㉮ 선위사는 외국 사신을 영접하던 임시 벼슬아치로, 조선 시대에는 2품이나 3품의 당상관이 임명되는 경우가 많았음.

㉯ 『성종실록』 10년(1479) 5월 15일에 선위사 이칙에 대한 기사가 있음.

9 장공張公 : 당대唐代의 이름난 문장가 장작張鷟을 가리키는 것으로 추정된다. 그는 문장이 청동전靑銅錢 같아서 사람들이 청전학사靑錢學士라 칭송했다는 말이 있다.

도사都事 김종金悰

嵬嵬傑閣對龍頭　높고 높은 웅장한 누각 용두산과 마주했고
袞袞長江樓下流　도도한 긴 강물은 누각 아래에 흐르네.
水色山光多勝景　강물 색 산 빛은 빼어난 경관이 많기에
登臨觀翫更遲留　올라와 감상하면서 다시 지체하며 머무네.

도사都事 동원東原[10] 김종金悰

◎ **김종** ｜ 생몰년 미상. 본관 강릉江陵. 자 영유永裕. 1468년(세조 14) 식년문과 급제. 사간원지평, 경상도도사, 황해도관찰사 역임.

◎ **비고** ｜ 1481년(성종 12) 6월 20일 사헌부감찰에서 경상도도사로 도임. 1482년(성종 13) 6월 24일 성균관직강으로 이임.

화성花城 허계許誡

簿領催衰欲白頭　문서 더미가 늙음을 재촉하여 흰머리 늘어 가고
不堪慵懶負承流　나태함을 감당하지 못한 채 수령의 임무를 짊어졌네.
登臨落日多歸思　올라 보니 석양 기울어 돌아갈 생각이 많건만
每憶柴桑愧滯留　고향[11]이 떠오를 때마다 부끄럽게도 머물러 버렸네.

---

10 동원東原 : 강원도 강릉의 옛 이름.

11 고향 : 원문의 '柴桑'은 동진東晉의 처사인 도연명陶淵明(372-427)이 살던 현縣의 이름으로 전하여 고향을 가리킨다. 도연명의 고향은 강주江州 심양군尋陽郡 시상현柴桑縣으로, 지금의 강서성江西省 구강시九江市 성자현星子縣이다.

小堂瀟灑在樓頭　작은 당 쓸쓸하게 누각 가에 있어
直望長湖入海流　긴 호수 곧바로 바라보며 바다로 흘러 들어간다.
推却簿書麾吏散　문서 밀쳐내니 서리들도 흩어져
倚欄終日獨淹留　난간에 기대 종일 홀로 머무르네.

滿眼靑山似佛頭　눈 가득 청산은 마치 부처 머리 같고
一江環作玉虹流　한 줄기 강물 빙 둘러 옥무지개 만들며 흐르네.
寓形宇內元無著　우주 안에 형상을 붙이자니 원래부터 드러남이 없어
何處江山不足留　어느 강산인들 족히 머무르지 못할쏘냐.

白雲千載碧山頭　흰 구름 천년 동안 푸른 산 위에 있고
繞郭淸江不盡流　성곽을 두른 맑은 강 다함없이 흐르네.
仰看壁間多感慨　벽 사이 걸린 글은 감개의 내용이 많아
題詩太半姓名留　제영시의 태반에 성명이 남아 있네.

화성花城 허계許誡

◎ **허계** | ?–1502년(연산군 8). 본관 하양河陽. 허지許遲의 아버지. 1459년(세조 5) 식년문과 급제. 부제학, 호조참의, 대사간 등을 역임.

◎ **비고** | 1490년(성종 21) 밀양부사密陽府使, 1493년(성종 24) 경주부윤慶州府尹 역임.

선위사宣慰使 정광세鄭光世

何用金錢繫杖頭　지팡이 끝에 금전을 매달아 무엇하리오.[12]

---

12 지팡이……무엇하리오 : 당대唐代의 재상宰相 장연상張延賞과 관련된 고사이다. 장연상이 대옥大

尊中自有酒如流　술동이에는 흐르는 물처럼 술이 담겼는걸.
不因此地成多酌　여기가 아니어도 많은 술 있겠지만
愧殺枝頭黃栗留　가지마다 누런 밤 달려 있음이 참으로 부끄럽네.

須看山上土饅頭　산 위 흙으로 빚은 만두[13]를 보노라니
半是年前第流一[14]　그 중 절반은 그전까지 제일류였다오.
平生適意眞良計　평생토록 흡족했던 일 참으로 좋은 계책이었으니
到處開尊去又留　이르는 곳마다 술동이 열어 가고 또 머문다.

선위사宣慰使 정광세鄭光世

◎ **정광세** ㅣ 1457년(세조 3)–1514년(중종 9). 본관 동래東萊. 시호 소평昭平. 1479년(성종 10) 별시문과 급제. 홍문관부수찬, 강원도관찰사, 형조판서 등을 역임.

◎ **비고** ㅣ 『성종실록』 24년(1493) 5월 6일에 유구국 선위사로 정광세를 임명한 기사가 있음.

향인鄕人 김종직金宗直

數日論交肯掉頭　수일 동안 글 논하고 어찌 싫증을 낼까마는
明朝却恐失詩流　내일 아침엔 시인과 헤어질까 문득 두렵네.

獄을 속히 판결하기 위해 미리 옥리獄吏를 엄히 경계시켜 놓았다. 다음날 등청登廳해 보니, 책상 위에 조그마한 첩자帖子가 놓여 있는데, 거기에 "돈 3만 관으로 이 옥사를 불문에 부쳐 주기를 빈다.(錢三萬貫 乞不問此獄)"라고 쓰여 있으므로 장연상이 크게 노하여 옥사를 재촉했다. 그 다음날 5만 관이라고 적혀 있어 장연상이 또 크게 노하여 옥사를 더 재촉했다. 또 그 다음날 10만 관이 적혀 있었다. 장연상이 비로소 그 옥사를 불문에 부치고 그만두자, 자제子弟들이 그 까닭을 물었다. 장연상이 "돈이 10만 관이면 신명과 통할 수 있어, 돌이키지 못할 일이 없는 것이라. 내가 재앙이 미칠까 두려워서 그만두지 않을 수가 없었다.(錢十萬貫 可通神矣 無不可回之事 吾懼禍及 不得不止)"라고 했다는 말이 있다.

13 흙으로 빚은 만두(土饅頭) : 사람의 무덤을 가리킨 말이다.

14 원문 '流一'에 도치 표시가 있다. 문맥으로 보아 도치하는 것이 옳다.

華譙寶瑟兼秋月　화려한 누각 좋은 비파에 가을 달 겸했으니
誰謂天涯不中留　먼 변방이 머물기 맞지 않다 누가 말했나.

향인鄕人 김종직金宗直

◎ **김종직** | 1431년(세종 13)–1492년(성종 23). 본관 선산善山. 자 효관孝盥 · 계온季昷, 호 점필재佔畢齋. 1459년(세조 5) 식년문과 급제. 저서 『점필재집』, 『유두류록遊頭流錄』, 『청구풍아靑丘風雅』, 『당후일기堂後日記』 등.

관찰사觀察使 김제신金悌臣

벽에 장인 노 상공[15]과 처형 노군의 시가 보이기에 처창함을 이길 수 없어 결국 보운步韻으로 정을 서술한다.(壁上見舅氏盧相公 興[16]妻兄盧君詩 不勝愴然 遂步韻以叙情云)

糞雁明公尙黑頭　명공께 소식 전할 땐 오히려 검은 머리였는데
幾回提挈辱淸流　자주 먹고사는 데 얽매여 청류들을 욕되게 하였네.
鸞臺鳳閣當時事　난대와 봉각[17]은 당시에 맡은 관직이었으니
身後芳名萬古留　내 떠나고 난 뒤 아름다운 이름 만고에 남기리라.

위는 장인어른의 시이다.(右舅氏)

---

15 노 상공盧相公 : 노숙동盧叔仝(1403–1463)을 가리킨다. 자는 화중和仲, 호는 송재松齋이다. 대사헌, 동지중추원사同知中樞院事 등을 역임하였다.

16 원문의 '興' 자는 문맥으로 보아 與가 옳은 것으로 판단되어 '與' 자로 번역하였다.

17 난대鸞臺와 봉각鳳閣 : 무후武后 때에 문하성門下省을 난대라 하고 중서성中書省을 봉각이라 한 이후 문하성과 중서성의 이칭으로 쓰인다.

半世功名不到頭　오랜 세월 공명이 도달하지 않았기에
却將遺恨付東流　도리어 한을 남겨 강물에게 보내네.
平生齎志隨長夜　평생 품은 뜻은 긴긴 밤을 따르고
板上空餘墨跡留　판 위에 부질없이 검은 흔적만 남겼네.

위는 노군의 시이다.(右盧君)

幾從丹階對螭頭　몇 번이나 붉은 계단에서 모시고 사관[18]을 마주했던가?
鳳沼當年托末流　그 해에 조정에서는 젊은 선비에게 중임을 맡겼었지.
紫綬金章恩旣渥　자주색 인끈과 금 도장으로 은혜가 이미 두터웠기에
一身榮幸勝封留　일신의 영화가 유후에 봉해진 장자방보다 나았네.[19]

위는 스스로 쓴 시이다.(右自叙)

관찰사觀察使 김제신金悌臣

◎ **김제신** | 1438년(세종 20)-1499년(연산군 5). 본관 연안延安. 자 순경順卿. 1462년(세조 8) 식년문과 급제. 이조참의, 한성부우윤 등을 역임.

◎ **비고** | 1494년(성종 25) 10월 9일 한성부우윤에서 경상도관찰사로 도임. 1495년(연산군 1) 11월 7일 한성부우윤으로 이임.

---

18 사관 : 원문의 '螭頭'는 이두관螭頭官의 준말로 당唐나라 때 사관史官이 거하던 관아의 별칭이다.

19 일신의……나았네 : 원문의 '封留'는 유留 땅에 봉해진 것을 가리키고, 자방은 한 고조漢高祖의 모신謀臣 장량張良의 자이다. 한 고조가 천하를 통일하고 나서, 장량은 비록 전투戰鬪의 공은 없으나 모책謀策의 공이 크다 하여 그에게 스스로 제齊의 삼만 호三萬戶를 차지하게 하자, 장량이 고조에게 말하기를 "신臣이 처음 하비下邳에서 일어나서 상上과 유留 땅에서 서로 만났으니, 이는 하늘이 신을 폐하陛下께 준 것이라, 폐하께서 신의 계책을 쓴 것이 다행히 때에 적중했을 뿐이니, 신은 원컨대 유 땅에 봉해지는 것으로 만족할 뿐이요, 감히 삼만 호는 당치 않습니다." 하여, 마침내 유후留侯로 봉하였다.

선전관宣傳官 이장길李長吉

滿眼湖山足點頭　눈 가득 강산은 만족할 정도로 머리를 끄덕이겠고
壁間騷詠盡名流　벽 사이에 읊조린 제영시는 모두 명사들의 작품이네.
不嫌十載長鎗手　십 년 동안 장창수 노릇 한 일 싫지 않기에
故索新詩一首留　짐짓 새로운 시 찾아 한 수 남기려고 하네.

不事詩書久掉頭　시서를 일삼지 않은 채 오랫동안 고개를 돌렸고
客中辜負歲華流　나그네 생활에 덧없이 세월만 가 버렸네.
爲牽奇勝偏玆地　기이한 승경에 이끌려 이곳만 유독 다녔고
一句安排半日留　한 구절 시 짓느라 반나절을 머물렀네.

선전관宣傳官 이장길李長吉

◎ **이장길** ㅣ 생몰년 미상. 본관 벽진碧珍. 자 자하子賀. 창녕에 거주하며 김굉필金宏弼로부터 학문을 사사. 의성현령, 평안도병마우후 등을 역임.

도사都事 손중돈孫仲暾

區練川回斷岸頭　비단 같은 냇물이 한 구역을 돌아 벼랑에서 끊어지고
小堂瀟灑俯寒流　작은 당 쓸쓸하게 차가운 강물을 굽어본다.
望窮眼界平湖闊　눈길 다하는 곳에는 넓은 호수 잔잔하고
中有閑鷗自在留　중간에 한가로운 갈매기들이 머물러 있네.

靑山斷處碧江頭　푸른 산 다한 곳에 푸른 강이 이어져
樓壓華堂堂壓流　마루는 그림 같은 방을 압도하고 방은 강물을 압도하네.

小醉未醒風景暮　잠시 취한 술 덜 깨었는데 풍경이 저물고
月明湖上儘堪留　호수 위에 달 밝으니 참으로 머물 만하네.

도사都事 손중돈孫仲暾

◎ **손중돈** | 1463년(세조 9)–1529년(중종 24). 본관 경주慶州. 자 태발泰發, 호 우재愚齋. 계천군鷄川君 손소孫昭(1433–1484)의 아들.

◎ **비고** | 1495년(연산군 1) 4월 22일 형조좌랑에서 경상도도사로 도임, 1496년(연산군 2) 4월 27일 사온서령으로 이임.

경차관敬差官 박의영朴義榮

八窓傑閣枕城頭　팔방으로 창 달린 큰 누각이 성 머리에 놓였고
一帶長川萬古流　한 줄기 긴 강은 만고에 흐르네.
十載紅塵奔走客　십 년 동안 홍진 세상 분주히 다닌 나그네
仙區此日暫淹留　오늘 신선이 사는 곳에 잠시 머물렀네.

故鄕何事到心頭　무슨 일로 고향이 마음에 와 닿는가?
客裏偏驚歲月流　나그네 생활에 흘러가는 세월 놀랍기만 하구나.
景物登臨雖可賞　누각에 올라 경치를 바라보고 싶지만
王程有限肯遲留　나랏일 기한 정해져 어찌 머물러 지체하랴.

향인鄕人 경차관敬差官 박의영朴義榮

◎ **박의영** | 1456년(세조 2)–1519년(중종 14). 본관 밀양密陽. 자 거화去華. 1482년(성종 13) 친시문과 급제. 승정원정자, 사헌부집의, 대사간 등을 역임.

홍문관직제학弘文館直提學 양희지楊熙止

堂在青山欲盡頭　당은 청산이 끝나는 곳에 있고
堂前江水抱城流　당 앞에는 강물이 성을 안고 흐른다.
風煙驅入乾坤眼　풍경이 건곤을 몰아다가 눈에 들이니
下榻遲遲故故留　천천히 걸상을 내려 일부러 머무노라.

澄江如練畫堂頭　맑은 강 피륙 펼친 듯 그림 같은 당 앞에
却憶玄暉第一流　도리어 사현휘[20]처럼 일류의 시인을 생각한다.
更有月明堪晝[21]處　다시금 달 밝으면 그릴 만한 곳 있으니
漁舟一點鏡中留　고깃배 한 점이 거울 속을 머무네.

홍문관직제학弘文館直提學 양희지楊熙止

◎ **양희지** ｜ 1439년(세종 21)–1504년(연산군 10). 본관 중화中和. 자 가행可行, 호 대봉大峰. 1474년(성종 5) 식년문과 급제. 홍문관부수찬, 동지성균관사, 한성부우윤 등을 역임. 저서『대봉집大峯集』.

◎ **비고** ｜『대봉집』 권1, 〈차임경당운次臨鏡堂韻〉.

청도군수淸道郡守 이굉李浤

闌干十二碧山頭　열두 난간[22] 푸른 산머리에 있고

---

20 사현휘謝玄暉 : 남제南齊 때의 시인 사조謝朓(464–499)로, 현휘는 그의 자字이다. 글씨가 빼어났고 오언시를 잘 지었다.

21 원문 '晝' 자 두주에 "주晝는 마땅히 화畵로 써야 한다.(晝當作畵)"는 말이 있다. 번역도 이를 따랐다.

22 열두 난간 : 일반적으로 높은 누각樓閣의 난간에 곡절曲折이 많은 것을 말한다.

更有澄江袞袞流　다시 맑은 강이 출렁출렁 흐르네.
此是男兒行樂處　여기는 남아가 행락하는 곳
斜陽下榻重淹留　비끼는 노을에 책상을 두고 거듭 머무르네.

日暮魚舟橫渡頭　해 저물어 고기잡이배 나룻터 가를 가로지르고
樓中宿客盡風流　누각 안에서 자던 나그네는 풍류를 다하였네.
醉深直到三更月　깊이 취하여 곧바로 삼경 달 뜨는 시간이 되니
明日酒醒何處留　밝은 달에 취했다 깨며 어디에 머무를꼬?

청도군수清道郡守 이굉李浤

◎ **이굉** | 1440년(세종 22)-1516년(중종 11). 본관 고성固城. 자 심원深源, 호 귀래정歸來亭. 1480년(성종 11) 식년문과 급제. 상주목사, 충청도병마절도사, 개성부유수 등을 역임.

선위사宣慰使 김준손金駿孫

烟微雲淡隔林頭　안개 가늘고 담담한 담박한 수풀 가에서
有客憑閣[23]淚欲流　난간에 기댄 나그네는 눈물을 흘릴 듯
日落江空塵事小　해 지자 강은 비어 세속 일은 적은데
春深更待月明留　봄이 깊어 밝은 달을 띠고 다시 머무르네.

風煙依舊鏡湖頭　풍경이 의구한 거울같이 맑은 호숫가
是處塵懷付遠流　이곳에서 세속 생각을 물에 멀리 흘려보낸다.

---

23 원문 '閣' 자 두주에 "각閣은 마땅히 난闌이 되어야 한다.(閣當作闌)"는 말이 있으며, 번역도 이를 따랐다.

人事變遷光景在　사람은 바뀌어도 광경은 남아 있어
鶴歸華表浪吟留　화표주에 학이 돌아와 부질없이 읊조리는구나.[24]

선위사宣慰使 의정부검상議政府檢詳 김준손金駿孫

◎ **김준손** ㅣ 1454년(단종 2)~1508년(중종 3). 본관 청도淸道. 자 백운伯雲, 호 동창東窓. 탁영濯纓 김일손金馹孫의 형. 1486년(성종 17) 중시 급제. 이조정랑, 함양군수, 경상도 경차관 등을 역임.

봉상시부정奉常寺副正 허지許遲

華構崢嶸枕水頭　화려한 누각 우뚝우뚝 강물을 베고
壁間題詠儘名流　벽 사이 제영은 모두 명사들의 작품.
先君墨跡渾如昨　선군[25]께서 남긴 글씨 어제 일인 듯
小子悲吟盡日留　소자는 슬피 읊으며 하루 종일 머무네.

客中華髮不饒頭　나그네 생활에 흰머리는 조금씩 생기고
人世浮沈水自流　강물은 인간 세상 부침하며 저절로 흐른다.
憶得少年時日事　지난날 젊은 시절 생각해 보노라니
唯有江山不語留　오로지 강산만이 말없이 머물러 있네.

雲窓霧閣列巖頭　구름 창 안개 누각이 바위 머리에 서서
形勝由來第一流　좋은 경치 본래부터 영남에서 가장 좋았구나.

---

24 화표주에……읊조리는구나 : 한漢나라 요동遼東 사람 정영위丁令威와 관련된 고사이다. 그는 도술을 익혀 학鶴으로 화신하여 요동에 돌아와 화표주에 앉아 이르기를, "새여 새여 정영위여, 집을 떠난 천년 만에 이제 돌아왔네.(有鳥有鳥丁令威 去家千年今始歸)"라고 읊조렸다.

25 선군先君 : 밀양부사 허계許誡(?~1502).

客子獨吟還俯滿	나그네 홀로 읊다 돌이켜 굽어보니
瞰江烟雨白鷗留	강 가득 안개비에 백로가 남아 있네.

昔日少年今白頭	옛날 소년이 지금은 백발이 되었으니
悠悠世事付東流	세상일은 다만 흐르는 물에 부치노라.
新秋物色渾依舊	가을 들자 물색은 모두 여전한데
堂上何人挽我留	마루 위에 누가 나를 만류하겠는가?

봉상부정奉常副正 허지許遲

◎ **허지** | 생몰년 미상. 본관 하양河陽. 자 희범希范. 밀양부사 허계許誡의 아들. 1504년(연산군 10) 식년문과 급제. 지평, 헌납, 사간 등 언관言官 역임.

선위사宣慰使 성세창成世昌

樓在蒼茫大野頭	아스라이 큰 들판 머리에 누각이 있어
捲簾濃綠隱江流	주렴을 걷으면 짙은 푸름이 강에 숨어 흐른다.
烟生古渡天將暮	연기 나는 옛 나루터에 날이 저물려 하니
十里斜陽一半留	십 리 멀리 기우는 볕이 반쯤은 남았구나.

月斜人倚玉欄頭	달 기울자 사람은 옥 난간 머리에 서서
欲採蘋花弄碧流	마름꽃을 캐려고 푸른 물을 희롱한다.
堪恨春光同逝水	한스럽구나, 봄빛은 흘러가는 물과 같아
綠楊深鎖曉鶯留	푸른 버들 깊은 곳에 새벽 꾀꼬리 남았네.

선위사宣慰使 성세창成世昌

◎ **성세창** | 1481년(성종 12)–1548년(명종 3). 본관 창녕昌寧. 자 번중蕃仲, 호 돈재遯齋. 성염조成念祖의 손자, 성현成俔의 아들. 1507년(중종 2) 증광문과 급제. 강원도관찰사, 대사헌, 형조판서 등 역임.

◎ **비고** | ㉮ 선위사 : 조선 시대에 여러 나라의 사신使臣이 입국하였을 때 그 노고를 위문하기 위하여 파견한 관리.
㉯『중종실록』 34년(1539) 2월 5일에 소세양을 원접사로, 성세창을 영위사로, 신광한을 도사 선위사로 삼았다는 기사가 있음.

관찰사觀察使 한효원韓效元

縹緲城南百尺頭　푸르스름한 성 남쪽 백 척 절벽 머리에
樓臺倒影浸寒流　누대 그림자 거꾸러져 강물이 젖었구나.
酒醒日午破幽夢　한낮에 술이 깨어 깊은 꿈을 깨었더니
林外亂啼黃栗留　숲 너머 꾀꼬리 소리 어지러이 지저귀네.

졸음 뒤에 꾀꼬리 소리를 듣고(右睡餘聞鶯)

重來按節雪蒙頭　지방관이 되어 다시 오니 흰머리가 덮였는데
憶昔望湖湖自流　예전 망호당 앞에는 강물이 저절로 흘렀었지.
明月淸風渾似舊　밝은 달 맑은 바람 완연히 예전과 같건만
何人挽我更遲留　어떤 이가 나를 끌어 다시 머물게 하려나.

앞에 노닐었던 때를 생각하며(右追思前遊)

千里炎塵沒馬頭　천 리 길 텁텁한 먼지 말머리를 뒤덮어
行人揮汗滴成流　행인은 흘러내리는 땀을 씻어 내린다.
天公慰我雲霓望　하늘이 우릴 위해 구름 무지개 보이니
乘快開尊又一留　상쾌한 흥에 술 단지 열어 또 한 번 머문다.

오랜 가뭄 뒤에 비가 오기에(右久旱得雨)

屈公枳棘作遨頭　굴원처럼 쫓겨나 지방관이 되었는데[26]

治最南方鎭俗流　남방의 좋은 치적 속된 무리를 눌렀네.

更把翳[27]民三昧手　백성을 살려내는 능숙한 수단을 가지고

從教病客獲安留　병든 객을 보호하여 편안히 머물게 하네.

병이 조금 나은 데 사례하며(右謝病少愈)

관찰사觀察使 한효원韓效元

◎ **한효원** | 1468년(세조 14)–1534년(중종 29). 본관 청주淸州. 자 원지元之. 호 오계梧溪. 1501년(연산군 7) 식년문과 급제. 대사헌, 도승지, 영의정 등을 역임.

◎ **비고** | 1522년(중종 17) 6월 13일 예조참판에서 경상도관찰사로 도임. 1523년(중종 18) 6월 동지중추부사로 이임.

성주목사星州牧使 신부申溥

十里蒼烟古渡頭　십 리 푸른 안개 옛 나루 머리에

白鷗波作玉虹流　흰 갈매기 물결은 옥무지개 되어 흐르네.

半生雲水情難禁　반평생 물과 구름처럼 떠도는 심사를 금치 못하여

勝地逢來任去留　명승지를 만나면 멋대로 가고 머무네.

作客天南地盡頭　하늘 남쪽 땅 끝나는 곳에 나그네 되니

此身於世任萍流　이 몸은 세상에서 흐르는 대로 맡긴 부평초라네.

---

26 굴원처럼……되었는데 : 삼려대부三閭大夫로 있다가 조정에서 쫓겨난 초楚나라 굴원屈原의 〈어부사漁父辭〉에 "세상은 모두 혼탁한데 나만 홀로 맑고, 사람들 모두가 취했는데 나만 혼자 깨었구나. 그래서 조정에서 쫓겨났다.(擧世皆濁我獨淸 衆人皆醉我獨醒 是以見放)"는 말이 있다.

27 원문 '翳' 자 두주에 "예翳는 의醫의 오자이다.(翳醫之誤)"라는 말이 있으며, 번역도 이를 따랐다.

邇來荒政渾無暇　　요즈음 흉년 구휼로 전혀 여가가 없건만
肯爲佳人一笑留　　아름다운 사람 위해 한번 웃으며 머무네.[28]

曺劉墻下幾位頭　　조유[29]의 담장 아래 얼마나 머리 숙였는데
敢道詞源可倒流　　글이 강물 쏟는 듯하다 감히 말할 수 있으랴.
盡上凌烟非我事　　능연각에 화상 그림은 나의 일이 아니지만[30]
虛名擬已足封留　　헛된 명성의 내가 유후[31]로 책봉된 듯하구나.

성주목사星州牧使 신부申溥

◎ **신부** | 1446년(세종 28)–?. 본관 고령高靈. 신숙주申叔舟의 아들, 신형申泂의 형. 자 언심彦深. 1465년(세조 11) 음직蔭職으로 사과司果에 오름.

◎ **비고** | 『성종실록』 16년(1485) 1월 27일에 신부를 통정대부 성주목사로 제수한 기록이 있음.

관찰사觀察使 이사균李思鈞

面面靑山水一頭　　면면이 푸른 산이고 한쪽은 강물인데

---

28 아름다운……머무네 : 후희侯喜가 월越의 여인에게 혹하여 3년 동안 돌아오지 않기에 한유韓愈가 경계하여 보낸 시의 "월녀의 한번 웃음에 삼 년을 머물고 말았네.(越女一笑三年留)"라는 구절에서 차용한 것이다.

29 조유曺劉 : 후한 시대 건안建安 연간의 시인인 조식曺植과 유정劉楨의 병칭으로, 문장으로 이름을 드날렸다. 특히 사영운謝靈運은 조식의 재주를 "천하의 글재주가 모두 합쳐서 한 섬이라면, 조자건 혼자 여덟 말을 차지하고, 나는 한 말이요, 나머지 한 말을 천하 사람들이 나누어 갖고 있다."라고 극찬하였다.

30 능연각에……아니지만 : 원문 '盡' 자 두주에 "진盡은 아마도 화畵 자가 되어야 할 것이다.(盡疑作畵)"라는 말이 있으며, 번역도 이를 따랐다. 능연각凌煙閣은 당 태종이 만든 공신각功臣閣으로, 장손무기長孫無忌·두여회杜如晦·위징魏徵·방현령房玄齡 등 훈신勳臣 24명의 초상화를 그려서 여기에 걸어 놓게 하였다.

31 유후 : 한 고조漢高祖의 모신謀臣 장량張良을 가리킨다. 한 고조가 천하를 통일하고 나서, 비록 전투戰鬪의 공은 없으나 모책謀策의 공이 큰 장량을 유후留侯로 봉하였다.

縈林蘸日撼城流　숲을 둘러 해를 담그고 성을 흔들며 흐른다.

膏盲[32]泉石旋遲發　천석의 깊은 병이 뒤늦게 일어나서이지

老子非緣越女留　늙은이가 남쪽 여인 때문에 머무르는 건 아니라네.

관찰사觀察使 이사균李思鈞

◎ **이사균** | 1471년(성종 2)–1536년(중종 31). 본관 경주慶州. 자 중경重卿, 호 눌헌訥軒. 1498년(연산군 4) 식년문과 급제. 우승지, 이조판서, 지중추부사 역임.

◎ **비고** | 1535년(중종 30) 6월 좌참찬에서 경상도관찰사로 도임, 1536년(중종 31) 6월 한성부 판윤으로 이임.

관찰사觀察使 송겸宋礛

凝香燕寢在城頭　응향각 연침당이 성 머리에 있고

練樣淸川檻外流　비단 같은 맑은 냇물은 난간 밖에 흐르네.

入眼風光看更好　눈으로 들어오는 풍경 보기에 다시 좋으니

小窓終日爲遲留　작은 창에서 종일 지체하며 머무른다.

倦倚華樓最上頭　화려한 누각 가장 높은 곳에 노곤하게 기대어

時將短髮照江流　때때로 짧은 머리를 강물에 비춰 보노라.

江流似解遊人意　강물은 유람객의 뜻을 이해하는 듯

直到樓前去却留　누각 앞에 곧바로 와서는 가다가 도로 머무네.

---

32 원문 '盲' 자 두주에 "맹盲은 마땅히 고肓로 써야 한다.(盲當作肓)"는 말이 있으며, 번역도 이를 따랐다.

관찰사觀察使 송겸宋㻩

◎ **송겸** | 생몰년 미상. 본관 여산礪山, 자 여온汝溫, 호 추애秋厓. 1520년(중종 15) 별시문과 장원급제. 개성부유수, 충청도관찰사, 형조참판 등을 역임.

◎ **비고** | 1537년(중종 32) 2월 이조참의에서 경상도관찰사로 도임, 1538년(중종 22) 3월 개성부유수로 이임.

관찰사觀察使 송순宋純

兩山橫野揭龍頭　두 산이 들에 비껴 용머리를 쳐들고
一水縈城曳玉流　성을 둘러 한 줄기 강물 벽옥을 끌고 가네.
塵土半生曾未見　티끌세상 반평생 일찍이 못 보았기에
登臨此日去還留　오늘 올라와선 가다가 도로 머문다.
春花秋月一江頭　봄꽃과 가을 달이 한 줄기 강 머리에
多小遊人逝若流　노는 이들 얼마나 강물처럼 흘러갔나.
可惜悲歡當日事　안타깝다 슬픔과 환락 지난날의 일들을
題詩空向壁間留　시를 지어 공연히 벽 사이에 남겼네.

관찰사觀察使 송순宋純

◎ **송순** | 1493년(성종 24)–1582년(선조 15). 본관 신평新平. 자 수초遂初·성지誠之, 호 기촌企村·면앙정俛仰亭. 1519년(중종 14) 별시문과 급제. 홍문관부제학, 충청도어사, 경상도관찰사 등을 역임. 저서『면앙집俛仰集』.

◎ **비고** | ㉮ 1540년(중종 35) 9월에 승정원도승지에서 경상도관찰사로 도임, 1541년(중종 36) 10월 동지중추부사로 이임.

㉯『면앙집』권1, 〈차영남루동봉래관운次嶺南樓東蓬萊觀韻 이수二首〉.

도사都事 남응룡南應龍

昔人題詠在樓頭　옛 사람 지은 시는 누각 머리에 있는데
物換千年江自流　천년 세월 바뀌도록 강은 절로 흐르네.
霞鶩不堪吟斷絶　노을과 따오기 시를 감당 못해 중단하고
感時懷舊重淹留　시절 감회 옛 생각에 다시 한참 머무노라.

淡雲籠月照窓頭　맑은 구름 달을 거두어 창 머리에 비추니
枕上和眠聽水流　베개 위에 졸음과 함께 강물 소리 듣는다.
遊子心中有題品　떠도는 이 심중에는 품평하는 격조 있는데
江山何處最敢留　어느 곳 강산이 가장 머무를 만하던가?

도사都事 남응룡南應龍

◎ **남응룡** | 1514년(중종 9)–1555년(명종 10). 본관 의령宜寧. 자 경림景霖, 호 이요당二樂堂. 1535년(중종 30) 별시문과 급제. 홍문관부교리, 강원도경차관, 공조참의 등을 역임.

◎ **비고** | 1541년(중종 36) 3월 병조좌랑에서 경상도도사로 도임, 1542년(중종 37) 4월 한성부판관으로 이임.

신광한申光漢

吟詩更覺白添頭　시 읊으니 다시금 흰머리 늘어나고
未到憑軒涕已流　난간에 기대기 전에 눈물이 먼저 흐르네.
望湖曾見吾先子　일찍이 선친[33]께서 망호당에 남기신 글을 보았는데
新得芳名且永留　새로 좋은 명성 얻어 장차 길이 남기려네.

33 선친先親 : 신형申泂(1449–1487)을 가리킴.

신광한申光漢

◎ **신광한** | 1484년(성종 15)–1555년(명종 10). 본관 고령高靈. 자 한지漢之, 호 석선재石仙齋. 신숙주申叔舟의 손자, 신형申泂의 아들. 저서 『기재집企齋集』.

관찰사觀察使 정만종鄭萬鍾

二十年前尙黑頭	이십 년 전[34]에는 그래도 검은 머리
來遊幕府足風流	감영에 와서 근무하며 풍류도 좋았지.
如今杖節多慚愧	부절을 짚고 온 오늘 부끄러움 많으니
髮白顔枯更滯留	머리 세고 얼굴 찌들어 다시 체류하다니.

관찰사觀察使 정만종鄭萬鍾

◎ **정만종** | ?–1549년(명종 4). 본관 광주光州. 자 인보仁甫, 호 조계棗溪. 1516년(중종 11) 별시문과 급제. 형조참판, 예조참판, 함경도관찰사 등을 역임.

◎ **비고** | ㉮ 1526년(중종 21) 6월 경상도도사로 도임.
㉯ 1548년(명종 3) 3월 25일 동지중추부사에서 경상도관찰사로 도임, 1549년(명종 4) 4월 호조참판으로 이임.

도사都事 신일辛馹

遠客登臨地盡頭	멀리서 온 나그네 땅이 끝나는 곳을 오르니

34 이십 년 전 : 1526년(중종 21) 6월에 정만종은 경상도도사로 도임하여 영남루를 방문하였다.

一堂瀟灑枕溪流　마루 하나가 깔끔하게 흐르는 시내를 베고 있네.

王程莫得偸餘暇　나라의 일로 한가한 틈을 낼 수 없기에

擬學三年一笑留　삼 년 만에 한번 웃듯이 잠시 머무르려 하네.[35]

半世奔忙欲白頭　반평생 분주하게 다니느라 머리는 세어 가고

暗看時序夢中流　가만히 보니 계절은 꿈결처럼 흘렀구나.

沿途幸喜畫堂在　길가에 다행히도 그림 같은 집이 있어

記與新詩爲後留　새로운 시 지어 뒷날 위해 남겨 두네.

도사都事 신일辛馹

◎ **신일** ㅣ 생몰년 미상. 본관 영산靈山. 자 치원致遠. 1538년(중종 33) 별시 급제.

◎ **비고** ㅣ 심통원이 관찰사로 재직하던 1549년(명종 4)에 전라도에서 도임하여, 9월에 공조 정랑으로 이임.

관찰사觀察使 심통원沈通源

千里紅塵沒馬頭　천 리 길 붉은 먼지에 말 머리를 파묻다가

滌煩今日俯長流　오늘은 걱정 씻으려 긴 강물을 굽어본다.

森羅景物無窮界　삼라만상의 사물들과 가없는 세상의 이치

不覺斜陽久滯留　해 지는 줄 모르고 오래도록 머문다.

관찰사觀察使 심통원沈通源

35 삼……하네 : 후희侯喜가 월越의 여인에게 혹하여 3년 동안 돌아오지 않기에 한유韓愈가 경계하여 보낸 시에, "월녀의 한번 웃음에 삼 년을 머물고 말았네.(越女一笑三年留)"라는 구절이 있다.

◎ **심통원** ｜ 1499년(연산군 5)-?. 본관 청송靑松. 자 사용士容, 호 욱재勗齋. 1537년(중종 32) 별시문과 장원급제. 병조참지, 우승지, 예조참판 등을 역임.

◎ **비고** ｜ 1549년(명종 4) 4월 18일 승정원좌승지에서 경상도관찰사로 도임. 1550년(명종 5) 4월에 병으로 사직.

관찰사觀察使 조사수趙士秀

遺篇讀罷却搔頭　남긴 글 읽고 나서 도리어 머리 긁나니

屈指空悲歲月流　손을 꼽아 괜스레 흐른 세월 슬퍼하네.

大手發揮增煥赫　큰 솜씨 발휘하여 찬란함을 더하고

世傳文彩古今留　대대로 문채를 전하여 고금에 남기었네.

관찰사觀察使 조사수趙士秀

◎ **조사수** ｜ 1502년(연산군 8)-1558년(명종 13). 본관 한양漢陽. 자 계임季任, 호 송강松岡, 시호 문정文貞. 1531년(중종 26) 식년문과 급제. 이조판서, 지중추부사, 좌참찬 등 역임. 저서 『송강집』.

◎ **비고** ｜ 1550년(명종 5) 6월 4일 경상도관찰사로 도임, 1551년(명종 6) 6월 1일 홍문관부제학으로 이임.

관찰사觀察使 정응두丁應斗

半世光陰入轉頭　반평생의 세월이 돌아볼 순간에 지나니

百年人事逐奔流　백 년의 인간사 물 따라 바쁘게 흘렀네.

英雄古今知多少　고금에 영웅이 얼마나 많았을까마는

只有遺名板上留　그저 이름만 시판 위에 남아 있구나.

관찰사觀察使 정응두丁應斗

◎ **정응두** | 1508년(중종 3)–1572년(선조 5). 본관 나주羅州. 자는 추경樞卿. 1534년(중종 29) 식년문과 장원급제. 이조좌랑, 병조판서, 함경도관찰사 등을 역임.

◎ **비고** | 1552년(명종 7) 6월 27일 한성부우윤에서 경상도관찰사로 도임, 1553년(명종 8) 9월 1일 병조참판으로 이임.

도사都事 이명李銘

危樓百尺聳雲頭　일백 척 높은 누각 구름 위에 솟구치고

影落長江碧玉流　그림자는 긴 강으로 져 푸른 옥처럼 흐르네.

滿壁題詩人去後　벽에 가득 시를 지은 사람들은 다 떠나가고

一天明月照空留　온 하늘에 밝은 달이 비추어 부질없이 머무네.

도사都事 이명李銘

◎ **이명** | 1521년(중종 16)–?. 본관 전주. 자 자신子新. 1546년(명종 1) 식년시 급제.

◎ **비고** | 1552년(명종 7) 10월 26일 병조좌랑에서 경상도도사로 도임, 1553년(명종 8) 7월 공조정랑으로 이임.

관찰사觀察使 이몽량李夢亮

百尺危樓壓水頭　백 척 높은 누각 강물을 눌렀는데

登臨多少幾嘆流　몇 사람이 여기에 올라 흐르는 물 한탄했을까.[36]

---

36 몇……한탄했을까 : 『논어論語』「자한子罕」편에 "가는 것이 이와 같구나. 밤낮을 쉬지 않는도

世間萬事消磨盡　세상 온갖 일이 닳아서 다 사라지고
只有前賢傑句留　앞서 간 선현의 걸출한 시구만 남았네.

作客經年地一頭　땅 끝에서 나그네 신세로 한 해를 넘기니
歸心無盡水同流　돌아가려는 마음 끝없이 물과 함께 흐른다.
如今又被終天恨　오늘은 또 망자와 이별의 한을 품었기에
涕泗憑軒更滯留　난간에 기대 눈물 흘리며 다시 머무르네.

관찰사觀察使 이몽량李夢亮

형의 부음을 들었기 때문에 한 말이다.(聞兄訃音故云)

◎ **이몽량** ㅣ 1499년(연산군 5)–1564년(명종 19). 본관 경주慶州. 자 언명彦明. 1528년(중종 23) 식년문과 급제. 승정원주서, 경상도어사, 한성부판윤 등을 역임.

◎ **비고** ㅣ 1551년(명종 6) 6월 3일 승정원도승지에서 경상도관찰사로 도임, 1552년(명종 7) 7월 동지중추부사로 이임.

도사都事 한여철韓汝哲

江樓登望幾勞頭　강루에 올라보려고 얼마나 노력했던가.
最愛寒溪檻底流　난간 아래 차가운 냇물이 가장 좋구나.
不待越娥牽遠客　남방 아가씨 멀리 온 나그네 잡지 않아도
倚欄終日更淹留　난간에 기대 종일 다시 지체하며 머무노라.

도사都事 한여철韓汝哲

다.(逝者如斯夫 不舍晝夜)"라고 한 말이 있으며, 이는 잠시도 쉴 새 없이 흐르는 냇물을 보고 천지天地의 조화가 잠시도 쉬지 않고 왕래하는 것을 한탄한 뜻이라는 풀이가 있다.

◎ **한여철** ㅣ 생몰년 미상. 본관 청주清州. 자 중명仲明. 한계희韓繼禧의 증손. 1548년(명종 3) 부묘별시문과祔廟別試文科 급제. 예문관검열, 곤양군수, 공조좌랑 등을 역임.

◎ **비고** ㅣ 1553년(명종 8) 7월 22일 형조좌랑에서 경상도도사로 도임, 1554년(명종 9) 1월에 파직되어 이임.

도사都事 이희검李希儉

茂林脩竹滿江頭　무성한 숲 긴 대나무 강 머리에 가득하고
更有飛樓枕碧流　나를 듯한 누각 푸른 강 베고 누웠네.
坐久已忘淸晝永　한참 앉아 맑은 낮이 긴 줄도 모르니
溪山自是挽人留　산천은 저절로 사람을 끌어 머물게 하네.

도사都事 이희검李希儉

◎ **이희검** ㅣ 1516년(중종 11)–1579년(선조 12). 본관 전주全州. 자 경질景質, 호 동고東皐·국재菊齋. 1546년(명종 1) 증광문과 급제. 홍문관교리, 대사헌, 병조판서 역임. 저서 『동고집東皐集』.

◎ **비고** ㅣ 1551년(명종 6) 9월 15일 경상도도사로 도임, 1552년(명종 7) 체직되어 이임.

관찰사觀察使 정언각鄭彦慤

仗鉞歸來已白頭　부월 짚고 돌아오니 머리 이미 세었는데[37]
凝川渾似昔年流　응천은 변함없이 예전처럼 흐르는구나.

37 부월……세었는데 : 정언각은 1540년(중종 35) 2월 8일 병조좌랑에서 경상도도사로 도임하여 1541년 2월 사간원헌납으로 이임하였다.

身同遼鶴多悲感　몸은 요동의 학처럼 슬픈 감회 많은데[38]
喬木滿園人不留　큰 나무가 동산에 가득해도 사람은 머물지 않네.
향인鄕人 관찰사觀察使 정언각鄭彦慤[39]

◎ **정언각** ㅣ 1498년(연산군 4)–1556년(명종 11). 본관 해주海州. 자 근부謹夫. 1533년(중종 28) 별시문과 급제. 직제학, 전라도관찰사, 동지중추부사 등을 역임.

◎ **비고** ㅣ 1553년(명종 8) 9월 3일 호조참판에서 경상도관찰사로 도임, 1554년(명종 8) 9월 1일 한성부우윤으로 이임.

도사都事 장문보張文輔

樓壓高山欲盡頭　높은 산 끝나는 곳을 누각이 눌렀는데
俯臨澄碧一江流　내려다보니 맑고 푸른 강물 흘러가네.
來登數日渾忘去　며칠 동안 올라와서 떠날 줄 모르는데
更有佳人喚客留　다시금 가인이 객을 불러 만류하네.
도사都事 장문보張文輔

◎ **장문보** ㅣ 1516년(중종 12)–1566년(명종 21). 본관 순천順天. 자 백훈伯勳. 1546년(명종 1) 식년문과 급제.

◎ **비고** ㅣ 1554년(명종 9) 1월 15일 예조좌랑에서 경상도도사로 도임, 1555년(명종 10) 2월 형조정랑으로 이임.

---

38 몸은……많은데 : 요동의 학은 한漢나라 요동遼東 사람 정영위丁令威와 관련된 고사이다. 그는 도술을 익혀 학鶴으로 화신하여 요동에 돌아와 화표주에 앉아 이르기를, "새여 새여 정영위여, 집을 떠난 천년 만에 이제 돌아왔네.(有鳥有鳥丁令威 去家千年今始歸)"라고 읊조렸다.

39 정언각鄭彦慤 : 이름 부분만 묵서로 지웠다.

재상어사災傷御史 박계현朴啓賢

世事紛紛欲白頭	세상일 분분하여 머리가 세려는데
獨憑危檻對江流	홀로 높은 난간에 기대 강물을 대하네.
繡衣句當王家務	어사는 나라의 일을 처리하는 관리이지만
勝地無因一再留	명승지라 까닭 없이 두어 번 머무르네.

재상어사災傷御史 박계현朴啓賢

◎ **박계현** | 1524년(중종 19)~1580년(선조 13). 본관 밀양密陽. 자 군옥君沃, 호 관원灌園. 1552년(명종 7) 식년문과 급제. 예문관검열, 장단부사, 호조판서 등을 역임. 저서 『관원집灌園集』.

관찰사觀察使 조광원曺光遠

客裏忘嫌雪滿頭	여행하면서 하얗게 센 머리를 꺼려하지 않고
枉教離恨似江流	이별의 한을 억지로 흐르는 강물에 의지했지.
無端夜雨朝還霽	무단히 내리던 밤비 아침에는 도리어 개어
不肯行人一刻留	가는 사람을 잠시라도 머물지 못하게 하네.

관찰사觀察使 조광원曺光遠

◎ **조광원** | 1492년(성종 23)~1573년(선조 6). 본관 창녕昌寧. 자 회보晦甫. 조계상曺繼商의 아들. 1528년(중종 23) 별시문과 급제. 도승지, 함경도관찰사, 대사헌 등을 역임.

◎ **비고** | ㉮ 『명종실록』 10년(1555) 5월 16일에 조광원을 경상도도순찰사로 파견한 기록이 있음. ㉯ 1555년(명종 10) 11월에 공조판서에서 경상도관찰사로 도임, 1556년(명종 11) 9월 지중추부사로 이임.

도사都事 양응태梁應台

使華重到壓城頭	사신 행차로 다시 와서 성 머리를 진압하니
人物江山摠一流	인물과 강산이 모두 한 줄기 강물에 모였도다.
孰謂小梅無苦節	누가 작은 매화는 굳은 절개 없다고 했나?
依然紅色爲君留	의연히 붉은빛을 그대 위해 남겨 두었네.

도사都事 양응태梁應台

◎ **양응태** | 1517년(중종 12)-?. 본관 제주濟州. 자 경삼景三. 1543년(중종 38) 식년시 급제. 예조참의, 동래부사 등을 역임.

◎ **비고** | 1555년(명종 10) 2월 성균관전적에서 경상도도사로 도임. 1556년(명종 11) 9월 성균관전적으로 이임.

양응태

畫堂高起枕城頭	단청 칠한 당 높이 일어나 성 머리를 베고
下有長江袞袞流	아래로 긴 강 있어 유유하게 흐르네.
風景蒼茫供醉興	풍경은 창망하여 술 취한 듯한 흥취가 이니
試收忙步小遲留	바쁜 걸음 거두어 잠시 머무르게 하고 싶네.

전인前人

밀양부사密陽府使 이도남李圖男

十載南州白盡頭	남녘 고을에서 십 년 동안 머리 모두 세어
相逢還媿落風流	서로 만남도 낙담한 풍류라 도리어 부끄럽네.

霜蹄又慣花山路　준마[40]는 또 화산 가는 길이 익숙하기에
却恨星軺不暫留　사신의 수레 잠시도 머무르지 못함을 한하노라.
부사府使 이도남李圖男

◎ **이도남** ｜ 생몰년 미상. 본관 합천陜川. 자 대붕大鵬. 1533년(중종 28) 별시문과 급제. 성균관 전적, 공조좌랑, 동래부사 역임.
◎ **비고** ｜ 『밀양지』 "이도남李圖南"과 동일인.

관찰사觀察使 유강俞絳

霞鶩南昌讓一頭　노을과 따오기 남창의 경치도 첫째를 양보하고[41]
評題衮衮幾名流　이름난 시인들 남긴 글이 벽에 넘쳐나네.
登臨下視楊州鶴　올라와 보면 양주의 학[42]도 내려다보이기에
始覺恩封亦足留　은혜롭게 제수된 이 고을 머물 만한 곳임을 알겠네.
관찰사觀察使 유강兪絳

◎ **유강** ｜ 1510년(중종 5)–1570년(선조 3). 본관 기계杞溪. 자 강지絳之. 1541년(중종 36) 별시문과 급제. 평안도관찰사, 한성부판윤, 호조판서 등을 역임.

---

40 준마 : 원문의 '霜蹄'는 준마駿馬의 발굽. 곧 준마를 타고 다니는 조신朝臣들을 가리킨다.
41 노을과……양보하고 : 등왕각滕王閣보다 영남루의 경치가 빼어나다는 뜻이다. 왕발이 남창에 있는 등왕각을 대상으로 지은 「등왕각서滕王閣序」에 "지는 놀은 짝 잃은 따오기와 나란히 날고, 가을 강물은 끝없는 하늘과 한 색이로다.(落霞與孤鶩齊飛 秋水共長天一色)"라는 구절이 있다.
42 양주의 학 : 옛날에 네 사람이 각자 자기의 소원을 말하였는데, 한 사람은 양주자사楊州刺史가 되고 싶다고 하고, 한 사람은 많은 재물을 얻기를 원하고, 한 사람은 학을 타고서 하늘로 오르고 싶다고 했다. 이 말을 들은 한 사람이 "나는 허리에 10만 관貫의 돈을 두르고, 학을 타고서 양주로 날아가고 싶다.(腰纏十萬貫 騎鶴上楊州)"라고 하였다는 이야기가 전한다.

◎ **비고** | 1556년(명종 11) 9월 이조참의에서 가선대부로 승품되어 경상도관찰사로 도임. 1557년(명종 12) 9월 동지중추부사로 이임.

관찰사觀察使 오겸吳謙

廿載重來白盡頭　이십 년 만에 다시 오니 머리 모두 세었고
舊遊陳迹水空流　예 놀던 묵은 자취 강물만 공연히 흐르네.
倚欄更起鄕關夢　난간에 기대니 고향 생각이 다시 일어나
快馬何時任去留　어느 때 말을 달려 마음대로 떠날는지.

관찰사觀察使 오겸吳謙

◎ **오겸** | 1496년(연산군 2)–1582년(선조 15). 본관 나주羅州. 자 경부敬夫, 호 지족암知足庵 · 국재菊齋. 1532년(중종 27) 별시문과 급제. 예조좌랑, 광주목사, 좌찬성 등을 역임.

◎ **비고** | 1558년(명종 13) 2월 4일 병조참판에서 경상도관찰사로 도임, 같은 해 12월에 병으로 사직.

순변사巡邊使 김수문金秀文

峰巒環合爲江頭　봉우리는 고리처럼 합쳐져 강 머리 되었고
樓下千尋碧水流　누각 아래엔 일 천 길이 푸른 물 흐른다.
形勝嶺南應第一　빼어난 경치는 영남에서 응당 제일이기에
滿堂風月故遲流　당 가득한 풍월에 짐짓 지체하며 머무네.

仗節巡邊白盡頭　부절 짚고 변방 순찰하면서 머리 다 세었고

思親戀闕淚雙流　부모 생각 임금 그리움에 두 눈물 흐른다.

誰知不是吟風月　누가 알리오, 지금 지은 시 풍월이 아니라

他日要傳此日留　뒷날에 오늘의 일을 전하려 함인 줄을.

순변사巡邊使 김수문金秀文

◎ **김수문** ㅣ ?–1568년(선조 1). 본관 고령高靈. 자 성장成章. 중종 때 무과에 급제. 동래부사, 김해부사, 한성부판윤 등을 역임.

◎ **비고** ㅣ 『명종실록』 13년(1558) 2월 12일에 도순찰사 김수문에 대한 언급이 있음.

종사관從事官 유경심柳景深

擬斬樓蘭百萬頭　백만 누란[43]의 머리를 베어 버리고자

登臨長嘯誓江流　올라와 휘파람 불며 강물에 맹세하네.

試將軍令三盃酒　군령으로 석 잔 술을 돌리려 하다가

故被佳人一笑留　가인에게 이끌려 한바탕 웃으며 머무네.[44]

종사관從事官 유경심柳景深

◎ **유경심** ㅣ 1516년(중종 11)–1571년(선조 4). 본관 풍산豐山. 자 태호太浩, 호 구촌龜村. 1544년(중종 38) 별시문과 급제. 정주목사, 대사헌, 평안도관찰사 등을 역임. 저서 『구촌집龜村集』.

---

43 누란樓蘭 : 서역西域의 나라 이름이나 여기에서는 오랑캐의 뜻으로 쓰였다.

44 가인에게……머무네 : 후희侯喜가 월越의 여인에게 혹하여 3년 동안 돌아오지 않기에 한유韓愈가 경계하여 보낸 시의 "월녀의 한번 웃음에 삼 년을 머물고 말았네.(越女一笑三年留)"라는 구절에서 차용한 것이다.

종사관從事官 조광언趙光彦

高懸北闕越王頭　북쪽 대궐에 월왕의 머리 높이 걸었더니[45]
白雉東來海晏流　흰 꿩이 동으로 오고 바닷물 평안하네.[46]
元帥此日知底事　원수께서는 오늘 무슨 일 하시려는지?
却將周化二南留　이남[47]에 남긴 주나라 교화를 베풀려 하는구나.

旌旗高拂彩龍頭　채색 용 머리에 정기 높이 펄럭이고
曉開青樓俯碧流　푸른 누각 새벽빛에 푸른 물을 굽어본다.
神逐赤松㡅靜久　정신은 적송자 따라 조용해진 지 오래니
子房心事足封留　장자방의 심사는 유후로 책봉되기 충분했네.[48]

종사관從事官 조광언趙光彦

◎ **조광언** | 생몰년 미상. 자 군미君美. 1549년(명종 4) 식년문과 급제. 세자시강원필선, 홍문관교리, 강계부사 등을 역임.

---

45 북쪽……걸었더니 : 한 무제漢武帝와 관련된 고사로 오랑캐를 평정했다는 뜻이다. 한 무제가 선우대單于臺에 오른 뒤 선우單于에게 사신을 보내 남월왕의 머리를 북궐에 걸어 놓았으니, 직접 와서 싸우든가 신하로 복종하라고 선전포고한 일이 있다.

46 흰……평안하네 : 주周나라 성왕成王 때 주공周公의 섭정으로 천하가 태평해졌다. 그러자 월상씨越裳氏가 조회를 와서 흰 꿩(白雉)을 조공으로 바친 일이 있다. 월상씨는 교지交趾의 남쪽에 있던 고국古國의 이름이다.

47 이남二南 : 주周나라의 주남周南과 소남召南을 가리킨다.

48 정신은……충분했네 : 자방子房은 한漢나라 장량張良의 자字이다. 봉류封留는 장량이 유留 땅에 봉해졌기에 한 말이다. 『사기史記』「유후세가留侯世家」에 "인간 세상을 떠나 적송자赤松子를 따라 노닐고 싶다고 말한 뒤 벽곡辟穀을 하는 법을 배우고 도인導引과 경신輕身의 술법을 행하였다."라는 구절이 있다.

관찰사觀察使 이감李戡

原濕驅馳白盡頭	언덕과 진펄 치달리며 머리 모두 세었으나
菲材豈合任承流	못난 재주로 어찌 왕명을 받들기 적합하랴.
憑欄數日非探勝	난간에 기대어 수일 동안 경치 구경함 아니고
爲是籌邊許暫留	변방 지킬 계책 위해 잠시 머물렀다네.

去歲歸來山海頭	지난해 산해관에서 돌아왔다가
今春又渡洛東流	올 봄엔 또 낙동강 물을 건너왔네.
半生南北成何事	반평생 남북으로 다니며 무슨 일 하였던가.
愧乏絲毫可記留	털끝만큼도 기록에 남길 공이 없어 부끄럽네.

軒檻玲瓏碧岫頭	푸른 물 머리에 기둥 마루 영롱한데
湘簾高捲俯澄流	비단 발 높이 걷고 맑은 물 굽어본다.
江山信美渾閑事	강산이 참으로 아름다우나 도무지 부질없어
遊子天涯未足留	떠도는 자 하늘 가에 머물지 못하겠네.

莫是蓬壺最上頭	이곳은 봉래산 가장 높은 곳 아니던가?
仙居從古隔凡流	신선 사는 곳 예부터 세속과 막혔네.
傍人休怪停驂久	말을 한참 세워 두었다고 괴이하게 여기지 말라,
夙債要須勝地留	묵은 빚을 모름지기 명승지에 남기리라.

華構維南號一頭	화사한 건물 남방에 제일이라 부르니
樓中過客幾風流	누각 가운데 지나간 풍류객 몇이더냐?
我行正値春歸盡	내 걸음 정녕 봄이 다간 뒤에 온지라
只有榴花伴客留	단지 석류꽃만 객을 짝하여 남았네.

관찰사觀察使 이감李戡

◎ **이감** | 생몰년 미상. 본관 우계羽溪. 자 언신彦信. 1543년(중종 38) 식년문과 급제. 병조참판, 도승지, 대사헌 등을 역임.

◎ **비고** | 1559년(명종 14) 1월 19일 동지중추부사에서 경상도관찰사로 도임. 1560년(명종 15) 2월 17일 동지중추부사로 이임.

도사都事 김극일金克一

紅樓控壓巨鰲頭	붉은 누각은 큰 자라 머리를 당겨 눌렀고[49]
樓下深江凝不流	누각 아래 깊은 강은 엉긴 듯 흐르지 않네.
何處名區堪敵此	어느 곳 명승지를 여기와 견주랴,
此行疑入剡中留	이번 행차 섬중[50]에 들어가 머무는 듯하네.
臨江擧網得槎頭	강에 나가 뗏목 머리에서 그물을 드니
不費囊中銀一流	주머니 돈 쓰지 않아도 온통 은빛 흐르네.
忽憶故山烟雨裏	홀연 고향 산천 안개비 속에서
綠荷包飯柳汀留	푸른 연잎으로 밥을 싸고 버들 물가에 머물던 때가 생각나네.

---

49 붉은……눌렀고 : 영남루 창건 설화에 대한 설명으로, 임춘林椿의 〈제영남사題嶺南寺〉에 "일찍이 푸른 바다 신선이 사는 원교에, 영롱한 누각이 큰 자라 타고 있다가, 자라 기울고 바다 흔들려 신선들 놀라고, 높은 봉우리 하나 아득하게 영영 잃었다지. 그 봉우리 문득 이곳으로 옮겨 날아와, 옛 성 앞에 천년토록 웅크리고 있었네.(曾聞圓嶠臨蒼濤 樓閣玲瓏駕巨鰲 鰲傾海動群仙駭 茫茫失去一峯高 飛來怳惚移於斯 磅礴千古當古壕)"라는 표현이 있다.

50 섬중剡中 : 섬중계剡中溪의 준말이다. 진晉나라 왕휘지王徽之가 폭설이 내린 밤에 산음山陰에서 술을 마시며 좌사左思의 〈초은시招隱詩〉를 읊었다. 불현듯 섬계剡溪에 있는 친구 대규戴逵가 생각나 배를 저어 그 집 앞에까지 갔다가, 흥이 다한 나머지 배를 돌려서 돌아왔다는 고사가 있다.

誰將一箭落旄頭　누가 화살 하나를 쏘아 모두를 떨어뜨렸기에[51]

東海波濤久逆流　동해의 파도가 오래도록 거꾸로 흘렀는가.

相國胸中三釖壯　상국의 가슴속엔 세 검이 장하니[52]

定應千里小行留　천 리 길에 가고 멈춤을 작게 여기리라.

도사都事 김극일金克一

◎ **김극일** | 1522년(중종 17)–1585년(선조 18). 본관 의성義城. 자 백순伯純. 호 약봉藥峰. 1546년(명종 1) 증광문과 급제. 예천군수, 성주목사 등을 역임. 저서 『약봉일고藥峰逸稿』.

◎ **비고** | 1559년(명종 14) 1월 27일 조봉대부 김극일이 예조좌랑에서 경상도도사로 도임. 1560년(명종 15) 2월 20일 예조정랑으로 이임.

좌사간左司諫 정복시鄭復始

蓬瀛樓閣六鰲頭　봉래각 영주각은 여섯 자라 머리에 섰고[53]

檻外長波弱水流　난간 밖으로 긴 물결 약수[54]가 흘러가네.

夜半欲隨笙鶴去　한밤중에 우는 학을 따라가고 싶었으나

---

51 누가……떨어뜨렸기에 : 위력이 큼을 형용한 말이다. 원문의 '旄頭'는 묘성昴星과 같은 말로, 28수宿 중의 하나이다.

52 상국의……장하니 : 기상이 넓다는 뜻으로, 조 문왕趙文王과 장자莊子에 관련된 고사이다. 조 문왕은 평소 검을 좋아하였는데, 장자가 천자의 검, 제후의 검, 서인의 검을 설명하면서 조 문왕의 가신家臣들은 서인의 검에 해당한다고 평가하였다.

53 봉래각……섰고 : 영남루 창건 설화에 대한 설명으로, 임춘林椿의 〈제영남사題嶺南寺〉에 "일찍이 푸른 바다 신선이 사는 원교에, 영롱한 누각이 큰 자라 타고 있다가, 자라 기울고 바다 흔들려 신선들 놀라고, 높은 봉우리 하나 아득하게 영영 잃었다지. 그 봉우리 문득 이곳으로 옮겨 날아와, 옛 성 앞에 천년토록 웅크리고 있었네.(曾聞圓嶠臨蒼濤 樓閣玲瓏駕巨鰲 鰲傾海動群仙駭 茫茫失去一峯高 飛來怳惚移於斯 磅礴千古當古壕)"라는 표현이 있다. 봉래각과 영주각은 신선이 사는 누각이다.

54 약수弱水 : 전설 속의 물 이름으로, 삼신산의 하나인 봉래산이 있는 섬으로부터 약 30만 리쯤 떨어져서 인간 세상과 격리시키며 그 섬을 둘러싸고 있다고 한다.

恐貽虛怪且遲留　괴이하다 여길까 두려워 머물렀노라.

憑欄終日久魁頭　난간에 기대 종일토록 머리를 숙이고
入幕慚非第一流　막부에 들어서도 제일류 아님이 부끄럽네.
不有相公寬客禮　상공께서 객을 관용하시는 예가 없었다면
棠陰那得一年留　어찌 당음[55]에서 일 년 동안 머물렀겠는가.

좌사간左司諫 정복시鄭復始

◎ **정복시** ǀ 1522년(중종 17)–1595년(선조 28). 본관 동래東萊. 자 이건以健, 호 계담桂潭 · 계헌桂軒. 1555년(명종 10) 식년문과 급제. 고부군수, 호조참의, 돈녕부도정 등을 역임. 저서 『계담집桂潭集』.

◎ **비고** ǀ 『영남루제영시문』(밀양 : 밀양문화원, 2002)에는 두 번째 시가 김극일의 작품으로 수록되어 있음.

청도군수清道郡守 양홍楊洪

鰲山六載白渾頭　오산[56]에서 육 년 동안 머리 온통 세었으니
方信他鄉歲月流　타향에서 세월 잘 흐른다는 말 믿겠네.
幸荷旁隣心鄭重　다행스럽게도 좋은 이웃들 마음이 순하여
仲宣樓上任遲留　중선의 누각[57] 위에서 마음껏 머물겠네.

---

55 당음棠陰 : 『시경詩經』 〈감당甘棠〉에서 유래한 말로, 선정善政을 베푼 지방관이 다스리는 고을이란 뜻이다.

56 오산鰲山 : 경상북도 청도군의 옛 이름.

57 중선의 누각(仲宣樓) : 중선은 삼국시대 위魏나라 왕찬王粲의 자이다. 그는 일찍이 동탁董卓의 난리를 피하여 형주荊州 유표劉表에게 의지하였으며, 강릉江陵의 성루城樓에 올라가 고향을 생각하면서 〈등루부登樓賦〉를 지었다.

臥看明月上龍頭　누워서 용두산에 뜨는 밝은 달을 보니
萬斛黃金瀉碧流　일만 섬 황금이 푸른 물에 쏟아지네.
淸景挽人歸不得　맑은 경치 사람을 만류하여 돌아가지 못하니
此心非爲越娥留　이 마음 아름다운 여인 때문에 머무는 게 아니라오.

청도군수淸道郡守 양홍楊洪

◎ **양홍** ㅣ 1508년(중종 3)–1564년(명종 19). 본관 남원南原. 자 심원深源, 호 양호재養浩齋. 1540년(중종 35) 별시 급제.

밀양부사密陽府使 최개국崔盖國

龍鍾病守怯遨頭　못난 모습 병치레로 오두[58] 놀이 겁이 나서
倦上江樓漱玉流　강 누각에 오르기 지쳐 옥 같은 물에 양치질했네.
今日憑君拚一醉　오늘은 그대 때문에 모두 버리고 한바탕 취하니
沙鴻故故去還留　갈매기도 일부러 갔다가 다시 머무네.

星星客恨上人頭　객지의 한이 하얗게 머리에 올랐으니
萬事空隨逝水流　온갖 일 공연히 가는 물 따라 흘렀네.
五斗每慚歸來得　관직에서 물러나지 못함이 늘 부끄럽기에
衰遲同作賈胡留　늘그막에 가호[59]처럼 일부러 머무네.

---

58 오두遨頭 : 수령의 별칭이다. 촉蜀 땅 성도成都에서 매년 1월 10일부터 4월 19일까지 두보杜甫의 초당이 있는 완화계浣花溪에서 잔치를 열어 즐기곤 하였는데, 여기에 참석하기 위해 나오는 태수를 고을 백성들이 오두라고 불렀다.

59 가호賈胡 : 서역西域의 상인商人이란 뜻으로, 복파장군伏波將軍 마원馬援과 관련된 어휘이다. 그

부사府使 최개국崔盖國

◎ **최개국** | 생몰년 미상. 본관 충주忠州. 자 자성子省, 호 남악南岳 · 추담秋潭. 1538년(중종 33) 별시문과 급제. 정언, 지평, 강원도관찰사 등을 역임.

관찰사觀察使 오상吳祥

西回山勢枕江頭　서쪽에서 휘감은 산세 강 머리를 베었고
華構崢嶸影倒流　화사하고 높다란 누각 그림자 강물에 거꾸러졌네.
去去來來人自老　가고 가고 오고 오면서 사람은 절로 늙는데
煙霞長帶栗林留　안개는 길게 율림을 둘러 머무는구나.

관찰사觀察使 오상吳祥

◎ **오상** | 1512년(중종 7)-1573년(선조 6). 본관 해주海州. 자 상지祥之, 호 부훤당負暄堂. 1534년(중종 29) 별시문과 급제. 도승지, 이조판서, 병조판서 등을 역임. 저서 『부훤당유고負暄堂遺稿』.

◎ **비고** | 1563년(명종 18) 9월 병조참판에서 경상도관찰사로 도임. 1564년(명종 19) 1월 병으로 사직.

선위사宣慰使 황서黃瑞

南陲千里海東頭　남녘 변방 천 리 밖의 바다 동쪽 끝에서

는 서역의 상인처럼 한곳에 이르면 문득 머물곤 하였으므로 실리失利를 했다고 한다.

王事奔忙歲月流　나라 일에 분주하여 세월만 흘렀네.

兩地相逢知不再　두 지역에서 다시 만날 일이 없음을 알기에

裁詩祗爲姓名留　시를 지어 성명만이라도 남기려 하노라.

선위사宣慰使 황서黃瑞

◎ **황서** | 생몰년 미상. 본관 평해平海. 자 정옥廷玉. 1552년(명종 7) 식년문과 장원급제. 좌부승지, 병조참지, 청홍도관찰사淸洪道觀察使 등을 역임.

◎ **비고** | 『명종실록』 14년(1559) 12월 11일에 황서를 경상도로 보내 굶주린 백성들을 구휼하도록 한 기사가 있음.

점마별감點馬別監 신의충申義忠

一水縈紆大野頭　한 줄기 강물이 큰 들머리를 감싸 둘렀고

朱欄丹檻映淸流　붉은 난간 대청마루가 맑은 물에 비치네.

吟髭撚斷終何得　수염을 비비 꼬며 시 읊어 끝내 무엇을 얻었는가?

揮作棲鴉[60]半壁留　깃들이는 갈가마귀 휘갈겨 써서 반쪽 벽에 남기네.

一區淸賞費回頭　한 구역 맑은 경치 머리 거듭 돌려 보니

最愛澄江檻外流　난간 밖에 흐르는 맑은 강 가장 좋구나.

白鳥雙雙來喚客　백조는 쌍쌍으로 내려와 객에게 따지며

似嫌塵躅此間留　속인이 발자취 이곳에 머무는 걸 꺼리는 듯.

---

60 棲鴉 : 까마귀 떼처럼 질서도 없이 멋대로 썼다는 말로, 유치하고 졸렬한 시를 지었다는 뜻의 겸사謙辭로 쓰인다.

青丘地盡海東頭　청구의 땅이 끝나는 동쪽 바다 머리
到此歸心逐水流　이곳에 오니 고향 생각이 강물을 따라 흐르네.
多謝主人情鄭重　고맙게도 주인은 인정이 많아
能教客子强遲留　나그네를 억지로 머물게 하네.

점마點馬 신의충申義忠[61]

◎ **신의충** ｜ 1504년(연산군 10)–?. 본관 평산平山. 자는 충경忠卿. 1546년(명종 1) 증광시 급제. 통의通儀 등을 역임.

◎ **비고** ｜ 점마별감은 각 도의 목장에서 기르는 마필의 점고點考 및 진헌進獻, 목장 부지 선정 등을 담당한 사복시司僕寺 종9품 관원임.

밀양부사密陽府使 박승간朴承侃

第一江山最上頭　제일 좋은 강산의 가장 높은 곳
壁間珠唾儘名流　벽 사이 구슬 같은 시는 모두 명류의 작품.
襜帷暫駐還如夢　행차 잠시 머문 그때가 도리어 꿈 같은데
却恨人無一笑留　한바탕 웃으며 남은 사람 없음이 한스럽구나.

부사府使 박승간朴承侃

◎ **박승간** ｜ 1508년(중종 3)–1588년(선조 21). 본관 반남潘南. 자 자열子悅, 호 인암忍庵. 소고嘯皐 박승임朴承任의 형. 1540년(중종 35) 식년시 급제. 성균관사성, 밀양부사, 경상도점마 등을 역임.

61　원문 두주에 "관직은 정에 그쳤다. 나이 80세로 죽었다.(官止正 年八十卒)"는 말이 있다.

◎ **비고** | 유희춘柳希春의 『미암집眉巖集』 권8 「일기日記」 경오년(1570)에 "유시酉時에 밀양군수 박승간 자열朴承侃子悅이 찾아와 만나 봤다."는 기록이 있음.

관찰사觀察使 심수경沈守慶

多少樓臺讓一頭	수많은 누대가 첫째를 양보하는 곳
天教此地擅風流	하늘이 이곳의 풍류를 차지하게 했네.
登臨但覺胸襟爽	올라 보니 다만 흉금만 시원할 뿐이어서
却被江山挽我留	강산이 나를 만류하여 머물도록 해 주었네.
凭欄終日覺擡頭	난간에 종일 기대니 머리를 들어야겠기에
千嶂回環一水流	일천 산이 빙 두른 곳 강물 하나 흐르네.
今古幾人題品去	고금에 몇 사람이나 시를 짓고 떠나갔나?
壁間懸板迹空留	벽 사이 현판에 자취만 공연히 남았네.

관찰사觀察使 심수경沈守慶

◎ **심수경** | 1516년(중종 11)–1599년(선조 32). 본관 풍산豐山. 자 희안希顏, 호 청천당聽天堂. 1546년(명종 1) 식년문과 장원급제. 경기도관찰사, 대사헌, 우의정 등을 역임. 저서 『청천당시집聽天堂詩集』, 『청천당유한록聽天堂遺閑錄』.

◎ **비고** | ㉮ 1563년(명종 18) 3월 동지중추부사에서 경상도관찰사로 도임, 같은 해 8월 병으로 사직.

㉯ 『청천당시집』, 〈제영남밀양루題密陽嶺南樓〉.

관찰사觀察使 이양원李陽元

倚欄終夕側吟頭　난간에 기대 저녁 내내 힘들게 시 읊조리는데
楓擺長林錦欲流　긴 숲에 흔들리는 단풍은 비단처럼 흘러갈 듯.
菊岸烟波秋似畫　강둑에 핀 국화와 아지랑이 그림 같은 가을에
使華安得不淹留　조정의 관리가 어찌 머무르지 않을 수 있으랴.

관찰사觀察使 이양원李陽元

◎ **이양원** ㅣ 1526년(중종 21)–1592년(선조 25). 본관 전주全州. 자 백춘伯春, 호 노저鷺渚. 1555년(명종 10) 알성문과 급제. 형조판서, 대사헌, 영의정 등을 역임.

◎ **비고** ㅣ 1569년(선조 2) 윤6월 좌병사에서 경상도관찰사로 도임, 1570년(선조 3) 4월에 사직.

어사御史 민덕룡閔德龍

欲近清光倚檻頭　맑은 빛을 가까이 하려 난간 머리에 기대니
東山月出照中流　동산에 밝은 달 떠 강물을 비추네.
此時客興難禁得　이때엔 나그네도 흥을 금할 수 없어
還擬明朝又小留　내일 아침에도 잠시 머물고자 하노라.

어사御史 민덕룡閔德龍

◎ **민덕룡** ㅣ ㉮ 민덕봉閔德鳳의 오기로 추정됨.
㉯ 민덕봉 : 1514년(중종 9)–1573년(선조 6). 본관 여흥驪興. 자 응소應韶, 호 용계龍溪. 1560년(명종 15) 별시문과 장원급제. 집의, 헌납, 사인 등 역임.

도사都事 기령奇苓

龍巖頭對馬巖頭　용두산 머리는 마암의 머리를 마주하고
滿目秋光饒枕流　눈에 가득 가을빛이 침류당에 느긋하네.
幾多嶺路曾無住　영남의 많은 경치 머무를 곳 없다는 말
還被劉生一笑留　유생의 한바탕 웃음에 머무르게 되었네.[62]

도사都事 기령奇苓

◎ **기령** ㅣ 1537년(중종 32)-?. 본관 행주幸州. 자 경연景延. 1568년(선조 1) 증광시 급제.
◎ **비고** ㅣ 1573년(선조 6) 11월 10일 병조좌랑에서 경상도도사로 도임.(이임 기록은 없음)

경차관敬差官 이귀수李龜壽

黃鶴應教放一頭　황학루도 응당 첫째를 내놓으리니
楓林如畫玉虹流　단풍 숲은 그림 같고 무지개 같은 강물 흘러가네.
悠然笑向欄干立　느긋하게 웃으며 난간 향해 서서
尊酒相期十日留　술동이 놓고 열흘 동안 머물기를 기약하네.

同遊還得與遨頭　같이 유람하다 도리어 수령에 제수되니
兒輩應爲第一流　집안의 아이들은 응당 제일류가 되겠지.

---

62 유생의……되었네 : 원문의 '劉生'은 유사명劉師命을 가리킨다. 한유韓愈의 〈유생시劉生詩〉에 "월녀의 한번 웃음에 삼 년을 머물렀다가, 남으로 횡령을 넘어 염주에 들어왔도다.(越女一笑三年留 南逾橫嶺入炎州)"라는 구절이 있다. 이 시는 유사명이 월越에 가서 여인에게 혹하여 3년 동안 돌아오지 않은 것을 경계한 시이다.

醉後朗吟忘去路　취한 뒤 낭랑하게 읊조리며 떠난 길 잊건만
仙樓不是苦相留　신선 누각은 애써 서로 머무를 곳이 못 되네.

飽聞飛閣壓江頭　나를 듯한 누각이 강 머리 눌렀다 익히 들었으나
失脚紅塵歲月流　홍진 세상 발을 잘못 디뎌 세월만 흘렀네.
過了一方渾不省　지나온 여러 지방에선 도무지 살피지 못했지만
登臨今日更淹留　오늘 이 누각에 올라 다시 머무노라.

경차관敬差官 이귀수李龜壽

◎ **이귀수** | 1524년(중종 19)-?. 본관 전주全州. 자 서로瑞老. 문정왕후文定王后의 오빠. 1552년(명종 7) 식년문과 급제. 저작, 부수찬, 병조좌랑 등을 역임.

경차관敬差官 윤지형尹之亨

群山飛霧護龍頭　뭇 산이 춤추며 용두산을 에워싸고
是處岑樓俯碧流　이곳에 솟은 누각 푸른 물 굽어보네.
風景無邊騷興逸　가없는 풍경에 시흥이 빼어나서
征驂臨發更遲留　가던 행차 떠나려다 다시 머무네.

萬象森羅水檻頭　삼라만상이 늘어선 강가의 난간머리에
幾人詩思湧如流　몇 사람의 시상이 강물처럼 용솟음쳤을까.
吟餘獨倚危亂立　시 읊다 높은 난간에 홀로 기대 서면
林外分明語栗留　숲 너머 선명하게 들리는 꾀꼬리 소리.

紅粉芳筵碧檻頭　푸른 난간머리에 미녀들의 화려한 잔치

古來登眺幾風流　예부터 올라온 풍류객 얼마나 많았으랴.
遊人亦是情多者　유람객도 역시 정이 많은 사람이기에
剛被仙娥一笑留　선녀들의 웃음에 끌려 억지로 머무노라.

共把離筵嶺海頭　영남의 바닷가에 이별 술잔 함께 잡고
畫船簫鼓泛中流　그림 같은 배 북과 피리로 강물 가운데 띄웠네.
人間聚散無窮事　인간 세상 모였다 흩어지는 무궁한 일들
不用今朝恨去留　오늘 아침엔 가고 머무는 일 탓하지 않으리.

征鞭遙指海天頭　채찍 들어 멀리 바다 하늘을 가리키고
馬上從他歲月流　말 타고 다니며 세월만 흘려보냈네.
佳景逢來重有感　좋은 경치 만나면 거듭 감흥이 있으니
忽忽曾不少淹留　바쁜 걸음이라 일찍이 조금도 머물지 못했네.

경차관敬差官 윤지형尹之亨

◎ **윤지형** | 생몰년 미상. 자 길언吉彦, 호 무송茂松. 1555년(명종 10) 식년시 급제. 사헌부지평, 선산부사, 홍주목사 등을 역임.

밀양부사密陽府使 김극일金克一

山如飮海龍擡頭　산이 바다를 마실 듯 용이 머리 쳐들고
蒼翠空濛漾碧流　푸른 숲이 부슬부슬 푸른 물에 일렁이네.
自愧新知無別贈　부끄럽다 새 사람에게 따로 줄 게 없어서
唯將風景侑淹留　그저 풍경이나 주려고 지체하여 머무노라.

밀양부사密陽府使 김극일金克一

◎ **김극일** | 1522년(중종 17)–1585년(선조 18). 본관 의성義城. 자 백순伯純, 호 약봉藥峰. 1546년(명종 1) 증광문과 급제. 사헌부감찰, 예천군수, 성주목사 등을 역임. 저서 『약봉일고藥峰逸稿』.

◎ **비고** | 1570년 밀양부사로 부임.

동래부사東萊府使 홍연洪淵

麤才零落老遨頭　둔재라 보잘것없어 지방관으로 늙으면서
敢側騷壇第一流　감히 시단의 제일류 곁에 설 수 있으리.
傳得箕裘眞不分　가학으로 얻은 재주 참으로 내 분수 아니나
姓名同寄壁間留　성명을 함께 써서 벽 사이에 남기네.

동래부사東萊府使 홍연洪淵

◎ **홍연** | 생몰년 미상. 본관 남양南陽. 자 덕원德源. 1551년(명종 6) 별시문과 급제. 예문관검열, 사간원정언, 이조참판 등을 역임.

경차관敬差官 윤우신尹又新

虛負黃花插滿頭　머리 가득 꽂혔던 국화를 공연히 저버리고
星槎長向海天流　사신 행차는 변방의 바다 향해 나아간다.
男兒行止無南北　남아의 가고 멈춤은 남북을 가리지 않으니
鬱鬱何須此若留　어찌 답답하게 여기서 이처럼 머물겠는가.

경차관敬差官 윤우신尹又新

◎ **윤우신** | 생몰년 미상. 본관 남원南原. 자 선수善修. 1561년(명종 16) 식년시 급제. 안주목사, 동지중추부사 등을 역임.

영천군수永川郡守 김희필金希弼

誰將傑閣起遨頭　누가 수령이 되어 웅장한 누각을 세웠나
畫棟飛甍蘸碧流　그림 기둥과 산뜻한 지붕이 푸른 물에 잠겼네.
況是淸秋無限景　하물며 맑은 가을 무한히 좋은 경치
使教遊子更遲留　유람객을 다시 늦추어 머물게 하네.

영천군수永川郡守 김희필金希弼

◎ **김희필** | 생몰년 미상. 본관 김해金海. 자 인재隣哉. 1562년(명종 17) 별시문과 급제. 담양부사, 영해부사 등을 역임.

관찰사觀察使 이린李遴

鞭馬驅馳白遍頭　채찍질하며 치달리느라 머리 온통 세었는데
乘閑此日俯長流　오늘 한가한 틈에 긴 강물 굽어본다.
斜陽雨後添奇勝　비 온 뒤 비끼는 석양은 기이한 경치 더하고
翠靄平林一帶留　평림에 푸른 안개 띠 하나를 드리우네.

관찰사觀察使 이린李遴

◎ **이린** | 생몰년 미상. 본관 영천永川. 자 숙응叔膺. 1549년(명종 4) 식년문과 급제. 병조정랑, 의주목사, 호조판서 등을 역임.

◎ **비고** | 1577년(선조 10) 3월 21일 특별히 품계를 더하여 경상도관찰사에 도임. 사간원에서 권세가들에게 아부한다는 이유로 반대하여 파직됨.

관찰사觀察使 유홍兪泓

畫堂高壓故城頭　단청 칠한 누각 높다랗게 옛 성 머리를 누르고
千古消沈一水流　천고 세월 삭이며 한 줄기 강물 흐른다.
詩句不隨人共去　시구는 사람 따라 같이 떠나지 않고
楣間遺迹到今留　문미 사이로 전한 자취 지금까지 남았네.

관찰사觀察使 유홍兪泓

◎ **유홍** | 1524년(중종 19)–1594년(선조 27). 본관 기계杞溪. 자 지숙止叔, 호 송당松塘. 1553년(명종 8) 별시문과 급제. 강원도어사, 함경도병마절도사, 우의정 등을 역임. 저서 『송당집松塘集』.

◎ **비고** | 1577년(선조 10) 윤8월 3일 동지중추부사에서 경상도관찰사로 도임. 1578년(선조 11) 1월 19일 병으로 사직.

경차관敬差官 윤반尹泮

點點靑巒千佛頭　점점이 푸른 산은 일천 부처의 머리이고
溶溶碧玉一流江　늠실늠실 푸른 옥 한 줄기 강물에 흐른다.
誰將活畫無窮思　누가 살아 있는 그림의 무궁한 뜻을
會在樓中四節留　누각 가운데로 모아 사시사철 남겨 두었나?

경차관敬差官 윤반尹泮

◎ **윤반** | 1519년(중종 14)-?. 본관 남원南原. 자 도원道源. 1553년(명종 8) 별시문과 급제. 남원판관, 봉상시주부 등을 역임.

용암거사龍嵒居士 김천일金千鎰

山勢逶迤欲盡頭　구불구불한 산세가 끝나는 머리에
有樓高起厭江流　누각이 높이 솟아 강물을 눌렀네.
登臨大野微茫地　올라보면 큰 들판 아득한 곳에
雨霽風淸白日留　비 개고 바람 맑은데 햇볕이 머무르네.

용암거사龍嵒居士 김천일金千鎰

◎ **김천일** | 1537년(중종 32)-1593년(선조 26). 본관 언양彦陽. 자 사중士重, 호 건재健齋. 군기시주부, 경상도도사 등 역임. 저서『건재집健齋集』.
◎ **비고** | 1576년(선조 9) 3월 28일 강원도도사에서 경상도도사로 도임, 1577년(선조 10) 이임.

관찰사觀察使 최옹崔顒

翠虯東走忽昂頭　푸른 용이 동으로 달려 홀연 머리 치켜들고
截入江心飮碧流　강 속으로 꺾어 들어와 푸른 물을 마신다.
滿目環觀供畫閣　눈에 가득 둘러싼 광경 단청 칠한 누각에 바치기에
一句贏得使華留　시 한 구 얻으려고 사신이 머무르네.

名區何物不催詩　명승지의 무엇이든 시를 재촉하지 않으랴만
大野長林雨亦奇　큰 들판 긴 숲에 내리는 비는 기묘하다.

多事諸[63]禽添晩興 수다스런 새들은 늦은 흥을 더하여
窺魚沙觜立移時 모래부리에서 물고기 엿보며 한참 동안 섰구나.

관찰사觀察使 최옹崔顒

◎ **최옹** | 생몰년 미상. 본관 삭녕朔寧. 자 경숙景肅, 호 남강南岡. 1555년(명종 10) 식년문과 급제. 홍문관부정자, 동부승지, 예조참판 등을 역임.

◎ **비고** | 1578년(선조 11) 3월 1일 특별히 품계를 더해 경상도관찰사로 도임. 같은 해 10월 부모의 병으로 인해 사직.

관찰사觀察使 정언지鄭彦智

客子傷心白盡頭 나그네 상심하여 머리 모두 세고
年光冉冉似江流 세월은 하염없이 강물처럼 흘러간다.
無端風急長林外 끝없는 풍경이 긴 숲 너머 펼쳐졌고
秋入庭梧葉上留 가을은 뜨락의 오동잎에 들어 머무네.

仙樓飛彩映龍頭 신선 누각 산뜻한 채색이 용두산에 비치고
下有淸江曳玉流 아래로 맑은 강은 옥빛을 끌며 흐른다.
無盡靑蕪疏雨外 끝없이 우거진 풀은 성근 비 밖에 펼쳐지고
山腰一抹夕陽留 산 허리엔 한 줄기의 석양이 남았구나.

63 원문 '諸' 자 두주에 "제諸는 아마도 저渚 자가 되어야 할 것이다.(諸疑作渚)"라는 말이 있으며, 번역도 이를 따랐다.

連天遠岫幾千頭 하늘에 이어진 먼 산은 몇 천 개인지
劈峽奔江一道流 골짜기를 갈라 치닫는 강이 한꺼번에 흐르네.
境接青山非孟浪 푸른 산을 마주 대하니 참으로 맹랑하게
月明笙鶴半空留 달 밝자 학 소리가 반공중에 머무네.

관찰사觀察使 정언지鄭彦智

◎ **정언지** | 1520년(중종 15)–?. 본관 동래東萊. 자 연부淵夫, 호 동곡東谷. 1558년(명종 13) 식년문과 급제. 의주목사, 대사간, 이조참판 등을 역임.

◎ **비고** | 1580년(선조 13) 3월 5일 한성부우윤에서 경상도관찰사로 도임, 같은 해 7월 28일 병으로 사직.

관찰사觀察使 홍성민洪聖民

春雲啣雨起龍頭 봄 구름 비를 머금고 용두암에서 일어나
却向山腰一半流 산 허리로 향하여 반쯤 흘러갔구나.
薄暮輕風吹散盡 저물녘 가벼운 바람 불어 흩어 버리니
霏微痕着澗蘋留 뿌린 자취 희미하게 냇가 마름풀에 남았네.

桃花浪漲沒沙頭 도화 물결 넘쳐 모래부리 잠기더니
匯到深潭不肯流 깊은 못에 감돌며 흐르지 않으려 하네.
芳草渡邊風正急 풀 우거진 나루에는 참으로 바람 습하여
木蘭舟向小橋留 목란주[64]로 건너려다 작은 다리에 머무네.

64 목란주木蘭舟 : 결이 곱고 향기 좋은 목련나무로 만든 작은 배로, 조각배의 미칭으로 쓰인다.

丹碧高樓聳郭頭　단청 칠한 높은 누각 성곽 머리에 치솟고
遠披山影近江流　멀리 산 그림자 헤치고 가까이 강이 흐른다.
風簾無力紗窓餙[65]　바람 불어 주렴은 힘이 없고 사창은 차가운데
碧桃花向粉墻留　회칠한 담장에다 푸른 복사꽃 남겼네.

江山送影打樓頭　강산은 그림자 보내어 누각 머리를 치고
透盡疏簾翠欲流　성근 발에 스며들어 푸른빛 흘러내릴 듯
解事春風增賁餙　일을 아는 봄 바람은 장식을 더하여서
碧桃花向粉墻留　회칠한 담장에다 푸른 복사꽃 남겼네.[66]

紫陌飛塵沒盡頭　벼슬길에 피어나는 먼지에 골몰하다가
抽身欲濯愧江流　몸 빼어 씻으려니 강물에 부끄럽네.
磯邊定被沙鷗笑　낚시터 바위 가에 갈매기 비웃음 사겠기에
仙閣煩將玉節留　신선 누각에 번거로이 옥 부절을 멈춘다.

華欄直向半空橫　화려한 난간 곧바로 반 공중에 비꼈고
小閣雲來遠岫平　안개 낀 분합문 여니 먼 뫼가 평평하네.
鶴夢初驚山月白　학의 꿈[67] 깨고 보니 산에 달은 하얗고
前灘流作枕邊聲　앞 여울 흐르며 베개 가에 소리 울리네.

---

65 원문 두주에 "식餙 자 이하는 마지막 구절 말구에 잘못 기재되어 있다.(餙以下誤書下絶末句)"는 말이 있다.

66 회칠한……남겼네 : 위 시와 중복되는 구절로, 필사 과정의 오류로 추정된다. 『졸옹집』에는 위 시의 넷째 구가 "수풀 사이 한가로운 구름이 반쯤 머무르네(林際閒雲一半留)"로 되어 있다.

67 학의 꿈 : 옛날에 네 사람이 각자 자기의 소원을 말하였는데, 한 사람은 양주자사揚州刺史가 되고 싶다고 하고, 한 사람은 많은 재물을 얻기를 원하고, 한 사람은 학을 타고서 하늘로 오르고 싶다고 했다. 이 말을 들은 한 사람이 "나는 허리에 10만 관貫의 돈을 두르고, 학을 타고서 양주로 날아가고 싶다.(腰纏十萬貫 騎鶴上揚州)"라고 하였다는 이야기가 전한다.

氷輪初輾玉峯寒	차가운 달 떠오르자 옥 같은 봉우리 차갑고
皓色平分十二欄	하얀 빛 고르게 열두 난간[68]을 나누었네.
鶴氅披來江閣迥	학창의[69] 열어젖히니 강 누각이 아득한데
臨風直訝上雲端	바람 곁에 곧바로 구름 끝에 오를 듯.
垂柳飛花映碧流	수양버들 날리는 꽃 푸른 물에 어른거리고
一春煙雨爽如秋	온 봄의 안개비는 가을처럼 상쾌하네.
采蘋何處歸來晩	어디서 마름 캐다 해 늦어 돌아오나?
短棹風顚惹起愁	작은 배에 바람 급하여 근심을 일으키네.
風日那能到此樓	바람과 햇살이 어떻게 이 누각에 이를까?
一簾雲物足銷愁	한 하늘의 구름은 근심을 녹이기 충분하네.
斗牛咫尺銀河冷	두우성 가까이 은하수는 차가우니
莫把靈槎下碧流	신선의 배를 타고 푸른 강으로 내려가지 말기를.
定是仙山十二樓	여기가 바로 선계의 십이루[70]이니
蟠桃影向玉窓留	반도[71] 그림자 옥창을 향해 머무르네.
蕭蕭風露非人世	스산한 바람과 이슬은 인간 세상이 아니기에
休把金丹謾有求	금단을 쥐고 느긋하게 구하지는 말기를.

---

68 열두 난간 : 일반적으로 높은 누각樓閣의 난간에 곡절曲折이 많은 것을 말한다.

69 학창의 : 신선이 입는다는 옷으로, 진 무제晉武帝 정 황후定皇后의 오빠인 왕공王恭이 학창의鶴氅衣를 입고 눈 속을 거닐자, 맹창孟昶이 엿보다가 신선과 같다고 찬탄한 고사가 있다.

70 선계의 십이루 : 황제黃帝 때 곤륜산崑崙山 정상의 현포玄圃에 다섯 금대金臺와 열두 옥루玉樓를 짓고서 선인仙人을 기다렸다고 한다.

71 반도蟠桃 : 서왕모西王母가 심은 복숭아로, 3천 년에 한 번 꽃이 피고 3천 년에 한 번 열매를 맺으며, 이를 먹으면 불로장생한다고, 한다.

凌波扁額揭堂名 능파라는 편액으로 당 이름 걸었는데
雕檻玲瓏照水明 분합문도 영롱하게 물에 밝게 비치네.
雲母小屏休早捲 자그마한 운모 병풍 너무 일찍 걷지 마시길
紗窓煙濕曉忽生 사창에 연기 젖어 새벽 한기 내리네.

無邊風月摠宜詩 가없는 바람과 달은 모두 시가 되고
嫵媚江山入夜奇 아름다운 강산은 밤이 되어 기묘하구나.
淸露透窓遊氣亂 맑은 이슬 창에 스며 빛을 어지럽힘은
芰荷衣冷夢驚時 차가운 연잎 옷에 꿈이 깰 무렵이로다.

南浦波明畫棟飛 남포에 물결 맑고, 단청 칠한 누각
珊瑚簾冷濕煙霏 산호 주렴 차가운데 안개마저 부슬부슬
雲邊笙鶴空中響 구름 가에 학 소리가 공중에 울려 퍼지니
鮫婦停梭欲下機 인어 부인 북을 놓고 베틀에서 내려올 듯.

澄江如練月如霜 명주처럼 맑은 강에 서리 같은 달빛에다
風露蕭蕭滿一堂 바람과 이슬이 스산하게 온 마루에 가득하네.
透閣淸光元最好 누각에 스미는 맑은 빛이 본래 가장 좋은데
隔簾疏影也無妨 발 너머 성근 그림자도 해롭지 않네.

連天碧水霧初收 하늘에 닿을 듯 푸른 물에 안개 걷히자
銀漢應從下界流 은하수 아마도 인간 세상에 흘러내림이라.
何處雲邊吹鳳管 구름 가에서 봉황의 피리 부는 곳은 어디인가?
碧城琪樹是瀛洲 푸른 성 옥 같은 나무 이곳이 신성 세계 영주일세.

寒透瓊樓風滿林　옥 같은 누각에 한기 스며들고 바람은 숲에 가득하여
江山搖落鎖窮陰　강산에 낙엽 져서 음기 잔뜩 닫혔네.
層氷斷處灘聲急　층층 얼음 끊어진 곳 여울 소리 급하여
咽盡關河歲暮山　세모의 타관살이 목이 메어 우는구나.

관찰사觀察使 홍성민洪聖民

◎ **홍성민** ㅣ 1536년(중종 31)－1594년(선조 27). 본관 남양南陽. 자 시가時可, 호 졸옹拙翁. 1564년(명종 19) 식년문과 급제. 예조판서, 대사헌, 경상도관찰사 등을 역임. 저서 『졸옹집拙翁集』.

◎ **비고** ㅣ ㉮ 1580년(선조 13) 8월 27일 동지중추부사에서 경상도관찰사로 도임. 1581년(선조 14) 9월 20일 동지중추부사로 이임.
㉯ 1590년(선조 23) 6월 7일 예조판서에서 경상도관찰사로 도임. 1591년(선조 24) 7월 임기 만료로 판부사로 이임. 10년 사이 두 번 경상도관찰사로 도임.

기성箕城 정경달丁景達

山呈形勝故回頭　산은 명승지를 바치려고 짐짓 머리 돌렸고
水爲笙歌欲倒流　강물은 생황 노래에 거꾸로 흐르려 하네.
雨洗秋林增物色　가을 숲은 비가 씻어 한결 더 빛이 나니
偸閑忙裏强遲留　바쁜 가운데 틈을 내어 억지로 머무노라.

波鳴秋氣濕江頭　물결 울리는 가을 기운이 강 머리에 젖고
千里金天霽月流　천 리 서쪽 하늘엔 비 개인 달이 흘러간다.
何處玉簫聲斷續　어디선지 옥퉁소 소리 끊어질 듯 이어지는데
半江歸鶴爲淹留　반쯤 강으로 돌아가던 학이 일부러 머무네.

기성箕城 정경달丁景達

◎ **정경달** | 1542년(중종 37)–1602년(선조 35). 본관 영광靈光. 자 이회而晦, 호 반곡盤谷. 1570년(선조 3) 식년문과 급제. 저서『반곡집』.

◎ **비고** | 유희춘柳希春『미암집眉巖集』권9「경연일기별편經筵日記別編」신묘년(1570) 9월 13일자에 가도사假都事 정경달丁景達에 대한 기록이 있음.

도사都事 송정순宋庭筍

十二欄干最上頭　열두 난간 누각의 가장 윗머리에
江涵碧玉繞堂流　강이 푸른 옥빛을 담고 당을 둘러 흐른다.
滿樓風景眞堪愛　누각에 가득한 풍경은 참으로 사랑스러우니
越女何須一笑留　어여쁜 아가씨 웃음으로 만류할 필요 있으랴.

高軒敞豁可吟詩　높은 마루 툭 트여 시를 읊을 만하고
積翠浮空望裏奇　푸른 산 공중에 떠올라 볼수록 기이하다.
疏雨夕陽飛野外　성근 비에 석양은 들 밖으로 날리는데
隨風洒面薰時酒[72]　바람 따라 얼굴에 뿌리니 술이 취할 때로다.
도사都事 송정순宋庭筍

◎ **송정순** | 1521년(중종 16)–1584년(선조 17). 본관 홍주洪州. 자 중립仲立, 호 물염정勿染亭. 1558년(명종 13) 별시문과 급제. 예조정랑, 구례현감 등을 역임.

◎ **비고** | 1577년(선조 10) 11월 3일 공조정랑에서 경상도도사로 도임. 1578년(선조 11) 11월 성균관전적으로 이임.

---

72 원문의 '薰' 자와 '洒' 자에 도치 표시가 되어 있으며, 번역도 이를 따랐다.

관찰사觀察使 유훈柳塤

紅樓高壓翠峰頭　붉은 누각 푸른 봉우리를 높다랗게 누르고
不盡長江檻外流　다함 없는 긴 강물 난간 밖으로 흐른다.
落日憑虛魂欲吟　해 질 무렵 허공에 기대어 넋이 서늘해지니
却疑身被水仙留　이 몸은 수선의 만류를 받은 듯하구나.

관찰사觀察使 유훈柳塤

◎ **유훈** | 1524년(중종 19)–1587년(선조 20). 본관 전주全州, 자 극화克和, 호 청계淸溪. 1549년(명종 4) 식년문과 급제. 홍문관저작, 함경도관찰사, 평안도관찰사 등을 역임.

◎ **비고** | 1582년(선조 15) 9월 11일 병조참판에서 경상도관찰사로 도임, 1583년(선조 16) 8월 13일 임기가 만료되어 교대부호군으로 이임.

경차관敬差官 곽회영郭懷英

行盡南陲欲白頭　남쪽 지방 다 다니며 머리는 세려 하고
登樓今日任風流　누각 오른 오늘은 풍류에 맡기노라.
傍人莫笑華顚客　사람들아 비웃지 마소, 화려한 벼슬의 나그네
愛此淸虛故故留　여기 맑고 텅 빈 경치를 사랑하여 일부러 머문다고.

경차관敬差官 곽회영郭懷英

◎ **곽회영** | 1521년(중종 16)–?. 본관 청주淸州. 1546년(명종 1) 식년문과 급제. 봉상시정을 역임.

□ 용성자운用聲字韻

관찰사觀察使 김안국金安國

皎月窺窓色　밝은 달 창을 엿보며 반가워하고

寒江送枕聲　차가운 강 베개에 소리를 보낸다.

孤軒一夜夢　외로운 마루에 하룻밤의 꿈

不耐客中情　객지의 정을 견디지 못하네.

관찰사觀察使 김안국金安國

◎ **김안국** | 1478년(성종 9)–1543년(중종 38). 본관 의성義城. 자 국경國卿, 호 모재慕齋. 1503년(연산군 9) 별시문과 급제. 예조참의, 대사간, 병조판서 역임. 저서『모재집慕齋集』.

◎ **비고** | ㉮ 1517년(중종 12) 3월 21일 우부승지에서 가선대부로 승진하여 경상도관찰사로 도임. 1518년(중종 13) 3월 25일 동지중추부사로 이임.

㉯『모재집』 권1, 〈제영남루망호당題嶺南樓望湖堂〉.

도사都事 신맹경辛孟卿

皎皎中天影　하늘 가운데 그림자 희고 희며

漁歌半夜聲　한밤중에 들리는 고깃배 소리

夢回渾作惱　꿈에서 깨고 나니 모두 번뇌라,

添却惜春情　다시금 봄을 아끼는 정을 더한다.

도사都事 신맹경辛孟卿

◎ **신맹경** | 1482년(성종 13)-1519년(중종 14). 본관 영산靈山. 자 국로國老. 1506년(연산군 12) 별시문과 급제. 장예원사의, 예조정랑 등을 역임.

◎ **비고** | 1517년(중종 12) 2월 14일 장예원사의에서 경상도도사로 도임. 1518년(중종 13) 12월 15일 장예원사의로 이임. 김안국 관찰사와 함께 근무.

□ 용시자운用詩字韻

관찰사觀察使 김안국金安國

江山嗔我久逋詩　오래도록 시 빚졌다고 강산은 나를 꾸짖고

粧點春容更作奇　봄 모습 단장하여 다시금 기묘하네.

眼前風煙收不得　눈 아래 풍경을 거둬들이지 못하고

悄然無語立移時　말없이 쓸쓸하게 한참 동안 섰노라.

관찰사觀察使 김안국金安國

◎ **김안국** | 1478년(성종 9)-1543년(중종 38). 본관 의성義城. 자 국경國卿, 호 모재慕齋. 1503년(연산군 9) 별시문과 급제. 예조참의, 대사간, 병조판서 역임. 저서 『모재집慕齋集』.

◎ **비고** | ㉮ 1517년(중종 12) 3월 21일 우부승지에서 가선대부로 승진하여 경상도관찰사로 도임, 1518년(중종 13) 3월 25일 동지중추부사로 이임.

㉯ 『모재집』 권1, 〈제영남루망호당題嶺南樓望湖堂〉.

도사都事 신맹경辛孟卿

好雨催成幼婦詩　좋은 비 절묘한 시 이루도록 재촉하니
冷邊春色十分奇　차가운 곳에 봄빛이 십분 기이하네.
欲知客興最佳處　나그네 흥이 가장 좋은 곳을 알려면
待看東窓月上時　동편 창문에 달 오를 때를 기다려 보길.

도사都事 신맹경辛孟卿

◎ **신맹경** | 1482년(성종 13)–1519년(중종 14). 본관 영산靈山. 자 국로國老. 1506년(연산군 12) 별시문과 급제. 장예원사의, 예조정랑 등을 역임.

◎ **비고** | 1517년(중종 12) 2월 14일 장예원사의에서 경상도도사로 도임. 1518년(중종 13) 12월 15일 장예원사의로 이임. 김안국 관찰사와 함께 근무.

□ 용영자운用迎字韻[73]

동래東來 정유길鄭惟吉[74]

忘年契裡闕邀迎　망년지교 맺었지만 만남이 적었기에
傾蓋高標潑眼明　일산 기울인 고상한 모습 눈망울 반짝였네.[75]
跡似仙禽多野態　자취는 학과 같아 야인의 태깔 많고

73 원문 주석에 "능파당 주인 안태고에게 부치다.(寄凌波堂主人安太古)"라는 말이 있다.

74 원문에 없는 말이나, 분류의 편의상 임의로 추가하였다.

75 일산……반짝였네 : 원문의 '傾蓋'는 경개여고傾蓋如故의 준말로 타향에서 수레 덮개를 기울여 잠깐 만난다는 뜻이다.

詩如流水溢閑情　시는 흐르는 물과 같아 한적한 정 넘쳐난다.

任將白髮沈州縣　백발에 고을살이 책임 맡아 지내지만

聞道靑雲半死生　청운의 벗들은 죽고 산 이 반반이네.

不分南鄕徐孺榻　남쪽 고장에 서유자의 책상[76] 분간 않으니

津樓無地聽江聲　나룻가 누각에서 강물 소리 들을 곳 없구나.

◎ **정유길** ㅣ 1515년(중종 10)–1588년(선조 21). 본관 동래東萊. 자 길원吉元. 호 임당林塘. 1538년(중종 33) 별시문과 장원급제. 판돈녕부사, 우의정 등을 역임. 저서 『임당유고林塘遺稿』.

◎ **비 고** ㅣ 『임당유고林塘遺稿 상上』 「수창록酬唱錄」. 〈영남루嶺南樓 용영자운用迎字韻 기능파당주인안태고寄凌波堂主人安太古〉.

우용제자운又用題字韻[77]

望湖堂裡昔留題　망호당 안에서 예전에 시를 남길 때

紅樹蒼煙翡翠啼　붉은 나무 푸른 연기 비취새가 울었지.

寶瑟鏗殘江月滿　비파 소리 잦아들자 강에 달빛 가득하고

纖歌飜盡竹枝低　가냘픈 노래 끝나자 대가지 낮게 처지네.

憑將畫燭消秋夜　그림 촛불 켜고서 가을밤을 소진하고

76 서유자徐孺子의 책상 : 유자는 동한東漢의 남창南昌 사람 서치徐穉의 자字이다. 그는 집이 가난하여 몸소 농사를 지으면서도 조정에서 누차 초빙하였으나 벼슬하지 않았다. 진번陳蕃이 태수太守가 되어 평소 손님을 접대하지 않았으나, 오직 서치가 오면 특별히 자리 하나를 폈다가 그가 돌아가면 걷어서 걸어 놓았다.

77 이 구절은 작은 제목으로 분류해야 하나, 원문이 작은 제목보다 한 칸 내려져 있다.

慣對靑娥聽曉鷄　젊은 처녀 대하여 새벽 닭 소리 익히 들었지.

人事十年今已老　사람의 일도 십 년 지나니 이제는 늙어

□[78]堪回首暮雲西　저녁 구름 서편을 머리 돌려 보지 못하네.

동래東萊 정유길鄭惟吉 길원吉元

◎ **정유길** ㅣ 1515년(중종 10)–1588년(선조 21). 본관 동래東萊. 자 길원吉元, 호 임당林塘. 1538년(중종 33) 별시문과 장원급제. 판돈녕부사, 우의정 등을 역임. 저서 『임당유고林塘遺稿』.

◎ **비고** ㅣ 『임당유고林塘遺稿 상上』「제영록題詠錄」, 〈영남루嶺南樓 우용제자운又用題字韻〉.

□ 용진자운用眞字韻

관찰사觀察使 조사수趙士秀

恍登蓬島誤尋眞　어리둥절 봉래섬에 올라 진경을 잘못 찾았나?

淸倚粧樓整白綸　단장한 누각에 기대어 흰 윤건을 바로잡는다.

窮寢溪山天費繪　깊은 계곡과 산은 하늘이 애쓴 그림이고

古今詞客鳥鳴春　고금의 시인들은 봄에 우는 새로다.

林光暮覺烟凝黛　숲의 빛은 저녁에 보니 연기 어려 거뭇하고

江色明知月放銀　강 색깔 밝은 것은 달이 은빛 냄이로다.

78 원문은 한 글자가 부족하다. 『임당유고』에는 □ 부분에 '不' 자가 있다. 원문에서도 '老' 자 다음에 동그라미로 그 사실을 표시하였다.

掀丹數莖勞點竄　몇 가닥 수염 비벼 끊으며 찍고 뚫어 보아도
愧無佳句逮前人　옛 사람에게 미칠 좋은 구절 짓지 못해 부끄럽네.
勝賞吟來自有眞　좋은 경치 노래하다 보면 그 속에 저절로 참모습 있으니
欲投簪綬學垂綸　벼슬을 내던지고 낚시질을 배우고 싶네.
紋笙翠管伊凉曲　무늬 새긴 생황과 푸른 피리로 이주곡[79]을 연주하고
竹葉梨花麴米春　댓잎과 배꽃으로 술을 빚는 봄이로다.
龍岫東回沙似雪　용두산 동으로 감돌아 모래는 눈과 같고
馬巖中斷水如銀　마암산 끊어져서 물빛은 은과 같네.
漢陽鸚鵡留名句　한양의 앵무주라 명구를 남긴 이는[80]
三百年來只一人　삼백 년 이래로 단 한 사람뿐이로다.

관찰사觀察使 조사수趙士秀[81]

◎ **조사수** ㅣ 1502년(연산군 8)–1558년(명종 13). 본관 한양漢陽. 자 계임季任, 호 송강松岡. 시호 문정文貞. 1531년(중종 26) 식년문과 급제. 이조판서, 지중추부사, 좌참찬 등 역임.

◎ **비고** ㅣ 1550년(명종 5) 6월 4일 경상도관찰사로 도임, 1551년(명종 6) 6월 1일 홍문관부제학으로 이임.

---

79 이주곡伊州曲 : 당 현종唐玄宗 연간에 서량절도사西涼節度使 개가운蓋嘉運이 바쳤다는 상조대곡商調大曲으로, 후대엔 주로 기생들이 부르던 풍류 곡조로 바뀌었다.

80 한양의……이는 : 당唐나라 최호의 〈등황학루登黃鶴樓〉에 "맑은 냇물 저 너머엔 한양의 나무숲 역력하고, 봄풀은 앵무주를 무성하게 덮었도다.(晴川歷歷漢陽樹 春草萋萋鸚鵡洲)"라는 구절이 있다.

81 원문의 주석에 "관직은 이조판서에 이르렀다.(官至吏曹判書)"는 말이 있다.

□ 용응자운 用凝字韻

조광원曺光遠[82]

鏡面沈沈夜霧凝	거울 표면 같은 강물 어둡침침하여 밤안개 맺히고
樹林深處點村燈	수풀 깊은 곳엔 마을 등불 한두 점 보이네.
老來紅粉眞閑事	늘그막에 화장하는 일이야말로 참으로 한가한 일
我是人間有髮僧	나는 인간 세상에서 머리 기른 승려라네.

◎ **조광원** | 1492년(성종 23)–1573년(선조 6). 본관 창녕昌寧. 자 회보晦甫. 조계상曺繼商의 아들. 1528년(중종 23) 별시문과 급제. 도승지, 함경도관찰사, 대사헌 등을 역임.

◎ **비고** | ㉮ 『명종실록』 10년(1555) 5월 16일에 조광원을 경상도도순찰사로 파견한 기록이 있음.

㉯ 1555년(명종 10) 11월에 공조판서에서 경상도관찰사로 도임. 1556년(명종 11) 9월 지중추부사로 이임.

□ 우용한자운 又用寒字韻

조광원曺光遠[83]

風湍觸岸遠聲寒	여울물 벼랑에 차가운 소리 멀리 들리고
窓外靑嵐襲玉欄	창 밖 푸른 이내 백옥 난간에 스며든다.

---

82 원문에 없는 말이며, 체재로 보아 뒤 용림자운에 있는 조광원이 작자로 추정됨.

83 원문에 없는 말이며, 체재로 보아 뒤 용림자운에 있는 조광원이 작자로 추정됨.

雨霽天底雲半峀　　비 개인 하늘 아래로 구름은 산을 반쯤 덮고
差池輕燕繞林端　　오르락내리락 가벼운 제비만 숲을 휘감네.

◎ **조광원** ㅣ 1492년(성종 23)–1573년(선조 6). 본관 창녕昌寧. 자 회보晦甫. 조계상曺繼商의 아들. 1528년(중종 23) 별시문과 급제. 도승지, 함경도관찰사, 대사헌 등을 역임.

◎ **비고** ㅣ ㉮『명종실록』 10년(1555) 5월 16일에 조광원을 경상도도순찰사로 파견한 기록이 있음.

㉯ 1555년(명종 10) 11월에 공조판서에서 경상도관찰사로 도임, 1556년(명종 11) 9월 지중추부사로 이임.

□ 우용림자운 又用林字韻

관찰사觀察使 조광원曺光遠

空濛烟雨一江林　　안개비 자욱하게 온 강에 빽빽한데
寂歷軒窓半日陰　　적막함 감도는 헌창은 반나절 그늘졌구나.
檻外景光何有賴　　난간 밖 풍경 어디에 기댈까?
謾教行客動鄉心　　나그네로 하여금 고향 생각 나른하게 일으키네.

겸 관찰사兼觀察使 조광원曺光遠

◎ **조광원** ㅣ 1492년(성종 23)–1573년(선조 6). 본관 창녕昌寧. 자 회보晦甫. 조계상曺繼商의 아들. 1528년(중종 23) 별시문과 급제. 도승지, 함경도관찰사, 대사헌 등을 역임.

◎ **비고** ㅣ ㉮『명종실록』 10년(1555) 5월 16일에 조광원을 경상도도순찰사로 파견한 기록이 있음.

㉯ 1555년(명종 10) 11월에 공조판서에서 경상도관찰사로 도임, 1556년(명종 11) 9월 지중추부사로 이임.

□ 용가자운 用歌字韻

관찰사觀察使 홍담洪曇

秋雨初晴日　가을비 막 개인 날
華筵咽鼓歌　화려한 자리 고상한 노래.
地高收美景　지세 높아 아름다운 경치 거두고
軒敞拂紅霞　마루 넓어 붉은 노을 스친다.
玉燭風翻影　옥 촛대에 바람이 그림자를 뒤척이고
金樽酒漾波　금 단지에 술이 일렁이네.
時平兼勝友　평온한 시절에 좋은 벗 있어
情興自生多　정과 흥이 절로 많구나.

관찰사觀察使 홍담洪曇

◎ **홍담** ㅣ 1509년(중종 4)–1576년(선조 9). 본관 남양南陽. 자 태허太虛. 1539년(중종 34) 별시문과 급제. 한성부좌윤, 예조판서, 우참찬 등을 역임.

◎ **비고** ㅣ 1560년(명종 15) 2월 20일 동지중추부사에서 경상도관찰사로 도임, 1561년(명종 16) 2월 20일 동지중추부사로 이임.

전前 군수郡守 조숙曺淑

紅粧初執樂　단장한 여인 음악을 연주하여
觀舞又聽歌　춤을 추고 또 노래도 듣네.
偶爾陪高會　우연히 좋은 모임에 와서

悠然對晚霞　늦은 노을 편안하게 마주한다.

金釵時灔日　금비녀는 때때로 햇살에 빛나고

羅襪欲俊波　비단 버선 신은 선녀가 물결을 건너간다.

醉倚棠陰下　취해 감당나무 그늘[84] 아래 기대니

休言感嘆多　감탄이 많다고 말하지 말기를.

전前 군수郡守 조숙曺淑

◎ **조숙** ㅣ 1504년(연산군 10)–1582년(선조 15). 본관 창녕昌寧. 자 선경善卿, 호 죽헌竹軒. 1540년(중종 35) 식년시 급제.

□ 용추자운用秋字韻

관찰사觀察使 박소립朴素立

徙倚朱樓瞰碧流　자리를 옮겨 붉은 누각에 기대 푸른 물 굽어보니

水光山色一天秋　물빛과 산색은 온 세상에 가을이로다.

異鄕勝地逢情友　타향의 명승지에서 정겨운 벗 만났기에

一醉都忘萬解[85]愁　한번 취해 만 섬의 근심을 모두 잊노라.

---

84 감당나무 그늘 : 원문의 '棠陰'은 『시경詩經』 〈감당甘棠〉에 "무성한 저 감당나무 가지를, 갈기지 말고 베지도 말라. 우리 소백이 쉬시던 곳이니라.(蔽芾甘棠 勿翦勿伐 召伯所茇)"라고 한 데서 온 말이다. 이 시는 남국南國을 순행巡行하면서 문왕文王의 정사政事를 편 소공召公의 덕德을 추모하여 부른 노래이다. 전하여 지방관의 선정善政을 의미한다.

85 원문 '解' 자 두주에 "해解는 마땅히 곡斛 자가 되어야 한다.(解當作斛)"는 말이 있으며, 번역도 두주를 따랐다.

登臨暇日俯清流　겨를을 내 올라와서 맑은 강물 굽어보니
十里長堤碧草秋　십 리 긴 강둑에 푸른 풀이 가을이네.
北極遙瞻山水隔　아득히 북극성 바라보니 산수가 가로막혔고
滿江烟雨一望愁　온 강에 안개비는 모두가 수심이로다.

관찰사觀察使 박소립朴素立

◎ **박소립** | 1514년(중종 9)–1582년(선조 15). 본관 함양咸陽. 자 예숙豫叔. 1555년(명종 10) 식년시 급제. 홍문관정자, 이조좌랑, 대사헌 등을 역임.

◎ **비고** | 1576년(선조 9) 3월 28일 동지중추부사에서 경상도관찰사로 도임하여 이듬해 이임. 이임 사유는 불명확.

경차관敬差官 김수홍金守弘

峰巒萬疊繞長流　일만 겹 봉우리 긴 강물을 둘렀고
綠樹奇嵒七月秋　푸른 숲 기묘한 바위 초가을 풍경일세.
旅館終宵眠不得　여관에서 밤새도록 잠 못 이루는데
蕭蕭細雨更添愁　부슬비 쓸쓸하여 다시 근심 더하네.

高樓百尺壓江流　백 척 높은 누각 강물을 눌렀는데
十里長林滿目秋　십 리 긴 숲은 온통 가을빛이로다.
海外逢君心話活　바다 밖에서 그대 만나 마음속 얘기 살아나니
此時方好慰羈愁　이럴 때 여행길 근심 참으로 위로 되네.

경차관敬差官 김수홍金守弘

◎ **김수홍** | ㉮ 김우홍金宇弘의 오기로 판단됨. 『교남지嶠南誌』·『밀양지密陽誌』 등에 '밀양부사 김수홍'에 대한 기록이 있으나, 김수홍은 인명사전, 조선왕조실록, 김씨 족보 등에서 찾을 수 없음.

㉯ 김우홍 : 1522년(중종 17)–1560년(명종 15). 본관 의성義城. 자 면부勉夫. 1553년(명종 6) 계축별시 급제.

도사都事 정희번鄭姬藩

翬飛華構枕江流　나는 듯한 화려한 건물 강물을 베고 누웠는데
心匠經營問幾秋　건축하려고 마음먹은 지 몇 해이던가?
吟倚曲欄無箇事　굽은 난간에 기대 읊조리며 아무 일 없는데
滿天風雨動鄕愁　하늘 가득 비바람이 고향 생각 자아내네.

嶺南名勝擅風流　영남의 명승지로 풍류를 독차지했는데
乘興登臨正値秋　흥을 타고 올라와 보니 마침 가을이로다.
此地相逢眞一幸　이처럼 좋은 때를 만난 것 참으로 다행이니
不妨呼酒話離愁　술을 불러 이별의 근심 얘기함도 좋으리라.

도사都事 정희번鄭姬藩

◎ **정희번** | 생몰년 미상. 본관 온양溫陽. 자 자한子翰, 호 고송孤松. 1570년(선조 3) 식년문과 급제. 우승지, 공조참의, 병조참지 등을 역임.

◎ **비고** | 1575년(선조 8) 11월 24일 형조좌랑에서 경상도도사로 도임. 1576년(선조 9) 11월 성균관전적으로 이임.

전前 군수郡守 손흥서孫興緖

濁流深喜接淸流　혼탁한 세상에 청류를 만나 매우 기쁜데
白首靑眸雨後秋　흰머리에 반가운 눈동자 비 온 뒤의 가을이로다.
十里江山形勝地　십 리에 걸친 강과 산은 명승지인데
今人愁是古人愁　지금 사람의 근심 옛 사람의 근심일세.

雨來添却大江流　비가 와서 큰 강의 흐름이 불어나더니
樓上凉生水上秋　누각 위는 서늘하고 물가는 가을이로다.
此地還兼逢此友　이런 곳에서 다시 이런 벗을 만났으니
千詩吟破百年愁　일천 수의 시로 백 년 시름을 읊조리노라.

전前 군수郡守 손흥서孫興緖

◎ **손흥서** | 생몰년 미상. 본관 밀양密陽. 자 사술士述. 1555년(명종 10) 식년시 급제.

차운시 次韻詩[86]

□ 차시자운 次詩字韻

밀양부사密陽府使 김극일金克一[87]

簿牒如山不到詩　문서가 산처럼 쌓이니 시흥이 나지 않아

縱然强作更能奇　억지로 짓는다고 다시 기이해지랴.

無聲詩與有聲畫　소리 없는 시와 소리 있는 그림

都在晴天鴈沒時　이 모두는 개인 하늘에 기러기가 앉을 때 볼 수 있네.

부사府使 김극일金克一

◎ **김극일** ㅣ 1522년(중종 17)~1585년(선조 18). 본관 의성義城. 자 백순伯純, 호 약봉藥峰. 1546년(명종 1) 증광문과 급제. 사헌부감찰, 예천군수, 성주목사 등을 역임. 저서 『약봉일고藥峰逸稿』.

◎ **비고** ㅣ 1570년 밀양부사.

---

86 원문에 없는 구분법이며, 이해의 편의를 위해 추가하였다.

87 원문에는 없는 단락이나, 체재를 고려하여 추가하였다.

□ 차진자운次眞字韻

밀양부사密陽府使 김극일金克一

設有蓬萊此是眞　봉래산 있다 해도 이곳이 진경이라
白頭何幸佩靑綸　흰머리에 다행스럽게도 푸른 인끈[88] 차고 왔네.
凝肪實剝千章栗　기름지고 실한 열매 천 그루의 밤나무이고
爛錦花開百日春　찬란하게 꽃이 피는 백 일의 봄이로다.
宿霧山腰朝拖練　산허리 묵은 안개 아침이면 흰 베를 끌고
晴河城角夜橫銀　성 모퉁이에 개인 강물 밤이면 은빛 비끼네.
飄飄雨腋生風久　두 겨드랑이에 훌훌 바람이 일어나니
欲向丹丘仍羽人　단구로 가서 그대로 신선이 되리로다.

退伏衝[89]門學養眞　오두막으로 물러나서 진리 함양 공부하며
欲將身世老垂綸　이 몸이 늙도록 낚싯줄을 드리우려네.
又分龍節來推火　또 다시 부절 받고 밀양 고을에 부임하니
深愧巖陵隱富春　부춘산 숨은 엄자릉에게 참으로 부끄럽구려.[90]
地勢卑湫饒霧雨　지세는 습하여 안개비 많지만
心源淸澈識金銀　마음이 너무 맑아 금과 은을 구분하겠네.
他年會著荷衣去　뒷날에 연잎 옷[91]을 입고 떠나게 되면

---

88 푸른 인끈 : 지방관이 지니고 다니는 상징 중 하나이다.

89 원문 '衝' 자 두주에 "충衝은 마땅히 형衡 자가 되어야 한다.(衝當作衡)"는 말이 있으며, 번역도 두주를 따랐다.

90 부춘산……부끄럽구려 : 자릉子陵은 동한東漢의 은자隱者인 엄광嚴光의 자字이다. 엄광은 한나라 광무제光武帝와 동학同學한 사이였는데, 광무제가 황제가 된 뒤에 변성명變姓名하고서 숨어 살았다. 광무제가 몇 차례 조정에 머물러 있기를 권하였으나, 엄광은 절강성浙江省에 있는 부춘산富春山으로 들어가 엄릉뢰嚴陵瀨라는 물가에서 낚시질을 하며 지냈다.

91 연잎 옷 : 은자隱者들이 입는 옷이다.

高揖松江陸散人　송강의 육산인에게 공손하게 하례하리라.[92]

밀양부사密陽府使 김극일金克一

◎ **김극일** ㅣ 1522년(중종 17)–1585년(선조 18). 본관 의성義城. 자 백순伯純, 호 약봉藥峰. 1546년(명종 1) 증광문과 급제. 예천군수, 성주목사 등을 역임. 저서 『약봉일고藥峰逸稿』.

◎ **비고** ㅣ ㉮ 1570년 밀양부사.

㉯ 『약봉일고』(필사본, 경북대 소장)에 위 시가 수록됨.

□ 차시자운次詩字韻

형조판서刑曹判書 정종영鄭宗榮

霜風木落正催詩　서리 바람에 나뭇잎 져 참으로 시를 재촉하니

江色山光兩絶奇　강물 빛과 산 빛 두 가지가 절묘하고 기이하다.

可笑衰翁孤客興　우습구나 늙은 노인 나그네 흥을 외면하고

不將杯酒答良詩　한잔 술로 좋은 시절에 보답하지 못하네.

판서判書 정종영鄭宗榮

◎ **정종영** ㅣ 1513년(중종 8)–1589년(선조 22). 본관 초계草溪. 자 인길仁吉, 호 항재恒齋. 1543년(중종 38) 식년문과 급제. 호조정랑, 강원도관찰사, 우찬성 등을 역임. 저서 『항재집恒齋集』.

◎ **비고** ㅣ 『선조실록』 4년(1571) 7월 16일에 정종영을 형조판서에 제수한 기사가 있음.

---

92 송강松江의……하례하리라 : 송강은 중국 강소성江蘇省에 있는 강이다. 육산인은 당唐의 문인 육구몽陸龜蒙을 가리킨다. 그는 차·솥·필상筆床·조구釣具 등을 배에 싣고 송강에서 놀았는데, 당시 사람들이 그를 강호산인江湖散人이라고 불렀다.

삼재三宰 성세장成世章

名區形勝播於詩　이름난 곳 명승지가 시로 전파되었으니
雕鎪心肝各出奇　마음을 아로새겨 각기 기이한 모습 나타내었네.
長笛倚樓人膾炙　긴 젓대 소리에 누각에 기댄다[93]는 구절 말하는데
淸思今想立移時　맑은 시상 이제 상상하며 한참을 섰노라.

삼재三宰[94] 성세장成世章

◎ **성세장** | 1506년(중종 1)–1583년(선조 16). 본관 창녕昌寧. 자 경회景晦·중회仲晦, 호 사암思菴. 1540년(중종 35) 식년문과 급제. 예조판서, 호조판서, 우참찬 등을 역임.

◎ **비고** | 『선조수정실록』 12년(1579) 12월 1일에 좌참찬 성세장에 대한 기사가 있음.

관찰사觀察使 유홍兪泓

略施丹粉露天眞　옅은 화장으로 맨 얼굴 드러내고
晩抱瑤琴弄彩綸　저물녘 거문고 안고 채색 줄을 희롱하네.
萬斛客愁都似雪　일만 섬 나그네 근심 모두 눈처럼 흩어지고
一場春夢欲生春　한바탕 고향 꿈 봄처럼 생겨나네.
歡情且盡杯中蟻　기쁜 마음에 잔 속의 술을 다 마시고

---

93 긴……기댄다 : 이황 『퇴계집』 권2, 〈계임이 박창세의 밀양 영남루운에 화답한 시에 차운하다.(次季任密陽嶺南樓和朴昌世詩) 이십이수二十二首〉에 "……전략前略…… 지금 듣건대 긴 젓대 소리에 높은 누각에 기대니, 풍운이 붓으로 들어와 신묘한 모습 몰아가네.(今聞長笛倚高樓 風雲入筆驅神變)"라는 구절이 있다.

94 삼재三宰 : 찬성사贊成事 혹은 좌참찬左參贊의 별칭이다.

俠氣還忘鬢上銀　객기로 은빛의 귀밑머리를 잊어버리네.
只恐曉來雲雨散　다만 두려운 건 새벽에 운우가 흩어지고
高唐賦後轉迷人　고당부[95] 읊고 나서 사람들 사라지는 것.

開簾看岳色　주렴 열어 산색을 바라보고
欹枕聽漁歌　베개에 기대어 고기잡이 노래 듣네.
寶琴度秋曲　거문고는 가을 곡조를 더듬어
淸商連落霞　맑은 음률이 지는 노을에 이어지네.
只愁成暮雨　다만 저녁 비 될까 근심되고
唯喜穩秋波　오직 가을 물결 은근함이 기쁘네.
却罷荊王蒙　초왕의 꿈을 깨고 나면
明朝恨別多　내일 아침 한이 유별나게 많으리라.

관찰사觀察使 유홍兪泓

◎ **유홍** ǀ 1524년(중종 19)–1594년(선조 27). 본관 기계杞溪. 자 지숙止叔. 호 송당松塘. 1553년(명종 8) 별시문과 급제. 함경도병마절도사, 한성판윤, 우의정 등을 역임. 저서 『송당집松塘集』.

◎ **비고** ǀ 1577년(선조 10) 윤8월 3일 동지중추부사에서 경상도관찰사로 도임. 1578년(선조 11) 1월 19일 병으로 사직.

95　고당부 : 전국시대 초나라 시인 송옥宋玉이 지은 작품으로, 본문에 초왕과 무산巫山 신녀神女의 연애 이야기가 실려 있다.

제 3 장

침류당

枕 流 堂

기문記文

□ 박세후 침류당기문枕流堂記文

예전에 사문斯文 안질安質(?-1447)이 밀양부사가 되었을 때 영남루 서쪽에 작은 누각을 운영하였으며, 권기權技 공이 소루小樓로 명명하였다. 그 뒤 밀양부사 이 아무개[1]가 옛날 제도를 본받고 새로운 제도를 더해 건물을 철거하고 개창하여 영주각瀛洲閣이라고 했다. 그렇지만 온돌방이 협소하여 기거하기에 불편했다. 헌軒이 비록 넓지만 삼면이 모두 트여 풍우를 감당할 수 없었다.

나는 온돌방 남쪽 기둥을 물려 규모를 넓히고, 합헌閤軒의 북쪽에 벽을 설치하여 열고 닫는 문을 만들었다. 또 그 동쪽에 욕실을 더 설치하고, 방과 마루의 안팎으로 단청을 새로 칠했다. 인하여 영주로 명명한 뜻을 생각해 보니, 기특한 점이 있었지만 타당하지는 못했다. 주변의 아름다운

---

1 이 아무개 : 이충걸李忠傑을 가리키는 것으로 추정된다.

풍경에서 뜻을 취하여 이름을 침류당枕流堂이라 고쳤다.

처음 설립했을 때를 생각해 보니, 세월이 백 년이 되지 않았지만 세 차례 중창하였고 네 번 이름을 고쳤다. 인사의 변이變易는 한번 웃고 말지만, 당堂 앞의 풍월은 고금에 다를 바가 없다. 그렇기 때문에 마침내 절구 한 수를 지어 그 뜻을 부친다.

㉮ 작성 연도 ㅣ 미상(1543년으로 추정)

㉯ 저자 ㅣ 밀양부사密陽府使 박세후

1493년(성종 24)~1550년(명종 5). 본관 상주尙州. 자 중온仲溫, 호 인재認齋 또는 눌재訥齋. 1519년(중종 14) 별시문과 급제. 성균관사예, 예조참의, 강원도관찰사 등을 역임.

昔安斯文質爲府使 營小樓於嶺南樓西 權公技以小樓名之 其後府使李□□□ 因舊增制 撤去改創 名之曰瀛洲閣 然溫室狹小 不便居處 軒雖敞豁 三面皆虛 風雨不堪 余乃退裝溫室南楹 以大其規 設閤軒之北壁 以爲開閉 又於其東 加構浴室 與房閤之內外 更侈丹碧 因思名以瀛洲 尙奇而不穩 取其卽景 改題曰枕流堂 計其始創 歲月曾未百年 而三度重創 四改其名 人事變易 可付一哂 而堂前風月 無古今之異 故遂占一絶 以寓其意云

제영시 題詠詩

□ 용상자운 用霜字韻[2]

밀양부사密陽府使 박세후朴世煦

堪笑開基未百霜	우습구나, 터 닦은 지 백 년이 되지 않아
爲樓爲閣又名堂	누를 짓고 각을 짓고 당의 이름을 지었네.
只緣所好殊前後	다만 전후 사람들의 기호가 달라서 그렇지
風月初無彼此妨	풍월이야 당초에 이래도 저래도 상관없네.

부사府使 박세후朴世煦

◎ **박세후** | 1493년(성종 24)–1550년(명종 5). 본관 상주尙州. 자 중온仲溫, 호 인재認齋 또는 눌재訥齋. 1519년(중종 14) 별시문과 급제. 성균관사예, 예조참의, 강원도관찰사 등을 역임.

◎ **비고** | 1540년(중종 35) 밀양부사로 부임.

---

2 원문에 없는 구분법이며, 이해의 편의를 위해 추가하였다.

진사進士 양담梁澹

潦倒粉楡六十霜　세월 흘러 늘그막 예순 나이 되도록
登樓登閣復登堂　누 오르고 각 오르고 또 당에 올랐네.
一軒景物長如舊　온 헌함의 경치가 언제나 의구하니
屢換扁題便不妨　여러 차례 편액을 바꾸어도 무방하리.

진사進士 양담梁澹

◎ **양담** | 생몰년 미상. 본관 남원南原. 자 사념士恬. 1507년(중종 2) 증광시 급제.

◎ **비고** | 『밀양지』에 "필법에 능하여 월연月淵 이태李迨에 버금간다는 평이 있었다."는 기록이 보임.

□ 용비자운用飛字韻[3]

밀양부사密陽府使 장적張籍

重修高閣煥如飛　높은 누각 중수하여 날아갈 듯 환하고
戲唾清流玉屑霏　맑은 물을 읊조림에 눈발이 휘날리네.
一倚朱欄霞想發　붉은 난간 기대니 아득한 생각 떠올라.
超然身世自忘機　훌쩍 속세를 떠나 절로 기심[4]을 잊네.

3　원문에 없는 구분법이며, 이해의 편의를 위해 추가하였다.

4　기심機心 : 구로망기鷗鷺忘機의 줄임말이다. 『열자列子』「황제黃帝」에, 바닷가에 사는 사람의 아들이 갈매기와 더불어 잘 노닐었다. 매일 아침 바닷가에 가서 갈매기와 함께 노닐면 백 마리도 넘게 갈매기가 날아왔다. 그의 아버지가, "네가 매일 갈매기와 노닌다고 들었으니, 잡아 오너라. 내가 데

誰謂瀛洲在海陬　누가 영주산이 바다 구석에 있다고 했나?

風帆不用坐丹丘　배를 타지 않아도 단구에 앉아 있네.

羽觴相屬輸眞訣　가벼운 술잔 권하면서 진결을 보여 주었더니

贏得南華造化游　조화에 노니는 남화경의 뜻을 넉넉히 알겠네.[5]

부사府使 장적張籍

◎ **장적** ㅣ 생몰년 미상. 본관 단양丹陽. 자 대훈大訓. 1507년(중종 2) 증광시 급제.

◎ **비고** ㅣ 신광한申光漢, 조사수趙士秀 등과 같은 시대에 활동. 1508-1530년 무렵 왕조실록에 검색됨. 13건.

□ 용수자운用收字韻

사록司錄 신일辛馹

開窓邀月夢初收　창문 열고 달을 맞아 꿈에서 깨어나니

猶喜溪聲枕底流　시냇물 소리 베개 아래로 흘러 좋구나.

此夜塵懷應換骨　이 밤엔 세속 생각 송두리째 바뀌리니

리고 놀려고 한다."라고 했다. 아들이 이튿날 바닷가에 갔더니 갈매기는 춤만 출 뿐, 내려오지 않았다는 고사가 있다.

5 조화에……알겠네 : 남화경南華經은 『장자莊子』의 별칭이다. 『장자』 「대종사大宗師」에, "지금 대장장이가 쇠를 녹이는데, 쇠가 펄펄 뛰면서 '나는 반드시 막야검鏌鎁劍이 되겠다.'고 한다면 대장장이는 반드시 그것을 상서롭지 못한 쇠로 여길 것이다. 또 지금 누가 사람의 모습을 지녔다 해서 '나는 반드시 사람이 되어야 한다.'고 한다면 조화옹造化翁도 반드시 그를 상서롭지 못한 사람으로 여길 것이다. 그러니 지금 한결같이 천지天地를 큰 용광로로 삼고 조화옹을 큰 대장장이로 삼는다면 어디에 간들 안 될 것이 있겠는가."라는 말이 있다.

取名何必假瀛洲　하필이면 영주산[6]에서 이름 빌려야 하리

此日登臨興不收　오늘 올라오니 흥취를 거둘 수 없어

春光暮色共凝流　봄빛 저무는 색이 함께 흐를 듯하구나.

茫茫醉眼都無盡　망망하게 취한 눈은 도무지 다함이 없는데

却愛紅粧耀綠洲　붉은 단장이 푸른 물가에 반짝임이 좋구나.

사록司錄 신일辛馹

◎ **신일** ㅣ 생몰년 미상. 본관 영산靈山. 자 치원致遠. 1538년(중종 33) 별시 급제. 신인손과 관련이 있음. 손자로 추정.

밀양부사密陽府使 박세후朴世煦

江城風物浩難收　강성의 풍물은 호탕하여 거두기 어렵고

且愛華堂枕碧流　푸른 강물 베고 누운 화려한 집 사랑스럽네.

爲問幾番開勝宴　물어보자 몇 번이나 좋은 잔치 열었나?

半天紅燭影滄洲　반 공중에 붉은 촛불이 물가 섬에 빛나는구나.

無盡情懷醉未收　취하여 다함없는 정회를 못 거두고

蒼顔自笑任風流　창백한 얼굴의 풍류가 스스로 우습네.

何時皓月生東嶺　언제쯤 흰 달이 동산 마루에 오르려나.

暝色還沈白鷺洲　캄캄한 어둠의 백로주에 도로 가라앉네.

6　영주산 : 삼신산三神山의 하나로, 선경仙境을 가리킨다.

부사府使 박세후朴世煦

◎ **박세후** | 1493년(성종 24)-1550년(명종 5). 본관 상주尙州. 자 중온仲溫, 호 인재認齋 또는 눌재訥齋. 1519년(중종 14) 별시문과 급제. 공조좌랑, 장악원첨정, 성균관사예, 예조참의, 강원도관찰사 등을 역임.

◎ **비고** | 1540년(중종 35) 밀양부사로 부임.

□ 용천자운用天字韻[7]

임억령林億齡

五月瀛洲閣　오월에 신선 노니는 영주에서
憑軒眺遠天　헌함에 기대 먼 하늘 바라본다.
江喧懸急雨　강물 소리는 소나기 쏟아지듯 울리고
村靜起孤煙　조용한 마을엔 외딴 연기 피어나네.
覓句嫌才短　시구를 찾는 데 짧은 재주가 안타깝고
尋眞媿骨膻　진경을 찾음에 속된 골격이 부끄럽네.
淸風如可御　맑은 바람을 어떻게 몰고 다닐까?
吾欲問群仙　나는 여러 신선들에게 물어보려네.

임억령林億齡

7 원문에 없는 구분법이며, 이해의 편의를 위해 추가하였다.

◎ **임억령** | 1496년(연산군 2)-1568년(선조 1). 본관 선산善山. 자 대수大樹, 호 석천石川. 1525년(중종 20) 식년문과 급제. 병조참지, 강원도관찰사 등을 역임. 저서 『석천집石川集』.

◎ **비고** | 『석천집石川集』 권3, 〈영주각瀛洲閣〉.

임억령林億齡

遠客逢佳句　먼 길의 나그네 좋은 시를 만났더니
長虹插暮天　긴 무지개가 저무는 하늘에 꽂혔네.
碧地郊外草　푸른 것은 교외의 풀이고
青見水邊烟　파란 것은 물가의 연기네.
薄窟戈春黎　벼슬길은 창 끝으로 기장 찧기이고[8]
虛名蟺慕膻　헛된 이름은 개미가 비린내 찾기네.
白雲吾已矣　흰 구름의 뜻은 내 이제 그만이로다.
一代作詩仙　한 시대 시의 신선이 되려고 하네.

임억령林億齡

◎ **임억령** | 1496년(연산군 2)-1568년(선조 1). 본관 선산善山. 자 대수大樹, 호 석천石川. 1525년(중종 20) 식년문과 급제. 병조참지, 강원도관찰사 등을 역임. 저서 『석천집石川集』.

8 벼슬길은……찧기이고 : 이루기 매우 어려움을 뜻하는 말로, 『순자荀子』「권학勸學」에 "예법을 따르지 않고 시서만 가지고 일을 하면, 마치 손가락으로 하수河水를 헤아리고 창으로 기장을 찧는 것처럼 일을 성취하기 어렵다."라는 구절에서 유래하였다.

유수柳洙

澂泓流上閣	맑고 깊은 강물 위 누각에서
俯首瞰青天	머리 숙여 푸른 하늘을 굽어본다.
晩桑全鏖暑	저녁 기운은 더위를 모두 물리치고
朝霏半抹烟	아침 비는 안개를 반쯤 지우는데
魂清骨欲蛻	정신 맑아 육신의 허물을 벗을 듯
味勝口忘膻	풍미 좋아 누린 냄새를 잊어버리네.
此日深眞得	오늘은 깊은 진경을 얻었기에
宛然作羽仙	완연히 신선 되어 날아갈 듯하네.

◎ **유수** ǀ 생몰년 미상. 본관 서산. 자 중소仲卲. 1534년(중종 29) 식년시 급제.

◎ **비고** ǀ 1544년(중종 39) 7월 20일 호조정랑에서 경상도도사로 도임, 이임 기록 없음.

도사都事 유수柳洙

吾何患得失	내 어찌 얻고 잃음을 걱정하랴?
行止一聽天	가고 멈춤을 천명대로 따르리라.
澄澈高堂水	맑고 맑은 건 높은 집 아래 강물이고
蒼茫遠樹烟	푸르고 아득한 건 먼 숲의 안개인데
逍遙身啬累	소요하는 곳에 몸의 누가 적고
咀嚼景甘膻	시구를 되씹으니 경치가 맛있구나.
夜到尤清絶	밤 되면 너무도 기상이 맑아
憑欄欲喚仙	난간에 기대 신선을 부르고 싶네.

도사都事 유수柳洙

◎ **유수** | 생몰년 미상. 본관 서산. 자 중소仲卲. 1534년(중종 29) 식년시 급제.

◎ **비고** | 1544년(중종 39) 7월 20일 호조정랑에서 경상도도사로 도임. 이임 기록 없음.

도사都事 조징趙澄

危樓枕水邊　높은 누각 물가에 누워 있어
清勝擅南天　맑은 경치 남방의 명성 독차지했네.
遙嶽橫微靄　먼 산에는 가는 아지랑이 걸쳐 있고
長林帶嫩烟　긴 숲은 아른거리는 연기 띠었네.
虛明增雅趣　텅 비어 맑은 하늘은 운치를 더하고
寒潔絶纖膻　차갑고 깨끗하여 세속의 냄새 하나 없네.
欲試雲間鳳　구름 사이로 봉황 타고 가서
丹丘問羽仙　단구에서 신선 소식 물으려 하네.

◎ **조징** | 1511년(중종 6)–1574년(선조 7). 본관 한양漢陽. 자 형숙泂叔, 호 송강松江. 1543년 (중종 38) 식년문과 급제. 봉상시첨정, 장단부사, 첨지중추부사 등을 역임.

◎ **비고** | 1549년(명종 4) 9월 24일 경상도도사로 도임. 이임 기록 없음.

도사都事 조징趙澄

潭影撓樓邊　연못 그림자 누각 가에 흔들리고
危亂倒碧天　높다란 난간 푸른 하늘에 거꾸러졌네.

疏篁聲夜月　성근 대나무 달밤에 소리를 내고
閑鷗浴江烟　한가한 해오라기 강 안개에 목욕하네.
心潔知還靜　마음 깨끗하니 도리어 고요함을 알고
身輕覺蛻膻　몸 가벼우니 허물 벗은 줄 알겠네.
蓬壺猶世界　봉호는 오히려 인간 세계와 같기에
何必學飛仙　나는 신선술 배울 필요 뭐 있으랴.

도사都事 조징趙澄

◎ **조징** ｜ 1511년(중종 6)–1574년(선조 7). 본관 한양漢陽. 자 형숙泂叔, 호 송강松江. 1543년(중종 38) 식년문과 급제. 봉상시첨정, 장단부사, 첨지중추부사 등을 역임.

◎ **비고** ｜ 1549년(명종 4) 9월 24일 경상도도사로 도임, 이임 기록 없음.

도사都事 장문보張文輔

來上瀛洲閣　와서 영주각에 오르니
澄江蘸碧天　맑은 강물에 푸른 하늘 잠겼네.
樓高凝暮靄　누각 높아 아리따운 아지랑이 응겼고
村逈隔朝烟　재목 빛나 아침 연기와 떨어졌네.
物色留霞鶩　물색은 노을에 지는 오리를 남겼고
杯盤堆海膻　술잔과 쟁반엔 해산물이 쌓이네.
不須遊赤壁　꼭 적벽에 노닐 필요는 없으니
端可御飛仙　정녕 신선과 같이 노닐 수 있으리.

도사都事 장문보張文輔

◎ **장문보** | 1516년(중종 12)–1566년(명종 21). 본관 순천. 자 백훈伯勳. 1546년(명종 1) 식년문과 급제.

◎ **비고** | 1554년(명종 9) 1월 15일 예조좌랑에서 경상도도사로 도임. 1555년(명종 10) 2월 형조정랑으로 이임.

□ 용수자운用收字韻[9]

도사都事 이명李銘

慕閣微凉暑氣收　그립던 누각 서늘한 바람 불어 더운 기운 거둬 가고
笙歌咽處倒黃流　생황 노래 울어 대는 곳에 누런 물결 거꾸러지네.
誰言鷗鳥忘機物　누가 갈매기를 기심 잃은 생물이라 했던가?
領得風光弄小洲　풍류를 즐기며 작은 모래톱 희롱하네.

도사都事 이명李銘

◎ **이명** | 1521년(중종 16)–?. 본관 전주. 자 자신子新. 1546년(명종 1) 식년시 문과 급제.

◎ **비고** | 1552년(명종 7) 10월 26일 병조좌랑에서 경상도도사로 도임. 1553년(명종 8) 7월 공조정랑으로 이임.

고산孤山 황기로黃耆老

江心風定淡烟收　강 바람 잦아들어 묽은 안개 걷히고
樓外青郊樹影流　누각 밖 푸른 들판 나무 그림자 흐른다.

9　원문에 없는 구분법이며, 이해의 편의를 위해 추가하였다.

斜日數聲牛背笛　석양에 몇 가닥 소 등 위 피리 소리 들리고
一雙鷗鷺下汀洲　한 쌍의 기러기 백로가 모래톱으로 내려온다.
고산孤山 황기로黃耆老

◎ **황기로** | 1521년(중종 16)–1575년(선조 8). 본관 덕산德山. 자 태수鮐叟, 호 고산孤山·매학정梅鶴亭. 1534년(중종 29) 진사시에 합격한 뒤 고향에 은거, 벼슬에 나아가지 않음. 초서를 잘 써서 '초성草聖'으로 불림.

상산商山 어은漁隱

風光供盡一樓收　활짝 열린 풍광 한 채 누각이 다 거두고
滿壁題詩摠上流　벽에 가득 제영시는 모두 명성 높은 시인이로다.
千載晚登空浩歎　천재일우를 얻어 늦게 올라 공활함에 탄식하고
聊將薄句詠河洲　애오라지 보잘것없는 시로 강물을 노래한다.
상산商山 어은漁隱

과객過客 중원中原 묵헌默軒

望窮縱目渺難收　하늘 끝까지 눈길 보내니 아득하여 거두어들이기 어렵고
隱映烟林影碧流　은은히 비치는 안개 숲 푸른 그림자 흐르네.
瀟灑自然塵慮祛　깨끗한 경치 저절로 속세의 걱정이 사라지니
尋仙豈必上瀛洲　신선을 찾으려 하필 영주에 오르랴.
과객過客 중원中原 묵헌默軒

제 4 장

객사 동헌

客舍東軒

제영시 題詠詩

□ 용루자운 用樓字韻 용회자운 用廻字韻[1]

삼도찰방三道察訪 정지담鄭之澹

何用區區更上樓　어찌 구구한 내가 다시 누각에 오를까마는
軒楹敞豁可淹留　마루 기둥 널찍하여 오래 머물 만하네.
坐來塵慮都消盡　앉으니 세상 근심 모두 녹아 사라지고
肯向名途有所求　명리의 길 어찌 내가 구할 바 있으리.

嶺南千里又秋廻　영남 천 리 길에 가을은 다시 돌아오고
北望金門一路開　북녘을 바라보니 대궐로 가는 길 열었네.
庶竭涓埃補何岳　작은 힘이나마 산하 같은 성덕 도와야지
不須容易賦歸來　쉽사리 귀거래를 노래할 것은 아니라네.

1　원문에 없는 구분법이며, 이해의 편의를 위해 추가하였다.

삼도찰방三道察訪 정지담鄭之澹

◎ **정지담** | 생몰년 미상. 본관 하동河東. 1405년(태종 5) 문과 급제.

경력經歷 안수기安修己

一軒風景勝高樓　한 마루 풍경 높은 누각보다 나아서
欲去登臨且更留　올라가 보려다 다시 머무르네.
此是南方佳麗地　이곳은 남방의 아름다운 곳인지라,
蓬萊仙境復何求　봉래산 신선 경지를 다시 어찌 찾으리.

경력經歷 안수기安修己

◎ **안수기** | 생몰년 미상. 본관 순흥順興. 1419년(세종 원년) 증광별시 급제. 한성부소윤 역임.

관찰사觀察使 권맹손權孟孫

少年曾此過靑樓　소년 시절 일찍이 이 누각을 지나며
尊俎絃歌任去留　술과 노래로 마음 놓고 머물다 갔지.
建節今來懷靡及　감사로 온 이번엔 회포 미치지 못해
敢將閑事著心求　감히 한가로운 일을 마음 붙여 찾으려네.

관찰사觀察使 권맹손權孟孫

◎ **권맹손** | 1390년(공양왕 2)–1456년(세조 2). 본관 예천醴泉. 자 효백孝伯, 호 송당松堂, 시호 제평齊平. 1408년(태종 8) 식년문과 급제.

◎ **비고** | ㉮ 1441년(세종 23) 12월부터 1442년(세종 24) 12월까지 도관찰출척사로 재임.
㉯ 김영金瑛(1475–1528)의 문집인 『삼당유집三塘遺集』 권1에 〈영남루에서 외할아버지 권제평 공의 시를 공경하게 차운하다(嶺南樓敬次外曾王考權齊平公韻)〉가 있고, 부록에 원문을 수록.

도순찰사都巡察使 성염조成念祖

北望華山屢顧廻　북쪽으로 화산[2]을 바라보고 거듭 돌아보니
爐烟浮起日初開　향로 연기 일어나더니 해가 막 떠오르네.
南州杖鉞雖光耀　남녘 고을 책임 맡음이 비록 영광스러우나
爭似明春慰母來　내년 봄 어머니 문안 올 때와 어찌 같으리.

風烟不開海江樓　강가의 누각에 아지랑이 펼쳐진 풍경이 없어
巡歷何妨數日留　순찰하며 며칠을 머문들 무엇이 방해되랴.
山上有松松間竹　산 위에 소나무 있고 소나무 사이 대나무 있어
此中形勝力難求　이 가운데 빼어난 경치는 힘으로 구하기 어렵네.

도순찰사都巡察使 성염조成念祖

◎ **성염조** | 1398년(태조 7)–1450년(세종 32). 본관 창녕昌寧. 자 자경子敬. 1419년(세종 1) 식년문과 급제. 형조참판, 한성부판사, 개성부유수 등을 역임.

◎ **비고** | 1442년(세종 24) 11월 이조참판에서 경상도관찰사로 도임, 1443년(세종 25) 6월 경창부윤으로 이임.

2　화산華山 : 서울에 있는 삼각산을 가리키는 말로, 전하여 궁궐이 있는 서울을 뜻한다.

경차관敬差官 조추趙秋

嶺南千里嶺南樓　천 리 영남에 있는 영남루는
一上都忘世上愁　한번 오르면 세상 근심 모조리 잊네.
今日我言如不信　오늘 나의 말을 믿지 못하겠거든
試憑丹檻俯長流　붉은 난간에 기대어 강물을 굽어보기를.

경차관敬差官 조추趙秋

◎ **조추** | 생몰년 미상. 본관 풍양豊壤. 1441년(세종 23) 식년문과 급제. 예문관직제학 역임.

도관찰사都觀察使 이선李宣

良辰乘興擬登樓　좋은 날 흥을 타고 누각에 오르려 했기에
採菊看山強小留　국화 따서 산을 바라보며 억지로 잠시 머문다.
彭澤遺風眞盛會　팽택의 유풍[3]이라 참으로 성대한 모임이기에
傳盃佳節客中求　좋은 계절에 술잔 전하며 객중에서 구하네.

樑月低簷曉夢廻　들보에 걸린 달이 처마에 드리워 새벽 꿈 돌아오고
天門深邃五雲開　하늘 문 깊게 뚫려 오색구름 열렸네.
淸燈蛩韻羈愁切　맑은 등불 메뚜기 울음에 나그네 근심 깊어지고
忍聽蘆洲白雁來　강변 갈대밭에 흰 기러기 내려앉는 소리 들리네.

---

3 팽택의 유풍 : 팽택은 동진東晉 때의 고사高士 도연명陶淵明을 가리킨다. 그는 일찍이 팽택 영彭澤令이 되었다가 80여 일 만에 그만두고 고향인 율리栗里로 돌아가 은거하였다.

도관찰사都觀察使 이선李宣

◎ **이선** | ?-1459년(세조 5). 본관 개성開城. 시호 문량文良. 이성계의 외손. 1432년(세종 14) 식년문과 급제.

◎ **비고** | 1438년(세종 20) 12월부터 1439년(세종 21) 11월까지 도관찰출척사로 재임.

도사都事 권기權技

遊遍南州上幾樓　두루 남쪽을 유람하며 몇몇 누각 올랐고
箇中佳致最堪留　그 중 아름다운 경치에 가장 오래 머물렀네.
棠陰更見施仁政　감당나무 그늘에서 다시 베푼 인정을 보았으니[4]
幕客如今敢有求　오늘 막객[5]의 신분으로 감히 구해 본다네.

久客偏驚臘又廻　오랜 나그네 연말이 또 돌아와 깜짝 놀라지만
時看一白雪中開　때때로 눈 속에서 피는 한 줄기 흰 꽃 보네.
北望路入青雲裏　북쪽을 바라보니 길은 푸른 구름 속으로 들어가건만
鳳詔何當日下來　임금님의 조서는 언제쯤 내려 보내실까?

도사都事 권기權技

◎ **권기** | 생몰년 미상. 본관 안동. 자 유지有之. 1432년(세종 14) 식년시 급제. 사간원사간 등을 역임.

---

4 감당나무……보았으니 : 원문의 '당음棠陰'은 감당나무 아래의 그늘이란 의미로 어진 관리의 아름다운 정사政事나 그런 정사를 행하는 관소官所를 뜻한다. 주周나라 때 소공召公이 북연北燕에 봉해져서 감당나무 아래에서 어진 정사를 펼쳤는데, 소공이 죽은 뒤에 백성들이 소공을 그리워해 감당나무를 감히 베지 못하면서 감당지시甘棠之詩를 지어 기렸던 데서 유래한 말이다.

5 막객幕客 : 일반적으로 하등 대접을 받는 관리를 가리키나, 여기에서는 도사都事를 뜻한다.

◎ **비고** ㅣ 도관찰출척사 권맹손權孟孫이 재임하던 때에 봉훈랑 성균관직강成均館直講 겸謙 종학박사宗學博士에서 경상도도사로 도임하여, 봉상시판관奉常寺判官으로 이임.

도순찰사都巡察使 정인지鄭麟趾

嶺外春風獨倚樓　　고갯마루 너머 봄바람에 홀로 누각에 기대니
光陰冉冉不曾留　　광음은 흐르고 흘러 일찍이 머문 적이 없네.
一聲長笛消愁盡　　한 가닥 긴 피리 소리에 근심이 다 사라지기에
酩酊如今何所求　　오늘처럼 실컷 취한다면 무엇을 더 구하리오.

도순찰사都巡察使 정인지鄭麟趾

◎ **정인지** ㅣ 1396년(태조 5)–1478년(성종 9). 본관 하동河東. 자 백저伯睢, 호 학역재學易齋. 1414년(태종 14) 식년문과 장원급제. 좌의정, 영의정부사 등을 역임. 저서 『학역재집』.
◎ **비고** ㅣ 『세종실록』 25년(1443) 12월 25일에 정인지를 도순찰사로 삼아 하삼도에 내려 보낸 기사가 있음.

종사관從事官 김길통金吉通

紅粧爭覩一時回　　기녀들이 다투며 일시에 고개 돌려 보았고[6]

6 기녀들이……보았고 : 당대唐代의 시인 두목杜牧과 관련된 고사이다. 그가 낙양에 있을 때, 전 상서尙書 이총李聰이 집에 빈객들을 초청하여 주연을 베풀었다. 두목이 주연에 참석한 기생 중 자운紫雲의 명성을 듣고 그녀를 데리고 오라고 하자 이총과 기생들로부터 무안을 당하였다. 두목이 술 석 잔을 연거푸 마신 다음에, "오늘 화려한 집에서 화려한 주연을 베풀고, 누가 이 분사어사를 오라고 불렀는가? 갑자기 미친 말 지껄여 온 좌중을 놀라게 하니, 석 줄로 에워싼 기녀들이 일시에 머리 돌리네.(華堂今日綺筵開 誰喚分司御史來 忽發狂言驚滿座 三行紅粉一時回)"라고 읊조렸다.

況復春風美酒開　게다가 다시 춘풍 불어 좋은 술 열렸네.
攬轡埋輪賢者事　말고삐 당기고[7] 수레바퀴 묻은 것[8] 현자의 일이니
若爲他日更南來　만약 다른 날이 되면 다시 남쪽으로 오리라.

종사관從事官 이조정랑吏曹正郎 김길통金吉通

'일시회一時回'는 두목의 시에 있는 말이다. 이 시를 인용한 것은 아마도 류슬갑의 잘못인 듯하다.(一時回 杜牧之詩中語 此詩引用 恐類滕甲之□)

◎ **김길통** ㅣ 1408년(태종 8)-1473년(성종 4). 본관 청풍淸風. 자 숙경叔經, 호 월천月川. 1432년(세종 14) 식년문과 급제. 병조좌랑, 전라도관찰사, 호조판서 등을 역임. 저서 『월천집月川集』, 『문평공시집文平公詩集』.

◎ **비고** ㅣ 『세종실록』 25년(1443) 12월 13일에 이조정랑 김길통에 대한 기사가 있음.

평양군平壤君 조견趙狷

三年再過嶺南樓　삼 년 만에 거듭 영남루를 방문하니
細細香梅勸小留　은은한 매화 향기 잠시 머무르길 권하네.
擧酒淸歡堪迸老　술잔 들고 시원하게 마시니 늙음이 달아나기에
平生此外不須求　평생토록 이것 외에 구할 게 뭐 있으리.

7　말고삐 당기고 : 후한 환제桓帝 때에 범방范滂과 관련된 고사이다. 기주冀州에 흉년이 들어 도적 떼가 창궐하고 탐관오리가 횡행하자 범방을 청조사淸詔使로 삼아 안찰按察하게 하였다. 이에 범방이 부임하기 전에 수레에 올라 말고삐를 잡으면서 천하를 맑게 변화시키겠다는 개연한 뜻을 보였다. 이 소식을 듣고 탐관오리들이 지레 겁을 먹고 인끈을 자진해서 풀어놓고 달아났다는 고사가 전한다.

8　수레바퀴……것 : 후한後漢 때 장강張綱과 관련된 고사이다. 순제順帝 때 대장군 양기梁冀가 권력을 전단하였는데, 장강 등 8명을 선발하여 전국을 순시하여 관리들의 치적을 살피게 했다. 다른 사람들은 모두 명을 받고 떠났으나 장강은 낙양洛陽의 도정都亭에 그 수레바퀴를 묻고 말하기를 "시랑이 요로에 앉았는데 어찌 호리를 살필 것인가?"라 하고, 드디어 양기를 탄핵하는 글을 올렸다.

평양군平壤君 조견趙狷

◎ **조견** | 생몰년 미상. 본관 평양平壤. 자 거경巨卿·종견從犬, 호 송산松山, 시호 평간平簡. 평양군 조준趙浚의 동생.

◎ **비고** | ㉮ 평양군은 평성군平城君의 오기誤記.

㉯ 『태종실록』 3년(1403) 8월 20일에 조견을 좌군도총제평성군으로 임명한 기록이 있음.

대호군大護軍 최해산崔海山

返旆秋程一上樓　가을 일정 깃발 돌려 누각에 한번 오르니
奇觀異狀共前留　기이한 경관과 형상 모두 앞에 머물렀네.
若非招我崔明府　만약 나 최명부를 초대한 게 아니라면
安得三山有此求　어찌 세 산이 이처럼 좋은 경치 있었으랴.

대호군大護軍 최해산崔海山

◎ **최해산** | 1380년(우왕 6)–1443년(세종 25). 본관 영주永州. 최무선崔茂宣의 아들. 군기감사, 중추원부사, 강계절제사 등을 역임.

◎ **비고** | 『세종실록』 2년(1420) 11월 17일에 대호군 최해산에 대한 기사가 있음.

최해산崔海山

乘馹南州問幾廻　역마 타고 남쪽 고을에 와 몇 번 돌아왔는지 묻고
凝川香滿百花開　응천에 향기 가득하여 온갖 꽃들이 피었네.

最憐太守曾同席　가장 사랑스러운 건 태수가 일찍이 동석해
須折花枝寄我來　꽃과 가지 꺾어 나에게 보내 준 것.
전인前人

의정부지사議政府知事 김희선金希善

杖節南方春已廻　남쪽 고을을 순력하노라니 이미 봄이 돌아왔고
梅花間雪數枝開　날리는 눈 사이로 매화 몇 가지 피었네.
物形雖異同風化　사물의 형상은 비록 다르지만 똑같이 교화를 입었으니
聖主明時航海來　성스러운 주상의 태평세월에 배 타고 건너간다오.
지의정부사知議政府事 김희선金希善
일본 사신을 전별했기 때문이다.(餞日本使 故云)

◎ **김희선** ｜ ?–1408년(태종 8). 시호 원정元靖. 호조판서, 경상도관찰사, 형조판서 역임. 편저로 『향약제생집성방鄕藥濟生集成方』, 『우마의방牛馬醫方』 등이 있음.
◎ **비고** ｜ 『태종실록』 2년(1404) 10월 14일에 지의정부사 김희선에 대한 기사가 있음.

도관찰사都觀察使 이숭지李崇之

老樹參差掩畫樓　늙은 나무 삐쭉삐쭉 화려한 누각을 가리고
異鄕無處久遲留　다른 고을 갈 곳 없어 오래도록 머물렀네.
夜深月白靈臺靜　밤 깊어 달 희고 마음은 고요하니

始覺今非不外求　오늘에야 밖에서 구할 수 없음을 깨달았네.

曉離山館月中廻　새벽에 산관을 떠나 달빛 속에 휘돌아가니
寂寞江村柳眼開　적막한 강촌엔 버들가지 피어난다.
一帶青烟橫大野　한 가닥 푸른 연기 넓은 들판을 가로지르고
蕭蕭疏雨滿空來　쓸쓸한 가랑비 허공에 가득 찬다.
도관찰사都觀察使 이숭지李崇之

◎ **이숭지** | ?-1462년(세조 8). 본관 전의全義. 세종의 장인. 사헌부장령, 중추원부사 등을 역임.
◎ **비고** | 1452년(문종 2) 1월 동지돈녕부사에서 경상도관찰사로 도임. 이임 기록 없음.

경차관敬差官 원효연元孝然

嶺南誰構嶺南樓　영남에서 누가 영남루 지었나?
倦客來忘倦客愁　게으른 나그네 찾아와 나그네의 근심 나른하게 잊는다.
更有主人心更好　다시 주인이 있어 마음이 다시 좋아지니
風流此地動風流　풍류 많은 이 땅에서 풍류를 일으키네.
경차관敬差官 원효연元孝然

◎ **원효연** | ?-1466년(세조 12). 본관 원주原州. 자 자순子順. 1432년(세종 14) 진사시 합격. 동지중추원사, 평안도관찰사, 예조판서 등을 역임.
◎ **비고** | 『단종실록』 2년(1454) 12월 7일에 원효연을 대마주경차관으로 삼았다는 기사가 있음.

경차관敬差官 강진康晉

滕王應愧比斯樓　등왕각도 이 누각에 비하면 응당 부끄럽겠으니
多少奇觀滌萬愁　기이한 경관 많아 만 가지 시름 씻기네.
已識秋客粧四面　가을 나그네가 사방을 꾸몄음을 이미 알았기에
更看脩竹漾淸流　맑은 물결에 푸른 대 일렁이는 모습 다시 바라본다.

경차관敬差官 강진康晉

◎ **강진** ㅣ 생몰년 미상. 본관 신천信川. 1438년(세종 20)부터 1457년(세조 3)까지 조선왕조실록에 23회 검색됨.

밀양부사密陽府使 임종선任從善

倚遍南樓到此樓　두루 영남의 누각에 오르다 이 누각에 도착했고
一尊無計遣春留　한 동이 술 계획이 없어 머무른 봄을 보내네.
但將酩酊酬佳節　다만 얼큰하게 취함으로 좋은 계절에 응수하니
非利非名非有求　이익도 명성 때문도 아니니 구하는 것도 없네.

却穿籬落看春廻　떨어진 울타리 해진 걸로 봄이 다시 왔음을 알고
淺紫深紅次第開　엷은 자주색 짙은 분홍색 꽃이 차례대로 피네.
未必園丁識樹性　정원사가 꼭 나무의 성질을 알 필요는 없는 법
馨香曾達九重來　그윽한 향기 일찍부터 임금 계신 궁궐에 닿았네.

밀양부사密陽府使 임종선任從善

◎ **임종선** | 생몰년 미상. 본관 장흥長興. 1419년(세종 1) 식년문과 급제. 사간원사간, 전라도 관찰사 등을 역임.

경차관敬差官 정은鄭垠

奔忙未暇倚南樓　분주하게 바빠 겨를이 없다가 남루에 기대니
胡乃慇懃苦勸留　어찌나 다정한지 머무르기를 괴롭게 권하네.
倍昔祖先遊遍地　예전 선조들이 두루 노닐던 곳을 빌려왔으니
定應何日更來求　또 어느 날 다시 와 구하리오?
경차관敬差官 정은鄭垠

◎ **정은** | 생몰년 미상. 본관 진주晉州. 1453년(단종 1) 증광문과 급제. 장령, 집의, 호조참의 등을 역임.

◎ **비고** | 1457년(세조 3) 해인사에서 불경을 인행印行할 때 경차관敬差官으로 파견된 기록이 있음.

김려석金礪石

登盡南州多少樓　남쪽 고을 다 올라보니 누각이 얼마던가?
先憂後樂到頭愁　먼저 근심하고 나중에 즐김으로 끝내 근심한다오.[9]

---

9 먼저……근심한다오 : 송宋나라 범중엄范仲淹의 「악양루기岳陽樓記」에 "천하 사람이 근심하기에 앞서 근심하고, 천하 사람이 즐거워한 뒤에 즐거워한다.(先天下之憂而憂 後天下之樂而樂)"라는 말

傍人莫笑風情薄　곁에 있는 사람들 풍정이 야박하다 비웃지 마소.
我是長安飮者流　장안의 술 마시는 이들 내게 몰려든다오.
김려석金礪石 은경殷卿

◎ **김려석** | 1445년(세종 27)–1493년(성종 24). 본관 광산光山. 자 은경殷卿. 도사都事 김수金洙의 아들. 1465년(세조 11) 별시문과 급제. 병조정랑, 도승지, 이조참의 등을 역임.
◎ **비고** | 1489년(성종 20) 1월 19일에 경상도관찰사로 도임하여, 1490년(성종 21) 2월 3일에 이임.

경주부윤慶州府尹 권극화權克和

往來冠盖偏尋樓　수레 타고 오가며 유독 누각만 찾았고
貪戀風光不下流　풍광을 탐하고 아껴 아래로 내려가지 않았네.
獨愛小軒閑且靜　소헌[10]의 한가롭고 고요함이 유독 사랑스러워
倚欄終日更無求　난간에 종일 기댈 뿐 다시 구할 것이 없네.

離鄕四代始今回　사대에 걸쳐 고향을 떠났다가 오늘 비소로 돌아오니
十里風烟活盡開　십 리 바람과 아지랑이는 활짝 다 열렸다.
暗向北山猿鶴問　가만히 북산을 향해 원숭이와 학에게 묻노니[11]
他年肯許挈家來　어느 해에 기꺼이 식구들 데려와도 좋을는지.

을 요약한 것이다.

10 소헌小軒 : 침류당의 다른 이름으로, 권기가 중수하면서 소루小樓로 명명했다.

11 가만히……묻노니 : 원숭이와 학은 남제南齊 때 공치규孔稚圭가 지은 〈북산이문北山移文〉에 “혜초 장막은 텅 비어 밤 학이 원망하고, 산중 사람이 떠나가니 새벽 원숭이가 놀란다.(蕙帳空兮夜鶴怨 山人去兮曉猿驚)”라고 하여 산중 은자의 처소로 표현되었다.

경주부윤慶州府尹 권극화權克和

◎ **권극화** | 생몰년 미상. 본관 안동安東. 자 용부庸夫, 호 습재習齋. 1414년(태종 14) 알성문과 급제. 나주군수, 경주부윤 등 역임. 화산부원군花山府院君에 봉해짐.

◎ **비고** | 권상하權尙夏 『한수재집寒水齋集』 권31, 「선조참판부군묘표先祖參判府君墓表」에 1433년(세종 15)에 경주부윤에 제수된 기록이 있음.

관찰사觀察使 김영유金永濡

當時薄行得青樓　그 당시 박정했지만 요행히 청루를 얻었으니[12]
何處尋芳苦被留　어느 곳에서 봄놀이하며 억지로 머무를꼬?
眼眩昏花頭白雪　눈은 침침하게 흐리고 머리엔 흰 눈 내렸지만
閑居擬向碧山求　한가롭게 살며 푸른 산을 찾아보고 싶어라.

南川流抱北山回　남천은 흐르다 북산을 안고 돌아 나가며
樓閣皆因地勢開　누각도 모두 지세에 인하여 열렸네.
踏月吟梅詩思苦　달을 밟고 매화를 읊조리다 시 생각에 괴로우니
松風又作兩[13]聲來　솔바람에다 또 빗소리마저 들려온다.

겸 관찰사兼觀察使 김영유金永濡

---

12 그……얻었으니 : 당대唐代의 시인 두목杜牧과 관련된 고사이다. 두목이 강남의 번화한 도시 양주揚州에서 우승유牛僧孺의 막료幕僚로 있으면서 홍등가紅燈街에서 마음껏 풍류를 즐긴 뒤 돌아와 지은 〈견회遣懷〉에 "십 년 만에 양주의 꿈을 한번 깨고 보니, 청루에서 박정하다는 이름만 실컷 얻었구나.(十年一覺楊州夢 占得青樓薄倖名)"라고 후회한 일이 있다. 원문 '行' 자 두주에 "행行은 마땅히 행倖이 되어야 한다.(行當作倖)"는 말이 있으며, 번역도 이를 따랐다.

13 원문 '兩' 자 두주에 "양兩은 아마도 우雨가 되어야 할 것이다.(兩疑作雨)"라는 말이 있으며, 번역도 이를 따랐다.

◎ **김영유** Ι 1418년(태종 18)–1494년(성종 25). 1447년(세종 29) 식년시 급제. 사간원정언, 대사성, 형조참판 등을 역임.

◎ **비고** Ι 1474년(성종 5) 2월 20일 예조참판에서 경상도관찰사로 도임. 1475년(성종 6) 2월 27일에 형조참판으로 이임.

관찰사觀察使 김효정金孝貞

軒楹開豁若登樓　헌과 기둥이 활짝 열려 마치 누각에 오른 듯

東對春山亦可留　동쪽으로 춘산을 마주 대하며 또 머무른다.

二載奔走無寸效　두 해 동안 부지런히 일해도 전혀 효과가 없으니

却將何術副民求　장차 어떤 방법으로 백성 구제에 이바지할까.

관찰사觀察使 김효정金孝貞

◎ **김효정** Ι 1383년(우왕 9)–?. 본관 선산善山. 자 경부敬夫, 호 주촌注村. 1427년(세종 9) 문과 급제. 이조참의, 대사헌, 이조판서 등을 역임.

◎ **비고** Ι 1434년(세종 16) 6월 28일 경상도관찰사로 도임. 1435년(세종 17)에 이임.

관찰사觀察使 윤자尹玆

登臨豈必仲宣樓　올라와서 어찌 중선의 누각[14]이길 기필하리오.

14　중선仲宣의 누각 : 중선은 삼국시대 위魏나라 왕찬王粲의 자이다. 그는 일찍이 동탁董卓의 난리를 피하여 형주荊州 유표劉表에게 의지하였는데, 강릉江陵의 성루城樓에 올라가 고향에 돌아갈 것을 생각하면서 〈등루부登樓賦〉를 지었다.

軒檻鮮明可暫留　헌과 난간이 선명하여 잠시 머물렀을 따름이네.

瞻彼竹林隨處在　저 죽림을 올려다보니 가는 곳마다 다 있기에

未知何處訪羊求　어느 곳으로 양중과 구중[15]을 방문할까 모르겠네.

관찰사觀察使 윤자尹玆

◎ **윤자** | 생몰년 미상. 본관 파평. 1447년(세종 29) 문과 급제, 사헌부집의, 경기도관찰사, 한성부우윤 역임.

◎ **비고** | ㉮ 영남루 본당 천자운 칠언율시를 남긴 윤자尹慈와 동일인.

㉯ 1469년(예종 1) 중추부사에서 경상도관찰사로 도임, 1470년(성종 1) 1월 13일 어머니의 병을 돌보라는 성종의 명으로 이임.

관찰사觀察使 최세절崔世節

文藻何須五鳳樓　글솜씨는 꼭 오봉루[16]를 기약할 필요 있으랴.

功名不必覓封留　공명 또한 유후에 봉해진 이 찾을 필요 없네.[17]

兩頭事業元無用　문장과 공명은 원래부터 아무 쓸모 없는 일

擧世滔滔妄意求　온 세상은 도도하여 구하려는 뜻 잊는다네.

---

15 양중羊仲과 구중求仲 : 두 사람 모두 한나라 때의 청렴한 선비이다. 왕망王莽이 권력을 독점하자 연주자사兗州刺史 장후蔣詡가 벼슬을 버리고 고향 두릉杜陵으로 돌아가 대밭 속에 세 갈래의 오솔길 만들어 놓고 오직 구중과 양중 두 사람만 어울려 지냈다고 한다.

16 오봉루五鳳樓 : 양 태조梁太祖가 낙양洛陽에 세운 누각 이름이다. 송宋나라 한계韓洎가 자기 형인 한부韓溥의 글솜씨는 겨우 비바람을 막는 초가집을 짓는 실력인 데 반해, 자신의 문장 솜씨는 오봉루를 지을 만하다고 자찬自讚한 고사가 있다.

17 유후에……없네 : 봉류封留는 한 고조漢高祖를 도와 천하를 통일하고 유후留侯에 봉해진 장량張良을 말한다. 장량이 유후에 봉해지고 나서 신선 적송자赤松子를 따라 노닐고 싶다고 한 말이 있다.

春寒料峭㤼登樓　봄추위 매서워 누각에 오르기 겁나고
却就華軒數日留　화려한 동헌에 나아가 며칠 머물렀네.
邂逅良朋終夕飮　좋은 벗들과 해후하고 종일 술 마시니
人間此外更無求　인간 세상 이외에 다시 구할 것 없네.

관찰사觀察使 최세절崔世節

◎ **최세절** | 1479년(성종 10)~1535년(중종 30). 본관 강릉江陵. 자 개지介之, 호 매창梅窓. 1504년(연산군 10) 별시문과 장원급제. 충청도병사, 홍문관부제학, 형조참판 등을 역임.
◎ **비고** | 1529년(중종 24) 6월 한성부우윤에서 경상도관찰사로 도임, 1530년(중종 25) 7월 형조참판으로 이임.

미상未詳

玉節初巡嶺南樓　옥 부절 받고 처음으로 영남루를 순수하니
立馬江頭故更留　강가에 말 세워두고 짐짓 다시 머물렀네.
風流未畢晚笛滿　풍류 끝나기도 전 저녁 피리 소리 가득하고
一杯纔傾一杯求　한잔 겨우 기울이자마자 또 한잔 찾네.

□ 제정자선題亭子舩

죽계竹溪 안정安珽

尋常仙界足樓居　신선 세계는 누각에 기거할 만하고

又放蘭舟縱所如　또 목란주 띄워 마음대로 흘러가네.

綵鷁光搖飛渚鳥　채익[18] 무늬 빛나 나는 물새를 흔들고

瑤琴聲發出江魚　거문고 소리 들리니 강의 물고기 뛴다.

頻斟琥珀杯心凸　호박 술잔 자주 술 따라 가운데가 볼록해지고

穩泛玻瓈鏡面虛　유리잔 가볍게 띄우니 거울 표면처럼 비었네.

一散奇鍾無覓處　신이한 발자취 한 번 흩어지면 찾기 어려워

戱留名字掃楣書　장난삼아 이름을 남기려 문미의 글을 쓸어 본다.

죽계竹溪 안정安珽

◎ **안정** | 1494년(성종 25)-1548년(명종 3). 본관 순흥順興. 자 정연挺然, 호 죽창竹窓. 1519년(중종 14) 현량과 급제. 주서, 전적, 양성현감陽城縣監 등을 역임.

밀양부사密陽府使 박세후朴世煦

不是王猷訪戴居　왕유는 대규의 집을 방문하려던 게 아니었고[19]

淸遊奚啻子瞻如　상쾌한 유람 어찌 자첨뿐이었으리.[20]

---

18 채익綵鷁 : 화려하게 꾸민 배를 말한다. 익鷁은 물새 이름인데, 옛날 뱃머리에 이 새 모양을 새겨 놓았다.

19 왕유는……아니었고 : 왕유는 왕희지의 아들 왕휘지王徽之의 자이다. 그가 산음에 있을 때 구름이 걷히고 사방이 눈으로 덮여 달빛이 청랑한 밤 혼자 술을 마시며 좌사左思의 초은시招隱詩를 읊던 도중 갑자기 대규戴逵가 생각나 작은 배를 타고 밤새 그 집에 갔다가 문 앞에서 들어가지 않고 도로 돌아왔는데, 그 까닭을 물으니 "흥이 나서 왔다가 흥이 다해 갈 뿐(乘興而來 興盡而反)"이라고 했다 한다.

20 상쾌한……자첨뿐이었으리 : 자첨은 소동파蘇東坡를 가리키며, 그가 지은 〈적벽부赤壁賦〉에 "계수나무 노와 목란 상앗대로 공명을 치며 물결을 거슬러 오른다.(桂棹兮蘭槳 擊空明兮泝流光)"라는

烟波影蘸船頭鷁	안개 낀 물결 뱃머리에 익조 그림자 담겼고
簫鼓聲驚水底魚	피리와 북 소리는 물 밑의 고기들 놀라게 한다.
傍岸採蘭香氣郁	옆 언덕의 난초를 캐니 향기가 진동하고
中流釣月素光虛	중류에서 달을 낚으니 흰 빛이 공허하다.
奇觀欲寫終難就	기이한 광경 그려내고 싶으나 끝내 그리지 못하니
堪笑空藏萬卷書	우스워라, 부질없이 만 권의 서적만 갈무리했구나.

부사府使 상산商山 박세후朴世煦

◎ **박세후** | 1493년(성종 24)–1550년(명종 5). 본관 상주尙州. 자 중온仲溫, 호 인재認齋 또는 눌재訥齋. 1519년(중종 14) 별시문과 급제. 성균관사예, 예조참의, 강원도관찰사 등을 역임.

◎ **비고** | 1540년(중종 35) 밀양부사로 부임.

풍기군수豊基郡守 주세붕周世鵬

畫艦遙觀玉府居	단청을 칠한 배 멀리서 보니 신선의 집[21] 같고
中流泛泛興紛如	강 가운데 띄우니 넘실넘실 흥이 물씬하도다.
聲高龍笛驚瑤兔	용 같은 피리 소리 높아 달의 토끼를 놀라게 하고
影亂紅燈竄穴魚	무지개 같은 등불 어지러워 물고기 구멍으로 숨네.
酒綠深深須盡醉	푸른 술 맛 깊고 깊어 모름지기 실컷 취해야 하고

구절이 있다.

21 신선의 집 : 원문의 '玉府'는 군옥부群玉府의 준말로, 군옥산群玉山에 서왕모西王母가 살았다는 전설이 있기에 한 말이다.

身輕浩浩欲憑虛　몸은 가볍고 호탕하여 허공을 달리는 듯싶네.

湖山潤色逢賢主　호수와 산 빛 더함은 어진 주인을 만난 덕분이건만

却有周南太史書　주남의 태사가 지은 글이 있다네.[22]

풍기군수豊基郡守 주세붕周世鵬

◎ **주세붕** | 1495년(연산군 1)–1554년(명종 9). 본관 상주尙州. 자 경유景游, 호 신재愼齋·남고南皐·무릉도인武陵道人·손옹巽翁. 1522년(중종 17) 별시문과 급제. 승문원정자, 성균관사성, 호조참판, 황해도관찰사 역임. 저서 『무릉잡고武陵雜稿』, 『죽계지竹溪誌』 등.

◎ **비고** | ㉮ 『중종실록』 36년(1541) 5월 22일에 주세붕을 풍기군수에 제수한다는 기사가 있음. ㉯ 『무릉잡고武陵雜稿』 권5, 〈남천주중南川舟中 취차안주서운醉次安注書韻〉. 이 시의 주석에 "계묘년(1543) 봄에 밀양부사 중온 박세후, 주서 정연 안정과 함께 다전사에 모여 함께 유숙하였다. 저물녘에 남천강에 배를 띄워 흐르는 강물을 따라 내려갔다. 청도군수 태고 안주, 고성군수 문원 최환도 함께 모였다. 강가에 빙 둘러앉아 횃불을 켜고 기생들은 풍악을 다투어 연주하며 매우 즐겁게 놀다가 마쳤다. 이 해엔 중온이 영남루를 중수하였고, 또 누각 모양의 배를 만들었는데 그 구조가 기묘하였다.(癸卯春 與朴密陽世煦仲溫安注書珽挺然 會宿于茶田寺 晩泛南川 順流而下 安淸道宙太古崔固城渙文源亦來會 列炬匝岸 妓樂爭奏 極懽而罷 是年 仲溫重修嶺南 又作樓船 制度甚妙)"라는 말이 있음.

청도군수淸道郡守 안주安宙

亭舫宜爲仙子居　정자 딸린 배는 응당 신선의 집이 될 만하니

太眞蓮葉不能如　태진의 연잎도 여기에 견줄 수 없네.[23]

---

22 주남의……있다네 : 주남 태사는 한나라 무제 때의 사관史官인 사마담司馬談을 가리킨다. 그는 낙양에 살았기에 자신을 주남 태사라 칭했다. 주남은 낙양의 옛 이름이다. 당시 주세붕이 풍기군수로 재직하면서 춘추관 편수관을 겸하고 있었기에 이렇게 표현하였다.

23 태진의……없네 : 태진은 전설상의 선녀이다. 노자老子가 서쪽으로 유람할 적에 요지瑤池로 서왕모를 찾아가 그 소녀小女인 태진太眞과 자리를 함께 먹었다는 전설이 있다.

長江縱泛疑乘鶴　긴 강물은 학을 탄 듯 마음껏 넘실대고
小艇連維訝貫魚　작은 배 물고기를 꿴 듯 비단을 연이었네.
天上玉樓開碧落　천상의 옥루에선 푸른 벼락이 열리고[24]
海中鰲閣架空虛　바다 가운데 자라 누각은 허공에 걸렸네.[25]
清遊喜得賢賓主　좋은 유람에서 좋은 빈주를 얻어 기쁜데다가
李杜文章逸少書　이백과 두보의 문장에다 왕희지의 글씨이네.

청도군수淸道郡守 안주安宙

◎ **안주** ｜ 1495년(연산군 1)–?. 본관 광주廣州. 자 태고太古, 호는 치암恥庵. 1516년(중종 11) 식년시 장원. 호조정랑, 청도군수, 밀양부사 역임. 저서 『치암집』.

밀양교수密陽教授 안승종安承宗

沿江簾幕宛仙居　강가의 주렴과 장막 완연히 신선의 집 같고
箇裏奇觀畫不如　그중 기이한 경관은 전에 없던 그림이네.
壺底玉蛆文擧酒　호리병 밑 흰 밥알은 문거의 술이고[26]

---

24 천상의……열리고 : 푸른 벼락(碧落)은 하늘이라는 뜻의 도가道家 용어이다.

25 바다……걸렸네 : 영남루가 여섯 마리 자라 위에 지은 건물이라는 전설이 있는데, 임춘林椿의 〈제영남사題嶺南寺〉에 "일찍이 푸른 바다 신선이 사는 원교에, 영롱한 누각이 큰 자라 타고 있다가, 자라 기울고 바다 흔들려 신선들 놀라고, 높은 봉우리 하나 아득하게 영영 잃었다지. 그 봉우리 문득 이곳으로 옮겨 날아와, 옛 성 앞에 천년토록 웅크리고 있었네.(曾聞圓嶠臨蒼濤 樓閣玲瓏駕巨鰲 鰲傾海動群仙駭 茫茫失去一峯高 飛來怳惚移於斯 磅礴千古當古壕)"라고 하였다.

26 호리병……술이고 : 원문의 '壺底'는 술 위에 둥둥 뜬 거품을 가리킨다. '文擧'는 후한後漢 공융孔融의 자이다. 그는 나라가 난리에 휩싸이자, 북해北海에 은둔하였으며 "자리에 언제나 손님 가득하고 술잔에 술 비어 있지 않으면 나는 아무런 근심 없다."라고 하였다.

盤心銀縷季鷹魚　쟁반 가운데 은빛 비단 계응의 물고기이네.[27]

三行人似臨明鏡　세 줄로 늘어선 이들은 흡사 맑은 거울을 대하는 듯하고

一葉船疑坐碧虛　일엽편주는 푸른 허공에 앉은 듯하네.

撚斷疏髥無好語　성근 머리털 비비 꼬아도 좋은 문장 짓지 못해

欲書還擲老中書　쓰려다가 다시 던져 버리고 중서[28]를 노쇠하게 하네.

교수教授 안승종安承宗

◎ **안승종** | 1483년(성종 14)–?. 본관 순흥順興. 자 효사孝思, 호 집승정集勝亭. 예천醴泉에 거주. 1525년(중종 20) 생원시 급제.

용성龍城 양담梁澹

解纜輕船不定居　닻줄 푼 가벼운 배 일정한 데가 없어

凌波萬頃興何如　만 이랑 파도 넘으니 흥이 어떠하뇨.

紅粧密坐頻斟酒　붉게 치장한 이들 자리에 가득해 자주 술을 따르고

黃帽行廚間煮魚　누런 모자[29] 쓴 이들은 푸줏간에서 안주 장만한다.

---

27 쟁반……물고기이네 : 계응季鷹은 진晉 문장가 장한張翰의 자字이다. 그는 동조연東曹掾 벼슬을 하다가 가을바람이 불어 오자 순채국과 농어회가 생각나 사직하고 고향에 돌아갔다.

28 중서中書 : 붓의 이칭異稱이다. 한유韓愈의 「모영전毛穎傳」에, "모영이 여러 차례 중서령中書令에 제수되어 상上과 더욱 친하게 지내자, 상이 일찍이 중서군中書君이라고 불렀다."는 말이 있다.

29 누런 모자 : 뱃사람을 지칭한다. 황두랑黃頭郞은 본디 한대漢代에 선박船舶을 관장하여 부리던 관리를 말한 것으로, 전하여 뱃사공을 가리킨다. 『사기史記』 권125 「영행열전佞幸列傳」에 "등통이 배 부리는 일로 황두랑이 되었다.(鄧通以權船爲黃頭郞)"라고 하였는데, 그 주석에 "흙이 물을 이기고 그 빛깔이 누렇기 때문에 배 젓는 낭관들이 모두 황모를 씀으로 인하여 그들을 황두랑이라 호칭한다.(土勝水 其色黃 故刺船之郞皆着黃帽 因號曰黃頭郞也)"라고 하였다.

風起水紋浮枕簟　바람이 물에 무늬를 일으켜 잠자리가 뜨고
雲開天影浸空虛　구름은 하늘 그림자를 열어 허공에 잠겼네.
沈吟未得驚人句　깊이 읊조려도 사람 놀라게 하는 구절 얻지 못해
名字無心板上書　무심하게 성명만 판 위에 써 본다.

용성龍城 양담梁澹

◎ **양담** | 생몰년 미상. 본관 남원南原. 자 사념士恬. 1507년(중종 2) 증광시 급제.

◎ **비고** | 『밀양지』에 "필법에 능하여 월연月淵 이태李迨에 버금간다는 평이 있었다."는 기록이 보임.

내헌耐軒 조연趙淵

萍梗東西不定居　부평초[30]처럼 동서로 정처 없이 떠다니다가
天涯此日興何如　천애에서 오늘은 흥이 어떠한가?
清流已洗人間累　맑은 강물은 이미 인간 세상의 죄를 씻었지만
浪吟還驚水底魚　낭랑하게 읊조림은 도리어 물 밑의 고기를 놀라게 하네.
身世飄飄如化羽　내 신세 너울너울 신선이 된 듯하고
情懷渺渺似憑虛　정회는 아득하여 허공에 기댄 듯하네.
却將無限滄洲趣　차라리 무한한 창주[31]의 정취를 가지건만

---

30 부평초(萍梗) : 물 위에 떠다니는 부평浮萍과 단경斷梗이라는 말로, 사람의 행지行止가 불안정한 것을 비유한다.

31 창주滄洲 : 본디 물가에 위치한 땅을 말하는데, 이는 흔히 은사隱士의 거소居所라는 뜻으로 쓰이는 데서, 전하여 은거를 뜻한다.

把筆臨書不盡書　붓을 잡고 글을 쓰려 해도 제대로 쓰지 못하네.

내헌耐軒[32] 조연趙淵

◎ **조연** | 1489년(성종 20)–1564년(명종 19). 본관 함안咸安. 자 정경靜卿, 호 내헌. 1510년(중종 5) 진사시 급제.

과객過客 전팽수全彭壽

名區豈合俗人居　아름다운 구역 어찌 속인들의 거처에 부합하리,

景物淸姸□盡如　경물은 맑고 아름다워 (결) 다하네.

遠岀浮眉爭迸翠　먼 봉우리 눈썹을 띄워 다투어 푸름을 보내고

淸潭開鏡可觀魚　맑은 연못 거울을 열어 물고기를 관찰할 만하네.

被風柳絮飛還落　바람맞은 버들잎은 날리다가 도로 떨어지고

對雨烟嵐濃更虛　비를 대한 아지랑이는 진했다가 다시 묽어지네.

擬賦蘇仙遊赤壁　소동파를 노래 부르려 적벽을 노닐고 싶어도

却嫌詞拙不能書　글솜씨 형편없어 편지 쓰지 못함을 꺼린다오.

과객過客 전팽수全彭壽

◎ **전팽수** | 1480년(성종 11)–?. 본관 옥천沃川. 자 중로仲老. 전팽령의 형. 1519년(중종 14) 식년시 급제. 사복시정 등을 역임.

32 내헌耐軒 : 조연의 자로, 가필한 것이다.

관성管城 전팽령全彭齡

平昔卑湫厭我居　평소엔 낮고 좁아 내 사는 집을 싫어하였는데
舟中淸景覺無如　주중에서야 맑은 경치 어디보다 좋음을 알았네.
君看沙上忘機鳥　그대는 보는가, 물가에서 기심 잊은 새가 있고
我笑波間貪餌魚　나는 물결 사이에서 미끼 무는 고기를 비웃는걸.
樽酒此時須極樂　술동이 술은 이때에 모름지기 지극히 즐겨야 하고
功名他日摠歸虛　다른 날에 공명은 허망한 데로 돌아간다.
長林遠峀俱堪賞　긴 수풀과 먼 산봉우리는 모두 감상할 만하기에
欲倩能詩逼景書　시로 예쁘게 하려고 경치 핍박하는 글 짓네.
관성管城[33] 전팽령全彭齡

◎ **전팽령** ｜ 1480년(성종 11)–1560년(명종 15). 본관 옥천沃川. 자 숙로叔老, 호는 송정松亭. 1524년(중종 19) 별시문과 급제. 형조좌랑, 삼척부사, 상주부사 등을 역임.

정중호鄭仲濩

琉璃百頃水仙居　유리 같은 백 이랑 강물 신선 집에 흐르고
桂棹蘭槳縱所如　계수나무 노 목란 상앗대 저어 가는 대로 맡겨 보네.
素練碎金湖映日　흰 비단이 금을 부숴 호수엔 햇살이 빛나고
綠絲翻玉柳穿魚　푸른 실은 옥을 뒤집어 버드나무 물고기를 꿰었네.
桃花泛泛烟波闊　복사꽃 둥실둥실 안개 낀 물결이 넓고

33 관성管城 : 충북 옥천의 옛 이름.

蓮葉飄飄鏡面虛　연잎은 일렁일렁 거울 표면이 비었네.
江海風流何放浪　강해의 풍류에 어찌 방랑하는 마음 생기랴
北山應有絶交書　북산에게도 응당 절교하는 편지 보내리라.[34]

정중호鄭仲濩

◎ **정중호** ㅣ 생몰년·본관 미상. 자 문숙文叔. 거주지 영천. 1519년(중종 14) 식년시 급제.

순변사巡邊使 이기李芑

畫船亭似水仙居　마치 신선이 사는 듯한 그림 같은 정자선
桂棹蘭槳任所如　계수나무 노 목란 상앗대로 가는 대로 맡겨 보네.[35]
歡極不須謀斗酒　지극한 즐거움에 많은 술 마련할 필요 없으며
興來何羨網鱸魚　흥이 나는데 어찌 노어 잡이 부러워하랴.
山川瀟灑身如化　산천의 깨끗함은 몸이 신선이 되는 듯하고
塵世浮沈事亦虛　속세의 부침은 모든 일이 또한 공허하네.
從此欲辭非分寵　이로부터 총애를 나누지 않는다 말하고 싶으니
靑囊安得道人書　푸른 주머니[36]에 어찌 도인의 책을 얻었으랴.

---

34 북산에게도……보내리라 : 공치규孔稚圭가 지은 〈북산이문北山移文〉과 관련된 고사이다. 주옹周顒이 북산北山에 은거하여 사람들의 존경을 받았는데, 후에 해염현령海鹽縣令이 되었다. 다시 벼슬을 그만두고 북산으로 들어가려 하자, 같이 은거하였던 공치규가 산신령山神靈의 뜻을 가탁假託하여 〈북산이문北山移文〉으로 비난하고 들어오지 못하게 하였다.

35 계수나무……보네 : 소동파蘇東坡 〈적벽부赤壁賦〉의 "계수나무 노와 목란 상앗대로 공명을 치며 물결을 거슬러 오른다.(桂棹兮蘭槳 擊空明兮泝流光)"라는 구절에서 차용하였다.

36 푸른 주머니(靑囊) : 신선의 약이 든 주머니이다.

簫歌驚動水龍居　퉁소 소리 놀라 물에 잠긴 용을 깨우고
載酒蘭舟縱所如　술 실은 목란주는 흐르는 대로 가네.
赤壁堪笑蘇老鶴　적벽에서는 소동파의 학을 비웃고[37]
秋風細膾季鷹魚　가을바람에 계응은 물고기를 가늘게 회쳤네.[38]
一輪明月懸淸鏡　수레바퀴 같은 밝은 달은 맑은 거울을 매단 듯하고
萬頃蒼波涵碧虛　만 이랑 창파는 푸른 허공을 담았네.
灑落世間塵念絶　쓸쓸한 인간 세상 속세와 인연을 끊었으니
慇懃休惱子公書　조금이라도 자공의 편지를 괴로워하지 말기를.[39]

순변사巡邊使 좌찬성左贊成 이기李芑[40]

◎ **이기** Ι 1476년(성종 7)–1552년(명종 7). 본관 덕수德水. 자 문중文仲, 호 경재敬齋. 1501년(연산군 7) 식년문과 장원급제. 형조판서, 우찬성, 영의정 등을 역임.

◎ **비고** Ι 『중종실록』 37년(1542) 10월 17일에 순변사 이기에 대한 기사가 있음.

---

37 적벽에서는……비웃고 : 소식蘇軾의 〈후적벽부後赤壁賦〉에, "때는 한밤중이라 사방을 둘러보아도 조용하더니, 마침 외로운 학이 동쪽에서 강을 가로질러 날아오는데, 날개는 수레바퀴처럼 크고 검은 치마에 흰 저고리를 입은 채로 끼륵끼륵 길게 소리 내어 울면서 나의 배를 스쳐 서쪽으로 날아갔다.(時夜將半 四顧寂寥 適有孤鶴 橫江東來 翅如車輪 玄裳縞衣 戛然長鳴 掠予舟而西也)"라는 구절이 있다.

38 가을바람에……회쳤네 : 계응季鷹은 진晉나라 문장가 장한張翰의 자字이다. 그는 동조연東曹掾 벼슬을 하다가 가을바람이 불어오자 순채국과 농어회가 생각나 사직하고 고향에 돌아갔다.

39 조금이라도……말기를 : 자공子公은 한漢나라 진탕陳湯의 자이다. 군수郡守 진함陳咸이 진탕에게 뇌물을 보내 "자공의 힘을 입어서 도성에 들어갈 수 있으면 죽어도 한이 없겠습니다."라고 한 뒤 조정에 들어가 소부少府가 되었다. 황정견黃庭堅의 〈차운진소장조적도증답시次韻陳少章晁適道贈答詩〉에 "차라리 동곽의 신발을 신을지언정, 자공에게 서찰을 보내지 않으리.(寧穿東郭履 不遺子公書)"라고 비난하였다.

40 원문에 성명 부분을 검게 지웠다.

관찰사觀察使 권응창權應昌

神仙何用好樓居　신선 세계에선 얼마나 좋은 누각에 살며
江上今霄興孰如　강가에선 오늘 밤 흥이 어떤가?
忽喜湧金山外月　홀연 산 너머 금빛으로 솟구친 달이 기쁘고
俄驚跳玉水中魚　물속의 고기는 연잎에서 뛰어 잠시 놀라게 하네.
烟林隱映平連野　안개 낀 숲 은은한 그림자 평평하게 들판을 이었고
船鼓凄然響徹虛　배의 북은 처연하게 허공에 메아리치네.
勝會百年難得又　좋은 모임은 백 년 만에 다시 얻기 어려우니
强將荒拙爲君書　거칠고 졸렬함으로 애써 임금 위한 글을 쓰노라.
관찰사觀察使 권응창權應昌

◎ **권응창** ㅣ 1505년(연산군 11)–1568년(선조 1). 본관 안동安東. 자 경우景遇, 호 지족당知足堂. 1528년(중종 23) 식년문과 급제. 승정원주서, 홍문관직제학, 형조참판 등을 역임.

◎ **비고** ㅣ 1544년(인종 1) 5월 30일 병조참판에서 경상도관찰사로 도임, 1545년(명종 1) 7월에 동지중추부사로 이임.

종사관從事官 김진종金振宗

神仙何處訪高居　신선 세계 어디길래 고상한 거처 방문하였고
水國微茫失所如　수국은 아득하여 가는 곳을 잃은 듯하네.
落日烟林投宿鳥　안개 낀 숲에 해 져 새들이 잠자러 내려앉고
清霄歌管動潛魚　맑은 하늘 악기 소리가 잠긴 물고기 깨운다.

蘭舟戱月堪乘興　목란주[41]는 달을 희롱하며 흥을 타고
桂棹隨風欲涉虛　계수나무 삿대 바람을 따라 허공을 건너려 하네.
形勝南州雄此地　남쪽 고을의 빼어난 경치 이곳이 제일이니
吟詩竟日未能書　하루 종일 시 읊조려도 편지를 부치지 못하네.

종사관從事官 김진종金振宗

◎ **김진종** | 1496년(연산군 2)–1557년(명종 12). 본관 선산善山. 자 효선孝善, 호 신재新齋·문암文巖. 1518년(중종 13) 현량과賢良科에 피천被薦, 1528년(중종 23) 식년문과 급제. 홍문관주서, 경성판관 등을 역임.

◎ **비고** | 윤근수尹根壽의 『월정집月汀集』 권6, 「이조정랑이공중열묘갈명吏曹正郎李公仲悅墓碣銘」에 1544년(중종 39) 이기李芑가 순변사로 영남嶺南에 갈 때 김진종을 종사관으로 삼았다는 기록이 있음.

□ 용타운用他韻

관찰사觀察使 심수경沈守慶

泛泛神仙宅　둥실둥실 신선의 집으로 배 저어가
欄楹寄短蓬　난간과 기둥에 나그네 시름 부치고
徐牽凌綠淨　서서히 끌고 와 맑은 물결을 넘어
穩坐倚虛空　온화하게 앉아 허공에 기대네.

41 목란주 : 목란木蘭으로 만든 배를 가리킨 것으로, 전하여 멋스럽고 풍치 있는 뱃놀이를 뜻한다.

鼓笛喧天上　북소리 피리 소리 천상에 떠들썩한데
杯盤落鏡中　술잔과 쟁반이 거울 속으로 떨어지네.
乍移登眺興　잠깐 옮겨 올라 흥을 조망하니
還似御冷風　도리어 차가운 바람을 몰아가는 듯.

관찰사觀察使 심수경沈守慶

◎ **심수경** ｜ 1516년(중종 11)–1599년(선조 32). 본관 풍산豊山. 자 희안希顔, 호 청천당聽天堂. 1546년(명종 1) 식년문과 장원급제. 직제학, 경기도관찰사, 대사헌, 우의정 등을 역임. 저서『청천당시집聽天堂詩集』,『청천당유한록聽天堂遺閑錄』.

◎ **비고** ｜ 1563년(명종 18) 3월 동지중추부사에서 경상도관찰사로 도임, 같은 해 8월 병으로 사직.

□ 차거자운次居字韻

밀양부사密陽府使 김극일金克一

天倒江心近帝居　하늘이 강에 거꾸러져 옥황상제의 집과 가깝고
蘭舟高泛躡雲如　목란주 구름을 밟듯 높이 일렁이네.
渚邊長下忘機鳥　강가엔 기심 잊은 새들이 길게 내려앉고
波底深潛避色魚　물결 아래엔 달아나는 물고기들 깊이 잠기네.
入手湖山雖當[42]有　손안에 들어온 강산은 비록 풍성하지만

42　원문 '當' 자는 두주에 '富'라고 하였으며, 번역도 이를 따랐다.

撑腸文字已空虛　창자를 버티는 글은 이미 공허하기만 하네.
抽毫欲和聲鳴苦　붓을 들고 애써 울리는 소리에 화답하고 싶으나
幾度將書未得書　몇 차례 붓을 들었지만 글을 짓지 못하네.

樓居興盡試舟居　누각에 살다 흥이 다해 배에 살아 보려니
景物隨身到處如　사물이 나를 따라 도처에 이르네.
鵶谷穰多盤剝栗　아곡에 열매 많이 열려 쟁반마다 밤을 까아 놓았고
松江鱗細網飛魚　송강에 물결 잔잔하여 뛰어오르는 물고기 그물질하네.
神仙可學猶嫌誕　신선술은 배울 점이 있으나 허무황탄함은 꺼려지고
爵祿雖榮竟是虛　작록이 비록 영화로우나 마침내는 허무할 뿐이네.
爭似詩狂兼酒聖　아마도 시광과 주성[43]을 겸해야 하겠기에
吟中覓句醉中書　읊조리는 가운데 좋은 구절 찾아 취중에 쓰네.

부사府使 김극일金克一

◎ **김극일** ｜ 1522년(중종 17)–1585년(선조 18). 본관 의성義城. 자 백순伯純, 호 약봉藥峰. 1546년(명종 1) 증광문과 급제. 사헌부감찰, 예천군수, 성주목사 등을 역임. 저서 『약봉일고藥峰逸稿』.

◎ **비고** ｜ 1570년(선조 3) 밀양부사로 재직.

43 시광詩狂과 주성酒聖 : 시광은 방달하여 얽매임이 없는 시인을, 주성은 술을 매우 잘 마시는 사람을 일컫는다.

관찰사觀察使 윤탁연尹卓然

高樓少艇摠仙居	높은 누각과 작은 배는 모두 선경인 듯하고
水下靑天水上如	강물 아래엔 푸른 하늘이 강가에 펼쳐진 듯.
白割翠屛分去鳥	푸른 병풍을 쪼개는 흰 빛이 날아가는 새를 나누고
銀翻銅鏡認游魚	청동거울을 뒤집은 은빛으로 물고기 노니는 줄 알았네.
洞簫嫋嫋遙通漢	퉁소는 산들산들 멀리 은하수와 통하고
雲襪輕輕欲步虛	버선구름은 한들한들 허공으로 오르려 하네.
莫笑迂生叨勝席	오활한 서생이 좋은 자리 탐낸다 비웃지 마소.
新篁[44]華是舊中書	새로 핀 대나무 옛 재상보다 영화롭네.

관찰사觀察使 윤탁연尹卓然

◎ **윤탁연** ㅣ 1538년(중종 33)–1594년(선조 27). 본관 칠원漆原. 자 상중尙中, 호 중호重湖. 1565년(명종 20) 알성문과 급제. 홍문관수찬, 형조참판, 함경도도순찰사 등을 역임. 저서 『계사일록癸巳日錄』.

◎ **비고** ㅣ 1581년(선조 14) 10월 19일 형조참판에서 경상도관찰사로 도임, 1582년(선조 15) 8월 21일 동지중추부사로 이임.

44 원문 '篁' 자 두주에 "황篁은 아마도 죽竹이 되어야 할 것이다.(篁疑作竹)"라는 말이 있으며, 번역도 두주를 따랐다.

제 5 장

덕민정

德民亭

기문記文

□ 권람權擥 수산현덕민정기守山縣德民亭記

정통正統 13년 무진(1448) 겨울에 양성陽城 이후李侯가 황주목사黃州牧使로 있다가 이 부府로 옮겨 와서, 정치는 잘 시행되고 사람들은 화목해졌으며 해로운 것을 물리치고 이로운 것을 일으켰다. 수산이라는 속현屬縣은 밀양부의 남쪽 30리쯤에 있는데, 밀양부에서 남으로 가서 서쪽에 다다르는 요충이고, 현의 남쪽에 큰 강이 있어 상산商山(지금의 상주)으로부터 낙동강으로 가서 바다에 이르니, 참으로 조운漕運이 경유하는 곳이다.

무릇 사명使命이 이 현을 지나갈 때에는 실상 부府에서 맞이한다. 현에는 공해公廨가 없고 또 아전과 노비들이 모두 부에 들어가 일하는 까닭에 말린 양식, 평상과 휘장 등 제반 수요 물자를 짐승에게 싣고 허리를 꾸부리고 잇달아 가고 오기에 쉴 새가 없었으므로 부사가 개탄스럽게 생각했다. 3년이 지난 경오년 가을에 현의 서쪽 언덕에 자리를 잡아 가운데에 3칸을 지어 청廳의 일을 보게 하고 좌우에 각각 3칸을 붙여 따뜻한 방으로 만드니 따뜻하고 서늘함이 장소를 달리하였다.

단청이 끝나자 무릇 현에서 와서 부에서 일하던 사람들이 모두 여기에 딸려서, 무논 몇 이랑을 개간하여 때때로 농사를 권장하니, 해마다 벼 몇 백 섬을 얻었다. 부엌과 곳간이 이미 세워지자 일용 도구가 또한 저장되어 부엌일 하는 사람과 정원 일 하는 사람들이 분주히 일에 종사하는데, 도구를 갖추지 못한 것이 없었다. 이로부터 무릇 전송이나 영접할 일이 있으면 부사가 혼자 말을 타고 가 쌀은 곳간에서 꺼내고 술은 통에서 떠내어 능히 갖추어 접대에 공급할 수 있으므로, 문득 부에서는 손님을 모셔 가는 수고가 끊어지고 현에서는 들어가 일하는 괴로움이 없어져서 피차가 함께 편안하여 사람들이 모두 즐거워하였다.

내가 마침 객으로 갔더니, 부의 사람 강姜·박朴 두 사람이 나에게 고하기를, "부사께서 이 정자를 짓고 민폐를 혁파하였으니, 덕은 비록 백성에게 있어서 길이 잊지 않는다 하더라도 기문이 없을 수 없으니, 장차 당신께서는 사양하지 마십시오."라고 하였다.

내가 보건대, 온 부의 경치가 다 이 정자에 들어 있어서, 그 남쪽은 먼 봉우리가 하늘에 떠 있고 새파란 빛이 하늘에 비껴 있어 먼 곳은 옅고 가까운 곳은 짙은 것이 함께 정자에 모이고, 긴 강은 피륙을 펴놓은 듯하고 평평한 모래밭은 눈을 깔은 듯하며, 연기는 먼 물가에 가라앉고 달은 긴 섬에 찼으며, 장삿배의 돛은 바람을 가득히 안고 고깃배는 그물을 걷으며, 그 동쪽은 넓은 들이 갈아놓은 듯 평평하여 멀리 바라보아도 끝이 없고, 밭두둑에서는 농부가 노래하고 뚝에서는 목동이 피리 불며, 외로운 마을에는 늙은 나무가 있고, 땅거미가 질 때에는 연기가 비끼며, 그 북쪽은 백 이랑이나 되는 못이 있는데, 물결 위에는 연꽃이 피어서 우뚝한 푸른 일산이요, 윤기 있는 붉은 옷엔 바람이 비껴 불고 비가 윤기 있게 내려 적시고, 물가의 난초와 기슭의 향풀은 이슬을 띠고 연기를 머금었으며, 갈매기와 해오라기가 날아 모이고 물고기와 자라가 떠서 헤엄치며, 못 가운데에 섬이 있어 푸른 대나무가 길쭉길쭉 아름답게 무성하여, 바람을 맞으면 구슬을 비비는 것 같은 소리가 나고, 달빛을 띠면 금가루를 키질하는 것 같으니, 이것이 또한 이 정자의 가장 좋은 경치이다.

아, 부사가 정자를 지은 뜻이 어찌 이에 있으랴. 이 강과 이 산이 있은 이래로 일찍이 얼마 동안이나 풀이 우거져 논밭이 묵고 쓸모 없는 언덕이었던가. 그러더니 오늘에 와서 이 정자가 빨리 이루어지자 묵은 폐단이 갑자기 새로워지니, 또한 하늘이 아끼고 귀신이 감추었다가 우리 부사를 기다려서 이 백성들에게 복을 주는 것이 참으로 이제부터 비롯하는 것이다. 어찌 다만 승지를 유람하는 데 그치랴.

우리 부사의 덕은 부가 부담을 벗고 현도 편히 자게 하였다. 부사가 백성에게 덕을 베풀고 백성이 덕에 감복한 것은 이것뿐이 아니다. 강의 연변에 멱례리覓禮里, 감물지리甘勿池里 등이 있어 무려 수백 호가 장마로 물이 부는 때를 당할 때마다 늘 집이 물에 잠기는 것을 걱정하나 백성이 모두 일정한 곳에 옮겨 편히 살지 못하므로, 부사가 그 산 언덕에 자리를 잡아서 모두 옮겨 지어 산의 터에 의지하게 하니, 샘이 달고 땅이 기름져서 갈고 파서 먹으며 그 직업을 길이 세웠으니, 그 백성에게 덕을 베풂이 또한 크도다. 그러므로 특별히 덕德과 민民 두 자를 들어 정자에 이름 붙였다고 한다.

부사의 이름은 백상伯常인데, 일찍이 몇 군을 맡아서 다 어진 정치를 하였다. 강姜은 본관이 진주로 이름이 극창克昌이고, 박은 본부 사람으로 이름이 학문學問이다.

경태景泰 3년(1452) 창룡蒼龍 임신壬申 6월 하순에 봉훈랑奉訓郞 시교서

교리試校書校理 지제교知製教 영가永嘉 권람權擥(1416-1465) 기記

㉮ 작성 연도 | 경태景泰 3년(1452)

㉯ 저자 | 봉훈랑奉訓郎 시교서교리試校書校理 지제교知製教 영가永嘉 권람權擥.(1416-1465)

㉰ 비고 | 본관은 안동. 자는 정경正卿, 호는 소한당所閑堂. 권근權近의 손자. 좌찬성, 이조참판, 좌의정 등을 역임. 저서 『소한당집所閑堂集』, 『응제시주應製詩註』 등.

正統十三年戊辰冬 陽城李侯 以黃州牧 移節是府 政通民和 廢祛利興 有屬縣 名曰守山 在府之南三十里許 由府而之南 抵西之要衝也 縣南有大江 自商之洛 達于海 實漕運之所由也 凡使命之經過是縣 府實迎侯 縣無公廨 且吏與藏獲之隷縣者皆入役于府 故糗餌床帳 凡百所需 駄載擔負 傴僂絡繹 往復無歇 侯乃慨念 越三年庚午秋 卜縣西崗中 竪三楹爲廳事 左右各附三楹爲燠室 炎凉異所 丹雘旣畢 凡縣之役于府者 皆屬之 墾水田數頃 以時勸課歲 得租數百斛 廚廩旣設 什器亦儲 膳夫園丁 奔走僕役 莫不備具 自是凡有迸迎侯 以單騎來 米取廩酒 酌槽克辨 供頓府絶輦輪之勞 縣無入役之苦 彼此共逸 人咸樂之 予適客遊 府人姜朴兩生 諗予曰 府伯構玆亭 革民弊 德雖在民 永世不諼 然不可無記 將子無辭 予觀夫一府形勝 盡屬斯亭 其南則遠峀浮空 黛色橫天 遠淡近濃 拱揖于亭 長江如練 平沙鋪雪 烟沈極浦月滿長洲 商航飽風 漁舟擧網 其東則廣野砥平 極目無垠 農歌于疇 牧笛于堤 孤村樹老 薄暮烟橫 其北(則)[1]有池百頃 菡萏離披 亭亭翠盖 濯濯紅衣 風斜雨浥 汀蘭岸芷 帶露含烟 鷗鷺翔集 魚鼈游泳 池心有島 綠竹猗猗 迎風而戞玉 帶月而篩金此又斯亭之最勝也 嗚呼 侯構亭之意 豈在於斯乎 自有此江此山以來 曾歲月之幾何 榛莽荒蕪 作閑丘壟 迺至今日斯亭 倏成宿弊頓革 抑天慳鬼祕 以待我侯 而斯民之福 實自今始矣 豈特爲觀遊勝地而已哉 我侯之德 府得息肩 縣亦安眠 侯之德于民 民之感于德 非特此也 沿江之邊 有覓禮甘勿池等 里無慮數百戶 每當霖潦 恒憂

1 원문에는 '則'이 없으나 옆에 얇은 글씨로 부기하였다.

墊溺 民皆安土 莫肯遷居 侯想其山原 悉令築 依山之趾 泉甘土沃 耕鑿含哺 永建乃業 其德于民 亦大矣 特揭德民二字 以名亭云 侯名伯常 嘗莅數郡 皆有惠政 姜晉人某 榜生員也 名克昌 朴府人也 名學問

旹景泰三年(1452)蒼龍壬申六月下澣 奉訓郎試校書校理知製敎永嘉權擥(1416-1465)記

□ 권람權擥 지誌

이상은 내가 지난해 남쪽으로 유람했을 때 지은 것이다. 지금 밀양부사 성후成侯가 현인들이 원고를 잃어버려 판에 새겨 걸지 못하는 걸 알았다. 지난해 전문箋文을 올리려고 상경했다가 집으로 와서 다시 보여 주기를 요청했다. 나 또한 원고를 잃어버려 의유依諭할 수 없었다. 올해 동지에 또 서울로 와서 더욱 간절하게 요청했으며, 나는 다행스럽게도 상자 안에서 그걸 찾았으나, 말이 거칠고 꾸밈이 없어 남들의 이목에 보이기 어려웠다. 그러나 이후가 경영한 노력은 거의 이것으로 인해 후세에 전해질 것이다. 또 성후가 남들의 선함을 밝히려고 함은 오래될수록 더욱 부지런했으니, 그가 선을 즐김에 게으름이 없다는 뜻은 또한 가상히 여기기에 충분하기에 글쓰기를 사양하지 않는다. 성후의 이름은 순조이고, 대대로 창녕을 녹읍으로 받았다. 음직으로 벼슬하여 높은 자리에 올랐다. 일찍부터 명망이 있었으며, 지금 고을살이하면서 남방 고을을 가장 잘 다스렸다. 다른 날 재상의 반열에 올라 마땅히 할아버지 아버지 형들보다 나아 세상의 아름다움을 잘 경영할 것임에 의심이 없다. 이에 후반부에 같이 기록한다.

천순天順 기원紀元 정축년(1457) 동지 후 6일 수충위輸忠衛 사협책社協策 정난동덕좌익공신靖難同德佐翼功臣 숭정대부崇政大夫 판중추부사判中樞府事 집현전대제학集賢殿大提學 지경연춘추관사知經筵春秋館事 겸판이조兼判吏曹 길창군吉昌君 권람權擥 지誌

㉮ **작성 연도** | 천순天順 정축丁丑(1457)

㉯ **저자** | 수충위輸忠衛 사협책社協策 정난동덕좌익공신靖難同德佐翼功臣 숭정대부崇政大夫 판중추부사判中樞府事 집현전대제학集賢殿大提學 지경연춘추관사知經筵春秋館事 겸판이조兼判吏曹 길창군吉昌君 권람權擥(1416-1465)

右記予昔年南遊時所作也 今府使成侯 知縣人失藁 不得鏤板以掛 去年因陪箋來京踵門 請更錄示 予亦失藁 不得依論 今冬至 又來京 請益勤 予幸於巾衍間得之 詞語蕪拙 不堪掛人目 然李侯經營之功 庶幾因此而傳後 且成侯欲昭人善之意 愈久而愈勤 其樂善不倦之志 亦足嘉尙也 故不辭藁上 成侯名順祖 昌寧世胄也 襲門蔭躋 膴仕 早有譽望 今之爲州 政最南方 他日輔相之烈 當不讓語乃祖乃父乃兄 而克濟世美也 無疑矣 幷書于後云 天順紀元丁丑(1457)冬至後六日 輸忠衛 社協策 靖難同德佐翼功臣 崇政大夫 判中樞府事 集賢殿大提學 知經筵春秋館事 兼判吏曹 吉昌君 權擥誌

□ 권반權攀 덕민정德民亭

밀양부사 성 사또는 나와 처고모부 사이로, 오래 대면하면서 편지를 주고받고 있다. 전문箋文을 올리려 서울에 갔다가 한번 이야기하며 인사를 여쭈면서 무고함을 묻는 것 외에는 다른 말이 없었다. 나에게 한 폭을 주며 펼쳐 감상하라고 하니, 바로 우리 중형 길창 공吉昌公이 영남을 유람할 때 지었던 수산정守山亭 기문記文이었다. 성 사또가 청하기를 "그대 또한 시문詩文으로 우리 정자를 빛나게 해 주시오."라고 했다.

내가 "대저 누대樓臺 정사亭榭의 아름다움을 관람함엔 반드시 눈으로 보아야 하고 발로 답사한 이후에 가슴에 느낀 바를 읊조려 산책하는 정취에 덧붙입니다. 지금은 눈으로 이 정자를 보지 못했고 발로 그 땅을 밟지 못했기에 어찌 감히 그럴 수 있겠습니까?

비록 그렇지만 아름다운 경치는 원근이 없고 흥취는 고금이 없습니다. 일소逸少[2]의 문장을 암송하면 난정의 아름다움이 생각나고, 범희문范希文의 글을 읽으면 악양岳陽의 좋은 경치가 완연하기에 꼭 직접 가서 눈으로 본 이후에야 아름다운 풍경을 칭송하겠습니까. 게다가 지금 가형의 기문을 보고 고모부의 말을 들으니, 이 정자의 승경은 또한 눈과 가슴에 선명합니다. 또 난정과 악양루는 아름답다면 아름답고, 빼어나다면 빼어나지요.

우리 강토가 아니어서 단지 글자로만 완상해도 천년 뒤에 빼어난 흥취를 실컷 누릴 수 있습니다. 하물며 이 정자는 서울과 거리가 멀지 않고 또 나라 강토 안에 있으면서도 이름이 남방에 알려졌으니, 만약 하늘의 복으로 한번 가서 올라 강산의 좋음과 올라 조망하는 즐거움으로 오늘 멀리서 상상함으로써 후일 관람하는 밑바탕으로 삼는다면 어찌 묵묵하게 시가 없이 답장을 보내겠습니까?

예전 창려昌黎가 등왕각滕王閣 기문記文을 지으면서 가서 보지 못함을 한스럽게 여기면서도 자신의 글이 삼왕三王의 다음에 나열됨을 기뻐하였

---

2 일소逸少 : 동진東晉 때 명필名筆 왕희지王羲之의 자字.

습니다.[3] 오늘의 졸작이 문미에 걸려 문인들의 곁에 나열된다면 뒷날 오늘을 보는 이들 또한 지금 예전을 보는 것과 같을 것이기에 영광과 다행이 아니랴."

아, 이 누정의 승경은 참으로 등왕각에 부끄럽지 않을 것이다. 다만 재주가 졸렬함이 한스러우니 감히 창려昌黎와 어깨를 견줄 수 있겠는가? 성 사또의 요청이 더욱 부지런하기에 이렇게 써서 돌려보낸다.

천순天順 정축丁丑(1457) 12월 일 수충경절輸忠勁節 좌익공신佐翼功臣 통정대부通政大夫 판종부시사判宗簿寺事 겸선전관兼宣傳官 지재선생우마주止齋先生牛馬走 영가永嘉 권반權攀(1419-1472) 자룡子龍 서序

㉮ **작성 연도** | 천순天順 정축丁丑(1457)

㉯ **저자** | 수충경절輸忠勁節 좌익공신佐翼功臣 통정대부通政大夫 판종부시사判宗簿寺事 겸선전관兼宣傳官 지재선생우마주止齋先生牛馬走 권반權攀(1419–1472)

㉰ **비고** | 본관 안동. 자 자룡子龍, 시호 안양安襄. 권근權近의 손자. 권람의 동생. 한성부윤, 강원도관찰사, 충청도관찰사 등을 역임.

密陽成侯 妻姑私也 隔年面目久 曠音問陪

箋到京 一就打話 敍寒喧 問無恙 外餘無所及 授予一幅 披閱以翫 乃吾仲兄吉昌

3 예전……기뻐하였습니다 : 당나라 한유韓愈(768–824)의 「신수등왕각기新修滕王閣記」에 이 내용이 있다. 창려는 한유의 호이다. 삼왕三王은 「등왕각서滕王閣序」를 지은 왕발王勃, 「등왕각부滕王閣賦」를 지은 왕서王緒, 「중수등왕각기重修滕王閣記」를 지은 왕중서王仲舒를 말한다. 한유의 「신수등왕각기」의 대략에, "한유가 젊었을 때, 강남에 화려하고 구경할 만한 많은 누각들 중에서 등왕각이 제일이라는 말을 들었다. 등왕각에 대해 삼왕이 지은 서序, 부賦, 기記 등을 읽어 보니 그들의 글솜씨가 훌륭한지라, 더욱 한번 가서 보고 싶었다. 벼슬살이로 조정에 매인 몸이라 그 소원을 이루지 못하다가 뒤에 강서관찰사江西觀察使 왕중서가 등왕각을 새로 중수하고 한유에게 그 기문을 짓게 하자, 한유가 이름이 등왕각 위에 기재되고 글이 삼왕의 다음에 놓이게 되는 것을 영광으로 여겨 마침내 기문을 지었다."라고 하였다.

公遊嶺南時所作守山亭記也 侯請曰 子亦詩文以侈吾亭 余曰大抵樓臺亭榭 遊觀之美 必目覩足涉而後 吟詠所廻 以寓蕭散之趣 今目不矚斯亭 足不涉玆土 安能敢爾 雖然勝境無遠近 興趣無古今 誦逸少之文 則想蘭亭之勝 讀希文之筆 則翫岳陽之好 不必親莅目擊而後 欽羨嘉致也 矧今覩家兄之記 聞叔父之言 則斯亭之勝槩 亦瞭然於心目矣 且蘭亭岳陽 美則美矣 勝則勝矣 境非吾土徒翫想於文字之上 尙且飽逸興於千載之下矣 況乎斯亭 距京城不遠 且在邦域之中 而聞名南方 如天之福 一往登焉 其江山之好 登望之樂 以今日遙想之趣 爲後日覽觀之資 則安可黯無歌詩 以寄一掛 昔昌黎作記滕王閣 以未得造觀爲嘆 而喜其詞列三王之次 今之拙作 掛諸楣間 得列於詞人之側後之視 今亦猶今之視昔矣 不其榮幸乎 噫 斯亭勝致 誠不愧於滕王矣 第恨拙才 其敢肩於昌黎乎 侯請益勤 書以歸之 天順丁丑季冬有日 輸忠勁節 佐翼功臣 通政大夫 判宗簿寺事 兼宣傳官 止齋先生牛馬走 永嘉權攀子龍序

제영시 題詠詩

□ 제현정 題縣亭

밀양부사密陽府使 허계許誡

蕭條江館十分淸　쓸쓸한 강가 객관은 십분 맑고
涼月窺窓夢自驚　차가운 달 창문에 스며들어 꿈에서 저절로 깬다.
欹枕悠悠思往事　베개를 베고 유유자적하니 지난 일이 생각나
偶然聞笛兩三聲　우연하게 젓대 소리 두세 가락이 들린다.

부사府使 허계許誡

◎ **허계** ｜ ? – 1502년(연산군 8). 본관 하양河陽. 허지許遲의 아버지. 1459년(세조 5) 식년문과 정과 급제. 부제학, 호조참의, 대사간 등을 역임.

◎ **비고** ｜ 1490년(성종 21) 밀양부사密陽府使, 1493년(성종 24) 경주부윤慶州府尹 역임.

합포병사合浦兵使 김세희金世熙

長江曾試十年淸　긴 강물 일찍이 십 년 맑음을 시험했지만
料到當時夢若驚　헤아려 보니 그 당시가 꿈인 듯 놀랍네.
風景不殊人事變　풍경은 인간사의 변화와 다름없기에
却教無慰落梅聲　낙매곡[4] 불어도 위로하지 못하게 하네.

합포병사合浦兵使 김세희金世熙

◎ **비고** ㅣ ㉮ 합포는 창원의 옛 이름. 합포현에 병마절도사 진영이 있었음.
㉯ 『중종실록』 17년(1522) 5월 7일에 합포병사 김세희에 대한 기사가 있음.

낙동洛東 문계창文季昌

長江襟帶壯坤垠　긴 강물은 웅장한 온 누리에 띠를 이루고
海泊隨潮夜上津　바닷물은 조수를 따라 밤의 나루터에 정박하네.
天險淸時非所寶　하늘 끝에선 맑은 때를 보배로 여기지 않기에
直輸烟景與騷人　곧바로 안개 낀 경치를 보내 시인과 함께하네.

露洗平湖月色添　이슬이 잔잔한 호수를 씻어 달빛에 더하고
四更凉館捲疏簾　밤 깊어 서늘해진 객관에 성근 발 걷는다.

4　낙매곡 : 피리의 곡명 〈매화락梅花落〉을 가리킨다. 이백李白의 〈사마장군가司馬將軍歌〉에 "강적은 〈아타회〉를 불어 대고 향월루에선 〈낙매곡〉을 불고 있구나.(羌笛橫吹阿嚲回 向月樓中吹落梅)"라는 구절이 있다.

曉來不識潮多少　새벽이 되어도 조수가 얼마인지 모르니
喚起津夫課水籤　뱃사공을 불러 물때를 물어본다.

江口安倉古筭長　강어귀 설치한 사창은 예전의 훌륭한 계책이니
治資農食亂兵糧　군량미가 다스림의 바탕인 농사를 어지럽힐쏘냐.
湖山幸自堪遊樂　강산에는 다행히 유람의 즐거움이 있기에
長吏休爲濟勝場　지방관들 좋은 경치 마련하라 하지 마소서.

낙동洛東 문계창文季昌[5]

◎ **문계창** ㅣ ㉮ 문계창文繼昌(?–1522)의 오류로 추정.
㉯ 문계창 : 본관 남평南平. 1504년(연산군 10) 별시문과 급제. 거창현감, 함양군수, 풍기군수 등을 역임.

5　원문 '文季昌'에 희미하게 지운 흔적이 있다.

제 6 장

남수정

攬秀亭

기문記文

□ 주세붕周世鵬 남수정기攬秀亭記

낙동강의 근원은 주흘산主屹山에서 나와 김해로 들어가기에 진한辰韓의 절반을 관통한다. 영남 일로一路는 동서로 나뉘어 좌우가 되는데 그 기준이 낙동강이다. 낙동강으로 유입되는 지류는 다섯 군데로 의령은 기강岐江, 대구는 하빈河濱, 용궁龍宮은 하풍河豐, 밀양은 삼랑三郞, 양산梁山은 호포狐浦이다. 의령의 지류는 두류산頭流山에서 나오고, 대구의 지류는 모자산母子山에서 나오고, 용궁의 지류는 태백산太白山에서 나오고, 밀양의 지류는 운문산雲門山에서 나오고, 양산의 지류는 취서산鷲棲山에서 나온다.

대개 영남에서 졸졸 흘러 바다로 향하는 개천과 시냇물은 그 줄기가 몇 천만 개인지 알지 못하지만, 반드시 지류에 닿은 후에 낙동강으로 유입된다. 그렇기 때문에 경치가 빼어난 누정대사樓亭臺榭는 오로지 낙동강을 굽어보고 있으며, 낙동강을 끼지 않으면 반드시 다섯 지류를 끼고 있다.

밀양부 수산현에 남수정攬秀亭이 있으며, 이 정자는 낙동강을 굽어보는 동쪽 절벽에 자리잡고 있다. 가정嘉靖 무술년(1538) 가을에 밀양부사 장적張籍 공이 덕민정德民亭 서남쪽에 터를 얻어 정자를 세웠다. 그해 겨울에 장 공이 떠나고 관포灌圃 어득강魚得江 공이 부임했다. 기해년(1539) 봄에 단청을 칠하고 이름을 지었다. 그해 겨울에 어 공이 떠나고, 지금 부사인 박세후朴世煦 선생이 교대하였다.

밀양부는 일이 많아 다스리기 어려운 고을이라고 한다. 경자년(1540)에 선생이 처음으로 부임하였다. 고을 풍속에 다스리기 어려운 점이 있었지만, 안석案席에 기대 웃으면서 "이런 것도 내가 다스려야 하지 않겠는가?"라고 하였다. 이에 마른 것은 적셔 주고, 딱딱한 것은 부드럽게 하여 크게 조화롭게 만들었다. 선생이 다스린 지 3년이 되던 임인년(1542)에 온 고을이 크게 교화되어 관가官家나 민가에서 재정에 여유가 생겼다.

이때에 부로父老들을 불러 의논하기를 "처음에는 정사亭榭를 돌볼 겨를이 없었지만, 지금은 여러 일이 어느 정도 처리되었습니다. 이름난 영남루가 거의 쓰러질 지경이므로, 내가 중수를 맡겠습니다."라고 하였다. 모두들 "좋습니다."라고 하였다. 마침내 목재를 모으고 기와를 구우니, 그해 가을에 공사를 시작해 다음해 봄에 마쳤다. 또 남은 목재와 기와를 가지고 남수정을 확장하고, 남북 양쪽 방에 창문을 더하였다. 또 기둥 서쪽과 북쪽 양쪽 처마를 달아 내어서 하인들이 비를 피할 곳으로 삼았다. 가운데는 누각을 짓고, 바깥으로 담을 쌓고, 문은 동남쪽으로 내었다. 변소 같은 것도 알맞은 장소에 설치했다.

남수정을 짓기 이전에는 현리縣吏들의 집무 공간이 없었고, 곡식, 관청 기물 등을 보관할 곳이 없었다. 사신이나 나그네가 오면, 사또는 낮에는 장막을 치고 앉았고 밤에는 민가를 빌려 투숙하였다. 이에 덕민정 서북쪽 모퉁이에 관아官衙 10여 칸을 건립했다. 온돌방, 마루, 주방, 창고를 모두 갖추니 보는 이들이 다들 소리 높여 칭찬하였다.

올해 3월에 내가 밀양에 들렀더니 선생이 "우리 건물의 기문記文을 지어 주십시오."라고 했다. 나는 "사또께서 훌륭한 솜씨를 지녔는데, 제가 짓는 것은 분수에 맞지 않습니다. 지금 문장의 대가들이 앞뒤로 줄지어 있으니, 기문은 그분들에게 해당하지, 저는 아닙니다."라고 했다. 선생은 웃으며 억지로 권유하였으나, 나는 장난으로 여겼다. 그 뒤에 또 서신을 보내 독촉하였으며, 사양해도 뜻이 받아들여지지 않아 결국 두 번 절하고 아래와 같이 쓴다.

수산守山은 남쪽 지방에서 경치가 가장 아름다우며, 이 사실은 권익평權翼平[1]의 「덕민정기德民亭記」에 다 수록되어 있다. 하지만 이 정자는 장 공張公에서 시작하여 중간에 어 공魚公을 거쳐 우리 사또께서 마무리한 뒤에 제도가 크게 갖추어졌다. 하늘은 더욱 높아지고 땅은 더욱 낮아졌으며 경치는 더욱 깔끔해졌다. 무릇 이전의 강산이 모두 모양을 달리했기에 공무를 띠고 나와 더위를 무릅쓰고 이리저리 다니는 이들이 반드시 가슴을 열고 여기서 구경하면서 답답함을 풀고 태평을 노래할 것이다. 그러기에 기문이 없을 수는 없다.

나는 어려서부터 늘 수산 나루를 자주 건너다녔다.[2] 이 나루는 서쪽으로는 함안咸安과 창원昌原에 닿고 남쪽으로는 가락국駕洛國을 끌어당기며, 긴 강과 넓은 들판이 모든 것을 받아들여 끝이 없다. 세 산의 아련한 기운에 닿아 있고, 열 군데 작은 섬의 물안개 빛과 통해 있어 사계절의 아침저

---

1 권익평權翼平 : 시호가 익평인 권람權擥(1416-1465)을 가리킨다. 그는 1452년에 「수산현덕민정기」를 썼다.

2 나는……건너다녔다 : 주세붕은 합천 천곡리泉谷里에서 태어나 7세 되던 해에 아버지를 따라 칠원漆原(지금의 함안군 칠서면) 무릉리로 이사했다.

녁 변하는 모습은 헤아릴 수가 없다. 또 빼어나면서도 고와 손으로 잡을 수 있을 듯하고 딸 수 있을 듯해 참으로 언어나 문자로 꾸며서 형용할 수 있는 것이 아니다. 이백의 이른바 "구강九江[3]의 빼어난 빛은 손으로 잡을 수 있네."[4]라는 구절은 아마도 중국 동남쪽 지역의 빼어난 기운이 다 모인 구강은 오로봉五老峯만이 잡을 수 있다는 뜻이 아니겠는가. 어 공魚公이 '남수攬秀'로 명명한 것 또한 이 문장을 본 것이리라.

대저 낙동강과 다섯 지류에 누정을 세운 까닭은 비록 백이가 청렴함으로 이름나고 유하혜가 화합으로 이름이 나서 각각 그 극치를 다하였다고 하더라도, 하늘이 열고 땅이 넓혀 많은 것을 감싸 동남의 빼어난 기운이 모은 것으로는 오로지 이 정자밖에 없다. 낙동강을 거슬러 올라가 이름났다고 일컬어지는 것은 칠원의 매포루買浦樓와 경양대景釀臺, 선산善山의 월파정月波亭, 상주의 황가정黃家亭 관수루觀水樓 한연당閑燕堂이 있다. 하류에 있는 것은 양산의 임경대臨鏡臺, 김해의 열친정悅親亭이다. 시완당十玩堂은 의령에 있고 명홍정冥鴻亭과 촉석루矗石樓는 진주에 있으며, 환아정換鵝亭은 산음山陰에 있으니, 모두 두류산의 지류이다.

영천의 명원루明遠樓는 모자산母子山의 지류이고, 복주福州의 영호루映湖樓는 태백산의 지류이다. 밀양의 지류를 거슬러 올라가 크게 이름난 것은 영남루가 있고, 양산梁山의 지류를 거슬러 올라가 가장 이름난 것은 쌍벽루雙碧樓가 있다. 낙동강 한 줄기와 지류 다섯 줄기를 합쳐 누樓가 일곱, 정亭이 여섯, 당堂이 둘, 대臺가 둘로 모두 열일곱 곳이며 그중 하나가 남수정이다. 내가 이미 본 것이 열다섯이지만 남수정과 견줄 수 있는 곳

---

3 구강九江 : 양자강이 강서성江西省 심양潯陽 지방을 지나는 일단의 이름.

4 이백의 〈망오로봉望五老峯〉에 "구강의 빼어난 빛 잡을 만하니, 내 장차 이곳 구름 낀 소나무에 둥지를 틀리라.(九江秀色可攬結 吾將此地巢雲松)"라는 구절이 있다.

은 없다.

보지 못한 곳이 두 군데로 환아정換鵝亭과 한연당閑燕堂이다. 그러나 한연당은 관수루觀水樓와 황가정黃家亭과 더불어 솥발처럼 세 곳에 서 있으나, 황가정이 참으로 관수루보다 낫다. 그렇지만 한연당과 관수루는 우열을 가리기 어렵다. 비록 보지는 못했지만 남수정과 함께 칭해지지는 못함을 잘 안다. 환아정換鵝亭은 깊은 규방의 처자와 같이 깊고 어여쁘기만 할 따름이기에 어찌 남수정과 비교할 수 있으랴. 그런즉 낙동강의 이 정자와 구강의 오로정은 빼어남을 손에 쥐고 있다는 점에서는 똑같다.

무릇 사람이란 오행五行 중 빼어난 기(秀氣)이지만, 그 빼어남을 얻은 이는 드물다. 오늘 선생의 정사는 물처럼 맑아 은택을 백성들에게 흡족하게 미칠 수 있다. 또한 강산을 윤택하게 하여 길이 후대에 아름다움을 미치고 있으니, 빼어남으로 빼어남을 모은다고 하겠다.

내가 외람되게 역사를 담당하는 자리[5]에 있어 각 고을의 흥폐를 붓에 먹을 찍어 쓰는 것이 진실로 나의 임무이다. 게다가 선생이 거듭 명령했음에랴. 비록 그렇지만 단지 빼어남만을 알고 그 실질을 생각하지 않으면 안 된다. 하늘은 실질적이기 때문에 높으면서도 밝고, 땅은 실질적이기 때문에 넓고 두텁다. 산이 높은 것과 물이 흐르는 것 또한 실질이 있어 그 가운데 존재하지 않음이 없다.

사람에게 있어서도 마찬가지이기 때문에 "꽃을 피웠지만 열매 맺지 못한 것도 있다."[6]라고 하였다. 이 정자에 오르는 사람은 그 빼어남을 잡고

---

5 역사를 담당하는 자리 : 이 글을 쓸 당시인 1543년에 주세붕은 춘추관편수관과 풍기군수를 겸직하고 있었기에 한 말이다.

6 꽃을……있다 : 『논어』「자한子罕」에, "싹이 나고는 꽃 피지 못하는 경우도 있고, 꽃은 피었건만 열매를 맺지 못하는 경우도 있다.(苗而不秀者 有矣夫 秀而不實者 有矣夫)"라는 공자의 말이 있다.

서 그 실질을 생각한 뒤에라야 자신의 호연한 기氣가 부족하지 않을 것이고, 우리 백성들과 함께 그 혜택을 입을 것이어서 이 정자의 이름에 거의 부끄러움이 없을 것이다.

장 공張公의 자는 대훈大訓이고, 지금 호조참의로 조정에서 임금을 돕고 있다. 어 공魚公의 자는 자유子游로 조정에서 여러 번 불러도 나오지 않았다. 지금은 곤돈산混沌山 아래에서 정원에 물을 주며 지낸다. 선생의 자는 중온仲溫이며, 뜻이 크고 굳세어 큰일을 맡을 만하다. 고을 수령을 맡으며 오래 자신의 뜻을 굽힐 사람은 아니지만, 마음에 드는 자연을 만남을 즐거워하여 내게 부탁했던 것이다.

나는 영남의 남쪽 끝에서 고을살이하면서 늘 이 정자와 고향이 겨우 30리에 불과해 다음과 같이 생각했다. 장맛비가 막 개이고 낙동강 물이 불으면, 혹 돛단배가 바람을 받아 며칠 걸리지 않고 고향에 닿을 수 있겠지, 선산에 술 올리고 절한 뒤에 그대로 배를 타고 동쪽으로 가면 달빛 가득한 남수정에 닿겠지. 그 속에서 하룻밤 머물면서 종이와 붓을 빌려 서문을 짓고 시도 지을 수 있으리라. 그러면 산신과 강신도 응당 도움이 있을 것이며, 마땅히 선생을 위해 할 이야기를 다할 수 있으리라.

소양昭陽 단알單閼(癸卯, 1543) 7월 상순에 풍기군수豐基郡守 겸춘추관편수관兼春秋館編修官 상산商山 주세붕周世鵬(1495-1554) 기記

◎ **주세붕** | 1495년(연산군 1)–1554년(명종 9). 본관 상주尙州. 자 경유景游, 호 신재愼齋·남고南皐·무릉도인武陵道人·손옹巽翁. 1522년(중종 17) 별시문과 급제. 승문원정자, 성균관사성, 호조참판, 황해도관찰사 역임. 저서 『무릉잡고武陵雜稿』, 『죽계지竹溪誌』 등.

◎ **비고** | 『중종실록』 36년(1541) 5월 22일에 주세봉을 풍기군수에 제수한다는 기사가 있음.

洛之源 出自主屹 入于金海 貫注辰韓之半 嶺南一路 分東西爲左右者洛也 其支江之入洛者五 在宜寧曰岐江 在大丘曰河濱 在龍宮曰河豐 在密陽曰三郎 在梁山曰狐浦 宜之江 出頭流 丘之江 出母子 龍之江 出太白 密之江 出雲門 梁之江 出鷲棲 大凡嶺外澗溪之淙潺望海者 吾不知其幾千萬流 而必達于五支 然後入于洛 故其樓亭臺榭以形勝名者 惟洛是壓 不于洛 必于五支 其在密陽府之守山縣曰攬秀亭 亭壓洛之東涯 嘉靖戊戌秋 府使張公籍 得地德民亭西南隅而亭之 其冬 張公去而灌圃魚公得江來 己亥春 乃施丹碧而名之 又其冬 魚公去而今府使朴先生世煦是代密劇府也 號稱難治 庚子春 先生始至 邑洛有不順者 憑几而笑曰 是其不在我乎 乃漑枯糅梗 釀爲太和 其爲政之三年壬寅 一府大治 公私委積 於是 召父老而謀曰 始也未遑於亭榭 今則庶事粗理 而嶺南名樓 尙頹壞幾顚 我且修之 皆曰諾 遂鳩材陶瓦 其秋肇役 春而告訖 又推其材瓦之餘 以拓玆亭 設附舍南北兩房窓戶 又闢楹西北翼兩簷 爲下屬庇雨之所 樓其中墻其外 門于東南 雖溷廁亦得其宜 前此縣吏無治事之所 糗糧床帳 亦無藏處 使客至 主倅晝則設幕而坐 夜則投民而宿 乃作縣司十間於德民亭之西北隅 溫房涼廳廚庫悉備 見者矻矻稱之 今年三月 余過密陽 先生曰 記吾亭 余曰 有牧老而爲記者 僭也 目今文章大手 磊落相望 自有其人 不在我 先生笑而強之 余以爲戲之耳 其後又以書督之 辭不獲 則乃再拜而言曰 守山形勝甲南國 權翼平德民亭記盡矣 然斯亭也 始於張公 中於魚公 終於吾侯 然後制度極備 天愈高 地愈下 風月愈瀟洒 凡前日之江山者 皆改視而易觀 使賓之衝炎歊而東西行者 必開襟游目乎此 而宣其壹鬱歌太平 則是固不可以無記也 余自早歲 慣度守山津 觀其西極巴檜 南控駕洛 長江大野 納納無際 接三山之縹氣 通十洲之煙光 四時朝暮 其變態不測 且秀且麗 可攬可擷 固非言語文字之所雕鏤而形言者矣 李白所謂九江秀色可攬結者 豈非中原東南之秀氣盡萃於九江 而唯五老峯足以攬結耶 魚公之以攬秀名者 其亦有見於此乎 大抵樓亭於洛涯與五支者 雖夷淸惠和各極其致 而其乾開坤廓 包量極鉅 爲東西秀氣之所集者 獨此亭耳 泝洛而著稱者 漆之買浦樓景釀臺 善之月波亭 尙之黃家亭觀水樓閑燕堂 其在下流者 若梁之臨鏡臺 金之悅親亭是也 十玩堂在宜 冥鴻亭矗石樓在晉 換鵝亭在山陰 皆枕頭流之支 永之明遠樓 母子之支也 福之映湖樓 太白之支也 泝密支而大鳴者曰嶺南樓 泝梁支

而最鳴者曰雙碧樓 合一洛五支 其爲樓七亭六堂二臺二 摠十七所而其一攬秀 余所已見者十五 而無與攬秀比者焉 所未見者二 曰換鵝曰閑燕 然閒燕 與觀水樓黃家亭鼎足而立 則黃家亭固優於觀水樓 而閑燕與觀水樓 特伯仲間耳 雖不見 知其不得與攬秀竝稱也 若換鵝亭則亦不過幽閑窈窕如深閨處子而止耳矣 曷嘗彷彿於玆亭哉 然則玆亭之於洛水 五老之於九江 其攬秀一也 夫人者五行之秀氣 然而得其秀者鮮矣 今先生政清如水 能澤洽民物 又能潤色江山 流美無窮 可謂以秀會秀矣 僕叨居太史氏之後 其於州郡之興廢 泚穎而書之 固吾責也 況於先生之屢命乎 雖然 徒知其秀而不思其實 則不可也 天以實故高明 地以實故博厚 如山峙而水流 亦莫不有實焉者存乎其中 至於人也亦然 故曰 秀而不實者有之 登斯亭也 能攬其秀而思其實 然後吾之氣浩然不餒 而(與吾同胞者 當先蒙其澤) 庶無愧於亭之名矣 張公字大訓 今爲戶曹參議 羽儀于朝 魚公字子游 屢徵不起 方灌園于混沌山下 先生字仲溫 弘廣而毅 可擔以大事 非久屈於州府者 樂其江山之遭遇也 於是乎言 且僕繫官嶺底 每念桑梓距玆亭僅一舍 竢積雨初霽 洛水正肥 儻得一擧風帆 不數日 可達鄕井 澆拜先松 順棹而東則攬秀之滿亭明月 可以一宿其中 然後請紙筆爲序爲詩江英岳靈 亦應有助 當爲先生畢其說 昭陽單閼七月上瀚豊基郡守兼春秋館編修官商山周世鵬記

제영시 題詠詩

□ 제평자운 題平字韻

이조판서吏曹判書 권람權擥

川廻山擁野砥平 냇물이 휘감고 산이 옆을 낀 들판은 낮고 평평한데
倦客初登眼轉明 게으른 나그네 처음 올라 보니 눈이 도리어 밝아진다.
百畝紅葉花萬朶 백 가지 봉우리엔 붉은 잎사귀와 꽃이 만발하고
一林脩竹玉千莖 한 무리 숲에는 푸른 대나무 옥 같은 천 줄기 뻗었네.
孤村晩樹濃烟暗 외로운 마을 저녁 나무는 짙은 안개가 어둡고
古渡漁舟帶月橫 옛 나루터의 고기잡이 배는 달을 띠고 가로지르네.
永世斯民應感德 이곳 백성들이 군주의 덕에 길이 감읍한 사실
高山流水共留名 높은 산 흐르는 물에 모두 이름을 남겼네.

遙憶高亭眼界平 높은 정자 평평한 시야 멀리서 추억하니
登臨應是轉分明 올라와 보고서야 점점 분명해짐이 생각나네.

花濃島面張羅幕　꽃은 섬에서 색이 짙어져 비단을 펼친 듯하고
月映湖心倒玉莖　달은 호수 가운데서 빛나 옥 같은 줄기 거꾸러졌네.
翠竹含風軒外得　푸른 대나무는 바람을 맞아 동헌 밖에서 득의양양하고
青山遮雨渡頭橫　비는 푸른 산에 막혀 나루터 가를 가로지르네.
何時一陟奇觀盡　언제쯤 한 번 올라 기이한 경관 다 보고선
忘却蘆間利與名　갈대 사이에서 이익과 공명을 잊을 수 있을까?

이조판서吏曹判書 권람權擥

◎ **권람** ㅣ 1416년(태종 16)–1465년(세조 11). 본관 안동. 자 정경正卿, 호 소한당所閑堂. 권근權近의 손자. 좌찬성, 이조참판, 좌의정 등을 역임. 저서 『소한당집所閑堂集』, 『응제시주應製詩註』 등.

◎ **비고** ㅣ 『세조실록』 2년(1456) 2월 4일자에 권람을 이조판서로 제수한 기록이 있음.

관찰사觀察使 송겸宋謙

長郊莽蒼望中平　긴 들판 아득하여 시야가 평평하고
百里江山霽色明　백 리 강산은 비 개여 밝다.
瀲灩寶奩開玉鏡　넘실넘실 빛나는 달은 옥거울을 펼친 듯하고
峥嶸仙掌擢金莖　구불구불한 선인장은 금가지를 뽑았네.[7]
鷺盤落照沙頭集　백로는 낙조를 휘감아 백사장으로 모이고

7　구불구불한……뽑았네 : 한漢나라 무제武帝가 장생불사를 위해 건장궁建章宮에 20장丈 높이의 승로반承露盤을 만들고, 그 위에 선인장仙人掌을 두어 천상天上의 이슬을 받게 한 일이 있다.

帆抱輕風浦口橫　돛은 가벼운 바람을 안고 포구를 가로지르네.
縣廢無人知此景　고을이 황량하여 이 경치를 아는 이 없고
祇今唯說嶺南名　지금은 오로지 영남루의 명성만 말하네.

관찰사觀察使 송겸宋謙

◎ **송겸** | 생몰년 미상. 본관 여산礪山. 자 여온汝溫, 호 추애秋厓. 1520년(중종 15) 별시문과 장원급제. 개성부유수, 충청도관찰사, 형조참판 등을 역임.

◎ **비고** | 1537년(중종 32) 2월 이조참의에서 경상도관찰사로 도임, 1538년(중종 33) 3월 개성부 유수로 이임.

관찰사觀察使 송순宋純

野闊天低眼界平　하늘 아래 넓은 들판 시계가 평평하고
偶逢秋月盡情明　우연히 만난 가을 달은 맑고 밝음을 다했네.
練鋪一笑[8]知千尺　비단 펼친 듯한 줄기 강물 천 길임을 알겠고
簇立群峯又幾莖　빽빽하게 늘어선 여러 봉우리는 또 몇 줄기인가?
浩蕩風光詩怯就　호탕한 풍광은 시 짓기 두렵게 하고
微茫雲際氣空橫　아득한 구름 사이로 기가 가로지른다.
嶺南從古稱形勝　영남은 고래로 빼어난 승경이라 칭해졌으니
此地應參第一名　이 땅은 응당 제일이란 이름이 합당하겠네.

관찰사觀察使 송순宋純

8　원문의 '笑'는 『면앙집』에 '水'로 되어 있으며, 번역도 『면앙집』을 따랐다.

◎ **송순** | 1493년(성종 24)–1582년(선조 15). 본관 신평新平. 자 수초遂初·성지誠之, 호 기촌企村·면앙정俛仰亭. 1519년(중종 14) 별시문과 급제. 홍문관부제학, 충청도어사, 경상도관찰사 등을 역임. 저서 『면앙집俛仰集』.

◎ **비고** | ㉮ 1540년(중종 35) 9월에 승정원도승지에서 경상도관찰사로 도임. 1541년(중종 36) 10월 동지중추부사로 이임.

㉯ 『면앙집俛仰集』 권1, 〈차밀양덕민정운次密陽德民亭韻〉.

도사都事 남응룡南應龍

小亭高絶衆山平	작은 정자 높이 빼어나 뭇 산들이 평평하고
大野中分一水明	넓은 들판 가운데서 나뉘어 한 줄기 강물이 밝네.
晩渡布帆風餉腹	저물녘에 바람이 실컷 불어 돛단배가 건너가고
秋江薄萊兩[9]肥莖	가을 강가 부들은 비에 줄기가 살쪘네.
滄波遶檻客襟濕	맑은 물결 난간을 감싸 나그네 옷섶이 젖고
浩月當空漁笛橫	밝은 달은 허공에 떠 어부의 피리 가로지르네.
塵土十年來已晩	속세에 십 년을 지내다 늦게 왔기에
白鷗笑我繫浮名	부화한 공명에 얽매였다고 백구가 비웃네.

도사都事 남응룡南應龍

◎ **남응룡** | 1514년(중종 9)–1555년(명종 10). 본관 의령宜寧. 자 경림景霖, 호 이요당二樂堂. 1535년(중종 30) 별시문과 급제. 홍문관부교리, 강원도경차관, 공조참의 등을 역임.

◎ **비고** | 1541년(중종 36) 3월 병조좌랑에서 경상도도사로 도임. 1542년(중종 37) 4월 한성부판관으로 이임.

---

9 . 원문 '兩' 자는 두주에 '雨'로 기록되어 있으며, 번역도 두주를 따랐다.

밀양부사密陽府使 박세후朴世煦

南州佳麗屬昇平　남쪽 고을 아름답고 태평성대를 누리기에
倦倚高亭眼更明　게으르게 높은 정자에 오르니 눈이 다시 밝아진다.
天際噴雲山萬疊　하늘 가에서 토해 낸 구름은 산에 만 겹으로 걸리고
横前戛玉竹千莖　그 앞을 가로지르는 창 같은 대나무는 천 줄기이네.
野鋪翠錦湖邊盡　들판은 호수 끝까지 푸른 비단을 펼쳤고
日瀁金波檻外横　태양은 금빛 물결 뿜어 난간 밖을 가로지르네.
傑作何人模勝絶　빼어난 작품 누가 아름다운 경치 모방하였나?
岳陽黃鶴空流名　악양루와 황학루는 헛되게 명성이 전해졌네.

부사府使 박세후朴世煦

◎ **박세후** | 1493년(성종 24)–1550년(명종 5). 본관 상주尙州. 자 중온仲溫, 호 인재認齋 또는 눌재訥齋. 1519년(중종 14) 별시문과 급제. 공조좌랑, 장악원첨정, 성균관사예, 예조참의, 강원도관찰사 등을 역임.

◎ **비고** | 1540년(중종 35) 밀양부사로 부임.

승문원부정자承文院副正字 임이任伊

百里群山眼底平　백 리 뭇 산들은 눈 아래에서 평평하고
九天星斗繞簷明　구천의 별들은 처마를 밝게 둘렀네.
暮江舠船風千點　저문 강에 조각배는 천 점으로 일렁이고
寒塢琅玕雨萬莖　차가운 강둑의 이슬은 만 가지에 맺혔네.
野豁東西青草遠　들판은 동서로 넓어 푸른 풀이 아득하고

村迷北南暝烟橫　마을은 남북으로 어두워 검은 연기 비끼네.
一區形勝何奇絶　한 구역의 빼어난 경치 어찌나 아름다운지
休說荊吳獨擅名　초나라 오나라만 홀로 빼어났다고 말하지 말라.

승문부정자承文副正字 임이任伊

◎ **임이** ㅣ ㉮ 임윤任尹의 오기로 추정.
㉯ 임윤 : 1505년(연산군 11)–?. 본관 풍천豊川. 자 군빙君聘. 1534년(중종 29) 식년시 급제. 사간원사간, 사도시정 등을 역임.

죽계竹溪 안정安珽

千重鬟髻眼中平　천 겹 산봉우리 눈 안에서 평평하고
百里長江匹練明　백 리 긴 강물 비단을 펼친 듯 밝다.
風景欲收迷意緖　풍경은 혼란한 마음의 단서를 거두려 하건만
題章難和費髭莖　허비한 흰 머리털은 지은 글로 보상하기 어렵네.
雨渾推火山城過　비는 추화산과 섞여 산성 위를 지나가고
鴈入金官古塞橫　기러기는 금관국에 들어와 옛 성채를 가로지르네.
倚遍南州樓榭勝　남쪽 고을 빼어난 누각에 기대니
德民宜擅上頭名　덕민은 마땅히 으뜸으로 명성을 날려야 하리라.

죽계竹溪 안정安珽

◎ **안정** ㅣ 1494년(성종 25)–1548년(명종 3). 본관 순흥順興. 자 정연挺然, 호 죽창竹窓. 1519년(중종 14) 현량과 급제. 주서, 전적, 양성현감陽城縣監 등을 역임.

청도군수淸道郡守 안주安宙

滄江百里鏡磨平	백 리 푸른 강물 거울을 닦은 듯 평평하여
訪戴還欲雪月明	대규를 방문하고 돌아갈 때 눈빛에 달이 밝았네.[10]
稻熟公田收萬斛	공전의 곡식 잘 익어 만 섬을 거두겠고
竹園村圃立千莖	마을 채마밭 대나무 동산엔 천 그루 심었네.
天開吳楚東南碧	하늘이 오나라 초나라 길을 열어 동남쪽이 푸르고
雲去湖山表裏橫	구름은 호산을 지나 표리로 가로지르네.
一夜客窓醒醉夢	한밤중에 객창에서 꿈에 취하고 깨는데
紅塵十載愧浮名	십 년 속세에 살면서 헛된 공명 부끄러워라.

청도군수淸道郡守 안주安宙

◎ **안주** | 1495년(연산군 1)–?. 본관 광주廣州. 자 태고太古, 호는 치암恥庵. 1516년(중종 11) 식년시 장원. 호조정랑, 청도군수, 밀양부사 역임. 저서『치암집』.

밀양교수密陽敎授 안승종安承宗

亭前津水卽延平	정자 앞 나루터엔 강물이 평평하게 연이었고
更有群山似四明	다시 여러 산들이 있어 마치 사방이 훤한 듯.
獵獵汀蘭風□□	한들한들 물가의 난초는 바람에 (결)

10 대규를……밝았네 : 진晉나라 때 왕휘지王徽之가 산음山陰에 살 때 한밤에 눈이 내려 흥이 나자 배를 타고 섬계剡溪에 사는 친구 대규戴逵를 찾아갔다. 그의 집 문 앞에 이르러 흥이 다하자 친구를 만나지 않고 그냥 돌아왔다는 고사가 있다.

濃濃岸芷露凝莖　짙고 짙은 벼랑의 지초 이슬에 줄기 응결되었네.

魚因得水波裏躍　물고기는 물을 얻어 물속에서 뛰어오르고

舟爲無人□口橫　배는 사람이 없어 (결) 가로지르네.

曠野兼包三府地　넓은 평야는 세 고을의 땅을 아울러 감싸고

望中形勝浩難名　눈앞의 빼어난 경치 크고 넓어 이름 짓기 어렵네.

교수教授 안승종安承宗

◎ **안승종** ｜ 1483년(성종 14)–?. 본관 순흥順興. 자 효사孝思, 호 집승정集勝亭. 예천醴泉에 거주. 1525년(중종 20) 생원시 급제.

과객過客 정중호鄭仲濩

惆悵羅王古跡平　쓸쓸했던 신라 왕은 옛 자취가 평온하고

西湖形勝□[11]分明　서호의 빼어난 경치 (결) 분명하네.

楚帆掛晩穿三峽　초나라 배는 늦바람을 타고 삼협을 지나가고[12]

湘竹鳴風奏六莖　소상강 대나무는 바람에 울며 육경을 연주했네.[13]

---

11 원문에 한 글자가 누락되었다. □ 부분에 한 글자를 넣어야 한다는 표시가 있다.

12 초나라……지나가고 : 강동보병江東步兵 진晉의 문장가 장한張翰과 관련된 고사이다. 그는 낙양에서 동조연東曹掾 벼슬을 하다가 천하가 어지러운 것을 보고 고향의 순채국과 농어회를 생각하며 벼슬을 그만두고 돌아갔다.

13 소상강……연주했네 : 요堯 임금의 두 딸 아황娥皇과 여영女英이 관련된 고사이다. 두 여인은 순 임금에게 시집갔고, 순 임금 사후에 상강湘江에서 슬피 울다가 물에 빠져 죽었다. 이때 흘린 눈물이 대나무에 얼룩져서 소상반죽瀟湘斑竹이 되었다는 전설이 있다. 육경六莖은 전욱顓頊이 지은 악곡명이다.

折地北南天塹闊 남북으로 땅이 갈리는 곳에 하늘 같은 망루 탁 트였고
浮天日夜地眉横 넓은 하늘엔 밤낮으로 지평선이 가로놓였네.
誰將老杜驚人句 누가 노련한 두보의 사람들 놀라게 하는 시구를
侈[14]却東韓第一名 동한의 제일인으로 옮겨 놓을 수 있으랴.

과객過客 정중호鄭仲濩

◎ **정중호** | 생몰년·본관 미상. 자 문숙文叔. 거주지 영천. 1519년(중종 14) 식년시 급제.

진사進士 양담梁澹

湛湛長江鏡面平 담담하게 흐르는 긴 강물 거울 표면처럼 평평하고
午時觀水自天明 한낮에 물을 바라보노라니 저절로 하늘이 맑다.
滿郊禾稼雲千頃 들판에 가득한 곡식들은 구름이 천 이랑이고
著岸蘆花雪幾莖 언덕에 핀 갈대꽃에는 줄기마다 눈이 내렸네.
有酒匏樽孤月白 박 술동이에 술 담겼고 외로운 달은 희니
無人野渡小舟横 사람 없는 들판을 건너 작은 배 가로지른다.
遨遊此地飛仙在 실컷 노닐었던 이 땅은 신선이 산다기에
欲擧霞觴問姓名 자하주[15] 술잔 들고 성명을 묻고 싶네.

진사進士 양담梁澹

밀양부 사람이다.(本府人)

---

14 원문의 '侈'는 '移'의 오자로 추정되며, 번역도 '移'로 하였다.

15 자하주紫霞酒 : 자하는 선궁仙宮을 가리킨 것으로, 전하여 선인이 마시는 좋은 술을 뜻한다.

◎ **양담** ㅣ 생몰년 미상. 본관 남원南原. 자 사념士恬. 1507년(중종 2) 증광시 급제.

◎ **비고** ㅣ 『밀양지』에 "필법에 능하여 월연月淵 이태李迨에 버금간다는 평이 있었다."는 기록이 보임.

과객過客 권겸權𥶇

東走長江會百川　동으로 달린 긴 강엔 모든 냇물 모이고
朝宗日夜接無邊　온갖 사물들 밤낮으로 가없이 닿았네.
鳳凰臺榭千秋月　봉황대에는 천년의 달이 뜨고[16]
鸚鵡汀渚十里烟　앵무주엔 십 리 아지랑이 띠었네.[17]
三府山河供逸興　세 고을의 산하는 빼어난 경치 이바지하고
一霄魂夢挾飛仙　하룻밤의 꿈속에서 신선이 되어 오르네.
霞觴欲喚麻姑子　자하주를 마시며 마고자를 불러[18]
問是居亭孰在先　살아 본 정자 중 무엇이 가장 좋았냐고 묻고 싶네.

江折東南鏡面平　강물은 동남에서 꺾여 거울 표면처럼 평평하고
更逢秋月十分明　다시 가을 달을 만나면 십분 밝아지네.

---

16 봉황대는……뜨고 : 이백李白의 〈등금릉봉황대登金陵鳳凰臺〉 시에 "삼산은 푸른 하늘 밖으로 반쯤 떨어져 있고, 두 강물은 백로주에서 중간이 나뉘었네. 이 모두가 뜬구름이 태양을 가린 때문이라, 장안을 볼 수 없어 사람을 시름하게 하누나.(三山半落靑天外 二水中分白鷺洲 摠爲浮雲能蔽日 長安不見使人愁)"라는 구절을 염두에 둔 말이다.

17 앵무주엔……띠었네 : 당唐나라 최호의 〈등황학루登黃鶴樓〉 시에 "맑은 냇물 저 너머엔 한양의 나무숲 역력하고, 봄풀은 앵무주를 무성하게 덮었도다.(晴川歷歷漢陽樹 春草萋萋鸚鵡洲)"라는 구절이 있다.

18 자하주를……불러 : 원문의 '霞觴'은 자하상紫霞觴으로 국화菊花로 담은 술이다. 구하상九霞觴과 같은 뜻으로 서왕모의 신선주가 담긴 술잔을 뜻하기도 한다. '麻姑'는 전설 속의 선녀 이름이다.

三洲遠望勞雙眼　세 갈래 냇물을 멀리 조망하면 두 눈이 피곤하고
萬景吟髭斷數莖　온갖 경치 읊조리는 백발은 몇 가닥이 끊어졌네.
一帶霞烟來縹緲　아지랑이와 연기는 한 가닥으로 아득하고
千村畝晦路縱橫　온 마을의 밭두둑은 종횡으로 뻗었네.
投簪忽入仙區宿　비녀를 던지고 홀연 신선의 지경에 들어가 묵으니
却愧紅塵十載名　십 년 동안 속세의 명성을 좇았음이 부끄럽구나.

과객過客 권겸權𤩪

◎ **권겸** ｜ 인물 자료 없음.

관찰사觀察使 정만종鄭萬鍾

前霄風雨漲原川　지난밤 비바람 불어 들판의 내가 불었고
偏喜晴光映四邊　맑아진 풍광에 사방이 빛나 매우 기쁘네.
鬟聳峰巒濃似霧　산에는 봉우리 높이 솟아 안개처럼 짙고
練拖江水淡如烟　강물은 비단을 펼쳐 안개처럼 담박하네.
奇觀是處疑非世　기이한 경관에 이곳은 인간 세상 아닌 듯
塵骨于今擬作仙　속세의 몸골은 오늘 신선이 되고 싶네.
矗石嶺南人謾說　영남에선 사람들 촉석루를 실컷 말하지만
淸高廣遠此居先　맑고 고원하며 넓고 아득함은 여기가 낫다네.

客裏心懷轉不平　나그네 심회는 불평으로 바뀌었지만
寵見無術答休明　받은 총애 아름다운 임금께 보답할 방법이 없네.

棲棲鞍馬歷重阻　바삐바삐 말을 채찍질해 가도 거듭 막힘을 겪고
故故霜毛添幾莖　희끗희끗 서리 맞은 머리털 몇 줄기가 더해졌나?
雨後江山眞嫵媚　비 개인 뒤 강산은 참으로 아름답게 치장을 하고
案中文牒更縱橫　책상 가운데 문서는 다시 가로 세로로 쌓였네.
吟哦祇要舒幽抱　읊조리는 가운데 그윽한 회포 펼치고 싶기에
敢擬題聯作後名　연이어진 시에 감히 이름을 남기고 싶네.

관찰사觀察使 정만종鄭萬鍾

◎ **정만종** | ?-1549년(명종 4). 본관 광주光州. 자 인보仁甫, 호 조계棗溪. 1516년(중종 11) 별시문과 급제. 사헌부 지평, 형조참판, 예조참판, 함경도관찰사 등을 역임.

◎ **비고** | 1548년(명종 3) 3월 25일 동지중추부사에서 경상도관찰사로 도임. 1549년(명종 4) 4월 호조참판으로 이임.

밀양부사密陽府使 전팽령全彭齡

向來懷抱到玆平　지난날 회포는 여기에 이르러 평온해지고
身若登仙眼益明　자신이 마치 신선인 듯 눈이 더욱 밝아지네.
水近可分魚□□　물이 가까워 어 자와 (결) 분변할 수 있고
田膏堪食菜根莖　밭은 기름져 주식으로 뿌리와 줄기를 캐 먹네.
輕烟學態聚還散　가벼운 안개 변화를 익혀 모였다가 흩어지고
遠岫爭奇□復橫　먼 봉우리는 기이함 다투어 (결) 다시 비끼네.
岸芷汀蘭皆可愛　언덕의 지초 강가의 난초 모두 사랑스러우니
從知攬秀稱亭名　지금부터 남수가 정자의 이름으로 불리겠네.

부사府使 전팽령全彭齡

◎ **전팽령全彭齡** | 1480년(성종 11)–1560년(명종 15). 본관 옥천沃川. 자 숙로叔老, 호는 송정松亭. 1524년(중종 19) 별시문과 급제. 형조좌랑, 삼척부사, 상주부사 등을 역임.

관찰사觀察使 조사수趙士秀

拱挹湖山一望平　강산을 두 손으로 누르는 듯 조망이 평평하고
暮天霞鶩畫啚明　저문 하늘 노을에 지는 오리가 그림처럼 밝다.
銀蟾瀲灩涵江面　은두꺼비는 넘실넘실 강의 표면에 잠기고
玉露凄淸膩菊莖　옥 같은 이슬은 차갑고 맑아 국화 줄기 살찌네.
楓業荻花秋半老　단풍잎과 갈대꽃으로 가을은 반쯤 무르익고[19]
碧空河漢鴈初橫　푸른 허공 은하수는 기러기가 처음으로 가로지르네.
欄干到夜憑無厭　난간은 밤이 되자 기대어도 싫증나지 않기에
未必巴陵獨占名　파릉[20]이 이름을 독점할 필요는 없겠네.

관찰사觀察使 조사수趙士秀

◎ **조사수** | 1502년(연산군 8)–1558년(명종 13). 본관 한양漢陽. 자 계임季任, 호 송강松岡, 시호 문정文貞. 1531년(중종 26) 식년문과 급제. 이조판서, 지중추부사, 좌참찬 등 역임.

---

19 단풍잎과……무르익고 : 백거이의 〈비파인琵琶引〉 첫머리에, "심양의 강가 어느 날 밤 객을 전송하는데, 단풍잎 갈대꽃에 갈바람 쓸쓸하였어라.(潯陽江頭夜送客 楓葉荻花秋瑟瑟)"라는 구절을 염두에 둔 말이다.

20 파릉巴陵 : 악양岳陽의 한나라 때 이름으로, 중국 호남성湖南省 북부 양자강과 동정호의 합류점에서 8㎞ 정도 떨어져 있다. 그 위 절벽에 악양루가 있다.

◎ **비고** | 1550년(명종 5) 6월 4일 경상도관찰사로 도임, 1551년(명종 6) 6월 1일 홍문관부제학으로 이임.

청도군수清道郡守 최운崔雲

亭臨沃野逈還平	정자가 기름진 평야에 서 먼 곳이 도리어 평평하며
納納乾坤入眼明	아득한 건곤이 눈에 들어와 밝아진다.
列峀雲開呈彩畫	줄지어 늘어선 산봉우리 열린 구름 사이로 채색한 그림을 보내고
長江月蘸倒金莖	긴 강엔 달이 잠겨 금 가지가 거꾸러졌네.
季鷹帆飽秋風去	계응은 돛이 불러 오자 가을바람을 타고 떠나고[21]
海老鴻隨晩浪橫	해로는 기러기가 따르자 저녁 물결을 가로지르네.[22]
觀賢吟來多逸興	손님들 읊조리는 가운데 빼어난 흥취가 많기에
題詩待何[23]有才名	시 짓는데 어찌 재주의 명성을 기다리리오.

청도군수清道郡守 최운崔雲

◎ **최운** | 생몰년 미상. 명종~선조 연간 청도군수로 재임.(『청도군지』, 1991)

---

21 계응은……떠나고 : 계응季鷹은 강동江東의 보병步兵으로 일컬어졌던 진晉나라 문장가 장한張翰의 자字이다. 동조연東曹掾 벼슬을 하다가 가을바람이 불어오자 순채국과 농어회가 생각나 사직하고 고향에 돌아갔다는 고사가 있다.

22 해로는……가로지르네 : 구로망기鷗鷺忘機와 관련된 말이다. 『열자列子』「황제黃帝」에, 바닷가에 사는 사람의 아들이 갈매기와 더불어 잘 노닐었다. 매일 아침 바닷가에 가서 갈매기와 함께 노닐면 백 마리도 넘게 갈매기가 날아왔다. 그의 아버지가, "네가 매일 갈매기와 노닌다고 들었으니, 잡아 오너라. 내가 데리고 놀려고 한다."라고 했다. 아들이 이튿날 바닷가에 갔더니 갈매기는 춤만 출 뿐, 내려오지 않았다는 내용이 있다.

23 원문 '待何' 옆에 가늘게 도치 표시가 있으며, 번역도 이를 따랐다.

어사御史 이사필李士弼

百里郊原掌樣平	백 리 넓은 교외 들판 손바닥처럼 평평한데
片雲遙帶日邊明	조각구름 멀리 햇살 가장자리에 밝게 띠었네.
淸川郭外看如練	성곽 밖 맑은 냇물은 펼친 비단처럼 보이고
黃菊尊前問幾莖	술동이 앞 누런 국화는 몇 줄기 피었는고?
十載西廂靑眼舊	십 년 만에 서쪽 방에는 다정한 친구가 있고
一杯南路野烟橫	한잔 술 마시며 남쪽 가는 들판엔 연기 비끼네.
驪駒欲斷腸偏苦	여구곡[24]은 마치 애간장을 녹이려는 듯하니
握手何論夢裏名	악수한 뒤에 꿈속에서 이름을 물어서 무엇하리.

어사御史 홍문관응교弘文館應教 이사필李士弼

◎ **이사필** | 1503년(연산군 9)–1556년(명종 11). 본관 여주驪州. 자 몽석夢錫, 호 수은睡隱. 1538년(중종 33) 별시문과 급제. 정언, 병조정랑, 성주목사 등을 역임.

◎ **비고** | ㉮ 『중종실록』 39년(1544) 9월 10일에 병조좌랑 이사필을 재상어사로 파견한 기록이 있음.

㉯ 『명종실록』 6년(1551) 4월 29일에 이사필을 응교에 임명한 기록이 있음.

경차관敬差官 이수철李壽鐵

乾坤到此最寬平	하늘과 땅이 이곳에 이르러 가장 넓고 평평하여
與子登臨醉眼明	그대와 함께 올라 보니 취한 눈이 밝아진다.

---

24 여구곡驪駒曲 : 일시逸詩의 편명으로, 송별할 때 부르는 노래이다. 본문은 다음과 같다. "검정 망아지 문 밖에 있고 마부 모두 대기하네. 검정 망아지 길 위에 있고 마부 멍에 올리었네.(驪驅在門 僕夫具存 驪驅在路 僕夫整駕)"라고 하였다.

萬里客中逢九日　만 리 나그네 신세에 구일을 만났고
三人頭上菊千莖　세 사람의 머리 위에는 천 줄기 국화 피었네.[25]
鳴高碧落孤鴻度　하늘에는 울음소리 높이 외로운 기러기 지나가고
聲弄斜陽一笛橫　비끼는 노을에 노래 부르며 피리 소리 가로지르네.
乘月泛舟時騁目　달빛을 타고 배 띄워 이따금 멀리 바라보노라니
江山如恨不題名　강산은 이름을 붙이지 못해 한스러운 듯하네.

경차관敬差官 예좌랑禮佐郎 이수철李壽鐵

◎ **이수철** ｜ 생몰년 미상. 본관 완산完山. 자 강백剛伯. 종실 원천군原川君 이선李宣의 증손. 1547년(명종 2) 알성문과 장원급제. 이조좌랑, 함경도병마절도사, 의주목사 등을 역임.

◎ **비고** ｜ 『명종실록』 9년(1554) 2월 15일에 영남구황경차관嶺南救荒敬差官 이수철에 대한 기록이 있음.

어사御史 김귀영金貴榮

烟收風定暮江平　연기 걷히고 바람 잦아들어 저문 강은 평온한데
百尺沿涯萬炬明　백 척 낭떠러지엔 만 가지 등불이 밝다.
天上火星叢一面　하늘에는 화성이 한쪽 면에 총총하고
水中金柱簇千莖　수중에는 천 줄기 금 기둥이 촉촉하네.
泛花飛斚憑人倒　꽃잎 띄운 술잔 오가며 사람들은 흠뻑 취하고
帶月方舟信棹橫　달을 띤 조각배에 노는 옆으로 비꼈네.

---

25 천……피었네 : 머리가 희끗희끗하다는 뜻이다.

地勝辰良奇遇處　빼어난 경치 좋은 날에 우연히 만난 곳에서
強拚高會爲流名　고상한 자리에 억지로 떠밀려 유명인사 되었네.

어사御史 김귀영金貴榮

◎ **김귀영** | 1520년(중종 15)-1593년(선조 26). 본관 상주尙州. 자 현경顯卿, 호 동원東園. 1547년(명종 2) 알성문과 급제. 도승지, 예조판서 등을 역임.

어사御史 박계현朴啓賢

橫雲蔽野眼中平　비끼는 구름이 들판을 덮어 눈 안이 평평하고
山靜江空白日明　산 맑고 강물 조용하여 흰 태양이 밝네.
負郭久擬謀二頃　변두리에서 오랫동안 두 이랑을 경영하고자 했고[26]
吟髭休惜斷千莖　백발을 읊조리며 천 가닥 잘랐다는 탄식을 멈추었네.
百年形勝亭前聚　백 년의 빼어난 경치 정자 앞에 다 모였고
萬里風煙鳥外橫　만 리의 풍경은 나는 새 밖으로 비낀다.
直望長安誠更切　곧바로 서울을 바라보니 참으로 간절함 일어나지만
此心非爲賭時名　이 마음 한 시절 공명을 훔친 건 아니라오.

어사御史 박계현朴啓賢

---

26 변두리에서……했고 : 은둔하겠다는 의지의 표현으로, 전국시대 소진蘇秦과 관련된 고사이다. 그는 연燕·제齊·초楚·조趙·위魏·한韓 등 육국六國의 제후를 설득하여 합종책을 주장하여 종약장縱約長이 된 뒤에 "가령 내가 낙양성 교외에 좋은 땅 두 이랑만 가지고 있었다면, 어떻게 여섯 나라 정승의 인을 꿰찰 수 있었겠는가?"라고 말했다는 고사가 있다.

◎ **박계현** | 1524년(중종 19)–1580년(선조 13). 본관 밀양密陽. 자 군옥君沃, 호 관원灌園. 1552년(명종 7) 식년문과 급제. 예문관검열, 장단부사, 호조판서 등을 역임. 저서 『관원집灌園集』.

성주목사星州牧使 노경린盧慶麟

□空野闊白沙平　(결) 하늘과 들판은 넓고 흰 모래사장은 평평하여
日落魚村火獨明　해가 진 어촌에는 화촉이 밝네.
爪□□□□□帶　(결)
芙蓉玉立碧抽莖　연꽃은 옥같이 서서 푸르게 줄기를 뽑았네.
磯頭夜月孤帆至　낚시터 밤에 달 뜨자 외로운 배 도착하고
牛背秋風□笛橫　소 등으로 가을바람 (결) 피리 소리 가로지르네.
十載鷗盟寒不耐　십 년 갈매기 맹세[27] 추위에 견디지 못하고
此生湖海去逃名　이내 몸은 호해로 도망쳐 이름을 피하련다.

성주목사星州牧使 노경린盧慶麟

◎ **노경린** | 1516년(중종 11)–1568년(선조 1). 본관 곡산谷山. 자 인보仁甫. 1539년(중종 34) 별시문과 급제. 성균관박사, 형조낭관, 나주목사 등을 역임.

◎ **비고** | 황준량의 『금계집 내집』 제4권 「상퇴계서上退溪書」에 1555년 노경린이 성주목사로 부임하여 영봉서원을 건립한 사실이 기재되어 있음.

---

27 갈매기 맹세 : 자연에 은거하여 백구와 벗을 삼겠다는 맹세를 말한다.

밀양부사密陽府使 이도남李圖南

朝雲捲盡廣郊平　아침 구름이 다 걷혀 넓은 교외가 평평하고
宿客開窓眼轉明　자던 나그네 창을 여니 눈이 점점 밝아진다.
遠列青螺森玉笋　멀리 나열한 산봉우리 죽순처럼 빽빽하고
初昇紅日聳金莖　처음 올라온 붉은 해 금 가지가 솟았네.
長江直走東南折　긴 강물은 곧바로 달리다 동남에서 꺾이고
陣鴈徐飛西北横　대열 이룬 기러기 천천히 날며 서북을 가로질렀네.
水色山光渾可攬　강물 색 산 빛은 온전하게 잡을 수 있겠는데
何人得趣揭亭名　누가 가져와 정자의 이름으로 걸었는가?

부사府使 이도남李圖南

◎ **이도남** | 생몰년 미상. 본관 합천陜川. 자 대붕大鵬. 1533년(중종 28) 별시문과 급제. 성균관 전적, 공조좌랑, 동래부사 역임.

◎ **비고** | 『밀양지』 "이도남李圖南"과 동일인.

관찰사觀察使 조광원曺光遠

極日青坪畫裏平　하루 종일 푸른 들판은 그림처럼 평평하고
一區仙境眼中明　한 구역 선경은 눈 안에서 환하다.
山烟帶雨長藏髻　산의 아지랑이 비를 띠고 길게 수염을 감추었고
秋露侵林欲瘦莖　가을 이슬은 수풀을 침범하여 가지를 야위게 하네.
初月開眉臨榻吟　초승달이 눈썹을 그리기에 걸상에 앉아 읊조리고

輕鴻翻玉掠波橫　가벼운 기러기 옥빛을 뒤집어 물결을 스쳐 가로지르네.
落霞孤鶩何專勝　지는 노을 외로운 오리는 어떻게 승경을 독차지했나?
滕閣應慚枉得名　등왕각은 응당 이름 잘못 얻었음을 부끄러워해야 하리.

겸 관찰사兼觀察使 조광원曺光遠

◎ **조광원** | 1492년(성종 23)–1573년(선조 6). 본관 창녕昌寧. 자 회보晦甫. 조계상曺繼商의 아들. 1528년(중종 23) 별시문과 급제. 도승지, 함경도관찰사, 대사헌 등을 역임.

◎ **비고** | ㉮『명종실록』 10년(1555) 5월 16일에 조광원을 경상도도순찰사로 파견한 기록이 있음.
㉯ 1555년(명종 10) 11월에 공조판서에서 경상도관찰사로 도임, 1556년(명종 11) 9월 지중추부사로 이임.

관찰사觀察使 오상吳祥

南遊忽忽意難平　남쪽 유람은 늘 다급하여 마음을 안정시키기 어려운데
來上高亭眼却明　와서 높은 정자에 올라 보니 눈이 도리어 밝아진다.
許國丹心空一寸　나라에 바친 일편단심 부질없는 한마디지만
憂時霜髮幾千莖　시절을 근심하여 센 서리 몇 천 줄기였네.
山圍四野遙岑矗　산은 사방 들판을 둘러 먼 봉우리 뾰족하고
江倒斜陽匹練橫　강물엔 석양이 거꾸러져 비단 한 필을 가로질렀네.
形勝試言誰甲乙　빼어난 경치 무엇이 더 나은지 말해 보자면
有樓虛擅嶺南名　누각은 헛되게 영남이란 이름으로 알려졌네.

관찰사觀察使 오상吳祥

◎ **오상** | 1512년(중종 7)–1573년(선조 6). 본관 해주海州. 자 상지祥之. 호 부훤당負暄堂. 1534년(중종 29) 별시문과 급제. 도승지, 이조판서, 병조판서 등을 역임. 저서 『부훤당유고負暄堂遺稿』.

◎ **비고** | 1563년(명종 18) 9월 병조참판에서 경상도관찰사로 도임, 1564년(명종 19) 1월 병으로 사직.

교리校理 신여종申汝宗

霞鶩秋風十里平　가을바람 부는 십 리 벌판에 오리 떠 있고
斜陽物色轉分明　비끼는 햇살에 물색은 선명하게 바뀐다.
黃花處處開千點　국화는 곳곳마다 천 점으로 피었고
翠竹村村立幾莖　푸른 대나무는 마을마다 몇 줄기 섰네.
縹緲長州連野闊　아득하게 긴 모래톱은 넓은 들판과 이어졌고
微茫遠岫接天橫　아스라한 먼 봉우리는 하늘에 비껴서 닿았다.
登臨今日探形勝　올라온 오늘 좋은 경치 구경하였기에
嶺外湖山此擅名　고갯마루 너머 강산에 이 이름 알리리라.

교리校理 신여종申汝宗

◎ **신여종** | ㉮ 신여종申汝宗은 신여종申汝悰의 오기.
㉯ 생몰년 미상. 본관 평산平山. 자 중온仲蘊. 1543년(중종 38) 식년시 급제.
㉰ 『명종실록』 12년(1557) 7월 24일에 신여종을 홍문관교리에 제수한 기록이 있음.

전前 사천현감泗川縣監 이광진李光軫

八望吳楚眼中平　팔방으로 오나라 초나라가 들어와 눈이 평안하고
秋晩汀洲霽色明　늦가을 강가에는 비 개인 하늘색이 밝다.
身擬扶搖跨鶴背　몸은 회오리바람을 타고 학의 등을 넘고 싶고
襟凝沆瀣瀉金莖　옷자락엔 이슬이 엉겨 금 가지 쏟아낸다.[28]
江湖千古月空老　강과 호수엔 천년 동안 달만 부질없이 늙었고
霞鶩半天山獨橫　지는 노을의 오리는 반공에서 홀로 산을 가로지르네.
客枕夜來醒醉夢　나그네는 베개맡에서 밤늦도록 꿈에서 취했다 깨니
十年奔走愧虛名　십 년 동안 분주했던 일이 헛된 명성이라 부끄럽네.

전前 사천현감泗川縣監 이광진李光軫

◎ **이광진** | 1513년(중종 8)–1566년(명종 21). 본관 여흥驪興. 자 여임汝任, 호 금시당今是堂. 이행李行의 후손. 1546년(명종 1) 증광문과 급제. 봉교, 병조정랑, 헌납, 좌부승지 등을 역임.

영산현감靈山縣監 신여종申汝悰

大野蒼茫眼底平　넓은 들판 창망하게 눈 아래에 평평하고
秋高嶽色倒澄明　늦가을 산색은 맑고 밝게 거꾸러진다.

28 옷자락엔……쏟아낸다 : 원문 '沆瀣'는 야간夜間의 수기水氣가 엉긴 맑은 이슬을 말하는데, 보통 선인仙人의 음료수를 뜻한다. '金莖'은 한 무제漢武帝가 세웠던 승로반承露盤의 동주銅柱를 가리킨다. 한 무제가 불로장생을 원한 나머지 건장궁建章宮에 동銅으로 선인장仙人掌을 만들어 세워서 승로반을 받쳐 들고 이슬을 받게 하여 마셨다고 한다.

島林玉碎千□□　도림엔 천 (결) 옥이 부서지고
□[29]馥金圓幾菊莖　언덕의 금원엔 몇 가지 국화 머금었나?
山似畫屛前後疊　산은 흡사 그림 같은 병풍으로 앞뒤를 둘렀고
□□□□□□橫　(결)
鴿原邂逅眞天幸　형제와 해후는 참으로 천행이기에
更使留傳板上名　다시 시판 위에 이름을 남겨 전하였네.
영산현감靈山縣監 신여종申汝悰

전前 도사都事 주이周怡

升沈何用問君平　인생의 부침을 어찌 군평[30]에게 물어보리오.
故向湖山喜眼明　짐짓 강호로 향하니 눈 밝아져 기쁘네.
天末飛鴻排玉字　하늘 끝에 나는 기러기 옥 자로 줄 지었고
日邊疏雨映金莖　태양 가 내리는 가랑비 금 줄기 빛나네.
落霞芳草誰堪和　지는 노을 향기로운 풀을 누가 화답시 짓겠으며
野渡孤舟謾自橫　들판을 건너는 외로운 배 느긋하게 비끼네.
歌詠只酬風景債　읊조리는 노래는 단지 풍경에 진 빚만 갚았을 뿐
江關非爲動詩名　강물이 시 명성을 일으키는 데 관여하지는 않았다오.
전前 도사都事 주이周怡

---

29 원문의 '□'는 훼손되어 판독할 수 없지만, 아랫부분에 '干' 자가 남아 있어 '岸' 자로 유추하였다.

30 군평君平 : 전한前漢의 점사 엄준嚴遵의 자이다. 촉蜀 땅에 은거하여 성도成都의 저잣거리에서 점을 보며 살았다. 하루에 백 전錢만 벌면 일을 그만두고 책 짓기를 일삼았다.

◎ **주이** | 1515년(중종 10)–1564년(명종 19). 본관 상주尙州. 자 사안士安, 호 이요당二樂堂. 주세붕周世鵬의 증손. 1546년(명종 1) 증광문과 급제. 성균관학정, 예안현감, 강원도·평안도·충청도 등의 도사 역임.

생원生員 조욱趙昱

遠岀峥嶸大野平　먼 봉우리들 들쑥날쑥하고 넓은 들판은 평평하며
清江繚繞白沙明　맑은 강물은 휘감아 돌고 백사장은 맑네.
欲追仙侶遊三島　신선을 뒤따라 삼도에서 노닐고 싶어
試問瓊乏長幾莖　시험 삼아 옥 나무는 몇 줄기나 긴 지 물어보네.
蒸出紅霞花亂發　붉은 노을 쪄서 내니 꽃들이 만발하고
寫成雲篆鴈交橫　구름 글자 베껴 쓰니 기러기가 번갈아 가로지르네.
愧無詩句能收拾　부끄러워라, 시구라고 수습할 게 없으니
亭上宜安攬秀名　정자 위에서 남수의 이름 편안하게 여기리라.
생원生員 조욱趙昱

◎ **조욱** | 1498년(연산군 4)–1557년(명종 12). 본관 평양平壤. 자 경양景陽, 호 용문龍門·보진재葆眞齋. 1516년(중종 11) 생원·진사 양시에 합격하였으나 벼슬을 단념. 저서 『용문집』.

평사評事 정복시鄭復始

亭壓西湖鏡面平　정자는 서호를 압도하고 거울 표면은 평평하며
登臨佳節屬清明　올라온 때는 아름다운 절기 청명이라네.
江魚入饌銀孫膾　강의 물고기는 은실 같은 회로 저미어 반찬을 만들고

野蘇撑盤碧玉莖　들판의 푸성귀는 옥 같은 푸른 줄기 삶아 쟁반에 받쳤네.
晩笛和歌聲激烈　저녁 피리 소리 화답하는 노래에 소리가 떠들썩하고
斜陽在樹影縱橫　비끼는 노을에 나무 그림자 종횡으로 뻗네.
眼前傾倒千鍾酒　눈앞에는 천 동이 술이 기울어 가니
身後何須百代名　내 뒤에 꼭 백 대의 명성이 필요 있으랴.
평사評事 정복시鄭復始

◎ **정복시** | 1522년(중종 17)–1595년(선조 28). 본관 동래東萊. 자 이건以健, 호 계담桂潭 · 계헌桂軒. 1555년(명종 10) 식년문과 급제. 고부군수, 호조참의, 돈녕부도정 등을 역임. 저서 『계담집桂潭集』.

정자正字 손흥서孫興緖

悽悽客裏負生平　쓸쓸한 나그네 심사 평생토록 짊어져
行到高亭月正明　발걸음 높은 정자에 닿으니 달 밝은 때로다.
楊柳沙頭春十里　모래사장 가에 버드나무는 봄철 십 리이고
篔簹島面玉千莖　섬에 핀 왕대는 옥 같은 천 개 줄기로다.
天邊遠岫翠屛立　하늘 가 먼 봉우리들은 푸른 병풍처럼 섰고
檻外長江羅帶橫　난간 밖 긴 강물은 비단을 비스듬히 둘렀네.
麗句不能摹勝景　아름다운 시 짓자고 좋은 경치 모을 순 없겠지만
投毫還自愧儒名　붓 던지니 도리어 유자의 이름이 스스로 부끄럽네.
정자正字 손흥서孫興緖

◎ **손흥서** | 생몰년 미상. 본관 밀양. 자 사술士述. 1555년(명종 10) 식년시 급제.

과객過客 배신裵紳

驂鸞飛步泰階平	난새를 타고 태평성대의 계단을 나는 듯 걷다 보니[31]
纖滓都消內自明	조그만 티끌도 다 사라져 안으로부터 저절로 밝아지네.
月顫梧桐知夜氣	달빛이 오동나무에 떨림으로 밤의 기운을 느끼겠고
風和杜若見春莖	바람이 잔잔하여 두약[32]에서 봄 줄기를 보겠네.
百年心事雙鳧下	백 년의 심사는 한 쌍의 오리[33] 아래에 있고
萬古江山獨鶴橫	만고의 강산은 황학루가 홀로 차지했네.
返照還源歸路遠	근본을 되돌려 비추려니[34] 돌아가는 길 멀기에
與人休說十洲名	사람들과 십주[35] 명승지를 따지지 말기를.

과객過客 배신裵紳

◎ **배신** ｜ 1520년(중종 15)–1573년(선조 6). 본관 성산星山. 자 경여景餘, 호 낙천洛川. 1561년(명종 16) 진사시 입격. 남부참봉, 경기전참봉, 동몽교관 등을 역임. 저서 『낙천문집』.

---

31 난새를……보니 : 원문의 '驂鸞'은 선인仙人이 난새를 타고 노닒을 이르는 말이다. '泰階'는 종묘 중앙에 있는 큰 계단으로 태평세월을 뜻한다.

32 두약杜若 : 향초의 이름이다. 여름에 흰색 작은 꽃을 피우며 둥근 열매를 맺는다.

33 한……오리 : 후한後漢의 왕교王喬가 섭령葉令으로 있으면서 경사京師에 올 때마다 한 쌍의 들오리를 타고 왔다는 고사가 있다. 이후 한 쌍의 오리는 지방관地方官을 뜻하는 말이 되었다.

34 근본을……비추려니 : 불교의 심우도尋牛圖에서 따온 말로, 옛사람 가운데 이미 자신과 같은 생각을 가진 사람이 있었다는 뜻이다. 심우도는 불도佛道를 수행하는 자가 입문入門에서부터 깨달음의 경지에 이르기까지의 경로를 알기 쉽게 열 단계로 나누어 설명한 것으로, 있는 그대로의 세계를 깨닫는 단계인 반본환원返本還源도 그중 하나이다.

35 십주十洲 : 신선이 사는 곳을 말한다. 동방삭東方朔의 〈십주기十洲記〉에 조주祖洲, 영주瀛洲, 현주玄洲, 염주炎洲, 장주長洲, 원주元洲, 유주流洲, 생주生洲, 봉린주鳳麟洲, 취굴주聚窟洲를 십주라 하였다.

미상

洲沙如雪水同平	눈 같은 강가 모래톱 물과 같이 평온한데
獨倚危樓眼更明	홀로 아찔한 누각에 기대자니 눈이 다시 밝아진다.
野外列岑青萬髻	들판 밖으로 늘어선 봉우리 만 가닥으로 푸르고
江中落照赤千莖	강 가운데로 지는 태양은 천 갈래로 붉다.
烟波日暮魚跳躍	아지랑이 물결에 해 저물어 물고기 뛰어오르고
雲漢風殘□□橫	밤하늘 은하수에 바람 잦아들어 (결) 비껴 난다.
拂袖徘徊吟已未	소매를 털고 배회하면서 읊조리는 시 끊이질 않으니
湖山淸興勝功名	강호의 맑은 흥취가 공명보다 낫다네.

경차관敬差官 박승임朴承任

□□□□□□□	(결)
□□□□□□□	(결)
瓶裏寒花露一莖	병 속의 차가운 꽃은 한 줄기 드러내었네.
會面□□□□□	(결)
□□□□□縱橫	(결)
不辭腐語酬淸唱	시답잖은 말로 맑은 시에 화답할 수는 있으나
恐忝仙區攬秀名	신선의 경계에서 남수의 이름에 욕될까 두렵네.

경차관敬差官 박승임朴承任

◎ **박승임** ㅣ 1517년(중종 12)–1586년(선조 19). 본관 반남潘南. 자 중보重甫. 호 소고嘯皐. 1540년(중종 35) 식년문과 급제. 경주부윤, 도승지, 춘천부사 등을 역임. 저서 『소고집』.

◎ **비고** ㅣ 『소고집』 「해제」에 1567년(명종 22) 박승임이 명明 목종穆宗의 등극에 따른 조사詔使의 파견으로 제술관製述官에 임명되어 입경入京한 기록이 있음.

밀양부사密陽府使 최개국崔盖國

十載羈愁兩不平　십 년의 나그네 근심으로 모두 편안하지 못했기에
相逢何用說分明　서로 만났어도 어떻게 안부가 분명하리오.
衰年此別還千里　늘그막의 이별은 도리어 천 리 멀리 떨어지고
素髮今朝又幾莖　흰머리 오늘 아침엔 또 몇 가닥 늘었을까?
江樹殘月秋色老　강가 나무에 걸린 쇠잔한 달은 가을 색 짙어 가고
海雲斜陽□天橫　바다 구름 비낀 저녁놀은 하늘에 비스듬히 걸렸네.
鴻泥他夕無憑討　기러기 발자국[36]은 날이 지나면 따질 일 없겠기에
莫惜湖亭記姓名　호숫가 정자에 이름이 기록되지 않아도 애석해 마시게.

부사府使 최개국崔盖國

◎ **최개국** ㅣ 생몰년 미상. 본관 충주忠州. 자 자성子省. 호 남악南岳 · 추담秋潭. 1538년(중종 33) 별시문과 급제. 정언, 지평, 강원도관찰사 등을 역임.

36 기러기 발자국 : 원문의 '鴻泥'는 '설니홍조雪泥鴻爪'의 줄임말. 진흙에 남긴 기러기 발자국이란 뜻으로, 정처 없는 종적을 이른다.

관찰사觀察使 심수경沈守慶

探奇搜勝是生平	기이한 경관 빼어난 경치 찾는 게 평생의 일이었기에
試上玆亭覺眼明	시험 삼아 이 정자에 올라보고 눈이 밝아짐을 느낀다.
畫幅難描千萬象	천태만상의 모습은 화폭으로 묘사하기 어렵고
吟髭任斷兩三莖	수염 꼬다 끊어져 두세 가닥만 남았네.[37]
要拚月夜金樽凸	달밤에 불룩한 금 술동이 옆에 차기를 바라지만
安得仙人□□橫	어떻게 신선들이 (결)
不用更煩求絶境	다시 번거롭게 빼어난 경치를 구할 필요 없이
從今長記□山名	지금부턴 산의 이름 지키길 길이 기억하리.

관찰사觀察使 심수경沈守慶

◎ **심수경** | 1516년(중종 11)–1599년(선조 32). 본관 풍산豊山. 자 희안希顔, 호 청천당聽天堂. 1546년(명종 1) 식년문과 장원급제. 경기도관찰사, 대사헌, 우의정 등을 역임. 저서 『청천당시집聽天堂詩集』, 『청천당유한록聽天堂遺閑錄』.

◎ **비고** | 1563년(명종 18) 3월 동지중추부사에서 경상도관찰사로 도임, 같은 해 8월 병으로 사직.

---

37 수염……남았네 : 옛사람 중 시상詩想이 떠오르지 않으면 수염을 꼬았던 이가 있었다 한다. 좋은 시를 읊느라 고심하다 보면 자연 수염이 끊어질 수도 있다는 뜻이다.